湖南调查年鉴

Hunan Survey Yearbook

2021

国家统计局湖南调查总队　编

NBS Survey Office in Hunan

图书在版编目（CIP）数据

湖南调查年鉴. 2021 = Hunan Survey Yearbook 2021 / 国家统计局湖南调查总队编. -- 北京 ：中国统计出版社, 2021.6
ISBN 978-7-5037-9474-2

Ⅰ. ①湖… Ⅱ. ①国… Ⅲ. ①统计资料－湖南－2021 Ⅳ. ①C832.64

中国版本图书馆 CIP 数据核字(2021)第 057509 号

湖南调查年鉴-2021

作　　者/国家统计局湖南调查总队
责任编辑/李　冲
执行编辑/吕仁睿
装帧设计/黄　晨
出版发行/中国统计出版社
通信地址/北京市丰台区西三环南路甲 6 号　邮政编码/100073
电　　话/邮购（010）63376909　书店（010）68783171
网　　址/http://www.zgtjcbs.com/
印　　刷/三河市双峰印刷装订有限公司
经　　销/新华书店
开　　本/880×1230mm　1/16
印　　张/15.5　0.5 彩页
字　　数/372 千字
版　　别/2021 年 6 月第 1 版
版　　次/2021 年 6 月第 1 次印刷
定　　价/180.00 元

如有印装差错，由本社发行部调换。

1 湖南省城乡居民人均可支配收入

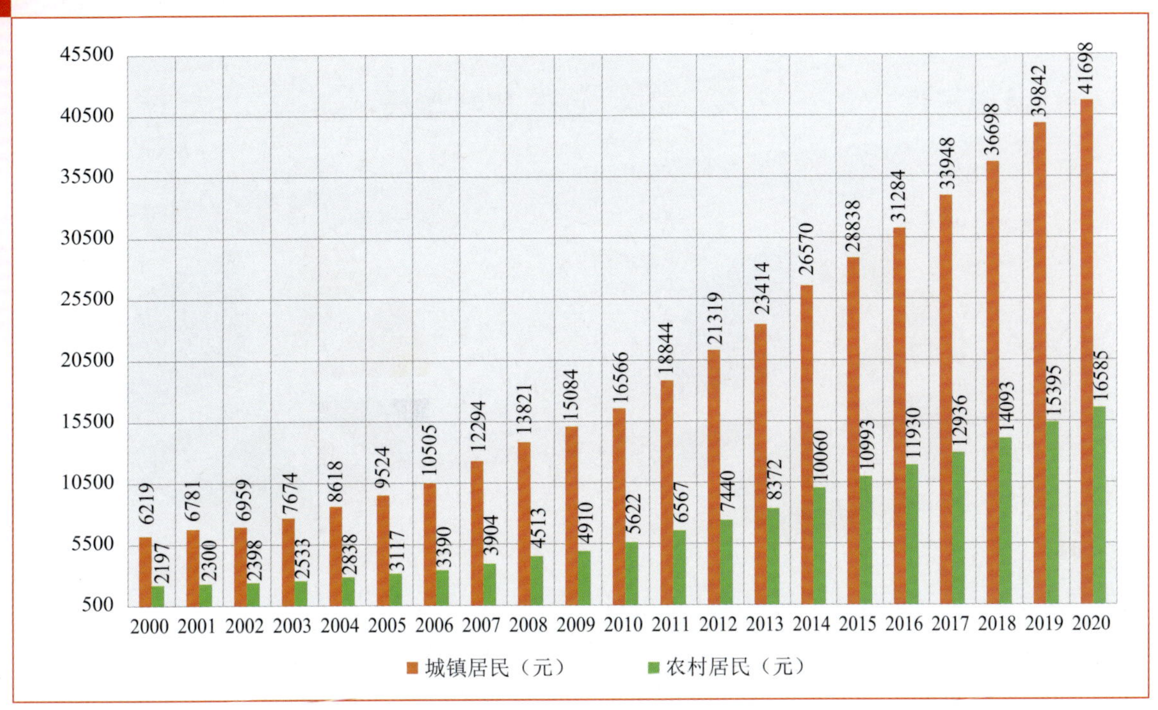

2 湖南省城乡居民人均消费支出

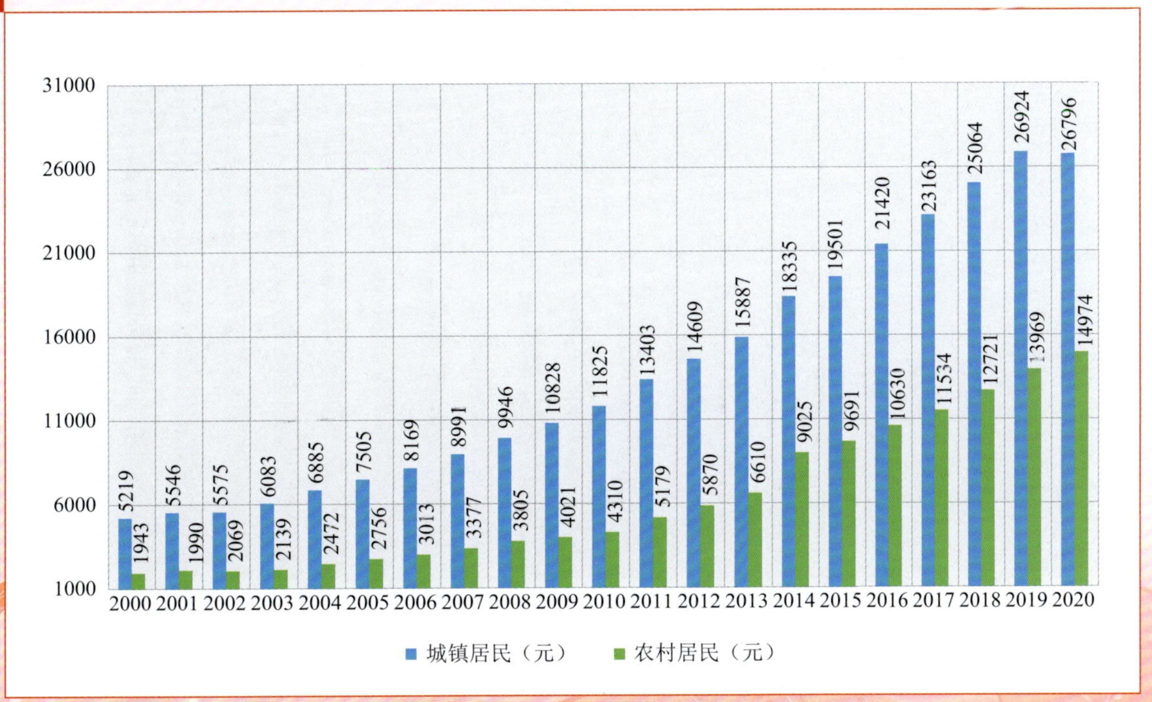

3 湖南省城乡居民消费支出构成（2020年）

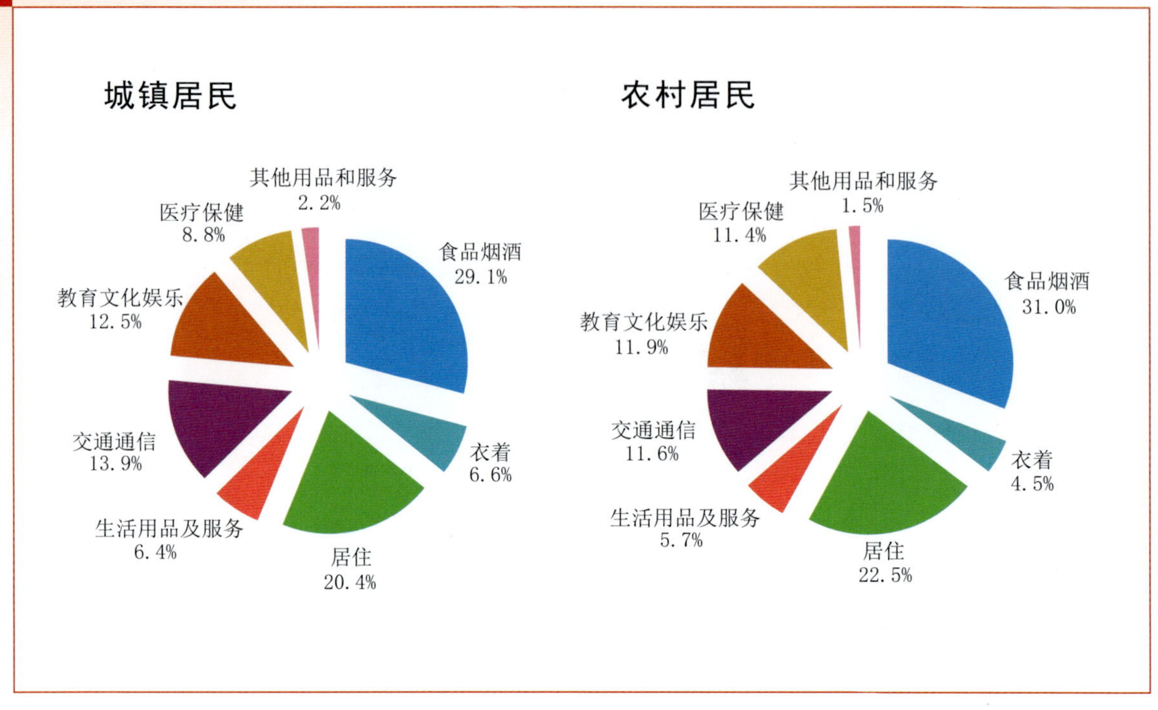

4 湖南省城乡居民人均住房面积

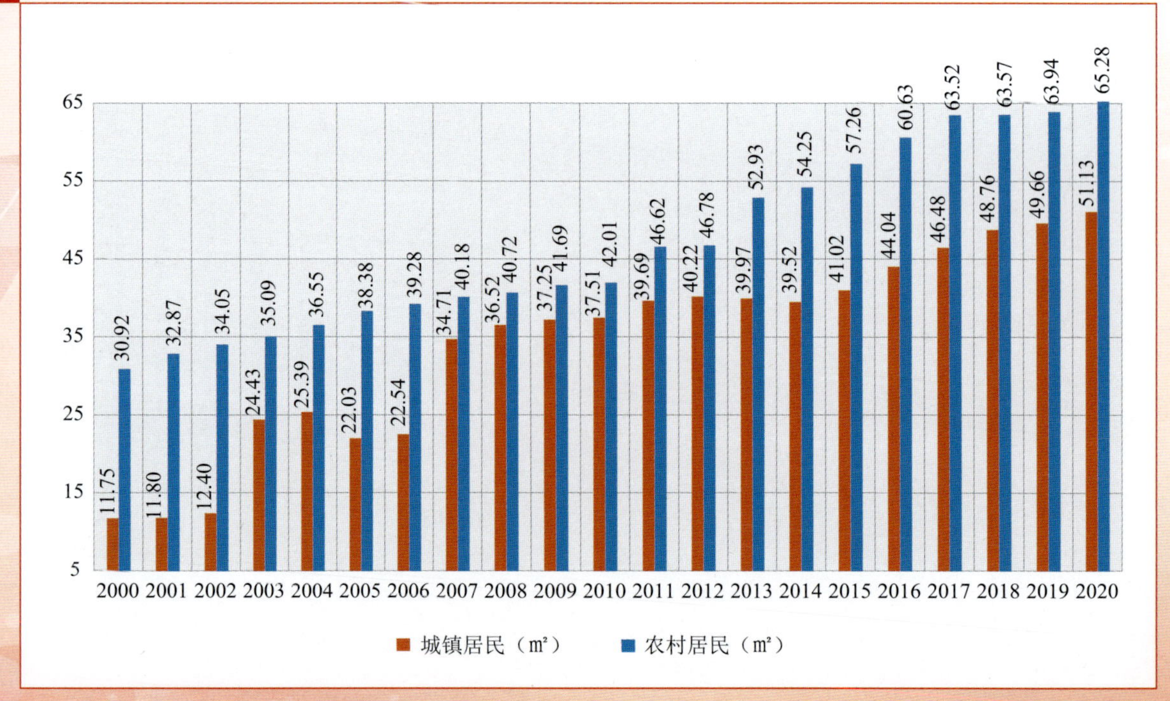

5 湖南省居民消费和零售价格指数

6 湖南省城市与农村居民消费价格指数

7 湖南省城市与农村居民商品零售价格指数

8 湖南省消费和商品零售价格同比指数（2020 年）

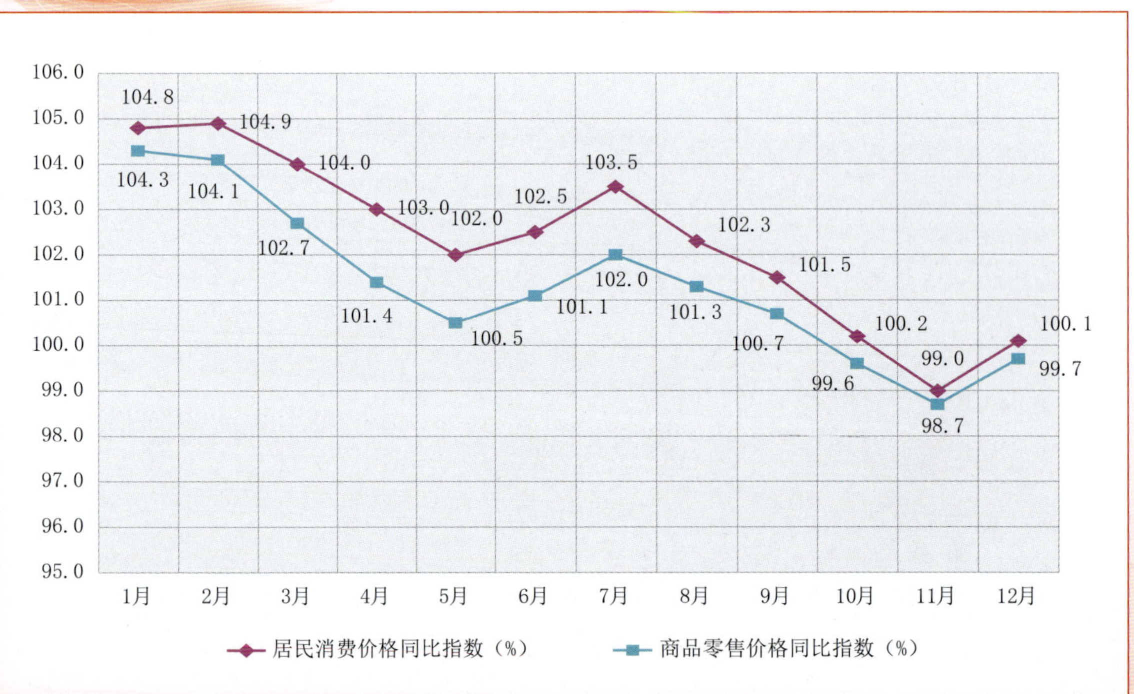

9 湖南省消费和商品零售价格环比指数（2020 年）

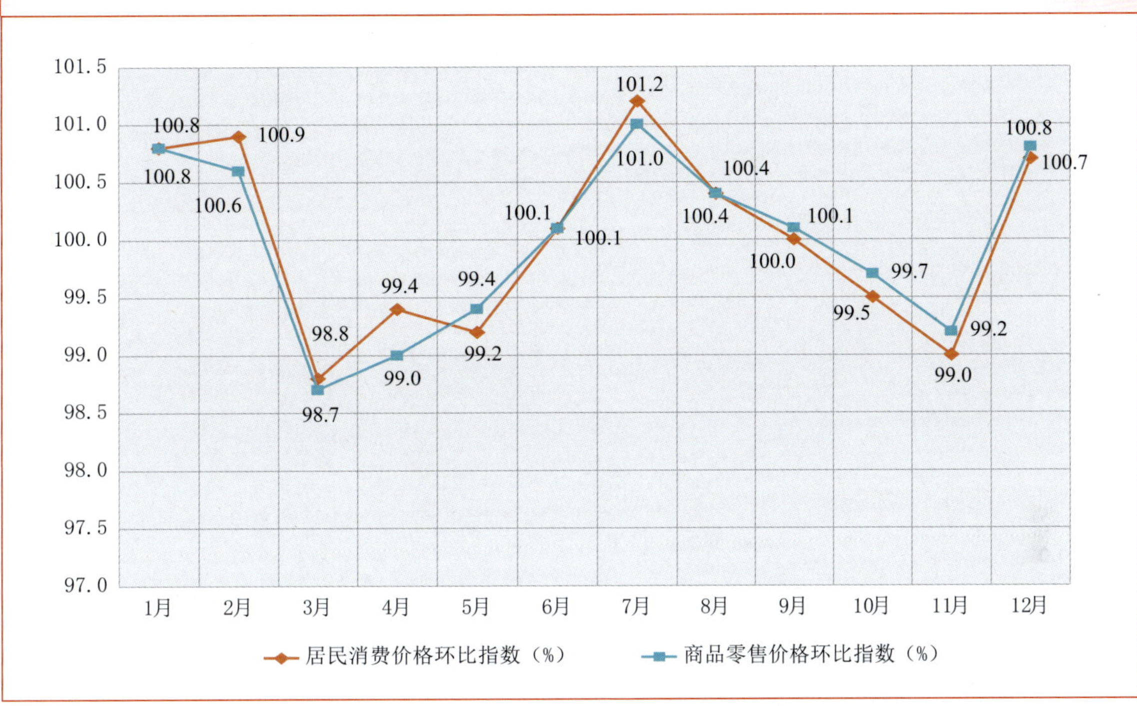

10 湖南省工业生产者出厂和购进价格指数

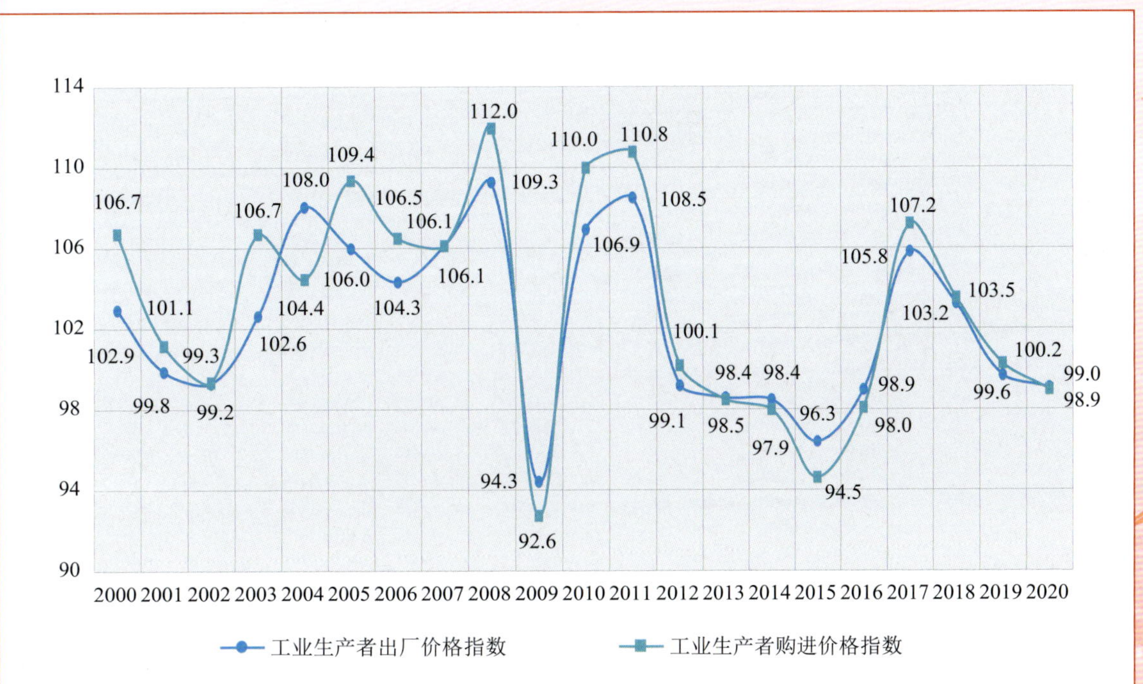

11 湖南省工业生产者出厂和购进价格同比指数(2020年)

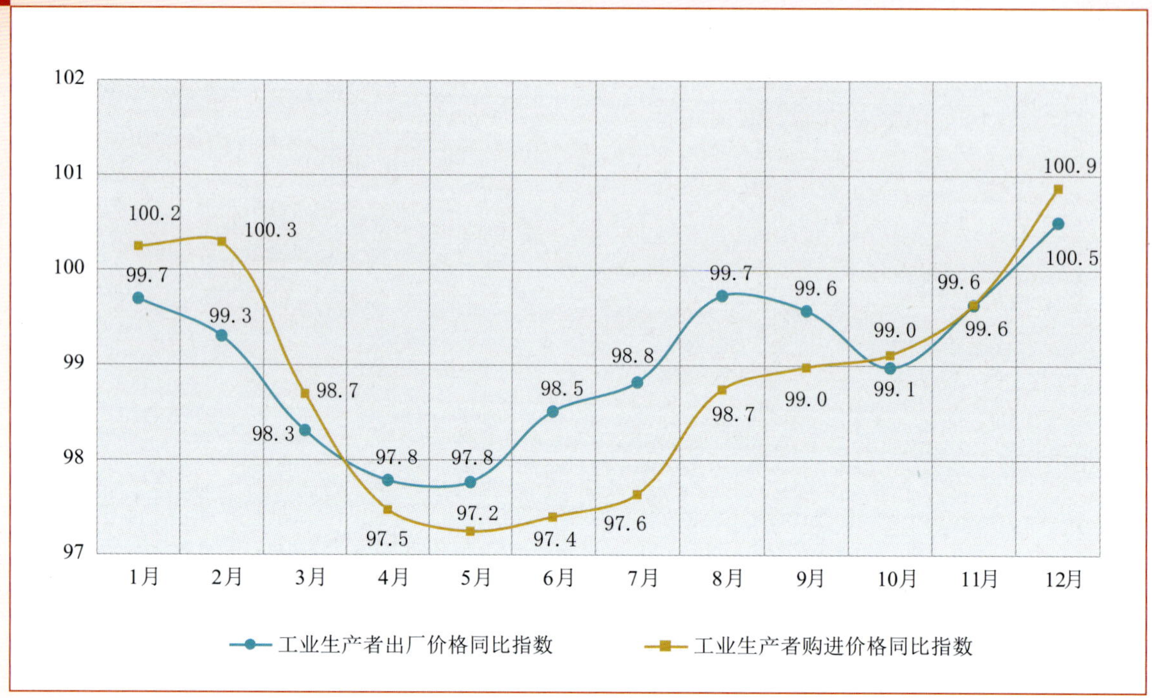

12 湖南省工业生产者出厂和购进价格环比指数(2020年)

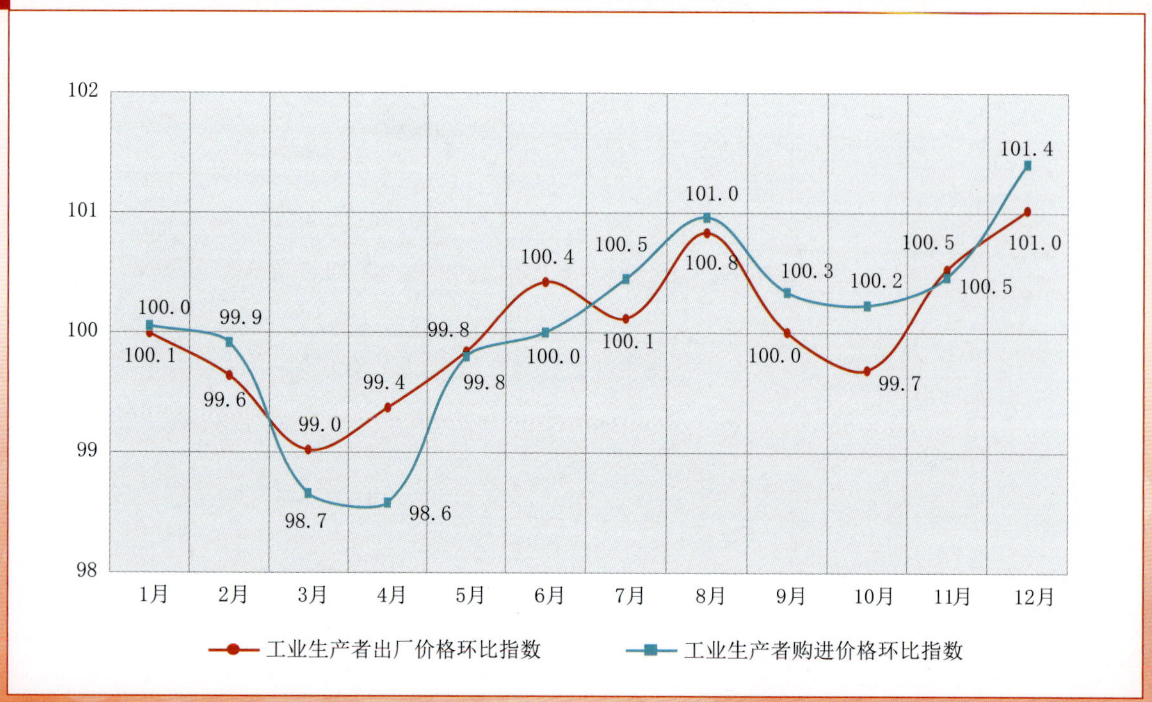

13 湖南省粮食播种面积和粮食总产量

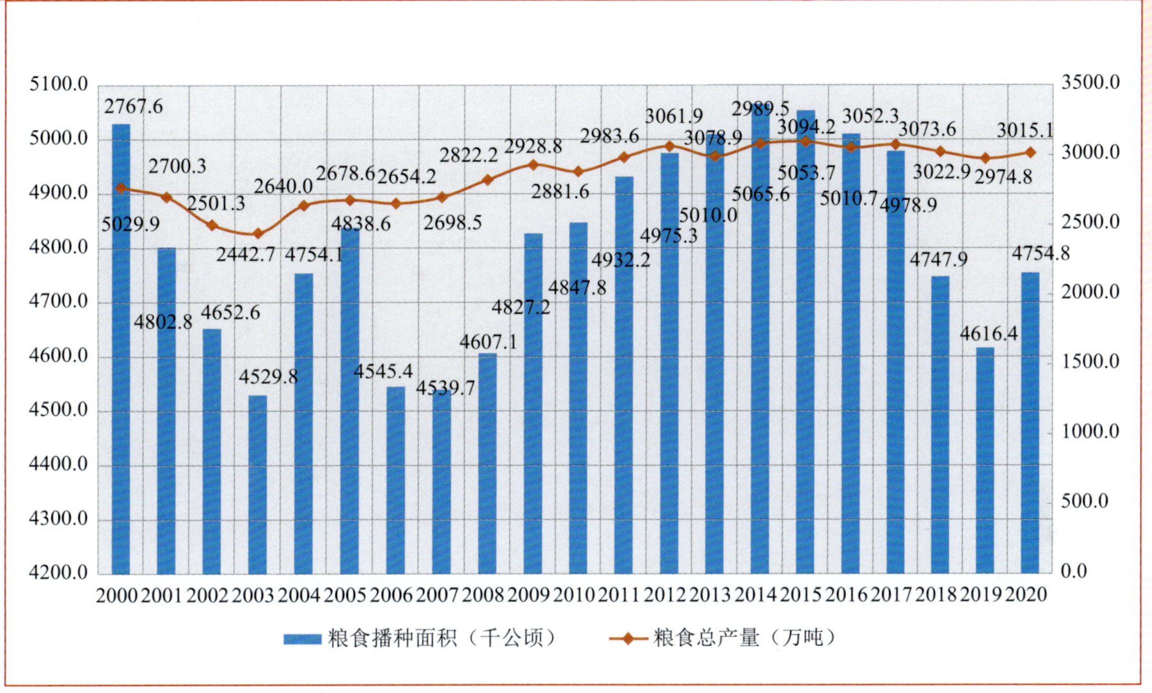

14 湖南省棉花播种面积和棉花总产量

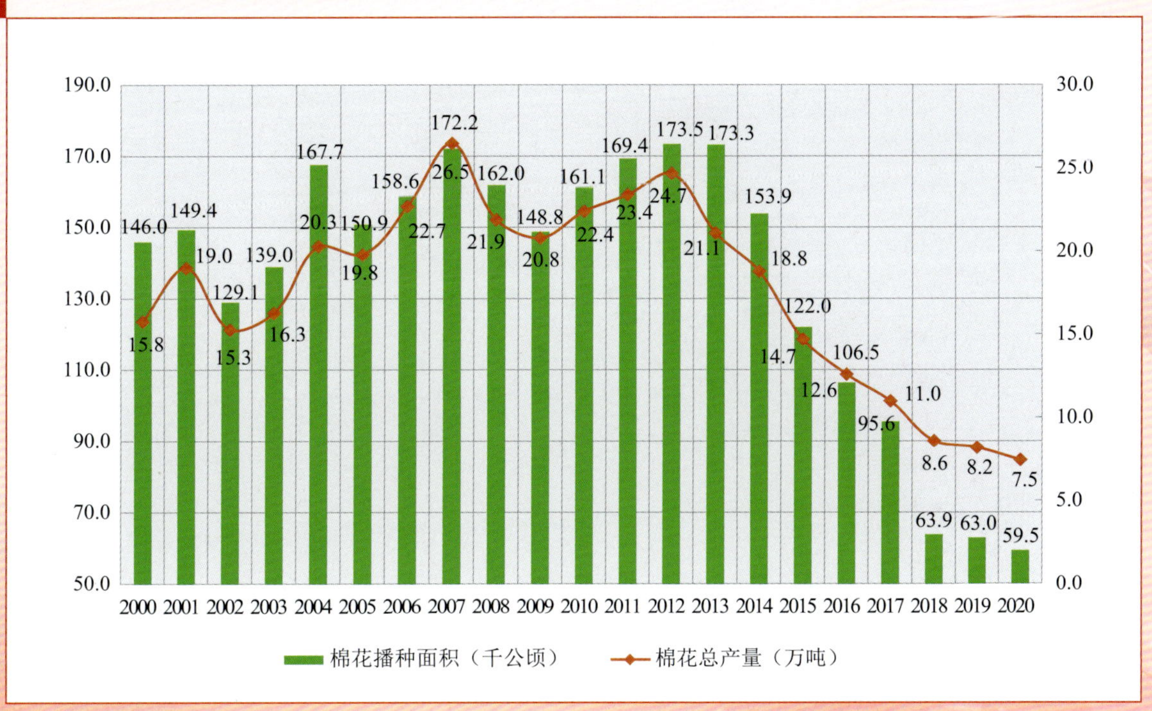

15 湖南省生猪出栏量（万头）

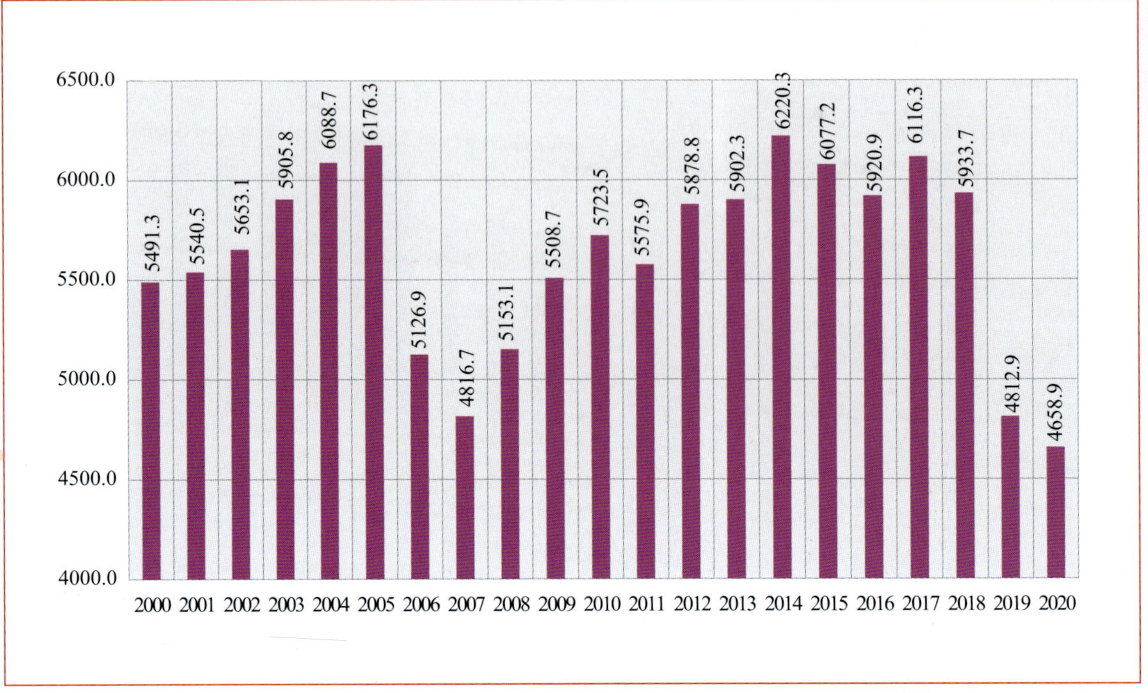

16 湖南省制造业采购经理指数（2020 年）

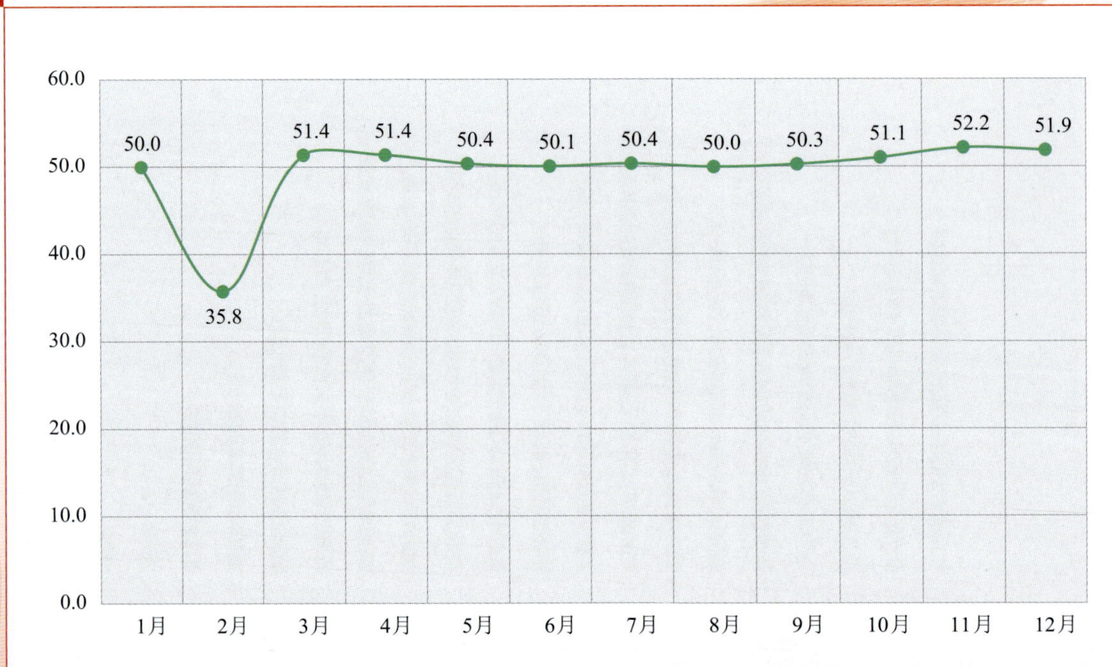

编辑委员会

编辑工作人员

编者说明

一、《湖南调查年鉴—2021》是一部反映湖南省经济社会发展情况的抽样调查资料年刊，收录了全省和市、州、县 2020 年经济和社会发展有关方面大量的统计调查数据，以及重要历史年份和改革开放以来的主要统计调查数据，是一本党政部门、企事业单位、经济工作者、教学科研人员的重要工具书。

二、本年鉴正文内容调整为 5 个部分，即：1.综合；2.住户调查；3.价格调查；4.农业调查；5.监测调查。附录部分有两个方面的内容，即：1.各省（直辖市、自治区）主要社会经济指标；2.主要统计调查项目和主要统计指标解释。

三、本年鉴以国家统计局湖南调查总队的常规统计调查资料为主，根据需要，增加了国家统计局反馈资料加工的各省（直辖市、自治区）主要社会经济指标以及由相关单位公开资料加工的主要社会经济指标。

四、本年鉴所使用的度量衡单位均采用国际标准计量单位，根据用户需要，同时增加了部分习惯计量单位，总量指标计算所采用的价格均为现行价格。

五、本年鉴中部分数据合计数或相对数由于单位取舍不同而产生的计算误差，均未作机械调整。

六、符号使用说明：

“#”表示其中的主要项；

“空格”表示该项统计指标数据不足本表最小单位数、数据不详或无该项数据。

目　录

一、综合

二、住户调查

三、价格调查

四、农业调查

五、监测调查

附录一　各省（自治区、直辖市）主要社会经济指标

附录二

国家统计局湖南调查总队
2020年湖南民生调查数据（新闻稿）

国家统计局湖南调查总队

2021年1月19日

2020年是极不平凡的一年，面对严峻复杂的国内外环境特别是新冠肺炎疫情的严重冲击，全省上下坚持以习近平新时代中国特色社会主义思想为指导，认真贯彻落实习近平总书记考察湖南的重要讲话精神，坚持稳中求进工作总基调，统筹疫情防控和经济社会发展，扎实做好“六稳”工作，全面落实“六保”任务，全省经济稳步回升，民生保障有力有效，主要民生经济目标任务完成情况好于预期。

一、粮食产量和播种面积双增长

粮食总产量重回600亿斤以上。全省粮食总产量3015万吨（603亿斤），比上年增加40万吨（8亿斤），增长1.4%。水稻产量2639万吨（528亿斤），增长1.1%，其中，早稻产量719万吨（144亿斤），增长8.7%，晚稻产量810万吨（162亿斤），增长9.0%。

粮食播种面积实现强劲恢复性增长，扭转连续5年下滑的趋势。全省粮食播种面积4755千公顷（7132万亩），比上年增加138千公顷（208万亩），增长3.0%，对全国粮食播种面积增长的贡献率达19.7%。双季稻播种面积大幅增长，其中，早稻播种面积1226千公顷（1839万亩），增长12.0%，晚稻播种面积1292千公顷（1938万亩），增长11.5%。

二、生猪产能持续较快恢复

生猪出栏量排名中部六省第一，存栏量排名第二。全年生猪出栏4658.9万头，恢复到2017年的76.2%。2020年末，全省生猪存栏3734.6万头，同比增长38.4%，超额完成全省任务，恢复到2017年的94.1%，其中，能繁母猪351.6万头，同比增长41.7%，恢复到2017年的88.8%。

生猪调出大县数位列全国第一。2020年，全省共64个生猪调出大县，年末存栏3088.6万头，占全省存栏总量的82.7%，生猪出栏3837.1万头，占全省出栏总量的82.4%，调出大县在全省生猪生产中作用突出。

全年牛羊禽肉产量114.8万吨，比上年增长6.0%；禽蛋产量118.8万吨，增长3.6%；猪肉产量337.3万吨，下降3.1%。

三、居民收入增长幅度高于全国

2020 年，全省居民人均可支配收入 29380 元，比上年增长 6.1%，高于全国平均水平 1.4 个百分点。

四大类收入同步发力，均有不同程度增长。其中，工资性收入 14665 元，比上年增长 5.4%；经营净收入 6034 元，增长 7.6%；财产净收入 2226 元，增长 6.6%；转移净收入 6455 元，增长 6.5%。经营净收入增长较快。

按常住地分，城镇居民人均可支配收入 41698 元，比上年增长 4.7%；农村居民人均可支配收入 16585 元，增长 7.7%，高于城镇 3.0 个百分点。城乡居民收入差距继续缩小，人均收入比值为 2.51，比上年缩小 0.08。

按区域分，长株潭地区（长沙、株洲、湘潭）居民人均可支配收入 45273 元，增长 5.6%；洞庭湖地区（岳阳、常德、益阳）26695 元，增长 6.3%；湘南地区（衡阳、郴州、永州）27171 元，增长 6.2%；大湘西地区（邵阳、怀化、张家界、娄底、湘西）20323 元，增长 6.6%。大湘西地区居民人均可支配收入增长较快。

贫困地区居民收入增长更快。全省 51 个脱贫摘帽县农村居民人均可支配收入 12406 元，增长 9.4%，高于全省农村居民收入平均增速 1.7 个百分点。

四、居民消费加快复苏

2020 年，全省居民人均生活消费支出 20998 元，比上年增长 2.5%，增速较上半年加快 2.8 个百分点。分类别看，生活用品及服务支出 1289 元，增长 5.1%，其他用品和服务支出 416 元，增长 5.2%，这两类支出增速较上半年分别加快 0.6 个百分点和 4.2 个百分点；交通通信支出 2745 元，增长 8.2%，医疗保健支出 2035 元，增长 3.7%，这两类支出增速由负转正，分别比上半年加快 11.7 个百分点和 5.8 个百分点；衣着支出 1237 元，下降 2.0%，教育文化娱乐支出 2587 元，下降 14.3%，这两类支出降幅分别比上半年收窄 3.9 个百分点和 16.5 个百分点。食品烟酒支出 6252 元，增长 8.3%，居住支出 4436 元，增长 3.0%，受价格涨幅放缓影响，这两类支出增幅分别比上半年回落 3.3 个百分点和 1.8 个百分点。

按常住地分，城镇居民人均生活消费支出 26796 元，比上年下降 0.5%，降幅比上半年收窄 2.2 个百分点；农村居民人均生活消费支出 14974 元，增长 7.2%，增幅较上半年扩大 4.0 个百分点。

五、居民消费价格涨幅回落

2020 年，全省居民消费价格比上年上涨 2.3%，低于上年 2.9%的涨幅，也低于 3.5%左右的全年预期目标。居民消费价格指数比全国平均水平低 0.2 个百分点，按从高到低排序，在中部六省排名第 6 位。分类别看，呈现“四涨三跌一平”态势，其中，食品烟酒价格上涨 8.3%，其他用品和服务上涨 3.6%，医疗保健上涨 1.0%，衣着上涨 0.2%；交通和通信下降 3.3%，居住下降 0.9%，生活用品及服务下降 0.1%；教育文化和娱乐持平。在食品烟酒价格中，粮食价格上涨 1.1%，猪肉价格上涨 46.8%；鲜瓜果价格下降 11.0%，蛋类价格下降 3.9%。

总的来看，2020 年湖南民生发展稳定恢复，“六稳”“六保”任务落实取得新成效。同时也要看到，经济恢复进程中新老问题交织，民生经济发展仍面临不少挑战。下阶段，要坚持以习近平新时代中国特色社会主义思想为指导，深入贯彻落实党的十九届五中全会和中央、省委经济工作会议精神，以满足人民日益增长的美好生活需要为根本目的，大力实施“三高四新”战略，坚持精准施策，巩固拓展疫情防控和经济社会发展成果，确保“十四五”开好局、起好步，以优异成绩庆祝建党 100 周年。

一、综　合

资料整理人员：周志林

1-1　国民经济和社会发展总量指标

指　　标	2012	2013	2014	2015	2016	2017	2018	2019	2020
年末常住人口(万人)	6638.93	6690.6	6737.2	6783.0	6822.0	6860.2	6898.8	6918.4	6644.5
#城镇人口	3097.06	3208.81	3320.1	3451.9	3598.6	3747.0	3864.7	3958.7	3904.6
乡村人口	3541.87	3481.79	3417.1	3331.1	3223.4	3113.1	3034.1	2959.7	2739.9
生产总值(亿元)	22154.2	24501.67	27048.5	29047.2	31244.7	34590.6	36425.8	39752.1	41781.5
第一产业	3004.2	3099.23	3148.8	3331.6	3578.4	3690.0	3083.6	3646.9	4240.4
第二产业	10506.4	11517.35	12481.9	12955.4	13181.0	14145.5	14453.5	14947.0	15937.7
第三产业	8643.6	9885.09	11417.8	12760.2	14485.3	16755.1	18888.7	21158.2	21603.4
人均生产总值(元)	33480	36763	40287	42968	45931	50563	52949	57540	62900.0
国内社会消费品零售总额(亿元)	7854.9	8940.64	10081.9	12024.0	13436.5	14854.9	15638.3	17239.5	16258.1
地方财政收入(亿元)	1776	2023.61	2259.9	2513.1	2697.9	2756.7	2860.7	3007.0	3008.7
一般公共预算支出(亿元)	4085.9	4635.5	5024.5	5684.5	6337.0	6857.7	4843.0	8034.1	8402.7
物价指数(以上年为100)									
居民消费价格指数	102	102.5	101.9	101.4	101.9	101.4	102.0	102.9	102.3
商品零售价格指数	101.7	101.7	101.2	99.9	101.0	101.3	102.3	102.3	101.3
农业生产资料价格指数	104.7	102.3	100.2	104.1	101.7	101.0	102.7	102.5	103.5
工业生产者出厂价格指数	99.1	98.5	98.4	96.3	98.9	105.8	103.2	99.6	99.0
工业生产者购进价格指数	100.1	98.4	97.9	94.5	98.0	107.2	103.5	100.2	98.9
农产品生产价格指数	100.2	102.1	98.6	104.1	104.7	98.0	95.4	118.0	123.3
农作物总播种面积(千公顷)									
粮食	4908	4936.6	4975.1	4944.7	4890.6	4862.5	4747.9	4616.4	4754.8
早稻	1424.7	1446.7	1453.3	1444.9	1420.5	1383.1	1238.2	1094.6	1225.7
中稻	1183.4	1171.8	1173.7	1178.5	1206.2	1233.1	1472.5	1602.1	1476.1
晚稻	1487	1466.6	1493.8	1490.7	1458.8	1432.6	1298.3	1158.5	1292.0
棉花	172.7	159.6	130.1	113.7	103.6	92.9	63.9	63.0	59.5
主要农牧业产品产量									
粮食(万吨)	3006.5	2925.74	3001.3	3002.9	2953.1	2984.0	3022.9	2974.8	3015.1
早稻	818.7	860.5	854.8	858.9	834.1	808.5	755.5	661.4	718.7
中稻	858.1	770.4	816.5	822.7	832.4	895.3	1086.7	1206.8	1110.2
晚稻	954.8	730.7	962.7	963.2	935.9	923.0	831.8	743.3	810.0
棉花(万吨)	25.1	19.8	12.9	14.5	12.3	10.6	8.6	8.2	7.5
生猪出栏头数(万头)	5920.4	5951.0	6279	6141.7	5990.8	6116.3	5993.7	4812.9	4658.9
牛出栏头数(万头)	131.1	136.8	139.1	142.5	143.4	147.0	152.7	162.5	174.6
禽出笼只数(万羽)	41686	41324.9	40089.6	41528.0	42732.9	42263.8	42476.7	51057.0	54403.6
生活及消费(元/人)									
全体居民可支配收入			17621.7	19317.5	21114.8	23102.7	25241.0	27680.0	29379.9
城镇居民可支配收入	21318.8	24352.0	26570.2	28838.1	31283.9	33947.9	36698.0	39842.0	41697.5
城镇居民消费性支出	14609	16867.3	18334.7	19501.4	21420.0	23162.6	25064.0	26924.0	26796.4
农村居民可支配收入(纯收入)	7440.17	9028.6	10060.2	10992.5	11930.4	12935.8	14093.0	15395.0	16584.6
农民生活消费支出	5870.12	7832.6	9024.8	9690.6	10629.9	11533.6	12721.0	13969.0	14974.0

注：1.本表价值量指标均按当年价格计算。
2.粮食产量1988年起为抽样调查数，棉花产量1998年起为抽样调查数。
3.从2011年开始人口数为常住人口。
4.归口统计局的数据为统计公报数(下同)。

1-2 国内生产总值

单位：亿元

年 份	国内生产总值			
		第一产业	第二产业	第三产业
1978	146.99	59.83	59.82	27.34
1979	178.01	79.40	68.42	30.19
1980	191.72	81.14	76.99	33.59
1981	209.68	93.29	77.78	38.61
1982	232.52	107.99	82.51	42.02
1983	257.43	117.79	93.37	46.27
1984	287.29	128.28	104.34	54.67
1985	349.95	147.72	127.08	75.15
1986	397.68	165.28	143.31	89.09
1987	469.44	187.09	172.45	109.90
1988	584.07	217.03	221.28	145.76
1989	640.80	234.31	238.15	168.34
1990	744.44	279.09	249.98	215.37
1991	833.30	301.02	281.95	250.33
1992	986.98	323.91	337.17	325.90
1993	1244.71	383.68	470.05	390.98
1994	1650.02	532.89	589.72	527.41
1995	2132.13	685.30	770.67	676.16
1996	2540.13	793.98	920.06	826.09
1997	2849.27	855.75	1041.79	951.73
1998	3025.53	828.31	1123.08	1074.14
1999	3214.54	778.25	1192.99	1243.30
2000	3551.49	784.92	1293.18	1473.39
2001	3831.90	825.73	1412.82	1593.35
2002	4151.54	847.25	1523.50	1780.79
2003	4659.99	886.47	1777.74	1995.78
2004	5641.94	1156.80	2190.54	2294.60
2005	6511.34	1255.08	2596.71	2659.55
2006	7568.89	1332.23	3151.70	3084.96
2007	9200.00	1626.52	3916.44	3657.04
2008	11156.64	2007.40	4933.08	4216.16
2009	13059.69	1969.69	5687.19	5402.81
2010	16037.96	2325.50	7343.19	6369.27
2011	19635.19	2733.66	9324.73	7576.80
2012	22154.20	3004.20	10506.40	8643.60
2013	24501.67	3099.23	11517.35	9885.09
2014	27048.5	3148.8	12481.9	11417.8
2015	29047.2	3331.6	12955.4	12760.2
2016	31244.7	3578.4	13181.0	14485.3
2017	34590.56	3689.96	14145.49	16755.11
2018	36425.78	3083.59	14453.54	18888.65
2019	39752.12	3646.95	14946.98	21158.19
2020	41781.5	4240.4	15937.7	21603.4

注：本表按当年价格计算。

1-3 国内生产总值分产业构成

单位：%

年 份	第一产业	第二产业	第三产业
1978	40.7	40.7	18.6
1979	44.6	38.4	17.0
1980	42.3	40.2	17.5
1981	44.5	37.1	18.4
1982	46.4	35.5	18.1
1983	45.8	36.3	17.9
1984	44.7	36.3	19.0
1985	42.2	36.3	21.5
1986	41.6	36.0	22.4
1987	39.9	36.7	23.4
1988	37.2	37.9	24.9
1989	36.6	37.2	26.2
1990	37.5	33.6	28.9
1991	36.1	33.8	30.1
1992	32.8	34.2	33.0
1993	30.8	37.8	31.4
1994	32.3	35.7	32.0
1995	32.1	36.1	31.8
1996	31.3	36.2	32.5
1997	30.0	36.6	33.4
1998	27.4	37.1	35.5
1999	24.2	37.1	38.7
2000	22.1	36.4	41.5
2001	21.5	36.9	41.6
2002	20.4	36.7	42.9
2003	19.0	38.1	42.9
2004	20.5	38.8	40.7
2005	19.3	39.9	40.8
2006	17.6	41.6	40.8
2007	17.7	42.6	39.7
2008	18.0	44.2	37.8
2009	15.1	43.5	41.4
2010	14.5	45.8	39.7
2011	13.9	47.5	38.6
2012	13.6	47.4	39.0
2013	12.6	47.0	40.3
2014	11.6	46.2	42.2
2015	11.5	44.6	43.9
2016	11.5	42.2	46.4
2017	10.7	40.9	48.4
2018	8.5	39.7	51.8
2019	9.2	37.6	53.2
2020	10.1	38.2	51.7

1-4 总人口(年底数)

年 份	总人口(万人)	男	女	城镇	乡村	性别比(女=100)	城镇化水平(%)
1950	3074.34	1601.97	1472.37	245.79	2828.55	108.80	7.99
1955	3472.83	1831.58	1641.25	327.94	3144.89	111.60	9.44
1960	3569.37	1857.07	1712.30	404.63	3164.74	108.45	11.34
1965	3901.47	2022.78	1878.69	405.64	3495.83	107.67	10.40
1970	4480.76	2324.73	2156.03	481.97	3998.79	107.82	10.76
1975	4991.36	2594.18	2397.18	531.82	4459.54	108.22	10.65
1980	5280.95	2740.40	2540.55	671.05	4609.90	107.87	12.71
1985	5622.49	2928.44	2694.05	915.90	4706.59	108.70	16.29
1986	5695.73	2966.85	2728.88	963.15	4732.58	108.72	16.91
1987	5782.61	3012.59	2770.02	1003.28	4779.33	108.76	17.35
1988	5915.68	3079.65	2836.03	1044.12	4871.56	108.59	17.65
1989	6013.62	3130.76	2882.86	1049.25	4964.37	108.60	17.45
1990	6110.89	3178.31	2932.58	1072.46	5038.43	108.38	17.55
1991	6166.33	3208.42	2957.91	1147.86	5018.47	108.47	18.61
1992	6207.78	3231.73	2976.05	1217.74	4990.04	108.59	19.62
1993	6245.58	3249.20	2996.38	1205.95	5039.63	108.44	19.31
1994	6302.58	3279.07	3023.51	1356.56	4946.02	108.45	21.52
1995	6392.00	3322.27	3069.73	1550.99	4841.01	108.23	24.26
1996	6428.00	3339.25	3088.75	1606.95	4821.05	108.11	25.00
1997	6465.00	3356.43	3108.57	1629.00	4836.00	107.97	25.20
1998	6502.00	3374.33	3127.67	1684.00	4818.00	107.89	25.90
1999	6532.00	3389.32	3142.68	1724.00	4808.00	107.85	26.39
2000	6562.05	3422.77	3139.28	1952.21	4609.84	109.03	29.75
2001	6595.85	3409.72	3186.13	2031.52	4564.33	107.02	30.80
2002	6628.50	3433.56	3194.94	2121.12	4507.38	107.47	32.00
2003	6662.80	3453.33	3209.47	2232.04	4430.76	107.60	33.50
2004	6697.70	3470.75	3226.95	2377.68	4320.02	107.56	35.50
2005	6732.10	3490.59	3241.51	2490.88	4241.22	107.68	37.00
2006	6768.10	3513.35	3254.75	2619.93	4148.17	107.95	38.71
2007	6805.70	3533.87	3271.83	2752.91	4052.79	108.01	40.50
2008	6845.20	3549.30	3295.90	2885.25	3959.95	107.69	42.10
2009	6900.20	3583.24	3316.96	2980.89	3919.31	108.03	43.20
2010	7089.53	3674.49	3415.04	3069.77	4019.76	107.60	43.30
2011	7135.60	3699.10	3436.50	3218.16	3917.44	107.64	45.10
2012	6638.93	3415.68	3223.25	3097.06	3541.87	105.97	46.65
2013	6690.60	3451.50	3239.10	3208.81	3481.79	106.56	47.96
2014	6737.2	3471.1	3266.1	3320.1	3417.1	106.28	49.28
2015	6783.0	3496.1	3286.9	3451.9	3331.1	106.36	50.89
2016	6822.0	3517.6	3304.4	3598.6	3223.4	106.45	52.75
2017	6860.2	3534.8	3325.4	3747.0	3113.1	106.30	54.62
2018	6898.8	3558.4	3340.4	3864.7	3034.1	106.53	56.02
2019	6918.4	3571.0	3347.4	3958.7	2959.7	106.68	57.22
2020	6644.49	3399.57	3244.92	3904.62	2739.87	104.77	58.76

注：2012年起，总人口指标调整为常住人口。

1-5　主要年份城乡居民生活发展状况

指　标	2010		2013		2014		2015	
	城镇	农村	城镇	农村	城镇	农村	城镇	农村
户均常住人口(人)	2.90	3.88	2.94	3.97	2.90	3.19	3.00	3.28
居民可支配收入(元/人)	16565.70	5621.96	24351.99	9028.55	26570.2	10060.17	28838.10	10992.5
居民生活消费支出(元/人)	11825.33	4310.37	16867.25	7832.64	18334.7	9024.84	19501.40	9690.6
恩格尔系数(%)	36.55	48.44	31.56	34.59	30.5	34.30	31.10	32.9
教育文化娱乐支出(元/人)	1418.85	315.93	2016.38	733.77	2537.5	1112.12	2934.10	1276.4
交通通信支出(元/人)	1541.40	343.82	2141.20	798.84	2462.1	871.88	2430.20	920.2
医疗保健支出(元/人)	776.85	293.59	1022.80	747.08	1209.8	771.41	1174.60	844.1
就业者负担人数(人)	2.07	1.36	1.95	1.51	1.81	1.50	1.90	1.50
居住面积(平方米/人)	37.51	42.01	39.97	52.93	39.52	54.25	41.02	57.26
耐用消费品拥有量(台/百户)								
彩色电视机	125.80	96.08	115.03	113.72	116.58	112.17	115.23	112.53
普通电话	72.00	54.56	41.34	24.07	48.91	27.93	39.26	19.70
移动电话	169.53	122.87	213.37	238.60	223.81	227.35	235.36	242.07
家用电脑	52.68	4.39	65.77	18.49	71.28	19.34	76.66	19.76
汽车	7.69	0.84	17.99	5.47	21.05	5.94	25.27	8.09
空调器	108.37	10.54	121.92	33.33	129.24	34.00	139.61	36.19

1-5　续表

指　标	2016		2017		2018		2019		2020	
	城镇	农村	城镇	农村	城镇	农村	城镇	农村	城镇	农村
户均常住人口(人)	3.10	3.22	3.03	3.18	3.17	3.23	3.15	3.18	3.15	3.23
居民收入(元/人)	31283.9	11930.4	33947.9	12935.8	36698.3	14092.5	39841.9	15394.8	41697.5	16584.6
居民生活消费支出(元/人)	21420.0	10629.9	23162.6	11533.6	25064.2	12720.5	26924.0	13968.8	26796.4	14974.0
恩格尔系数(%)	29.91	31.71	28.43	30.53	27.33	29.20	27.85	28.81	29.13	30.96
教育文化娱乐支出(元/人)	3406.1	1477.3	3972.9	1710.2	3924.5	1678.6	4172.2	1851.0	3360.8	1783.8
交通通信支出(元/人)	2837.1	1083.1	2904.6	1234.5	3220.3	1449.7	3425.2	1642.9	3722.5	1730.5
医疗保健支出(元/人)	1362.6	986.5	1693.0	1171.8	2034.5	1385.5	2305.2	1614.5	2350.5	1706.6
就业者负担人数(人)	1.96	1.68	1.98	1.71	2.03	1.83	2.02	1.87	2.06	1.95
居住面积(平方米/人)	44.04	60.63	46.48	63.52	48.76	63.57	49.66	63.94	51.13	65.28
耐用消费品拥有量(台/百户)										
彩色电视机	117.21	114.03	119.14	115.45	119.81	113.36	120.07	115.00	119.61	115.93
普通电话	31.57	16.49	30.03	17.89	15.32	11.33	9.96	7.83	7.80	5.25
移动电话	249.52	259.48	253.98	267.22	272.68	285.56	274.79	286.00	274.75	288.45
家用电脑	78.29	20.57	79.62	22.18	74.94	27.43	74.93	27.25	73.46	27.73
家用汽车	32.02	11.25	34.32	12.46	33.10	12.51	36.33	14.62	43.24	20.96
空调器	154.97	42.32	159.76	45.87	179.96	65.83	184.98	71.79	182.84	72.38

二、住户调查

资料整理人员：王 璐　肖宇旻

2-1 湖南居民收支与生活状况调查基本情况

指　　标	2015	2016	2017	2018	2019	2020
基本情况						
户均常住人口(人/户)	3.09	3.13	3.11	3.20	3.16	3.19
户均常住从业人口(人/户)	1.76	1.74	1.69	1.66	1.63	1.59
平均每户家庭从业人口比重(%)	56.88	55.50	54.58	51.88	51.47	62.89
平均每一从业人口负担人数(包括从业者本人)(人)	1.76	1.80	1.83	1.93	1.94	2.01
住户成员受教育程度(6岁以上)(%)						
未上过学	2.83	2.52	2.63	3.13	2.98	2.83
小学	25.33	25.71	28.51	28.92	28.26	28.48
初中	36.68	36.79	33.83	33.43	33.69	33.56
高中	21.08	20.18	20.24	18.96	19.38	19.31
大学专科	8.37	8.65	8.57	8.71	8.78	8.76
大学本科及以上	5.71	6.14	6.22	6.85	6.91	7.07
常住从业人员就业类型(%)						
雇主	1.57	1.52	1.02	0.77	0.71	0.32
公职人员	3.67	3.30	3.53	3.99	4.30	4.04
事业单位人员	5.91	6.16	6.29	6.28	6.19	5.96
国有企业雇员	4.75	4.46	4.18	3.13	3.04	2.80
其他雇员	35.61	36.31	38.41	42.14	43.38	43.00
农业自营	37.01	35.59	34.02	31.15	29.09	29.76
非农自营	11.49	12.67	12.55	12.54	13.29	14.11
常住从业人员从事主要行业(%)						
第一产业	38.19	36.76	35.23	32.22	30.07	30.74
第二产业	20.67	20.64	20.49	20.13	20.14	19.90
第三产业	41.14	42.60	44.28	47.65	49.79	49.36
常住劳动力文化程度(%)						
未上过学	2.09	1.76	1.68	2.28	2.11	2.26
小学	20.84	22.12	21.17	21.62	20.94	21.75
初中	39.51	39.84	39.09	38.11	38.36	38.01
高中	22.73	20.15	22.23	20.82	21.40	20.89
大学专科	9.31	9.60	10.03	10.34	10.29	10.12
大学本科及以上	5.51	6.53	5.80	6.84	6.90	6.99
常住户家庭收入与支出						
居民可支配收入(元/人)	19317.49	21114.79	23102.71	25240.75	27679.71	29379.86
居民现金可支配收入(元/人)	18253.53	20004.05	21807.70	23880.60	26124.33	27229.26
现金可支配收入占可支配收入比重(%)	94.49	94.74	94.39	94.61	94.38	92.68
居民消费支出(元/人)	14267.34	15750.46	17160.40	18807.94	20478.88	20997.62
居民现金消费支出(元/人)	11997.37	13265.77	14507.60	15681.66	17069.05	17337.17
居民现金消费支出占消费支出比重(%)	84.09	84.22	84.54	83.38	83.35	82.57

2-2 湖南居民可支配收入和现金可支配收入

指　标	2015		2016		2017		2018		2019		2020	
	绝对数(元/人)	构成(%)	绝对数(元/人)	构成(%)	绝对数(元/人)	构成(%)	绝对数(元/人)	构成(%)	绝对数(元/人)	构成(%)	绝对数(元/人)	构成(%)
可支配收入	**19317.5**		**21114.8**		**23102.7**		**25240.7**		**27679.7**		**29379.9**	
工资性收入	9827.5	50.9	10796.9	51.1	11836.6	51.2	12797.9	50.7	13917.5	50.3	14664.5	49.9
工资	9262.3	47.9	10151.1	48.1	11132.4	48.2	12258.4	48.6	13311.0	48.1	13990.4	47.6
实物福利	47.4	0.2	56.7	0.3	61.6	0.3	97.4	0.4	101.9	0.4	114.5	0.4
其他	517.8	2.7	589.1	2.8	642.6	2.8	442.2	1.8	504.6	1.8	559.6	1.9
经营净收入	3949.9	20.4	4233.8	20.1	4483.5	19.4	5015.9	19.9	5609.3	20.3	6033.9	20.5
第一产业净收入	1368.4	7.1	1408.5	6.7	1436.4	6.2	1509.0	6.0	1655.7	6.0	1849.2	6.3
农业	971.8	5.0	978.7	4.6	999.8	4.3	1047.3	4.1	1129.5	4.1	1286.3	4.4
林业	96.0	0.5	54.7	0.3	59.7	0.3	106.0	0.4	89.8	0.3	76.0	0.3
牧业	218.0	1.1	312.3	1.5	307.6	1.3	266.4	1.1	320.8	1.2	379.8	1.3
渔业	82.6	0.4	62.8	0.3	69.3	0.3	89.2	0.4	115.7	0.4	107.1	0.4
第二产业经营净收入	452.2	2.3	474.7	2.2	507.1	2.2	589.9	2.3	653.6	2.4	693.1	2.4
第三产业经营净收入	2129.3	11.0	2350.6	11.1	2540.1	11.0	2917.0	11.6	3299.9	11.9	3491.6	11.9
财产净收入	1399.5	7.2	1503.5	7.1	1626.8	7.0	1923.1	7.6	2089.2	7.5	2226.1	7.6
转移净收入	4140.5	21.4	4580.7	21.7	5155.7	22.3	5503.8	21.8	6063.7	21.9	6455.4	22.0
转移性收入	4770.6	24.7	5337.0	25.3	6016.6	26.0	6692.1	26.5	7342.3	26.5	7797.3	26.5
养老金或离退休金	2966.8	15.4	3334.7	15.8	3751.6	16.2	3462.9	13.7	3849.8	13.9	3933.3	13.4
转移性支出	630.0		756.3		860.8		1188.3		1278.6		1341.9	
社会保障支出	461.0		579.2		667.6		898.7		988.6		1092.4	
现金可支配收入	**18253.5**		**20004.1**		**21807.7**		**23880.6**		**26124.3**		**27229.3**	
现金工资性收入	9780.1	53.6	10740.2	53.7	11775.0	54.0	12700.5	53.2	13815.6	52.9	14550.0	53.4
工资	9262.3	50.7	10151.1	50.7	11132.4	51.0	12258.4	51.3	13311.0	51.0	13990.4	51.4
其他工资性收入	517.8	2.8	589.1	2.9	642.6	2.9	442.2	1.9	504.6	1.9	559.6	2.1
现金经营净收入	3662.2	20.1	3994.1	20.0	4160.4	19.1	4933.5	20.7	5462.9	20.9	5419.5	19.9
第一产业净收入	841.9	4.6	931.4	4.7	868.1	4.0	1059.0	4.4	1164.4	4.5	904.9	3.3
农业	532.1	2.9	560.7	2.8	524.1	2.4	687.9	2.9	760.1	2.9	532.3	2.0
林业	49.3	0.3	37.4	0.2	29.4	0.1	70.5	0.3	49.3	0.2	43.6	0.2
牧业	185.2	1.0	279.7	1.4	256.4	1.2	217.2	0.9	242.8	0.9	227.3	0.8
渔业	75.3	0.4	53.7	0.3	58.2	0.3	83.4	0.3	112.2	0.4	101.7	0.4
第二产业净收入	490.4	2.7	523.0	2.6	559.2	2.6	702.6	2.9	734.8	2.8	792.4	2.9
第三产业净收入	2329.9	12.8	2539.7	12.7	2733.1	12.5	3171.9	13.3	3563.7	13.6	3722.2	13.7
现金财产净收入	821.0	4.5	869.3	4.3	945.0	4.3	1070.7	4.5	1167.0	4.5	1268.0	4.7
现金转移净收入	3990.1	21.9	4400.3	22.0	4927.2	22.6	5175.8	21.7	5678.8	21.7	5991.8	22.0
现金转移性收入	4620.1	25.3	5156.7	25.8	5788.0	26.5	6364.2	26.7	6957.4	26.6	7333.7	26.9
养老金或离退休金	2966.8	16.3	3334.7	16.7	3751.6	17.2	3462.9	14.5	3849.8	14.7	3933.3	14.4
现金转移性支出	630.0		756.4		860.8		1188.3		1278.6		1341.9	
社会保障支出	461.0		579.2		667.6		898.7		988.6		1092.4	

2-3 湖南居民消费支出和现金消费支出

指标	2015		2016		2017		2018		2019		2020	
	绝对数（元/人）	构成（%）	绝对数（元/人）	构成（%）	绝对数（元/人）	构成（%）	绝对数（元/人）	构成（%）	绝对数（元/人）	构成（%）	绝对数（元/人）	构成（%）
消费支出	**14267.3**		**15750.5**		**17160.4**		**18807.9**		**20478.9**		**20997.6**	
食品烟酒	4535.5	31.8	4812.0	30.6	5003.6	29.2	5260.0	28.0	5771.0	28.2	6251.7	29.8
衣着	1028.0	7.2	1057.9	6.7	1086.1	6.3	1215.5	6.5	1262.2	6.2	1236.9	5.9
居住	2810.8	19.7	3104.6	19.7	3428.9	20.0	3976.1	21.1	4306.1	21.0	4436.2	21.1
生活用品及服务	883.6	6.2	993.1	6.3	1054.0	6.1	1190.2	6.3	1226.2	6.0	1289.0	6.1
交通通信	1624.6	11.4	1915.5	12.2	2042.6	11.9	2322.9	12.4	2538.5	12.4	2745.5	13.1
教育文化娱乐	2049.7	14.4	2392.7	15.2	2805.1	16.3	2786.2	14.8	3017.4	14.7	2587.3	12.3
医疗保健	998.3	7.0	1165.0	7.4	1424.0	8.3	1705.5	9.1	1961.6	9.6	2034.7	9.7
其他用品和服务	336.8	2.4	309.8	2.0	316.1	1.8	351.5	1.9	395.8	1.9	416.3	2.0
现金消费支出	**11997.4**		**13265.8**		**14507.6**		**15681.7**		**17069.1**		**17337.2**	
食品烟酒	4068.8	33.9	4344.0	32.7	4514.3	31.1	4826.4	30.8	5325.0	31.2	5677.4	32.7
衣着	1027.5	8.6	1057.0	8.0	1085.7	7.5	1214.4	7.7	1261.5	7.4	1236.4	7.1
居住	1161.7	9.7	1269.6	9.6	1495.3	10.3	1609.8	10.3	1745.9	10.2	1822.0	10.5
生活用品及服务	880.2	7.3	990.4	7.5	1051.3	7.2	1186.5	7.6	1216.2	7.1	1280.4	7.4
交通通信	1622.5	13.5	1913.9	14.4	2041.0	14.1	2308.9	14.7	2527.4	14.8	2734.8	15.8
教育文化娱乐	2048.9	17.1	2392.3	18.0	2804.6	19.3	2785.2	17.8	3016.1	17.7	2586.5	14.9
医疗保健	854.3	7.1	990.8	7.5	1201.7	8.3	1404.4	9.0	1585.5	9.3	1590.9	9.2
其他用品和服务	333.5	2.8	307.8	2.3	313.7	2.2	346.2	2.2	391.4	2.3	408.7	2.4
现金消费支出占消费支出比重		**84.1**		**84.2**		**84.5**		**83.4**				**82.6**
食品烟酒		89.7		90.3		90.2		91.8		92.3		90.8
衣着		99.9		99.9		100.0		99.9		99.9		100.0
居住		41.3		40.9		43.6		40.5		40.5		41.1
生活用品及服务		99.6		99.7		99.7		99.7		99.2		99.3
交通通信		99.9		99.9		99.9		99.4		99.6		99.6
教育文化娱乐		100.0		100.0		100.0		100.0		100.0		100.0
医疗保健		85.6		85.0		84.4		82.3		80.8		78.2
其他用品和服务		99.0		99.3		99.3		98.5		98.9		98.2

2-4 湖南居民消费支出细项

指标	2015		2016		2017		2018		2019		2020	
	绝对数	构成	绝对数	构成	绝对数	构成	绝对数	构成	绝对数	构成	绝对数	构成
	(元/人)	(%)	(元/人)	(%)	(元/人)	(%)	(元/人)	(%)	(元/人)	(%)	(元/人)	(%)
消费支出	**14267.3**		**15750.5**		**17160.4**		**18807.9**		**20478.9**		**20997.6**	
食品烟酒	4535.5	31.8	4812.0	30.6	5003.6	29.2	5260.0	28.0	5771.0	28.2	6251.7	29.8
食品	3397.4	23.8	3631.2	23.1	3729.3	21.7	3653.1	19.4	3899.7	19.0	4502.2	21.4
烟酒	440.0	3.1	470.8	3.0	468.8	2.7	522.0	2.8	581.9	2.8	610.7	2.9
饮料	78.6	0.6	78.9	0.5	86.6	0.5	86.7	0.5	93.7	0.5	99.4	0.5
饮食服务	619.5	4.3	631.1	4.0	718.9	4.2	998.3	5.3	1195.7	5.8	1039.4	5.0
衣着	1028.0	7.2	1057.9	6.7	1086.1	6.3	1215.5	6.5	1262.2	6.2	1236.9	5.9
衣类	796.9	5.6	824.0	5.2	852.3	5.0	1001.5	5.3	1035.4	5.1	1013.9	4.8
鞋类	231.1	1.6	233.8	1.5	233.9	1.4	214.0	1.1	226.9	1.1	223.0	1.1
居住	2810.8	19.7	3104.6	19.7	3428.9	20.0	3976.1	21.1	4306.1	21.0	4436.2	21.1
租赁房房租	79.8	0.6	76.8	0.5	89.3	0.5	128.3	0.7	142.7	0.7	125.8	0.6
住房维修及管理	438.3	3.1	501.8	3.2	630.5	3.7	717.6	3.8	819.1	4.0	887.6	4.2
水电燃料及其他	688.8	4.8	702.7	4.5	802.0	4.7	793.8	4.2	822.6	4.0	837.1	4.0
自有住房折算租金	1603.9	11.2	1823.3	11.6	1907.1	11.1	2336.3	12.4	2521.7	12.3	2585.6	12.3
生活用品及服务	883.6	6.2	993.1	6.3	1054.0	6.1	1190.2	6.3	1226.2	6.0	1289.0	6.1
家具及室内装饰品	146.3	1.0	146.9	0.9	172.7	1.0	186.2	1.0	201.3	1.0	228.7	1.1
家用器具	233.0	1.6	274.2	1.7	285.5	1.7	355.0	1.9	317.4	1.5	335.2	1.6
家用纺织品	92.9	0.7	95.7	0.6	104.6	0.6	113.0	0.6	126.5	0.6	117.0	0.6
家庭日用杂品	251.6	1.8	260.8	1.7	265.0	1.5	269.9	1.4	274.6	1.3	281.5	1.3
个人护理用品	124.8	0.9	139.0	0.9	157.5	0.9	201.6	1.1	234.4	1.1	254.3	1.2
家庭服务	35.1	0.2	76.5	0.5	68.7	0.4	64.4	0.3	72.0	0.4	72.2	0.3
交通通信	1624.6	11.4	1915.5	12.2	2042.6	11.9	2322.9	12.4	2538.5	12.4	2745.5	13.1
交通	1031.2	7.2	1271.8	8.1	1410.2	8.2	1709.6	9.1	1976.6	9.7	2095.6	10.0
通信	593.4	4.2	643.7	4.1	632.4	3.7	613.2	3.3	561.9	2.7	649.9	3.1
教育文化娱乐	2049.7	14.4	2392.7	15.2	2805.1	16.3	2786.2	14.8	3017.4	14.7	2587.3	12.3
教育	1309.0	9.2	1477.4	9.4	1694.1	9.9	1656.0	8.8	1977.6	9.7	1861.2	8.9
文化娱乐	740.7	5.2	915.2	5.8	1111.0	6.5	1130.2	6.0	1039.8	5.1	726.1	3.5
医疗保健	998.3	7.0	1165.0	7.4	1424.0	8.3	1705.5	9.1	1961.6	9.6	2034.7	9.7
医疗器具及药品	373.9	2.6	404.8	2.6	455.4	2.7	513.6	2.7	513.2	2.5	537.9	2.6
医疗服务	624.4	4.4	760.1	4.8	968.6	5.6	1191.9	6.3	1448.4	7.1	1496.9	7.1
其他用品和服务	336.8	2.4	309.8	2.0	316.1	1.8	351.5	1.9	395.8	1.9	416.3	2.0
其他用品	205.1	1.4	186.3	1.2	187.4	1.1	199.7	1.1	218.4	1.1	229.2	1.1
其他服务	131.6	0.9	123.5	0.8	128.7	0.7	151.8	0.8	177.4	0.9	187.2	0.9

2-5 湖南居民现金消费支出细项

指　标	2015		2016		2017		2018		2019		2020	
	绝对数（元/人）	构成（%）	绝对数（元/人）	构成（%）	绝对数（元/人）	构成（%）	绝对数（元/人）	构成（%）	绝对数（元/人）	构成（%）	绝对数（元/人）	构成（%）
现金消费支出	**11997.4**		**13265.8**		**14507.6**		**15681.7**		**17069.1**		**17337.2**	
食品烟酒	4068.8	32.7	4344.0	33.9	4514.3	31.1	4826.4	30.8	5325.0	31.2	5677.4	32.7
食品	2964.2	24.2	3208.1	24.7	3289.7	22.7	3288.0	21.0	3520.7	20.6	4001.4	23.1
烟酒	439.4	3.5	469.6	3.7	467.8	3.2	521.4	3.3	581.6	3.4	610.3	3.5
饮料	78.3	0.6	78.6	0.7	86.1	0.6	85.1	0.5	92.4	0.5	97.6	0.6
饮食服务	586.9	4.4	587.7	4.9	670.8	4.6	931.9	5.9	1130.2	6.6	968.1	5.6
衣着	1027.5	8.0	1057.0	8.6	1085.7	7.5	1214.4	7.7	1261.5	7.4	1236.4	7.1
衣类	796.3	6.2	823.2	6.6	851.8	5.9	1000.3	6.4	1034.6	6.1	1013.5	5.8
鞋类	231.1	1.8	233.8	1.9	233.9	1.6	214.0	1.4	226.9	1.3	223.0	1.3
居住	1161.7	9.6	1269.6	9.7	1495.3	10.3	1609.8	10.3	1745.9	10.2	1822.0	10.5
租赁房房租	79.8	0.6	76.8	0.7	89.3	0.6	128.3	0.8	142.7	0.8	125.8	0.7
住房维修及管理	438.3	3.8	501.8	3.7	630.5	4.3	717.6	4.6	819.1	4.8	887.6	5.1
水电燃料及其他	643.6	5.2	691.0	5.4	775.4	5.3	763.8	4.9	784.2	4.6	808.6	4.7
生活用品及服务	880.2	7.5	990.4	7.3	1051.3	7.2	1186.5	7.6	1216.2	7.1	1280.4	7.4
家具及室内装饰品	145.5	1.1	146.8	1.2	172.5	1.2	186.2	1.2	201.2	1.2	228.4	1.3
家用器具	233.0	2.1	274.2	1.9	285.5	2.0	355.0	2.3	317.4	1.9	335.2	1.9
家用纺织品	92.9	0.7	95.7	0.8	104.6	0.7	113.0	0.7	126.5	0.7	117.0	0.7
家庭日用杂品	248.9	1.9	258.2	2.1	262.5	1.8	266.2	1.7	264.6	1.6	273.3	1.6
个人护理用品	124.8	1.0	139.0	1.0	157.5	1.1	201.6	1.3	234.4	1.4	254.3	1.5
家庭服务	35.1	0.6	76.5	0.3	68.7	0.5	64.4	0.4	72.0	0.4	72.2	0.4
交通通信	1622.5	14.4	1913.9	13.5	2041.0	14.1	2308.9	14.7	2527.4	14.8	2734.8	15.8
交通	1029.1	9.6	1270.2	8.6	1408.6	9.7	1695.6	10.8	1965.5	11.5	2084.9	12.0
通信	593.4	4.9	643.7	4.9	632.4	4.4	613.2	3.9	561.9	3.3	649.9	3.7
教育文化娱乐	2048.9	18.0	2392.3	17.1	2804.6	19.3	2785.2	17.8	3016.1	17.7	2586.5	14.9
教育	1309.0	11.1	1477.4	10.9	1694.0	11.7	1656.0	10.6	1977.6	11.6	1861.0	10.7
文化娱乐	739.9	6.9	914.8	6.2	1110.5	7.7	1129.1	7.2	1038.5	6.1	725.4	4.2
医疗保健	854.3	7.5	990.8	7.1	1201.7	8.3	1404.4	9.0	1585.5	9.3	1590.9	9.2
医疗器具及药品	373.5	3.0	403.4	3.1	454.6	3.1	511.3	3.3	512.4	3.0	536.4	3.1
医疗服务	480.8	4.4	587.4	4.0	747.1	5.1	893.0	5.7	1073.0	6.3	1054.4	6.1
其他用品和服务	333.5	2.3	307.8	2.8	313.7	2.2	346.2	2.2	391.4	2.3	408.7	2.4
其他用品	204.3	1.4	185.7	1.7	186.4	1.3	198.1	1.3	216.1	1.3	224.5	1.3
其他服务	129.2	0.9	122.1	1.1	127.3	0.9	148.1	0.9	175.3	1.0	184.2	1.1

2-6 湖南居民主要食品消费量

单位：公斤/人

指　标	2015	2016	2017	2018	2019	2020
粮食	148.4	144.4	146.6	137.6	144.1	157.2
谷物	139.8	136.0	138.1	128.4	134.2	146.6
薯类	1.4	1.3	1.3	1.4	1.3	1.4
豆类	7.2	7.1	7.2	7.8	8.6	9.1
#大豆	0.8	0.9	0.8	1.1	0.6	0.6
食用油	12.4	11.9	12.4	11.8	11.7	12.5
#食用植物油	9.5	9.3	9.7	9.0	9.5	10.6
蔬菜及食用菌	102.0	101.4	104.9	94.4	97.9	104.5
#鲜菜	99.8	99.2	102.3	91.4	94.5	101.5
肉类及其制品	30.0	29.5	31.8	34.5	30.3	27.1
#猪肉	25.9	25.1	27.1	29.8	25.7	22.7
牛肉	1.5	1.8	1.9	1.9	2.2	2.2
羊肉	0.5	0.6	0.7	0.6	0.6	0.6
家禽	9.7	10.7	10.7	10.8	13.7	15.8
水产品	11.5	12.3	11.8	11.9	14.8	14.6
蛋类	7.2	7.6	8.0	7.8	8.7	10.3
奶类	5.8	5.4	5.7	6.7	6.9	7.4
干鲜瓜果类	50.5	52.2	53.0	57.5	60.6	57.0
#鲜瓜果	46.2	47.8	48.5	52.8	55.2	52.2
坚果类	3.2	3.2	3.5	3.5	4.0	3.6
食糖	1.8	1.4	1.4	1.3	1.2	1.2

2-7 湖南居民年末主要耐用消费品拥有量

单位：平均每百户

指　标	2015	2016	2017	2018	2019	2020
家用汽车(辆)	16.35	21.39	23.30	22.76	25.58	32.44
摩托车(辆)	54.29	56.31	56.02	57.74	57.19	56.88
电动助力车(台)	15.65	18.02	20.70	21.88	25.21	26.75
洗衣机(台)	83.34	87.44	90.43	95.06	97.17	97.89
电冰箱、柜(台)	92.37	95.79	98.07	101.89	103.82	105.37
微波炉(台)	24.72	25.83	27.08	25.69	26.46	26.50
彩色电视机(台)	113.83	115.04	117.28	116.57	117.56	117.83
空调(台)	85.93	96.97	102.35	122.63	128.92	129.30
热水器(台)	66.21	74.52	78.47	88.47	91.25	94.27
排油烟机(台)	39.10	43.28	47.36	52.86	56.73	57.26
固定电话(线)	29.11	23.83	23.91	13.32	8.90	6.56
移动电话(部)	238.84	253.33	260.65	279.15	280.34	281.39
计算机(台)	47.12	48.65	50.66	51.08	51.31	51.29
照相机(台)	15.93	13.47	13.67	10.01	9.83	9.84

2–8 湖南居民第一产业生产经营收支情况

单位：元/人

指　　标	2015	2016	2017	2018	2019	2020
生产经营收入	1368.4	1408.5	1436.4	1509.0	1655.7	1849.2
农业	971.8	978.7	999.8	1047.3	1129.5	1286.3
林业	96.0	54.7	59.7	106.0	89.8	76.0
牧业	218.0	312.3	307.6	266.4	320.8	379.8
渔业	82.6	62.8	69.3	89.2	115.7	107.1
生产经营现金收入	2019.7	2091.3	2068.2	2356.3	2366.7	2178.7
农业	1033.5	1013.3	1029.1	1315.2	1421.7	1240.7
林业	78.0	49.8	41.1	105.3	73.5	66.3
牧业	794.8	940.3	901.9	744.2	614.5	593.5
渔业	113.5	87.9	96.1	191.6	257.0	278.2
生产经营费用支出	1258.5	1241.1	1272.8	1361.9	1263.6	1330.2
农业	520.1	470.6	522.7	647.9	676.3	719.3
林业	29.2	12.4	11.7	34.8	24.2	22.7
牧业	670.8	723.8	700.4	570.4	406.7	410.2
渔业	38.4	34.3	37.9	108.9	156.3	177.9
生产经营现金费用支出	1177.8	1159.8	1200.0	1297.3	1202.3	1273.8
农业	501.3	452.6	505.0	627.3	661.6	708.4
林业	28.7	12.4	11.7	34.8	24.2	22.7
牧业	609.7	660.6	645.5	527.0	371.6	366.2
渔业	38.1	34.2	37.9	108.1	144.8	176.5

2-9 历年城镇居民生活

年 份	可支配收入	指数（1978年为100）	消费支出	#食品支出	每一就业者负担人数（人）	人均居住面积（平方米）
1978	323.9	100.0	289.6	166.1	1.90	3.90
1980	475.9	125.2	425.5	244.1	1.76	4.30
1981	505.1	118.7	465.8	260.3	1.72	4.80
1982	519.0	116.8	449.4	264.5	1.70	5.10
1983	564.0	123.2	492.7	289.4	1.72	5.40
1984	645.0	138.0	540.8	310.4	1.71	5.80
1985	760.8	161.8	685.3	366.5	1.88	6.00
1986	904.4	182.5	775.3	427.9	1.90	6.40
1987	1017.8	184.5	871.6	497.1	1.87	6.50
1988	1255.0	181.0	1142.7	580.7	1.84	6.90
1989	1492.6	183.5	1234.0	678.3	1.82	7.00
1990	1591.5	194.5	1294.0	720.3	1.80	6.91
1991	1783.2	207.3	1446.0	772.1	1.80	7.07
1992	2166.5	221.9	1732.0	881.6	1.76	7.41
1993	2816.5	245.8	2194.0	1049.4	1.73	8.14
1994	3887.6	271.9	3138.0	1496.8	1.70	7.93
1995	4699.2	278.7	3886.0	1898.1	1.67	7.75
1996	5052.1	279.2	4098.0	1986.6	1.64	8.06
1997	5209.7	280.1	4317.2	1972.8	1.64	8.66
1998	5434.3	290.7	4371.0	1907.6	1.62	9.91
1999	5815.4	312.2	4800.0	1942.2	1.66	10.77
2000	6218.7	328.9	5218.8	1943.7	1.71	11.75
2001	6780.6	362.6	5546.2	1943.6	1.77	11.80
2002	6958.6	399.7	5574.7	1985.9	1.97	12.40
2003	7674.2	434.7	6082.6	2179.3	1.89	24.43
2004	8617.5	468.9	6884.6	2479.6	1.88	25.39
2005	9524.0	507.6	7505.0	2689.4	2.05	22.03
2006	10504.7	551.2	8169.3	2850.9	2.03	22.54
2007	12293.5	613.2	8990.7	3243.9	1.99	34.71
2008	13821.2	651.2	9945.5	3970.4	2.10	36.52
2009	15084.3	713.1	10828.2	4174.6	2.06	37.25
2010	16565.7	759.4	11825.3	4322.1	2.07	37.51
2011	18844.1	819.4	13402.9	4943.9	2.15	39.69
2012	21318.8	907.1	14609.0	5441.6	2.05	40.22
2013	24352.0	970.6	16867.3	5323.0	1.95	39.97
2014	26570.2	1037.6	18334.7	5596.0	1.84	39.52
2015	28838.1	1109.2	19501.4	6075.5	1.90	41.02
2016	31283.9	1181.3	21420.0	6407.7	1.96	44.04
2017	33947.9	1261.6	23162.6	6585.0	1.98	46.48
2018	36698.3	1338.6	25064.2	6848.9	2.03	48.76
2019	39841.9	1413.7	26924.0	7499.6	2.02	49.66
2020	41697.5	1450.4	26796.4	7807.1	2.06	51.14

注：1．1991年及以前的可支配收入均系全部收入。
2．2002年起，可支配收入剔除了出售财物收入和个人交纳的社会保障支出，消费支出中，居住支出剔除了自有房屋折算金。

2-10 历年城镇居民平均每人家庭收入及来源

单位：元

年 份	可支配收入	全部收入	工资性收入	经营净收入	财产性收入	转移性收入
1978	323.9	323.9	306.0			
1980	475.9	475.9	466.2			9.7
1981	505.1	505.1	496.6	0.3		8.2
1982	519.0	519.0	507.3	0.1		11.6
1983	564.0	564.0	549.7			14.3
1984	645.0	645.0	627.7	0.4		16.9
1985	760.8	760.8	651.1	9.5		100.2
1986	904.4	904.4	752.4	9.7		142.4
1987	1017.8	1017.8	840.4	11.2		166.2
1988	1255.0	1255.0	1078.7	21.3		155.0
1989	1492.6	1492.6	1213.2	28.2	14.2	237.0
1990	1591.5	1591.5	1327.7	23.6	16.4	223.7
1991	1783.2	1783.2	1567.0	14.4	19.8	182.1
1992	2166.6	2172.0	1768.2	18.2	28.8	356.8
1993	2821.6	2822.0	2298.9	31.2	54.5	437.4
1994	3892.7	3893.0	3154.5	27.8	81.5	629.2
1995	4699.2	4705.2	3971.1	26.0	81.6	626.5
1996	5052.1	5060.0	4309.5	44.3	86.8	619.4
1997	5209.7	5248.9	4433.6	35.2	112.0	668.1
1998	5434.3	5474.6	4517.5	35.4	142.6	779.1
1999	5815.4	5855.7	4723.6	52.4	153.9	925.8
2000	6218.7	6261.2	4954.2	140.1	158.8	1008.1
2001	6780.6	6832.6	5168.4	170.0	239.5	1254.7
2002	6958.6	7371.8	5408.2	235.4	111.0	1617.2
2003	7674.2	8145.1	5984.8	356.2	100.7	1703.4
2004	8617.5	9190.2	6807.3	494.0	92.9	1796.0
2005	9524.0	10106.1	6805.4	872.2	195.6	2232.9
2006	10504.7	11146.1	7401.7	929.8	287.2	2527.3
2007	12293.5	14148.9	8612.5	2343.4	170.9	3022.1
2008	13821.2	14577.3	9071.0	1575.1	316.5	3614.7
2009	15084.3	16078.1	9854.1	1744.4	419.2	4060.5
2010	16565.7	17657.1	10782.0	1880.9	541.1	4453.0
2011	18844.1	20083.9	11550.1	2674.2	770.7	5089.0
2012	21318.8	22804.6	13237.1	3008.3	867.8	5691.4
2013	24352.0	26107.6	13453.0	3254.8	2387.3	5256.8
2014	26570.2	28796.4	14661.7	3566.7	2628.6	5713.1
2015	28838.1	31468.3	15902.8	3993.6	2801.0	6140.8
2016	31283.9	35055.6	17274.9	4339.2	3009.6	6660.2
2017	33947.9	38845.9	18765.9	4605.8	3204.1	7372.2
2018	36698.3	42316.8	20021.5	5252.5	3715.3	7708.9
2019	39841.9	46345.4	21534.1	5946.8	3950.9	8410.1
2020	41697.5	47985.1	22457.3	6255.2	4146.1	8839.0

2-11 历年城镇居民平均每人消费性分类支出

单位：元

年 份	消费性支出	食品	衣着	居住	家庭设备用品及服务	交通和通讯	文教娱乐用品及服务	医疗保健	其他商品和服务
1978	289.6	166.1					99.5		24.0
1980	425.5	244.1	54.0	17.0	46.3	6.4	32.8	2.8	22.2
1981	465.8	260.3	57.8	18.5	50.6	5.8	47.0	3.8	21.9
1982	449.4	264.5	54.8	20.0	42.7	6.1	35.6	4.2	21.4
1983	492.7	289.4	61.9	21.4	46.8	7.2	39.1	4.2	22.7
1984	540.8	310.4	70.4	22.2	53.9	7.8	47.5	4.2	24.4
1985	685.3	366.5	86.5	33.0	80.2	7.6	74.8	8.3	28.6
1986	775.3	427.9	102.0	36.4	89.0	8.4	67.2	9.7	34.7
1987	871.6	497.1	101.5	36.0	96.6	9.4	77.3	10.3	43.3
1988	1142.7	580.7	132.0	54.9	168.1	11.9	110.9	18.4	65.8
1989	1234.4	678.3	146.4	51.5	144.9	14.9	108.3	21.6	68.6
1990	1294.1	720.3	170.4	60.0	124.6	26.8	122.8	19.2	50.0
1991	1445.5	772.1	197.6	71.3	142.8	33.2	135.4	25.6	67.6
1992	1731.6	881.6	237.0	95.9	164.7	39.3	176.8	41.1	95.3
1993	2194.0	1049.4	305.0	141.8	230.6	72.4	215.2	57.7	121.9
1994	3138.2	1496.8	420.7	184.5	301.9	184.6	316.6	82.1	151.0
1995	3885.6	1898.1	481.1	244.3	370.7	206.9	408.4	108.7	167.5
1996	4098.3	1986.6	507.1	267.8	334.1	210.6	460.9	149.8	181.4
1997	4317.2	1972.8	497.6	316.7	327.8	276.7	576.4	161.3	188.1
1998	4371.0	1907.6	458.4	411.2	332.2	255.8	642.7	183.9	179.2
1999	4800.0	1942.2	512.3	492.6	401.4	321.3	697.2	206.1	226.5
2000	5218.8	1943.7	495.2	576.7	544.5	395.6	753.8	270.2	239.1
2001	5546.2	1943.6	551.5	662.4	460.1	474.7	826.9	328.6	298.4
2002	5574.7	1985.9	577.7	581.9	420.4	596.0	883.6	343.7	185.6
2003	6082.6	2179.3	621.3	586.9	420.2	680.2	993.9	391.3	209.5
2004	6884.6	2479.6	689.5	640.7	388.2	881.9	1091.3	475.6	237.9
2005	7505.0	2689.4	790.7	771.5	451.0	801.3	1138.7	601.3	261.2
2006	8169.3	2850.9	868.2	871.7	513.6	965.1	1182.2	632.5	285.0
2007	8990.7	3243.9	1017.6	869.6	603.2	986.9	1285.2	668.5	315.8
2008	9945.5	3970.4	1090.7	960.8	674.8	971.1	1110.1	791.0	376.6
2009	10828.2	4174.6	1146.3	1074.7	798.4	1233.8	1207.7	784.7	408.1
2010	11825.3	4322.1	1277.5	1182.3	903.8	1541.4	1418.9	776.9	402.5
2011	13402.9	4943.9	1499.0	1292.6	940.8	1975.5	1526.1	790.8	434.3
2012	14609.0	5441.6	1624.6	1301.6	1034.3	2084.2	1737.6	918.4	466.7
2013	16867.3	5323.0	1387.9	3427.8	1108.3	2141.2	2016.4	1022.8	439.8
2014	18334.7	5596.0	1442.1	3567.6	1098.6	2462.1	2537.5	1209.8	421.0
2015	19501.4	6075.5	1638.1	3519.6	1202.6	2430.2	2934.1	1174.6	526.6
2016	21420.0	6407.7	1666.4	3918.7	1384.1	2837.1	3406.1	1362.6	437.4
2017	23162.6	6585.0	1682.4	4353.2	1492.6	2904.6	3972.9	1693.0	478.9
2018	25064.2	6848.9	1823.5	5060.9	1635.6	3220.3	3924.5	2034.4	516.0
2019	26924.0	7499.6	1843.7	5447.8	1660.4	3425.2	4172.2	2305.2	569.8
2020	26796.4	7807.1	1778.4	5465.5	1708.7	3722.5	3360.8	2350.5	602.8

注：1.1992年以前的数据，按现行的指标进行重新计算。
2.2013年起，居住消费中加入自有住房折算租金。

2-12 历年城镇居民可支配收入指数

年份	可支配收入(元/人)	以上年为100		以1978年为100	
		货币收入	实际收入	货币收入	实际收入
1978	323.9			100.0	100.0
1980	475.9			146.9	125.2
1985	760.8	117.0	104.6	234.9	161.8
1990	1591.5	106.0	105.4	491.4	194.5
1995	4699.2	121.0	102.5	1452.6	278.7
1999	5815.4	107.0	107.4	1795.2	312.2
2000	6218.7	106.9	105.5	1919.9	328.9
2001	6780.6	109.0	110.2	2092.7	362.6
2002	6958.6	109.8	110.2	2298.6	399.7
2003	7674.2	110.3	108.8	2534.9	434.7
2004	8617.5	112.3	107.9	2846.2	468.9
2005	9524.0	110.5	108.2	3145.6	507.6
2006	10504.7	110.3	108.6	3469.6	551.6
2007	12293.5	117.0	111.2	4059.4	613.2
2008	13821.2	112.4	106.2	4562.8	651.2
2009	15084.3	109.1	109.5	4978.0	713.1
2010	16565.7	109.8	106.5	5465.9	759.4
2011	18844.1	113.8	107.9	6220.2	819.4
2012	21318.8	113.1	110.7	7035.0	907.1
2013	24352.0	109.8	107.0	7724.4	970.6
2014	26570.2	109.1	106.9	8427.4	1037.6
2015	28838.1	108.5	106.9	9146.7	1109.2
2016	31283.9	108.5	106.5	9924.1	1181.3
2017	33947.9	108.5	106.8	10769.2	1261.6
2018	36698.3	108.1	106.1	11641.6	1338.6
2019	39841.9	108.6	105.6	12638.8	1413.7
2020	41697.5	104.7	102.6	13232.8	1450.4

注：1.实际收入指数，指扣除价格上涨因素后的指数。
2.1991年及以前的可支配收入均系全部收入。
3.2002年起，可支配收入剔除了出售财物收入和个人交纳的社会保障支出，消费支出中，居住支出剔除了自有房屋折算金。

2-13 近年城镇居民家庭基本情况

项 目	2013	2014	2015	2016	2017	2018	2019	2020
调查户数(户)	**2150**	**2121**	**2381**	**2511**	**2493**	**2990**	**2990**	**3330**
平均每户家庭人口(人)	2.94	2.94	3.00	3.10	3.03	3.17	3.15	3.15
平均每户就业人口(人)	1.51	1.60	1.58	1.62	1.69	1.56	1.56	1.53
平均每户就业面(包括就业者)(%)	51.4	54.40	52.77	52.27	55.93	49.21	49.41	65.44
平均每人全部年收入(元)	26107.6	28796.4	31468.3	35055.6	38845.9	42316.8	46345.4	47985.1
#可支配收入	**24352.0**	**26570.2**	**28838.1**	**31283.9**	**33947.9**	**36698.3**	**39841.9**	**41697.5**
工资性收入	13453.0	14661.7	15902.8	17274.9	18765.9	20021.5	21534.1	22457.3
经营净收入	3254.8	3566.7	3993.6	4339.2	4605.8	5252.5	5946.8	6255.2
财产净收入	2387.3	2628.6	2801.0	3009.6	3204.1	3715.3	3950.9	4146.1
转移净收入	5256.8	5713.1	6140.8	6660.2	7372.2	7708.9	8410.1	8839.0
平均每人消费支出(元)	**16867.3**	**18334.7**	**19501.4**	**21420.0**	**23162.6**	**25064.2**	**26924.0**	**26796.4**
#食品烟酒	5323.0	5596.0	6075.5	6407.7	6585.0	6848.9	7499.6	7807.1
衣着	1387.9	1442.1	1638.1	1666.4	1682.4	1823.5	1843.7	1778.4
居住	3427.8	3567.6	3519.6	3918.7	4353.2	5060.9	5447.8	5465.5
生活用品及服务	1108.3	1098.6	1202.6	1384.1	1492.6	1635.6	1660.4	1708.7
交通通信	2141.2	2462.1	2430.2	2837.1	2904.6	3220.3	3425.2	3722.5
教育文化娱乐	2016.4	2537.5	2934.1	3406.1	3972.9	3924.5	4172.2	3360.8
医疗保健	1022.8	1209.8	1174.6	1362.6	1693.0	2034.4	2305.2	2350.5
其他用品和服务	439.8	421.0	526.6	437.4	478.9	516.0	569.8	602.8
可支配收入中位数	**22494.0**	**25711.0**	**27216.0**	**29064.0**	**31600.0**	**33213.0**	**36036.1**	**37477.5**

2-14　城镇居民家庭居住情况(2015-2020年)

项　　目	2015	2016	2017	2018	2019	2020
期内住户常住成员数(人/户)	3.00	3.10	3.03	3.17	3.15	3.15
自有现住房建筑面积(平方米/人)	41.02	44.04	46.48	48.76	49.66	51.14
现住房房屋来源(%)						
租赁公房	2.8	2.5	1.5	2.1	2.6	2.3
租赁私房	5.1	3.3	3.0	3.1	3.2	3.2
自建住房	26.9	29.2	29.0	35.3	35.2	38.2
购买商品房	38.4	38.8	39.8	43.9	43.4	41.6
购买房改住房	19.3	18.3	19.0	9.6	8.9	8.8
购买保障性住房	2.5	3.0	3.2	2.2	2.3	2.0
拆迁安置房	2.7	2.3	2.1	1.9	2.2	2.3
继承或获赠住房	0.3	0.7	0.7	0.4	0.5	0.3
免费借用房	0.6	0.6	0.4	0.8	1.0	0.7
雇主提供免费住房	0.4	0.4	0.4	0.2	0.3	0.2
其他来源	0.9	0.9	0.9	0.4	0.4	0.4
本住户居住空间样式(%)						
单栋楼房	22.8	25.9	25.3	33.0	33.3	35.7
单栋平房	3.0	2.8	3.0	3.1	3.0	3.0
四居室及以上单元房	8.1	8.0	8.7	7.9	8.6	8.2
三居室单元房	36.1	35.2	35.5	34.8	34.9	34.4
二居室单元房	25.3	24.5	25.0	18.4	17.5	16.3
一居室单元房	1.7	1.3	0.9	1.9	1.9	1.6
筒子楼或连片平房	1.7	1.5	1.3	0.9	0.8	0.7
其他	1.3	0.8	0.3	0.1	0.1	0.1
住户主要饮用水来源情况(%)						
经过净化处理的自来水	90.3	87.4	87.4	86.0	86.8	85.6
受保护的井水和泉水	4.0	5.5	5.6	7.0	6.8	7.9
不受保护的井水和泉水	2.4	3.1	3.3	1.1	0.8	1.1
江河湖泊水	0.3	0.2	0.1	1.0	0.7	0.6
收集雨水	0.1	0.1	0.1		0.0	0.0
桶装水	2.8	3.7	3.4	4.7	4.8	4.6
其他水源	0.2	0.2	0.0	0.2	0.1	0.2
住户厕所类型(%)						
水冲式卫生厕所	93.3	94.7	95.0	95.2	97.8	97.5
水冲式非卫生厕所	2.2	1.7	1.9	0.9	1.3	1.3
卫生旱厕	1.4	1.1	1.1	1.0	0.5	0.4
普通旱厕	2.3	1.7	1.6	2.5	0.3	0.8
无厕所	0.8	0.8	0.3	0.5	0.1	0.0
住户洗澡设施情况(%)						
统一供热水	3.8	3.7	3.5	2.5	1.6	1.7
家庭自装热水器	84.9	89.2	89.8	92.4	94.2	94.0
其他	4.1	2.5	2.2	2.3	2.3	2.2
无洗澡设施	7.3	4.7	4.4	2.8	1.8	2.0
住户主要取暖设备状况(%)						
由市政或小区集中供暖	2.3	2.3	2.3	1.3	0.3	0.4
自行供暖	77.6	79.0	79.6	78.9	82.3	83.5
无取暖设备	20.1	18.8	18.1	19.8	17.4	16.2
主要炊用能源状况(%)						
柴草	0.6	0.6	0.7	1.0	0.8	1.3
煤炭	6.5	5.0	3.0	1.9	1.8	1.4
罐装液化石油气	38.0	37.9	36.7	38.6	38.2	41.6
管道液化石油气	4.2	2.8	2.6	2.6	2.8	0.6
管道煤气	2.9	3.2	3.2	2.8	3.4	1.2
管道天然气	33.7	35.5	37.7	40.8	41.8	42.3
电	13.8	14.6	15.8	12.3	11.0	11.3
燃料用油	0.1	0.0	0.0			
沼气	0.1	0.1	0.1	0.1	0.0	0.1
其他	0.0	0.1	0.1	0.0	0.1	0.1
无炊用行为	0.1	0.2	0.2	0.1	0.2	0.1

2-15 城镇居民家庭总收入与总支出(2015-2020年)

单位：元/人

项　　目	2015	2016	2017	2018	2019	2020
总收入(未扣除生产费用)	**31468.3**	**35055.6**	**38845.9**	**42316.8**	**46345.4**	**47985.1**
可支配收入	**28838.1**	**31283.9**	**33947.9**	**36698.3**	**39841.9**	**41697.5**
工资性收入	**15902.8**	**17274.9**	**18765.9**	**20021.5**	**21534.1**	**22457.3**
工资	15099.2	16335.8	17729.6	19099.3	20477.1	21259.9
实物福利	84.1	98.0	99.8	156.7	157.0	169.2
其他	719.5	841.1	936.5	765.6	900.1	1028.2
经营净收入	**3993.6**	**4339.2**	**4605.8**	**5252.5**	**5946.8**	**6255.2**
第一产业经营净收入	207.1	209.1	185.5	368.4	422.9	492.4
第二产业经营净收入	582.0	612.4	671.0	754.5	837.0	894.0
第三产业经营净收入	3204.5	3517.6	3749.3	4129.6	4686.8	4868.9
批发和零售业	1791.1	1897.10	2279.84	2630.18	2900.72	3263.54
交通运输、仓储和邮政业	404.1	418.25	449.44	238.01	330.04	379.25
住宿和餐饮业	244.8	254.00	271.97	455.21	428.59	309.38
房地产业	23.9	42.80	-0.50	-3.39	-5.99	-1.25
租赁和商务服务业	59.4	58.75	132.22	64.33	62.69	66.93
居民服务、修理和其他服务业	578.7	702.27	535.12	560.59	709.76	578.40
其他	102.7	140.10	79.67	171.30	249.14	276.74
农林牧渔服务业	-0.1	4.33	1.52	13.32	11.89	-4.10
财产净收入	**2801.0**	**3009.6**	**3204.1**	**3715.3**	**3950.9**	**4146.0**
利息净收入	203.5	149.1	116.2	97.1	175.3	267.4
红利收入	545.3	503.4	530.0	842.9	800.6	883.6
储蓄性保险净收益	11.6	2.3	5.4	20.9	5.4	10.3
转让承包土地经营权租金净收入	14.0	6.4	10.8	16.9	13.1	21.5
出租房屋财产性净收入	751.3	922.7	1029.3	841.3	979.6	949.9
出租机械、专利、版权等资产的净收入	27.7	45.5	29.2	24.1	65.4	64.8
其他财产净收入	7.4	44.0	74.3	143.5	76.4	68.1
房屋虚拟租金	1240.1	1336.2	1408.8	1728.5	1835.2	1880.4
转移净收入	**6140.8**	**6660.2**	**7372.2**	**7708.9**	**8410.1**	**8839.0**
转移性收入	7231.1	7989.7	8873.3	9561.1	10440.1	10848.8
养老金或离退休金	5901.0	6539.3	7206.1	6355.0	6947.9	6974.0
社会救济和补助	107.5	93.4	93.3	88.9	106.4	115.4
政策性生活补贴	34.6	23.7	30.4	45.1	63.7	74.5
报销医疗费	146.6	191.4	258.7	357.8	395.6	515.8
家庭外出从业人员寄回带回收入	478.2	630.9	699.9	1862.9	2132.4	2216.7
赡养收入	392.1	394.8	449.5	577.9	608.7	773.1
其他经常转移收入	148.2	94.0	112.5	218.5	128.8	125.1
从政府和组织得到的实物产品和服务折价	8.8	10.6	8.1	27.1	32.5	16.5
现金政策性惠农补贴	14.0	11.6	14.7	27.9	23.9	37.7
转移性支出	1090.3	1329.5	1501.1	1852.2	2030.0	2009.8
#个人所得税	43.8	61.6	67.5	144.7	99.9	107.9
社会保障支出	800.3	1010.7	1153.0	1366.1	1581.1	1604.9

2–15 续表

单位：元/人

项　　目	2015	2016	2017	2018	2019	2020
总支出	**27885.5**	**31251.1**	**35083.0**	**38692.9**	**41846.9**	**40329.7**
消费支出	**19501.4**	**21420.0**	**23162.6**	**25064.2**	**26924.0**	**26796.4**
食品烟酒	6075.5	6407.7	6585.0	6848.9	7499.6	7807.1
衣着	1638.1	1666.4	1682.4	1823.5	1843.7	1778.4
居住	3519.6	3918.7	4353.2	5060.9	5447.8	5465.5
生活用品及服务	1202.6	1384.1	1492.6	1635.6	1660.4	1708.7
交通通信	2430.2	2837.1	2904.6	3220.3	3425.2	3722.5
教育文化娱乐	2934.1	3406.1	3972.9	3924.5	4172.2	3360.8
医疗保健	1174.6	1362.6	1693.0	2034.4	2305.2	2350.5
其他用品和服务	526.6	437.4	478.9	516.0	569.8	602.8
生产经营费用支出	**1154.7**	**2030.8**	**2968.5**	**3191.9**	**3846.3**	**3751.6**
第一产业经营费用支出	106.9	153.2	268.0	429.4	460.8	393.7
第二产业经营费用支出	88.2	318.0	301.9	778.2	692.4	456.8
第三产业经营费用支出	959.6	1559.6	2398.6	1984.3	2693.0	2901.2
财产性支出	**24.7**	**25.9**	**14.8**	**79.1**	**92.5**	**91.5**
生活贷款利息支出	16.0	19.2	9.6	71.5	86.3	77.5
其他财产性支出	8.6	6.7	5.2	7.6	6.2	14.0
转移性支出	**1090.3**	**1329.5**	**1500.9**	**1852.2**	**2030.0**	**2009.8**
个人所得税	43.8	61.6	67.5	144.7	99.9	107.9
社会保障支出	800.3	1010.7	1153.0	1366.1	1581.1	1604.9
外来从业人员寄给家人的支出	0.6	0.3	1.9	2.2	1.1	2.1
赡养支出	165.1	182.2	145.0	241.4	228.1	187.1
其他转移性支出	80.6	74.7	133.5	97.9	119.8	107.8
部分商业保险支出	**95.6**	**113.5**	**126.3**	**250.4**	**278.4**	**276.3**
意外伤害保险	13.8	14.1	16.7	18.1	17.2	16.8
商业医疗保险(含大病保险)	34.7	37.5	50.8	90.0	92.3	129.6
其他非储蓄性商业保险	16.2	11.1	15.3	34.4	40.0	36.3
其他储蓄性商业保险	30.9	50.8	43.5	107.9	129.0	93.5
购置资产及非经常性转移支出	**4941.0**	**5269.1**	**6030.7**	**6307.2**	**6701.7**	**5385.9**
购置资产支出	1166.2	1171.2	1948.4	2078.3	1976.1	1755.7
非经常性转移支出	3774.8	4097.9	4082.2	4228.9	4725.6	3630.2
借贷性支出	**1077.8**	**1062.4**	**1279.1**	**1948.0**	**1974.0**	**2018.1**
存入储蓄款	564.0	383.5	479.5	189.8	145.7	97.4
借出款	13.0	23.0	18.5	29.2	54.7	38.5
归还借款	120.3	107.7	150.5	184.8	227.3	271.2
购买有价证券	27.4	48.3	56.9	39.3	96.9	13.3
其他投资支出	9.4	20.8	12.0	57.0	63.3	205.5
归还住房贷款	280.7	400.7	467.2	1185.9	1106.2	1135.9
归还汽车贷款	39.6	36.1	69.4	189.3	218.0	195.7
归还教育贷款		0.9			2.3	1.6
归还其他贷款	18.8	16.2	21.9	58.3	48.2	53.9
其他借贷支出	4.6	25.1	3.1	14.5	11.4	5.0

2-16 分季度城镇居民人均收支(2020年)

单位：元

指标名称	一季度	上半年	前三季度	全年
可支配收入	**10988**	**19589**	**29738**	**41698**
工资性收入	6210	10843	16167	22457
经营净收入	1530	2904	4695	6255
财产净收入	1034	1790	2905	4146
转移净收入	2214	4052	5971	8839
生活消费支出	**6547**	**12693**	**19108**	**26796**
食品烟酒	2215	4009	5730	7807
衣着	509	934	1204	1778
居住	1374	2721	3980	5465
生活用品及服务	395	871	1249	1709
交通通信	848	1622	2593	3723
教育文化娱乐	501	1087	2155	3361
医疗保健	553	1107	1742	2351
其他用品和服务	152	342	454	603

2-17 历年农村居民生活

年份	平均每人每年(元)					每一劳动力负担人数(人)	农村人均居住面积(平方米)
	可支配收入(纯收入)	收入指数(1978=100)	总支出	生活消费支出	#食品支出		
1978	142.56		167.10	140.07	97.93	2.33	10.50
1980	219.72	147.6	236.13	192.95	127.70	2.09	11.15
1981	241.70	160.5	265.29	207.59	135.98	1.95	11.87
1982	284.40	186.5	323.22	248.69	164.02	2.00	12.89
1983	315.70	205.0	409.19	273.86	175.62	1.77	16.10
1984	348.20	221.9	441.76	293.19	190.96	1.74	16.77
1985	395.26	239.4	519.85	348.45	219.43	1.69	18.20
1986	439.70	255.9	568.00	386.35	228.96	1.68	19.25
1987	471.30	257.4	639.14	434.75	245.68	1.67	20.01
1988	515.35	244.8	730.06	480.75	266.89	1.65	20.48
1989	558.34	236.5	786.48	516.29	290.35	1.63	21.57
1990	664.23	229.4	930.23	608.73	390.73	1.65	22.27
1991	688.91	234.4	1008.06	655.54	412.63	1.69	22.58
1992	739.40	239.7	1116.06	707.79	442.56	1.67	23.12
1993	851.90	244.5	1306.48	816.56	498.95	1.63	24.56
1994	1155.00	257.0	1766.51	1088.73	665.72	1.60	24.23
1995	1425.16	270.4	2203.36	1367.30	823.91	1.60	25.57
1996	1792.30	292.8	2784.64	1736.71	1025.32	1.56	26.88
1997	2037.06	318.9	2853.42	1815.79	1078.00	1.56	27.37
1998	2064.85	326.6	2829.93	1889.18	1107.23	1.54	28.79
1999	2147.18	344.6	2772.35	1920.15	1122.96	1.52	29.88
2000	2197.2	361.1	2964.9	1942.9	1053.4	1.46	30.92
2001	2299.5	379.5	3030.1	1990.3	1053.2	1.45	32.87
2002	2397.9	398.5	3114.7	2068.7	1086.1	1.44	34.05
2003	2532.9	417.2	3184.3	2139.2	1111.3	1.42	35.09
2004	2837.8	450.6	3729.1	2472.3	1338.7	1.40	36.55
2005	3117.7	483.0	4289.5	2756.4	1433.0	1.40	38.38
2006	3389.8	519.7	4502.7	3013.1	1463.3	1.38	39.28
2007	3904.3	562.8	5009.9	3377.4	1675.2	1.37	40.18
2008	4512.5	607.8	5695.0	3805.0	1947.5	1.37	40.72
2009	4910.0	664.3	6024.2	4020.9	1967.5	1.36	41.69
2010	5622.0	737.1	6507.9	4310.4	2087.9	1.36	42.01
2011	6567.1	815.2	8480.5	5179.4	2343.1	1.35	46.62
2012	7440.2	909.0	9356.8	5870.1	2574.8	1.36	46.78
2013	9028.6	998.0	14349.5	7832.6	2708.9	1.51	52.93
2014	10060.2	1096.8	16612.3	9024.8	3095.2	1.50	54.2
2015	10992.5	1185.6	17387.2	9690.6	3188.9	1.50	57.3
2016	11930.4	1262.7	18231.3	10629.9	3370.7	1.68	60.6
2017	12935.8	1353.6	19309.0	11533.6	3521.2	1.71	63.5
2018	14092.5	1445.7	23632.9	12720.5	3713.9	1.83	63.6
2019	15394.8	1531.8	24603.3	13968.8	4024.9	1.87	63.9
2020	16584.6	1603.8	25198.1	14974.0	4635.9	1.95	65.3

注：从2013年开始收入指标改为可支配收入，收支口径有所变化。主要变化是参与平均的人口由家庭户籍人口改为家庭常住人口。居住面积也因人口口径变化而变化，指标名称由农村人均居住面积改为农村居民人均自有现住房面积。收入指数扣除价格因素影响。

2-18 历年农村居民平均每人家庭收入及来源

单位：元

年份	可支配收入(纯收入)	工资性收入	经营净收入	财产净收入	转移净收入
1978	142.56				
1979	177.12				
1980	219.72	104.21	88.51		26.99
1981	243.17	110.52	102.49		30.17
1982	284.39	132.32	124.55		27.52
1983	315.67	50.10	236.04		29.53
1984	348.20	52.99	266.45		28.76
1985	395.26	53.81	326.23		15.22
1986	439.66	59.18	364.40		16.08
1987	471.30	74.85	379.53		16.92
1988	515.35	86.53	409.52		19.31
1989	558.34	99.88	436.21		22.25
1990	664.23	85.11	557.10		22.03
1991	688.91	94.16	570.76		23.99
1992	739.42	114.01	601.11		24.30
1993	851.87	135.85	685.85		30.17
1994	1155.00	206.77	903.01		45.22
1995	1425.16	268.00	1095.89		61.27
1996	1792.25	352.07	1367.11		73.07
1997	2037.06	459.97	1508.55		68.54
1998	2064.85	613.10	1383.34		68.41
1999	2147.18	695.62	1372.68		78.88
2000	2197.2	789.7	1329.1	20.7	57.6
2001	2299.5	840.1	1371.1	23.2	65.1
2002	2397.9	914.3	1376.7	29.0	77.9
2003	2532.9	988.4	1427.2	32.3	85.0
2004	2837.8	1081.2	1614.6	41.9	100.1
2005	3117.7	1228.8	1713.4	42.1	133.6
2006	3389.8	1449.7	1743.5	42.5	154.2
2007	3904.3	1712.3	1963.9	39.9	188.1
2008	4512.5	1990.5	2196.6	57.1	268.3
2009	4910.0	2234.0	2257.3	81.2	337.5
2010	5622.0	2655.6	2463.9	101.6	400.9
2011	6567.1	3240.8	2725.2	112.2	488.9
2012	7440.2	3847.6	2903.2	112.8	576.6
2013	9028.6	3671.6	3255.5	130.7	1970.7
2014	10060.2	4088.1	3638.9	165.6	2167.5
2015	10992.5	4515.2	3911.7	174.1	2391.5
2016	11930.4	4946.2	4138.6	143.1	2702.5
2017	12935.8	5340.8	4368.9	148.2	3077.9
2018	14092.5	5769.3	4785.7	179.3	3358.2
2019	15394.8	6224.0	5268.3	208.8	3693.6
2020	16584.6	6569.6	5804.0	231.7	3979.3

注：从2013年开始收入指标改为可支配收入，口径与纯收入有所变化。主要变化是参与平均的人口由家庭户籍人口改为家庭常住人口。

2-19 历年农村居民生活消费分类支出

单位：元/人

年份	生活消费支出	食品烟酒	衣着	居住	生活用品及服务	交通通信	教育文化娱乐	医疗保健	其他用品和服务
1978	140.07	97.93	14.29	18.15					
1980	192.85	127.91	20.46	27.29	3.05	0.51	7.54	3.15	2.94
1981	207.59	135.98	23.06	27.85					
1982	248.69	164.02	24.74	35.83					
1983	273.86	175.62	26.71	41.77	16.27	1.29	6.38	4.70	1.12
1984	293.19	191.19	28.81	41.51	16.15	1.62	7.03	5.53	1.33
1985	348.45	219.57	33.77	50.96	15.69	6.63	11.92	7.49	2.42
1986	386.35	229.13	36.47	66.81	23.92	2.65	16.08	8.33	2.96
1987	434.75	248.06	36.93	79.33	29.70	3.08	22.97	10.68	4.00
1988	480.75	269.77	38.69	88.38	33.00	3.86	31.52	11.61	3.92
1989	516.29	293.98	39.64	87.67	33.53	4.64	37.05	16.14	3.64
1990	608.73	390.73	37.29	82.75	28.62	8.83	39.18	18.29	3.04
1991	655.54	412.63	42.87	92.29	34.67	6.79	41.14	20.56	4.59
1992	707.29	442.56	43.51	98.80	35.92	8.23	52.59	22.69	3.49
1993	816.55	498.95	45.40	108.07	40.13	16.14	74.16	24.37	9.33
1994	1088.73	665.72	61.23	148.63	50.39	21.59	98.91	29.28	12.98
1995	1367.30	823.91	73.51	192.42	68.79	26.29	128.84	35.78	17.75
1996	1736.71	1025.32	96.04	229.74	84.74	38.70	176.96	58.66	26.55
1997	1821.13	1081.60	90.53	241.93	84.24	46.30	187.99	58.26	30.29
1998	1889.18	1107.23	91.45	251.73	85.69	45.90	206.60	61.69	38.88
1999	1920.15	1122.96	82.65	267.92	79.73	60.24	207.67	62.13	36.86
2000	1942.9	1053.4	89.8	251.9	78.1	99.4	222.5	82.2	65.7
2001	1990.3	1053.2	93.4	268.7	80.8	102.4	234.4	95.7	61.8
2002	2068.7	1086.1	97.9	271.3	84.8	118.6	248.6	102.8	58.7
2003	2139.2	1111.3	106.2	272.0	79.6	146.9	270.5	105.2	47.5
2004	2472.3	1338.7	112.4	293.2	92.4	174.5	280.0	124.1	57.1
2005	2756.4	1433.0	127.9	307.3	114.3	219.0	329.3	168.2	57.5
2006	3013.1	1463.3	137.7	420.8	129.8	249.6	341.7	196.5	73.6
2007	3377.4	1675.2	161.8	508.3	152.6	278.8	293.9	220.0	86.9
2008	3805.0	1947.5	169.1	629.8	171.1	286.0	278.7	244.2	78.7
2009	4020.9	1967.5	182.5	691.6	203.7	341.3	291.0	258.1	85.3
2010	4310.4	2087.9	209.9	719.2	243.9	343.8	315.9	293.6	96.2
2011	5179.4	2343.1	260.4	969.7	330.7	421.7	346.6	396.5	110.6
2012	5870.1	2574.8	318.0	1088.2	373.5	481.6	400.2	497.2	136.6
2013	7832.6	2708.9	403.1	1764.6	511.6	798.8	733.8	747.1	164.6
2014	9024.8	3095.2	468.0	1982.4	541.9	871.9	1112.1	771.4	181.9
2015	9690.6	3188.9	494.5	2191.0	604.7	920.2	1276.4	844.1	170.7
2016	10629.9	3370.7	508.3	2369.4	639.9	1083.1	1477.3	986.5	194.6
2017	11533.6	3521.2	527.2	2562.5	642.8	1234.5	1710.2	1171.8	163.4
2018	12720.5	3713.9	624.1	2920.6	756.8	1449.7	1678.6	1385.5	191.4
2019	13968.8	4024.9	674.9	3152.9	787.7	1642.9	1851.0	1614.5	220.1
2020	14974.0	4635.9	674.4	3367.0	853.0	1730.5	1783.8	1706.6	222.6

注：从2013年开始支出口径有所变化。

2-20 农村居民家庭基本情况(2010-2020年)

项　　目	2010	2011	2012	2013	2014
调查村数　(个)	**370**	**370**	**370**	**330**	**330**
已通电话村所占比重　(%)	99.5	100.0	100.0	100.0	100.0
已通公路村所占比重　(%)	100.0	99.7	99.7	99.4	99.7
调查户数　(户)	**3700**	**3700**	**3700**	**3292**	**3799**
调查户人口(常住人口)　(人)	14370	14678	14680	12932	12125
平均每户常住人口　(人)	3.88	3.97	3.97	3.97	3.19
平均每户整半劳动力　(人)	2.88	2.93	2.91	3.02	2.15
平均每个劳动力负担人口(人)	1.35	1.35	1.36	1.46	1.48
平均每人经营耕地面积(亩)	1.20	1.18	1.22	1.10	1.46
平均每人经营山地面积(亩)	0.53	0.83	0.82	1.35	
平均每人经营水面面积(亩)	0.05	0.04	0.03	0.04	0.06
平均每户年末拥有生产性固定资产原值(元)	4888.6	8652.4	8904.3	13892.5	13675.7
平均每百个劳动力中(%)					
不识字或识字很少	3.0	2.9	2.9	4.0	3.9
小学程度	27.6	26.7	26.6	32.6	32.7
初中程度	50.1	50.7	50.6	47.3	46.9
高中程度	14.8	13.7	13.8	13.3	13.6
中专程度	2.7	3.2	3.2		
大专以上	1.8	2.8	2.9	2.8	2.9

注：从2013年起，为住房一体化改革后的调整数据。

2-20 续表

项　　目	2015	2016	2017	2018	2019	2020
调查村数　(个)	**330**	**330**	**330**	**301**	**301**	**267**
已通电话村所占比重　(%)	100.0	100.0	100.0	100.0	100.0	100.0
已通公路村所占比重　(%)	99.7	99.7	100.0	100.0	100.0	100.0
调查户数　(户)	**3563**	**3516**	**3522**	**3010**	**3010**	**2670**
调查户人口(常住人口)　(人)	11434	11293	11198	9774	9613	8538
平均每户常住人口　(人)	3.28	3.22	3.18	3.23	3.18	3.23
平均每户整半劳动力　(人)	2.12	2.13	2.09	2.08	2.04	2.06
平均每个劳动力负担人口(人)	1.50	1.51	1.45	1.55	1.56	1.95
平均每人经营耕地面积(亩)	1.49	1.53	1.56	1.71	1.55	1.89
平均每人经营山地面积(亩)						
平均每人经营水面面积(亩)	0.04	0.33	0.35	0.12	0.16	0.13
平均每户年末拥有生产性固定资产原值(元)						
平均每百个劳动力中(%)						
不识字或识字很少	3.4	3.0	2.9	3.9	3.7	3.9
小学程度	32.8	34.3	34.4	33.3	33.0	34.0
初中程度	47.8	48.1	48.0	45.0	45.1	44.5
高中程度	13.8	12.5	12.5	14.7	15.0	14.5
中专程度						
大专以上	2.3	2.1	2.3	3.1	3.2	3.1

2-21 农民人均收入指数

年 份	当年价纯收入(元)	以上年为100		以1978年为100		以1990年为100	
		按当年价格计算	扣除价格因素	按当年价格计算	扣除价格因素	按当年价格计算	扣除价格因素
1978	142.6			100.0	100.0		
1980	219.7	124.1	119.6	154.1	147.6		
1981	241.7	110.0	108.2	169.5	160.5		
1982	284.4	117.7	116.2	199.5	186.5		
1983	315.7	111.0	109.9	221.4	205.0		
1984	348.2	110.3	108.2	244.2	221.9		
1985	395.3	113.5	107.9	277.3	239.4		
1986	439.7	111.2	106.9	308.4	255.9		
1987	471.3	107.2	100.6	330.6	257.4		
1988	515.4	109.3	95.1	361.5	244.8		
1989	558.3	108.3	96.6	391.6	236.5		
1990	664.2	119.0	97.0	465.9	229.4	100.0	100.0
1991	688.9	103.7	102.2	483.2	234.4	103.7	102.2
1992	739.4	107.3	102.0	518.7	239.7	111.3	104.2
1993	851.9	115.2	102.0	597.6	244.5	128.2	106.1
1994	1155.0	135.6	105.1	810.2	257.0	173.9	111.6
1995	1425.2	123.4	105.2	999.7	270.4	214.6	117.4
1996	1792.3	125.8	108.3	1257.2	292.8	269.8	127.1
1997	2037.1	113.7	108.9	1428.9	318.9	306.7	138.5
1998	2064.9	101.4	102.4	1448.4	326.6	310.9	141.8
1999	2147.2	104.0	105.5	1506.3	344.6	323.3	149.6
2000	2197.2	102.3	104.8	1540.8	361.1	330.8	156.8
2001	2299.5	104.7	105.1	1613.2	379.5	346.2	164.8
2002	2397.9	104.3	105.0	1682.0	398.5	361.1	173.0
2003	2532.9	105.6	104.7	1776.2	417.2	381.3	181.1
2004	2837.8	112.0	108.0	1989.3	450.6	427.1	195.6
2005	3117.7	109.9	107.2	2186.2	483.0	469.4	209.7
2006	3389.7	108.7	107.6	2376.4	519.7	510.2	225.6
2007	3904.3	115.2	108.3	2737.6	562.8	587.8	244.3
2008	4512.5	115.6	108.0	3164.7	607.8	679.5	263.8
2009	4910.0	108.8	109.3	3443.2	664.3	739.3	288.3
2010	5622.0	114.5	111.0	3943.6	737.1	846.4	321.3
2011	6567.1	116.8	110.6	4606.1	815.2	988.6	355.4
2012	7440.2	113.3	111.5	5218.7	908.9	1120.1	396.3
2013	9028.6	112.5	109.8	6331.4	998.0	1359.3	435.1
2014	10060.2	111.4	109.9	7054.8	1096.8	1514.6	478.2
2015	10992.5	109.3	108.1	7708.6	1185.6	1655.0	516.9
2016	11930.4	108.5	106.5	8363.8	1262.7	1795.6	550.5
2017	12935.8	108.4	107.2	9066.4	1353.6	1946.5	590.1
2018	14092.5	108.9	106.8	9873.3	1445.7	2119.7	630.3
2019	15394.8	109.2	106.0	10781.7	1532.4	2314.7	668.1
2020	16584.6	107.7	104.7	11611.9	1604.4	2493.0	699.5

注：从2013年起为新口径可支配收入。

2-22 农村居民平均每人总收入(2011-2020年)

单位：元

项　　目	2011	2012	2013	2014	2015	2016	2017	2018	2019	2020
平均每人总收入	**9141.8**	**10030.3**	**11539.2**	**13292.2**	**14421.9**	**15562.7**	**16637.3**	**20329.4**	**21366.3**	**22598.4**
工资性收入	3240.8	3847.6	3671.4	4088.1	4515.2	4946.2	5340.8	5769.3	6224.0	6569.6
在非企业组织中劳动得到的收入	121.5	132.5								
在本乡地域内劳动得到的收入	1142.2	1381.9								
#在本地企业得到的收入	333.3	403.3								
常住人口外出从业得到的收入	1977.1	2333.2								
家庭经营收入	4854.0	5049.3	5544.2	6614.0	7108.5	7528.1	7805.4	10472.6	10707.8	11157.5
第一产业	3557.2	3636.6	3757.4	4364.0	4771.9	4836.8	4935.4	5024.7	5099.9	5716.4
农业收入	2275.2	2390.6	2316.6	2705.3	2764.9	2723.8	2838.1	3005.8	3149.1	3611.4
林业收入	91.6	88.6	199.3	223.0	211.7	123.2	134.6	189.2	163.9	149.0
牧业收入	1105.5	1071.6	1148.1	1301.4	1634.8	1812.5	1761.8	1488.4	1316.9	1458.0
渔业收入	84.9	85.8	91.8	134.4	160.5	177.3	201.0	341.2	470.0	498.1
第二产业	443.9	483.7	332.1	482.1	554.5	597.8	643.5	1800.5	1529.6	1474.5
工业收入	149.1	164.8	177.3	210.1	308.6	279.9	338.9	1427.4	979.4	1087.2
建筑业收入	294.8	319.0	154.8	272.0	245.9	317.9	304.5	373.1	550.2	387.4
第三产业	852.9	929.0	1454.7	1767.8	1782.1	2093.4	2226.5	3647.4	4078.3	3966.6
交通、运输、邮电业收入	337.1	364.4	460.8	522.5	563.3	590.1	597.8	713.8	702.4	586.9
批发和零售贸易、餐饮业收入	311.7	327.5	582.8	732.2						
社会服务业收入	116.9	148.5								
文教卫生业收入	39.8	44.6								
其他行业收入	46.7	43.2								
财产性收入	112.2	112.8	132.1	175.5	179.2	147.3	152.6	186.9	221.2	243.8
转移性收入	934.9	1020.7	2191.5	2414.6	2619.0	2941.1	3338.6	3900.6	4213.3	4627.5

注：2013、2014年为新口径数据，交通运输邮电业改为交通运输、仓储和邮政业，批发和零售贸易、餐饮业收入改为批发和零售业。

2-23 农村居民平均每人总支出(2011-2020年)

单位：元

项　　目	2011	2012	2013	2014	2015	2016	2017	2018	2019	2020
平均每人总支出	**8480.5**	**9356.8**	**14349.5**	**16612.3**	**17387.2**	**18231.3**	**19309.0**	**23632.9**	**24603.3**	**25198.1**
家庭经营费用支出	1967.6	1984.9	2018.7	2686.7	2935.9	3154.0	3224.8	5258.2	5113.0	4949.6
第一产业	1550.2	1551.4	1607.2	2051.9	2265.4	2223.7	2214.8	2269.3	2074.4	2303.0
农业支出	741.8	760.9	765.6	1032.8	939.8	867.3	867.6	1058.4	1075.9	1231.6
林业支出	34.7	27.6	25.6	47.8	51.5	21.6	20.9	33.3	22.3	35.0
牧业支出	732.1	728.7	766.0	914.2	1210.2	1273.0	1256.1	999.2	706.9	719.0
渔业支出	41.5	34.2	26.5	57.2	63.9	61.8	70.2	178.4	269.4	317.3
第二产业	135.8	151.7	81.7	146.5	183.4	217.8	268.7	1250.5	1009.8	892.3
工业支出	67.4	83.9	47.5	73.9	132.1	125.7	188.7	1095.2	685.3	741.6
建筑业支出	68.5	67.8	34.1	72.6	51.4	92.1	80.0	155.3	324.5	150.6
第三产业	281.6	281.8	329.8	488.3	487.0	712.6	741.2	1738.3	2028.8	1754.3
交通运输、邮电业支出	123.7	122.9	124.7	167.8	157.8	187.6	174.4	260.2	295.2	163.9
批发和零售贸易、餐饮业支出	99.7	98.1	154.0	204.0						
社会服务业支出	33.7	35.5								
文教卫生业支出	12.2	15.2								
其他行业支出	12.2	10.1								
购置生产性固定资产支出	160.9	189.1	174.2	183.3	189.8	163.0	169.8	308.4	229.1	446.6
建造生产性固定资产雇工支出	3.0	1.4	2.2	2.0	3.4	1.4	5.1	8.3	4.9	2.1
税费支出	15.8	11.6								
生活消费支出	5179.4	5870.1	7832.6	9024.8	9690.6	10629.9	11533.6	12720.5	13968.8	14974.0
财产性支出	11.5	5.5	5.5	6.2	5.1	4.2	4.4	7.5	12.4	12.1
转移性支出	1142.5	1294.4	220.8	247.0	227.5	238.7	260.7	542.4	519.7	648.2

注：2013、2014年为新口径数据，交通运输邮电业改为交通运输、仓储和邮政业，批发和零售贸易、餐饮业收入改为批发和零售业。

2-24 农村居民平均每人收入来源构成(2011-2020年)

单位：元

项目	2011	2012	2013	2014	2015	2016	2017	2018	2019	2020
平均每人纯收入(可支配收入)	**6567.1**	**7440.2**	**9028.6**	**10060.2**	**10992.5**	**11930.4**	**12935.8**	**14092.5**	**15394.8**	**16584.6**
可支配收入中位数			**8271.0**	**9297.0**	**10032.0**	**11041.0**	**11877.0**	**12701.0**	**13920.3**	**14839.0**
按纯收入来源分										
工资性收入	3240.8	3847.6	3671.6	4088.1	4515.2	4946.2	5340.8	5769.3	6224.0	6569.6
在非企业组织中得到	121.5	132.5								
在本乡地域内劳动得到的收入	1142.2	1381.9								
在本地企业中得到	333.3	403.3								
在常住人口外出从业得到	1977.1	2333.2								
家庭经营纯收入	2725.2	2903.2	3255.5	3638.9	3911.7	4138.6	4368.9	4785.7	5268.3	5804.0
农业收入	1485.2	1579.1	1481.2	1590.0	1750.2	1779.5	1895.2	1847.5	1979.1	2265.1
林业收入	56.4	60.8	172.9	174.1	158.8	101.1	113.0	155.3	138.9	112.8
牧业收入	334.8	301.3	334.7	334.6	380.3	496.6	471.1	458.3	588.0	703.5
渔业收入	42.7	50.9	63.0	75.8	94.4	114.4	129.7	157.6	195.0	177.1
工业收入	70.1	73.9	119.4	125.0	165.5	143.6	139.6	233.0	260.7	241.1
建筑业收入	220.6	245.9	107.4	186.3	173.3	206.7	213.8	192.5	203.8	226.1
交通运输及邮电业收入	181.7	207.5	283.6	306.8	364.5	363.0	384.8	397.8	362.9	374.4
批发零售贸易餐饮业收入	195.8	216.9	389.4	478.1						
社会服务业收入	80.3	107.5								
文教卫生业收入	24.7	27.4								
其他家庭经营收入	32.9	32.0								
财产性收入	112.2	112.8	130.7	165.6	174.1	143.1	148.2	179.3	208.8	231.7
转移性收入	488.9	576.6	1970.7	2167.5	2391.5	2702.5	3077.9	3358.2	3693.6	3979.3
按现金和实物分										
现金纯收入	5520.1	6342.2	8258.8	9036.6	10020.3	10998.5	11761.3	13258.1	14309.5	14638.8
实物纯收入	1047.0	1098.0	769.7	1023.6	972.2	931.9	1174.5	834.4	1085.2	1945.8

注：从2013年开始收入指标改为可支配收入，口径与纯收入有所变化。主要变化是参与平均的人口由家庭户籍人口改为家庭常住人口。经营纯收入改为经营净收入，财产性收入改为财产净收入，转移性收入改为转移净收入。现金纯收入改为现金可支配收入，实物纯收入改为实物可支配收入。交通运输邮电业改为交通运输、仓储和邮政业，批发和零售贸易、餐饮业收入改为批发和零售业、住宿和餐饮业。

2-25　农村居民家庭平均每人生活消费支出(2013-2020年)

单位：元

项　目	2013	2014	2015	2016	2017	2018	2019	2020
生活消费支出	**7832.6**	**9024.8**	**9690.6**	**10629.9**	**11533.6**	**12720.5**	**13968.8**	**14974.0**
按消费类别分：								
食品烟酒	2708.9	3095.2	3188.9	3370.7	3521.2	3713.9	4024.9	4635.9
衣着	403.1	468.0	494.5	508.3	527.2	624.1	674.9	674.4
居住	1764.6	1982.4	2191.0	2369.4	2562.5	2920.6	3152.9	3367.0
生活用品及服务	511.6	541.9	604.7	639.9	642.8	756.8	787.7	853.0
交通通信	747.1	871.9	920.2	1083.1	1234.5	1449.7	1642.9	1730.5
教育文化娱乐	798.8	1112.1	1276.4	1477.3	1710.2	1678.6	1851.0	1783.8
医疗保健	733.8	771.4	844.1	986.5	1171.8	1385.5	1614.5	1706.6
其他用品和服务	164.6	181.9	170.7	194.6	163.4	191.4	220.1	222.6
按消费性质分：								
货币性消费								
食品烟酒	1948.0	2285.3	2415.3	2612.5	2710.9	3067.7	3347.4	3747.6
衣着	402.7	467.7	493.9	507.8	526.7	622.8	674.1	673.9
居住	770.6	855.7	915.4	929.3	1028.9	1108.4	1199.8	1377.0
生活用品及服务	511.4	538.3	600.8	638.3	641.0	753.9	779.6	844.3
交通通信	746.5	871.4	920.1	1083.1	1233.6	1438.8	1641.5	1721.5
教育文化娱乐	798.7	1112.0	1276.2	1477.2	1709.9	1678.2	1850.8	1783.8
医疗保健	629.3	634.9	703.0	830.7	984.9	1133.4	1288.9	1340.0
其他用品和服务	162.6	178.2	167.5	192.6	161.2	189.2	217.5	220.1
实物性消费								
食品烟酒	760.9	809.9	773.6	758.2	810.3	646.2	677.4	888.3
衣着	0.5	0.3	0.7	0.5	0.5	1.2	0.7	0.5
居住	994.0	1126.7	1275.7	1440.1	1533.5	1812.2	1953.0	1990.0

注：2013、2014年为新口径数据，食品消费指食品烟酒消费，家庭设备用品及服务改为生活用品及服务，文教用品及服务改为教育文化娱乐。

2-26 农村居民平均每人现金收入(2011-2020年)

单位：元

项目	2011	2012	2013	2014	2015
平均每人现金收入	**7887.10**	**8726.86**	**8258.83**	**9036.57**	**10020.35**
工资性收入	3240.35	3847.53	3655.90	4066.95	4499.95
家庭经营现金收入	3599.27	3760.80	2607.97	2775.48	3100.87
第一产业	2302.58	2348.12	1296.78	1160.33	1434.69
农业现金收入	1236.14	1292.74	835.94	759.79	953.68
林业现金收入	82.42	79.86	83.92	69.60	73.61
牧业现金收入	904.92	895.19	277.15	265.02	325.64
渔业现金收入	79.10	80.33	58.72	65.92	81.76
第二产业	443.80	483.70	250.39	335.59	371.07
工业现金收入	149.09	164.76	129.71	136.19	176.53
建筑业现金收入	294.71	318.94	120.69	199.41	194.54
第三产业	852.89	928.99	1060.80	1279.56	1295.11
出售其他产品的现金收入	0.71	0.73			
交通运输、邮电业现金收入	337.11	364.43	336.14	377.31	405.50
批发和零售贸易、餐饮业收入	311.69	327.47	429.24	567.25	
社会服务业现金收入	116.92	148.52			
文教卫生业现金收入	39.79	44.61			
其他行业现金收入	46.68	43.23			
财产性收入	114.80	104.12	132.09	169.38	174.11
转移性收入	932.68	1014.39	1862.88	2024.75	2245.42
非收入现金所得	**2573.08**	**2405.92**	**1359.11**	**2384.82**	**2233.19**
银行信用社得到的贷款	36.52	32.94	30.28	31.12	198.81
借入款	443.58	495.27	624.27	549.20	407.63
收回借出款	621.24	471.64	299.98	291.55	317.02
从银行信用社取回存款	743.49	680.16	1250.28	1156.21	1251.62
收回投资款	40.08	20.38			

注：从2013年开始收入指标改为可支配收入，口径与纯收入有所变化。主要变化是参与平均的人口由家庭户籍人口改为家庭常住人口。经营纯收入改为经营净收入，财产性收入改为财产净收入，转移性收入改为转移净收入。交通运输邮电业改为交通运输、仓储和邮政业，批发和零售贸易、餐饮业收入改为批发和零售业、住宿和餐饮业。

2-26 续表　　　　单位：元

项　　目	2016	2017	2018	2019	2020
平均每人现金收入	**10998.47**	**11761.28**	**13258.07**	**14309.55**	**14638.81**
工资性收入	4926.91	5314.91	5729.61	6177.78	6511.88
家庭经营现金收入	3386.65	3413.27	4263.44	4570.66	4308.12
第一产业	1625.80	1553.28	1804.42	2001.37	1513.64
农业现金收入	1014.99	1011.11	1200.27	1307.45	856.74
林业现金收入	69.78	55.69	88.99	62.57	52.23
牧业现金收入	442.31	376.67	368.71	441.97	437.51
渔业现金收入	98.72	109.80	146.46	189.39	167.16
第二产业	380.05	374.72	549.99	519.75	582.23
工业现金收入	154.25	150.20	326.97	288.86	327.63
建筑业现金收入	225.80	224.50	217.74	225.71	236.71
第三产业	1380.79	1485.27	1909.03	2049.54	2212.25
出售其他产品的现金收入					
交通运输、邮电业现金收入	402.46	423.39	453.59	407.17	423.04
批发和零售贸易、餐饮业收入					
社会服务业现金收入					
文教卫生业现金收入					
其他行业现金收入					
财产性收入	143.11	147.96	179.34	208.80	231.71
转移性收入	2702.48	2885.14	3085.69	3352.31	3587.09
非收入现金所得	**2569.70**	**2324.56**	**2804.48**	**3342.70**	**2057.82**
银行信用社得到的贷款	64.11	120.20	159.17	88.72	28.98
借入款	387.16	471.51	407.18	280.53	356.62
收回借出款	177.79	148.96	331.64	225.31	72.63
从银行信用社取回存款	1163.94	957.84	1142.60	1036.17	1146.85
收回投资款					

2-27 农村居民平均每人现金支出(2011-2020年)

单位：元

项 目	2011	2012	2013	2014	2015
平均每人现金支出	**7521.8**	**8378.0**	**12362.4**	**14380.8**	**15040.6**
生产费用支出	1997.5	2050.2	1894.6	2536.5	2787.7
家庭经营费用支出	1833.6	1859.7			
第一产业	1417.4	1428.7	1483.1	1901.8	2117.3
农业支出	731.1	743.3	746.1	1000.9	905.3
林业支出	34.2	25.2	25.5	45.3	50.5
牧业支出	611.1	626.6	663.9	800.4	1097.9
渔业支出	41.1	33.6	24.2	55.2	63.5
第二产业	135.8	151.2	81.7	146.5	183.4
工业支出	67.3	83.5	47.5	73.9	132.1
建筑业支出	68.5	67.8	34.1	72.6	51.4
第三产业	280.4	279.9	329.8	488.3	487.0
交通运输、邮电业支出	123.7	122.9	124.7	167.8	157.8
批发和零售贸易、餐饮业支出	99.4	97.8	154.0	204.0	
社会服务业支出	32.9	33.8			
文教卫生业支出	12.2	15.2			
其他家庭经营支出	12.2	10.1			
购置生产性固定资产支出	160.9	189.1	174.2	183.3	189.8
建造生产性固定资产雇工支出	3.0	1.4	2.2	2.0	3.4
税费支出	15.8	11.5			
生活消费支出	4355.7	5023.9	6723.1	7042.9	7596.1
财产性支出	11.5	5.5	5.5	6.2	5.1
转移性支出	1141.4	1287.1	220.8	247.0	227.5
给大中专学生生活费和学杂费	103.3	100.2			
赠送农村以外亲友	59.8	52.4			
非消费性现金支出	**1824.7**	**2219.6**			
归还银行信用社贷款	38.9	25.5	35.1	24.7	17.2
借出款	165.2	177.5	60.8	51.6	34.7
归还款	402.9	306.1	301.8	264.7	277.2
存入银行信用社款	742.7	1255.9	996.8	664.3	286.7
支出投资款	13.5	11.3			

注：2013、2014为新口径数据，部分数据缺失是由于新口径指标体系中已经没有该类指标划分。交通运输邮电业改为交通运输、仓储和邮政业，批发和零售贸易、餐饮业收入改为批发和零售业、住宿和餐饮业。

2-27 续表 单位：元

项　　目	2016	2017	2018	2019	2020
平均每人现金支出	**15721.6**	**16634.8**	**20787.6**	**21519.5**	**21829.3**
生产费用支出	3002.8	3087.2	5140.9	4998.4	4846.5
家庭经营费用支出					
第一产业	2072.5	2077.2	2152.0	1959.8	2199.9
农业支出	833.7	834.2	1020.9	1049.2	1210.7
林业支出	21.6	20.8	33.3	22.3	35.0
牧业支出	1155.6	1152.0	920.1	641.1	639.6
渔业支出	61.6	70.2	177.7	247.2	314.6
第二产业	217.8	268.7	1250.5	1009.8	892.3
工业支出	125.7	188.7	1094.7	683.3	741.4
建筑业支出	92.1	80.0	155.3	324.5	150.6
第三产业	712.6	741.2	1738.3	2028.8	1754.3
交通运输、邮电业支出	187.6	174.4	260.2	295.2	163.9
批发和零售贸易、餐饮业支出					
社会服务业支出					
文教卫生业支出					
其他家庭经营支出					
购置生产性固定资产支出	163.0	169.8	308.4	229.1	446.6
建造生产性固定资产雇工支出	1.4	5.1	8.3	4.9	2.1
税费支出					
生活消费支出	8396.7	8997.0	9992.5	10999.6	11708.3
财产性支出	4.2	4.4	7.5	12.4	12.1
转移性支出	238.7	260.7	542.4	519.7	648.2
给大中专学生生活费和学杂费					
赠送农村以外亲友					
非消费性现金支出					
归还银行信用社贷款	60.2	50.0	142.3	226.6	292.2
借出款	20.7	73.7	33.3	22.2	66.0
归还款	153.0	206.3	333.1	203.6	204.6
存入银行信用社款	125.2	110.9	104.9	130.4	141.8
支出投资款					

2-28 农村居民平均每百户年末耐用消费品拥有量(2011-2020年)

品　　名	2011	2012	2013	2014	2015	2016	2017	2018	2019	2020
自行车(辆)	25.84	27.89	10.89	11.30						
吸尘器(台)	0.19	0.16							0.73	0.86
微波炉(台)	4.59	4.84	7.93	8.14	6.89	7.58	7.94	8.92	9.27	9.89
热水器(台)	20.30	24.38	37.10	41.63	44.57	54.29	59.03	73.75	77.85	81.92
影碟机(台)	33.38	31.76								
洗衣机(台)	58.38	62.27	66.64	69.43	71.86	76.86	80.24	86.47	89.80	90.60
电冰箱(台)	74.59	77.46	81.45	85.25	87.39	91.38	93.73	99.73	102.66	104.60
摩托车(辆)	63.51	64.49	61.86	69.38	74.97	77.55	76.45	78.40	78.55	77.36
生活用汽车(台)	2.35	2.59	5.47	5.94	8.09	11.25	12.46	12.51	14.62	20.96
中高档乐器(架)	0.14	0.22	0.51	0.61	0.73	0.90	1.02	1.23	1.45	1.46
黑白电视机(台)	2.30	1.70								
彩色电视机(台)	109.00	111.24	110.42	112.17	112.53	114.03	115.45	113.36	115.00	115.93
照相机(架)	2.46	3.14	5.05	5.17	4.26	2.75	3.09	2.18	2.15	1.93
摄像机(台)			0.63	0.74	0.65	0.47				
组合音响(套)			6.46	6.84	5.78	4.44				
空调机(台)	22.59	24.32	31.40	34.00	36.19	42.32	45.87	65.83	71.79	72.38
抽油烟机(台)	5.70	6.81	12.30	13.09	14.60	18.65	20.94	28.30	32.07	32.31
家用计算机(台)	10.30	11.95	16.90	19.34	19.76	20.57	22.18	27.43	27.25	27.73
固定电话机(台)	28.76	28.41	12.30	27.93	19.70	16.49	17.89	11.33	7.83	5.25
移动电话机(台)	183.35	192.84	217.97	227.35	242.07	259.48	267.22	285.56	286.00	288.45

注：从2013年起为新口径数据。

2-29 农村居民住房情况(2011-2020年)

项　　目	2011	2012	2013	2014	2015	2016	2017	2018	2019	2020
平均每人新建(购)房屋面积(平方米)	1.61	0.99	1.16	1.62	1.00	1.07	1.24	0.65	0.73	0.92
#砖木结构面积(平方米)	0.44	0.19								
钢筋混凝土面积(平方米)	1.16	0.71								
楼房面积(平方米)	1.42	0.77								
平均每人年末住房面积 (平方米)	46.62	46.78	47.94	54.25	57.26	60.63	63.52	63.57	63.94	65.28
#砖木结构面积(平方米)	23.89	24.16	24.58							
钢筋混凝土面积(平方米)	20.71	20.62	22.55							
年末房屋价值(元/平方米)	429.83	430.69	648.44							

注：部分数据缺失是由于新口径指标体系中已经没有该类指标划分。

2–30　农村居民拥有生产性固定资产(2011–2020年)

项　　目	2011	2012	2013	2014	2015
按原值计算(每户拥有)					
合计(元)	**8652.44**	**8904.32**	**13892.47**	**13413.36**	**12400.17**
农业	2615.41	2775.88	3943.64	3916.22	3568.28
林业	4.54	5.91	64.59	54.23	66.41
牧业	2164.50	2358.82	2930.85	2496.74	2114.42
渔业	38.37	38.58	105.66	69.56	102.52
采矿业	320.27	110.81	44.04	167.65	71.60
制造业	282.22	260.66	528.70	242.80	443.14
电力煤气与水的生产及供应	0.27	0.59	198.52	122.89	12.96
建筑业	250.36	257.87	644.37	621.91	1013.30
交通运输业、仓储和邮政业	1803.62	1962.12	2774.17	2269.31	1957.27
批发和零售贸易业	580.32	545.21	1223.92	2377.90	1426.48
住宿和餐饮业	222.62	107.16	285.55	178.06	157.63
居民服务与其他服务业	124.22	276.06	886.67	767.36	387.22
教育	0.86	4.86			
卫生、社会保障和福利业	113.95	75.30			
文化、体育和娱乐业	29.35	20.95			
其他	101.55	103.55	261.77	128.75	1078.94
按实物统计(每百户拥有)					
#汽车(辆)	2.57	2.81	5.47	5.94	
大中型拖拉机(台)	0.49	0.51	0.74	0.66	0.55
小型和手扶拖拉机(台)	3.59	4.03	6.52	6.36	5.65
机动脱粒机(台)	17.03	18.00	15.50	16.86	11.01
胶轮大车(辆)	1.65	1.65			
农用动力机械(台)	31.14	31.89	12.10	12.71	122.25
水泵(台)	28.35	29.51			
收割机(台)	0.92	1.22	1.35	1.74	35.89
役畜(头)	12.64	11.00	16.62	13.69	10.15
产品畜(头)	26.54	22.49	75.90	103.37	30.14

注：部分数据缺失是由于新口径指标体系中已经没有该类指标划分。
　　交通运输邮电业改为交通运输、仓储和邮政业，批发和零售贸易、餐饮业收入改为批发和零售业。

2-30 续表

项　目	2016	2017	2018	2019	2020
按原值计算(每户拥有)					
合计(元)	**11170.28**	**9905.90**	**20234.55**	**15324.90**	**19123.36**
农业	3721.28	3589.21	4844.62	4489.22	5547.35
林业	26.10	29.63	30.05	130.07	52.91
牧业	2071.32	1652.36	1497.71	1045.86	1713.10
渔业	52.59	52.10	251.28	270.16	179.46
采矿业	12.26	11.76	5.11		
制造业	490.29	483.67	4557.18	1340.92	4188.21
电力煤气与水的生产及供应	14.24	13.15	47.25	65.05	27.46
建筑业	922.18	510.57	1221.64	1043.91	513.93
交通运输业、仓储和邮政业	1904.74	1838.32	2707.12	2108.96	2352.91
批发和零售贸易业	1318.98	1075.07	3298.58	3392.81	3190.14
住宿和餐饮业	98.73	164.77	377.93	301.53	202.22
居民服务与其他服务业	462.62	363.59	1088.53	790.35	613.92
教育					
卫生、社会保障和福利业					
文化、体育和娱乐业					
其他	74.97	121.69	307.55	346.06	541.75
按实物统计(每百户拥有)					
#汽车(辆)					
大中型拖拉机(台)	0.26	0.67	1.08	0.80	0.87
小型和手扶拖拉机(台)	5.81	5.59	230.31	4.72	55.82
机动脱粒机(台)	9.07	9.99	10.98	9.52	8.07
胶轮大车(辆)					
农用动力机械(台)	5.99	6.15	32.50	22.17	5.66
水泵(台)					
收割机(台)	1.70	1.18	2.66	2.17	1.90
役畜(头)	5.17	5.34	2.93		
产品畜(头)	57.52	137.87	72.62	27.99	36.41

2-31 农村住户平均每户购买商品情况(2014-2020年)

项目	2014		2015		2016		2017	
	实物量	金额(元)	实物量	金额(元)	实物量	金额(元)	实物量	金额(元)
购买食品		**7208.1**		**7660.9**		**8405.1**		**8619.3**
粮食(原粮)(公斤)	137.08	691.9		605.6		637.0		685.9
食用植物油(公斤)	14.24	210.1	15.1	218.5	16.2	231.2	18.0	253.5
动物油(公斤)	10.77	146.2	11.1	162.3	9.4	167.4	9.7	139.9
蔬菜(公斤)	63.67	371.6	55.7	359.6	62.1	382.5	63.1	371.1
猪肉(公斤)	65.37	1455.0	66.7	1551.1	67.3	1840.2	72.5	1818.5
牛肉(公斤)	1.89	113.2	2.2	138.3	2.7	175.1	2.8	183.8
羊肉(公斤)	0.55	32.5	0.8	49.6	1.1	58.6	1.2	65.4
鸡(公斤)	7.69	179.2	8.0	195.9	8.3	200.8	7.8	191.7
鸭(公斤)	4.07	84.7	4.4	95.7	5.1	109.0	4.3	93.1
鲜蛋(公斤)	7.06	109.2	7.1	113.1	7.3	112.6	6.9	102.6
鲜奶(公斤)	3.37	27.5	2.4	26.3	2.4	29.5	2.6	35.4
卷烟(盒)	113.01	786.1	115.0	846.7	119.1	922.3	118.8	926.1
啤酒(公斤)	11.88	64.7	10.6	61.0	10.5	63.1	9.7	56.8
白酒(公斤)	7.40	137.2	6.4	135.7	6.2	144.7	6.0	155.0
果酒(公斤)	0.09	2.6	0.1	2.1	0.0	1.8	0.0	2.4
茶叶(公斤)	0.28	18.3	0.3	20.0	0.3	18.9	0.3	23.0
豆制品(公斤)		102.6		124.8		126.3		124.8
水果(公斤)	99.35	660.0	105.1	760.2	115.4	795.3	115.1	832.4
糕点(公斤)		134.4		143.4		157.6		159.8
糖果(公斤)		59.9		59.5		65.9		57.6
购买衣着		**1476.8**		**1566.4**		**1633.4**		**1674.7**
服装(件)		1115.5		1181.8		1189.9		1273.2
鞋类(双)		361.4		384.6		393.4		401.5
购买居住用品		**2702.5**		**2908.3**		**2991.0**		**3271.5**
煤(公斤)	220.85	196.6	187.9	156.3	149.2	125.5	130.8	116.9
生活用水(吨)	25.86	49.6	25.4	48.1	28.5	58.7	29.3	66.4
生活用电(度)	1120.83	683.5	1195.9	726.5	1377.5	833.7	1637.2	989.4

注：部分数据缺失是由于新口径指标体系中已经没有该类指标划分。

2-31 续表 1

项目	2014		2015		2016		2017	
	实物量	金额(元)	实物量	金额(元)	实物量	金额(元)	实物量	金额(元)
购买文化体育用品		**553.2**		**654.0**		**775.0**		**822.7**
组合音响(台)		4.2		5.1		4.3		5.0
彩色电视机(台)	0.06	120.8		145.0		174.9		160.4
购买日用品		**1699.8**		**1906.9**		**2054.4**		**2037.9**
洗衣机(台)	0.05	70.0		84.6		80.5		68.0
电冰箱(台)	0.05	91.4		85.8		120.1		104.2
空调机(台)	0.03	88.4		70.1		94.7		101.5
购买交通、通讯工具和用品		**2690.8**		**2847.8**		**3401.8**		**3843.5**
自行车(辆)	0.04	15.0	0.0	13.4	0.0	12.5	0.0	10.2
电动自行车(辆)	0.01	29.5	0.0	41.6	0.0	62.2	0.0	39.6
摩托车(辆)	0.04	158.3	0.0	152.5	0.0	175.7	0.0	195.2
汽车(辆)	0.01	359.5	0.0	452.5	0.0	777.1	0.0	983.3
固定电话(部)	0.02	3.0	0.0	1.9	0.0	2.0	0.0	3.1
手机(部)	0.45	231.7	0.4	259.4	0.5	358.7	0.4	365.2
购买药品及医疗用品药品(元)		**730.2**		**789.8**		**852.1**		**819.9**
购买生产资料		**6016.2**		**6732.3**		**6673.1**		**6604.5**
小麦种籽(公斤)	0.52	2.6	0.4	2.1	0.6	3.0	0.9	3.0
稻谷种籽(公斤)	10.22	131.0	6.1	125.0	6.3	131.4	6.8	123.1
玉米种籽(公斤)	1.04	25.3	1.4	32.9	1.3	25.6	1.2	24.6
化肥(公斤)	529.42	1161.7	480.7	1044.4	471.1	950.6	400.7	902.5
农药(公斤)		413.8		404.6		367.4		387.2
农用薄膜(公斤)	0.90	15.0	0.8	14.0	0.8	11.8	0.6	8.9
购买农林牧渔业机械		**195.2**		**209.4**		**309.1**		**228.2**
小型拖拉机(台)		16.9		16.7		34.5		
大中型拖拉机(台)		40.0		19.6		33.4		
机动脱粒机(台)		5.4		4.1		3.6		
役畜(头)	0.01	36.5		20.0		7.9		
产品畜(头)	0.01	14.4		13.7		22.8		

2-31　续表 2

项　目	2018		2019		2020	
	实物量	金额(元)	实物量	金额(元)	实物量	金额(元)
购买食品		**9662.9**		**10633.2**		**12041.3**
粮食(原粮)(公斤)		806.2		876.0		1014.4
食用植物油(公斤)	17.7	262.1	20.9	297.5	25.7	378.5
动物油(公斤)	9.4	110.7	7.1	103.4	6.4	148.4
蔬菜(公斤)	78.8	417.3	85.5	483.3	88.3	518.0
猪肉(公斤)	86.9	1821.4	71.8	1732.2	60.6	2640.1
牛肉(公斤)	3.6	220.3	4.2	269.8	4.2	316.6
羊肉(公斤)	1.3	74.7	1.2	71.5	1.2	83.2
鸡(公斤)	10.3	253.4	14.4	351.9	14.7	350.8
鸭(公斤)	6.5	132.2	8.9	196.5	9.7	204.7
鲜蛋(公斤)	9.4	136.8	11.7	167.3	12.9	176.7
鲜奶(公斤)	4.4	59.0	6.5	87.3	8.1	110.2
卷烟(盒)	116.5	1111.7	111.3	1236.5	115.7	1330.5
啤酒(公斤)	8.1	47.0	7.3	42.7	7.4	44.1
白酒(公斤)	5.2	134.9	5.1	137.7	4.6	132.6
果酒(公斤)	0.0	2.0	0.1	4.3	0.1	3.1
茶叶(公斤)	0.3	24.4	0.3	22.1	0.4	27.1
豆制品(公斤)		125.2		142.4		165.5
水果(公斤)	118.7	671.1	130.3	774.3	119.5	725.1
糕点(公斤)		170.8		186.1		196.7
糖果(公斤)		69.8		60.8		62.4
购买衣着		**2012.2**		**2139.9**		**2155.6**
服装(件)		1600.3		1686.0		1687.5
鞋类(双)		411.9		453.9		468.1
购买居住用品		**3582.0**		**3810.4**		**4426.8**
煤(公斤)	128.3	110.4	95.5	94.4	85.4	83.5
生活用水(吨)	45.6	95.1	40.7	89.2	51.8	116.0
生活用电(度)	1789.3	1076.3	1878.9	1141.4	2015.3	1222.2

2-31 续表 3

项目	2018		2019		2020	
	实物量	金额(元)	实物量	金额(元)	实物量	金额(元)
购买文化体育用品		**887.3**		**805.2**		**704.8**
组合音响(台)		1.3		2.6		2.3
彩色电视机(台)		124.5		163.4		105.2
购买日用品		**2354.5**		**2383.1**		**2603.7**
洗衣机(台)		82.3		89.9		77.0
电冰箱(台)		130.8		141.6		172.2
空调机(台)		150.6		157.9		195.1
购买交通、通讯工具和用品		**4477.9**		**4995.4**		**5117.6**
自行车(辆)	0.0	9.8	0.0	8.6	0.0	9.6
电动自行车(辆)	0.0	76.5	0.0	62.8	0.0	100.7
摩托车(辆)	0.1	228.5	0.0	185.2	0.0	209.9
汽车(辆)	0.1	994.0		1099.7		1162.8
固定电话(部)	0.0	1.3		0.8	0.0	0.1
手机(部)	0.5	489.0	0.3	367.3	0.3	460.3
购买药品及医疗用品药品(元)		**1203.6**		**1157.6**		**1194.4**
购买生产资料		**6956.1**		**6230.1**		**7097.5**
小麦种籽(公斤)	1.0	3.7	0.6	2.6	0.3	1.8
稻谷种籽(公斤)	6.7	129.7	6.5	173.0	9.5	194.6
玉米种籽(公斤)	0.9	20.4	0.7	17.8	0.7	19.2
化肥(公斤)	406.8	980.5	404.6	1049.4	447.4	1159.9
农药(公斤)		491.3		527.0		632.3
农用薄膜(公斤)	0.6	10.3	0.8	13.3	1.3	17.1
购买农林牧渔业机械		**264.4**		**167.3**		**272.3**
小型拖拉机(台)						
大中型拖拉机(台)						
机动脱粒机(台)						
役畜(头)						
产品畜(头)						

2-32 农村居民全年主要消费品人均消费量(2011-2020年)

单位：公斤

指 标	2011	2012	2013	2014	2015	2016	2017	2018	2019	2020
粮食(原粮)	198.82	198.55	165.59	182.84	187.95	183.32	186.98	165.53	178.00	191.64
小麦	3.52	3.83	4.66	7.35	7.55	7.56	7.79	10.71	13.76	14.98
稻谷	186.43	187.46	150.69	162.18	165.04	160.86	163.83	135.39	142.22	153.64
玉米	3.84	2.54	2.18	1.96	3.09	3.00	3.51	5.16	5.75	5.94
薯类	1.82	2.13	1.12	1.38	1.99	1.81	1.85	1.77	1.39	1.58
豆类及豆制品	2.22	1.94	3.83	5.60	6.38	6.33	6.26	7.06	8.03	8.52
#大豆	1.84	1.54	0.67	0.99	1.27	1.26	1.26	1.46	0.88	0.82
蔬菜	122.99	121.79	92.53	109.42	103.87	100.29	102.70	86.60	88.28	97.77
油脂类	7.97	8.34	8.95	15.99	11.67	10.89	11.64	11.91	11.64	12.97
#植物油	4.60	4.75	5.95	12.30	7.91	7.72	8.33	8.76	9.24	10.87
动物油	3.36	3.58	2.99	3.70	3.76	3.17	3.31	3.15	2.41	2.10
肉类及其制品	27.32	26.59	26.87	35.64	36.29	26.00	28.78	32.31	27.98	22.96
#猪肉	17.96	17.66	18.70	25.18	25.13	23.72	26.34	29.54	25.19	20.22
牛肉	0.55	0.39	0.46	0.62	0.71	0.88	0.95	1.15	1.34	1.36
羊肉	0.14	0.11	0.17	0.20	0.29	0.40	0.48	0.45	0.40	0.42
家禽	6.48	6.08	6.42	8.05	9.08	10.32	10.92	10.73	13.74	16.83
其他肉禽及制品	2.18	2.35	1.12	0.46	1.41	0.33	0.31	0.45	0.55	0.63
蛋类及蛋制品	4.65	4.92	4.93	6.85	7.27	7.57	7.86	7.74	9.19	11.09
奶和奶制品	1.30	1.32	2.39	3.08	2.90	2.69	2.80	3.31	3.71	4.07
水产品	6.65	6.23	6.10	8.55	8.65	8.96	8.88	9.34	11.74	11.78
#鱼类	6.26	5.81	5.69	7.94	8.03	8.29	8.21	8.49	10.54	10.63
虾贝蟹类	0.07	0.08	0.08	0.13	0.14	0.16	0.20	0.27	0.59	0.60
藻类	0.10	0.10	0.10	0.13	0.15	0.15	0.16	0.15	0.17	0.16
其他水产品	0.23	0.24	0.22	0.35	0.33	0.36	0.32	0.43	0.44	0.39
食糖	1.10	1.05	0.97	1.81	2.11	1.43	1.33	1.26	1.29	1.24
酒	6.84	6.05	5.88	6.55	5.66	5.29	5.01	4.25	4.25	4.13
#白酒	2.08	1.76	1.98	2.76	2.32	2.01	1.95	1.74	1.94	1.82
啤酒	3.88	3.35	3.18	3.76	3.32	3.27	3.05	2.50	2.28	2.29
果酒	0.01	0.02	0.03	0.03	0.02	0.01	0.01	0.01	0.02	0.02
干鲜瓜果类	27.66	27.09	27.39	38.67	42.28	44.55	44.43	47.46	50.31	46.01
坚果及果仁制品	1.48	1.44	1.46	2.29	2.41	2.42	2.62	2.96	3.44	3.08

2-33　农村居民主要农、牧产品生产情况(2011-2020年)

项　　目	2011	2012	2013	2014	2015	2016	2017	2018	2019	2020
粮食(公斤/人)	519.96	538.55	454.97	571.03	615.70	630.92	639.59	644.69	632.90	661.98
棉花(公斤/人)	23.96	26.20	15.11	16.45	10.48	9.78	10.22	9.20	9.92	5.95
油料(公斤/人)	23.97	22.71	17.61	25.58	24.81	20.32	21.35	27.36	22.02	60.80
麻类(公斤/人)	0.03	0.05								
糖料(公斤/人)	2.34	4.54								
烟叶(公斤/人)	8.88	8.72								
蔬菜(公斤/人)	172.07	167.16								
水果(公斤/人)	69.52	77.68								
茶叶(公斤/人)	1.74	2.39								
猪肉(公斤/户)	150.84	155.54								
牛羊肉(公斤/户)	2.96	3.11								
家禽(公斤/户)	21.34	21.60								
禽蛋(公斤/户)	16.06	16.49								
水产品(公斤/户)	48.33	36.23								

注：部分数据缺失是由于新口径指标体系中已经没有该类指标划分。

2-34　农村居民主要农、牧产品出售情况(2011-2020年)

项　　目	2011	2012	2013	2014	2015	2016	2017	2018	2019	2020
粮食(公斤/人)	206.85	200.79	243.23	316.77	321.65	355.40	332.20	387.39	384.04	275.20
棉花(公斤/人)	22.23	25.31	18.01	11.84	18.99	6.96	12.09	9.61	8.53	6.24
油料(公斤/人)	11.71	10.00	8.37	11.34	12.30	8.64	6.75	10.50	8.60	11.68
麻类(公斤/人)	0.09	0.06	0.09	0.16	0.01	0.00	0.00	0.01	0.00	0.00
糖料(公斤/人)	2.86	3.64	2.07	4.65	6.69	5.00	3.24	0.19	0.56	0.99
烟叶(公斤/人)	8.65	8.07	10.65	12.25	12.26	10.30	7.94	8.51	12.27	9.28
蔬菜(公斤/人)	57.90	55.77	47.45	60.14	95.33	115.38	90.05	103.15	84.43	82.02
水果(公斤/人)	48.37	70.49	94.24	100.95	108.45	120.31	94.41	166.55	166.66	187.19
茶叶(公斤/人)	1.63	2.29	1.05	1.22	1.79	0.81	0.88	0.93	0.77	0.91
猪肉(公斤/户)	135.54	141.42	152.42	145.80	196.46	163.73	189.81	186.37	123.27	69.21
牛肉(公斤/户)	1.44	1.76	4.50	3.59	6.35	5.05	6.15	5.56	5.67	2.50
羊肉(公斤/户)	1.38	1.28	1.32	2.85	2.81	3.36	3.82	2.45	4.47	3.00
家禽(公斤/户)	6.74	8.33	14.16	12.83	17.58	47.52	42.04	13.22	20.84	18.06
禽蛋(公斤/户)	5.61	6.30	10.11	19.26	23.81	26.11	27.79	39.70	22.77	40.20
水产品(公斤/户)	26.62	28.22	43.25	34.59	37.11	47.77	45.66	71.05	102.32	123.93

2-35 分季度农村居民人均收支(2020年)

单位：元

指标名称	一季度	上半年	前三季度	全年
可支配收入	**4451**	**7566**	**11605**	**16585**
工资性收入	2007	3527	5216	6570
经营净收入	1160	1842	3122	5804
财产净收入	67	101	175	232
转移净收入	1216	2097	3092	3979
生活消费支出	**3646**	**6856**	**10109**	**14974**
食品烟酒	1299	2045	2886	4636
衣着	226	359	432	674
居住	830	1717	2492	3367
生活用品及服务	231	405	619	853
交通通信	458	874	1327	1731
教育文化娱乐	213	565	989	1784
医疗保健	339	774	1186	1707
其他用品和服务	50	116	180	223

2-36 各市州住户调查主要指标（2020年）

地　区	全体居民人均可支配收入(元)	城镇居民人均可支配收入		农村居民人均可支配收入		消费支出(元)
		绝对值(元)	增速(%)	绝对值(元)	增速(%)	
长沙市	51477.6	57971.2	5.0	34754.3	7.5	35019.5
株洲市	39172.7	48788.2	4.8	23240.2	7.2	24985.8
湘潭市	34360.0	41804.0	4.8	22636.2	7.2	24966.3
衡阳市	29956.0	38478.5	5.3	21304.9	7.2	22830.4
邵阳市	21066.7	30844.9	4.5	14118.6	8.1	16467.6
岳阳市	28577.4	36749.2	4.6	18186.0	7.7	21179.6
常德市	26263.1	35469.0	4.6	17957.1	8.9	21761.5
张家界市	19139.1	27884.2	4.0	11538.1	10.1	15656.3
益阳市	25560.2	33274.4	5.4	18818.0	8.8	19481.6
郴州市	27196.0	36988.5	5.2	17532.1	7.3	19786.3
永州市	23661.3	32830.0	5.6	16390.3	7.3	19002.2
怀化市	19810.7	30329.4	4.2	11990.3	10.3	15446.3
娄底市	21993.0	32161.4	5.4	14143.0	9.4	16754.1
湘西州	18153.6	27852.6	4.1	11242.0	11.9	13837.8

注：与以前的城镇居民人均可支配收入、农村居民人均纯收入相比，2013年分市州城乡居民人均可支配收入在指标名称、口径、范围上有较大变化。主要包括：农村居民人均纯收入指标改为农村居民人均可支配收入；城镇范围由原来的市区和城关镇扩大到了县以下的建制镇和城乡结合区；指标口径城乡都有变化，新的城镇居民人均可支配收入包含从单位获得的实物、免费午餐和居民自有住房折算的租金等项目，同时转移性收入也要减去个人所得税、社会保障支出、赡养支出等转移性支出，只计算净额。农村居民收入由于打工时间较长的农民工计算为城镇常住人口而减少了参与平均的人口。

2-37 各市州全体居民

项　　目	长沙	株洲	湘潭	衡阳	邵阳
可支配收入	51478	39173	34360	29956	21067
工资性收入	29373	20477	18858	17469	10576
经营净收入	8277	6542	5477	4469	3727
财产净收入	5483	3590	2188	1917	1553
转移净收入	8344	8564	7837	6101	5211
消费支出	35020	24986	24966	22830	16468
食品烟酒	9340	6997	7756	7040	5372
衣着	2187	1505	1871	1583	930
居住	6841	5489	4411	4556	3817
生活用品及服务	2521	1479	1669	1502	831
交通通信	4575	3011	2821	2668	1745
教育文化娱乐	6322	3547	4020	3246	2175
医疗保健	2516	2437	1945	1780	1368
其他用品和服务	717	521	472	455	229

2-38 各市州城镇居民

项　　目	长沙	株洲	湘潭	衡阳	邵阳
可支配收入	57971	48788	41804	38478	30845
工资性收入	32543	26804	23291	23955	15832
经营净收入	7569	6213	4815	4168	4251
财产净收入	7420	5187	3152	3494	3387
转移净收入	10439	10584	10546	6861	7375
消费支出	39133	29233	29351	27527	19880
食品烟酒	10568	8443	9148	8469	6284
衣着	2522	1893	2446	2178	1379
居住	7567	5865	4818	5103	4282
生活用品及服务	2890	1786	2005	1819	1038
交通通信	4627	3514	3463	3261	2492
教育文化娱乐	7180	4193	4896	3947	2733
医疗保健	2922	2853	1997	2085	1356
其他用品和服务	857	687	577	664	315

人均收支情况(2020年)

单位：元

岳阳	常德	张家界	益阳	郴州	永州	怀化	娄底	湘西
28577	26263	19139	25560	27196	23661	19811	21993	18154
16730	11387	9545	12161	14538	10523	10563	11641	9914
4553	7160	3549	6294	6055	5410	3410	3048	3022
1549	1459	1542	1474	2248	1738	954	922	862
5746	6257	4503	5632	4355	5991	4884	6382	4355
21180	21761	15656	19482	19786	19002	15446	16754	13838
6260	6340	4349	6106	6117	5928	4760	5175	4207
1435	1421	1065	1120	1182	1029	1060	1118	883
4412	4534	4177	4119	4018	4643	3081	3362	2883
1329	1304	896	1042	1089	1051	956	1197	835
2898	2472	1553	2877	2270	2102	1695	1541	1524
2479	3319	2104	2305	3145	2531	2333	2223	1852
1910	1942	1224	1527	1635	1423	1218	1836	1388
457	429	289	385	330	295	344	302	266

人均收支情况(2020年)

单位：元

岳阳	常德	张家界	益阳	郴州	永州	怀化	娄底	湘西
36749	35469	27884	33274	36989	32830	30329	32161	27853
22797	16837	14845	17230	21176	16118	18016	18544	16929
4106	7430	3936	5810	6594	5672	3502	2925	2766
2503	2849	3153	2497	3968	3569	2010	1942	1927
7344	8353	5950	7737	5251	7471	6801	8751	6231
25273	26990	19592	23002	24518	24272	22413	21719	17813
7531	7907	5401	7616	7473	7047	6557	6524	5362
1927	1998	1498	1556	1674	1603	1756	1664	1410
4802	5094	5139	4626	4629	5920	4102	3770	3507
1625	1611	1142	1271	1398	1483	1532	1619	1156
3515	3093	2144	3179	2854	2663	2477	2149	1965
3087	4647	2748	2713	4248	3381	3587	3294	2307
2141	2026	1158	1692	1794	1701	1736	2241	1775
644	615	361	350	447	473	666	457	329

2-39 各市州农村居民

项 目	长沙	株洲	湘潭	衡阳	邵阳
可支配收入	34754	23240	22636	21305	14119
工资性收入	21211	9992	11876	10884	6841
经营净收入	10099	7088	6518	4775	3354
财产净收入	497	943	671	316	250
转移净收入	2948	5217	3571	5330	3674
消费支出	24427	17948	18061	18063	14042
食品烟酒	6177	4602	5565	5589	4724
衣着	1323	862	967	979	611
居住	4973	4866	3769	4000	3487
生活用品及服务	1572	970	1140	1181	683
交通通信	4441	2177	1811	2066	1214
教育文化娱乐	4114	2476	2639	2535	1779
医疗保健	1471	1748	1864	1471	1377
其他用品和服务	357	246	307	243	167

收支情况(2020年)

单位：元

岳阳	常德	张家界	益阳	郴州	永州	怀化	娄底	湘西
18186	17957	11538	18818	17532	16390	11990	14143	11242
9015	6470	4938	7730	7987	6085	5022	6311	4916
5121	6916	3213	6716	5524	5202	3341	3144	3205
336	204	142	580	550	285	169	134	103
3714	4366	3246	3792	3472	4818	3459	4554	3018
15975	17044	12236	16405	15117	14823	10267	12921	11005
4643	4925	3435	4787	4779	5040	3424	4133	3384
809	900	687	740	697	574	542	695	507
3916	4030	3341	3675	3415	3630	2322	3046	2439
953	1028	682	843	784	709	528	872	605
2112	1912	1039	2613	1694	1657	1113	1072	1210
1706	2121	1544	1949	2055	1857	1400	1396	1528
1616	1867	1281	1382	1478	1202	834	1524	1112
220	261	227	416	215	153	105	183	220

2-40 各市州全体

项　　目	长沙	株洲	湘潭	衡阳	邵阳
期内住户常住成员数(人/户)	**3.25**	**3.19**	**3.01**	**3.44**	**3.33**
居住空间样式(%)					
单栋楼房	36.6	59.2	40.9	57.0	65.0
单栋平房	3.8	1.9	2.7	7.2	7.6
四居室及以上单元房	5.4	4.3	6.5	6.4	3.9
三居室单元房	32.1	16.8	32.2	21.6	13.5
二居室单元房	19.8	15.5	15.3	6.5	7.8
一居室单元房	1.5	2.0	2.3	0.3	0.5
筒子楼或连片平房	0.7	0.1	0.0	1.0	0.9
其他	0.1	0.3	0.0	0.0	0.8
现住房房屋来源(%)					
租赁公房	1.3	0.3	2.7	0.2	2.0
租赁私房	4.4	2.0	0.9	0.7	2.6
自建住房	37.5	61.5	43.6	67.6	72.7
购买商品房	42.1	23.9	40.7	25.1	13.8
购买房改住房	6.6	10.1	5.2	3.4	4.2
购买保障性住房	2.3	0.8	4.1	0.1	1.8
拆迁安置房	4.3	0.5	1.4	2.3	1.2
继承或获赠住房	0.4	0.0	0.1	0.1	0.3
免费借用房	0.4	0.6	0.7	0.2	0.9
雇主提供免费住房	0.1	0.2	0.8	0.0	0.0
其他来源	0.7	0.1	0.0	0.2	0.5
现住房总建筑面积(平方米/人)	**47.11**	**65.25**	**53.80**	**57.37**	**65.94**
住户主要饮用水来源情况(%)					
经过净化处理的自来水	70.2	63.5	68.0	49.8	71.5
受保护的井水和泉水	24.3	26.6	28.0	36.6	20.1
不受保护的井水和泉水	3.1	3.4	2.0	9.3	3.8
江河湖泊水	0.1	0.3	0.2	0.5	0.1
收集雨水	0.0	0.0	0.0	0.1	0.0
桶装水	1.5	6.3	1.2	3.2	3.4
其他水源	0.9	0.0	0.7	0.5	0.9
住户厕所类型(%)					
水冲式卫生厕所	99.4	98.4	97.1	85.3	78.1
水冲式非卫生厕所	0.3	0.7	1.0	14.0	6.1
卫生旱厕	0.0	0.8	1.8	0.3	5.4
普通旱厕	0.2	0.1	0.0	0.4	10.4
无厕所	0.1	0.0	0.0	0.0	0.0
住户洗澡设施情况(%)					
统一供热水	2.3	1.0	0.1	1.7	2.5
家庭自装热水器	93.6	85.5	95.7	82.2	77.5
其他	3.5	11.3	2.3	7.5	7.3
无洗澡设施	0.7	2.3	2.0	8.6	12.7
住户主要取暖设备状况(%)					
由市政或小区集中供暖	0.5	0.0	1.7	0.2	0.0
自行供暖	89.7	89.3	80.5	76.7	58.7
无取暖设备	9.8	10.7	17.8	23.2	41.3
主要炊用能源状况(%)					
柴草	0.9	5.0	5.7	6.3	12.3
煤炭	2.1	8.0	0.2	5.9	2.5
罐装液化石油气	34.0	32.3	39.8	57.7	43.5
管道液化石油气	0.4	1.2	0.5	1.8	1.3
管道煤气	1.6	1.2	1.4	1.5	3.6
管道天然气	50.4	43.7	48.3	18.2	7.7
电	9.1	8.3	2.6	8.2	29.2
燃料用油	0.0	0.0	0.0	0.0	0.0
沼气	1.1	0.3	1.0	0.2	0.0
其他	0.2	0.0	0.2	0.2	0.0
无炊用行为	0.0	0.0	0.3	0.2	0.0

居民住房情况(2020年)

岳阳	常德	张家界	益阳	郴州	永州	怀化	娄底	湘西
2.96	**2.90**	**3.43**	**2.82**	**3.13**	**3.4**	**3.23**	**3.03**	**3.76**
51.5	58.2	57.2	60.9	53.9	63.6	44.4	54.7	51.9
12.3	17.7	12.9	9.7	9.7	10.8	23.9	6.3	28.9
8.3	4.9	2.0	2.2	6.8	3.3	5.2	8.8	2.9
20.5	13.1	20.5	18.4	23.1	18.0	20.7	19.8	11.1
6.3	5.6	5.1	5.4	4.6	3.5	5.1	8.8	4.1
0.7	0.6	0.4	1.8	1.0	0.1	0.4	0.2	0.2
0.3	0.0	0.3	1.4	0.7	0.2	0.2	1.4	0.0
0.0	0.0	1.5	0.3	0.2	0.4	0.2	0.0	0.9
1.2	0.7	2.4	1.7	2.5	0.7	0.8	0.8	0.2
1.3	0.7	1.3	1.3	1.7	1.4	0.9	5.2	0.8
65.0	74.9	71.2	68.2	63.4	72.1	66.6	64.6	80.5
26.0	21.1	20.9	20.2	23.3	20.0	22.6	18.0	11.8
3.1	2.2	0.2	5.2	3.6	3.8	4.4	3.8	1.6
1.0	0.0	0.5	0.1	0.6	0.2	0.3	2.0	1.2
1.0	0.2	2.4	1.5	2.5	0.6	3.1	1.2	2.1
0.4	0.0	0.2	0.7	0.6	0.5	0.6	0.9	0.2
0.5	0.2	0.0	0.2	1.2	0.3	0.3	2.9	0.8
0.1	0.0	0.0	0.7	0.1	0.0	0.0	0.2	0.0
0.3	0.0	0.9	0.3	0.5	0.3	0.4	0.4	0.7
55.05	**64.80**	**59.95**	**61.71**	**55.79**	**62.94**	**49.87**	**62.32**	**45.73**
74.7	88.0	61.4	81.1	67.3	55.9	66.1	65.2	55.3
13.1	2.6	19.3	15.6	25.1	30.0	23.4	24.7	24.3
12.0	1.0	8.7	3.0	2.7	6.0	6.8	2.7	10.3
0.1	7.1	2.0	0.0	0.1	0.5	0.2	1.0	1.5
0.0	0.0	0.5	0.0	0.0	0.0	0.0	0.0	0.2
0.0	0.5	7.1	0.1	4.3	7.2	3.4	5.6	6.1
0.1	0.9	1.1	0.1	0.6	0.3	0.2	0.7	2.3
97.8	98.8	89.6	95.7	91.4	86.5	82.5	83.1	65.6
0.5	0.3	7.0	3.1	4.4	7.6	8.7	7.2	23.3
1.0	0.6	0.3	0.8	1.3	1.4	1.8	6.8	3.2
0.8	0.3	3.1	0.4	2.9	4.4	6.9	2.9	8.0
0.0	0.0	0.0	0.0	0.1	0.0	0.1	0.0	0.0
1.4	1.0	1.4	1.1	1.0	1.1	1.7	2.0	1.0
94.0	93.5	82.3	87.8	82.6	82.8	80.0	80.9	71.9
3.6	2.7	7.4	5.6	9.4	8.1	9.4	9.8	10.5
0.9	2.8	8.8	5.5	7.0	7.9	9.0	7.2	16.6
0.1	0.0	0.0	0.0	0.0	0.0	0.0	0.0	0.2
94.8	82.0	89.6	73.6	94.6	74.3	82.5	93.3	65.7
5.1	18.0	10.4	26.4	5.4	25.7	17.5	6.7	34.1
3.8	12.3	26.2	9.5	4.0	3.9	24.8	1.5	36.1
0.8	0.1	0.0	1.2	4.9	0.2	0.3	10.3	0.7
60.3	57.8	40.9	52.3	60.2	73.6	48.0	45.4	40.4
1.3	0.2	0.9	1.8	1.2	0.6	0.6	0.6	0.2
0.2	0.6	0.0	1.5	0.6	0.3	0.1	0.1	0.1
24.8	26.7	18.8	25.3	10.8	3.3	4.4	12.9	1.8
8.2	2.2	12.0	7.3	17.4	17.4	21.3	28.6	20.3
0.1	0.0	0.0	0.0	0.5	0.0	0.0	0.0	0.1
0.4	0.0	1.0	0.7	0.0	0.3	0.0	0.2	0.5
0.0	0.1	0.0	0.0	0.0	0.1	0.4	0.0	0.0
0.0	0.1	0.2	0.4	0.6	0.2	0.0	0.2	0.0

2-41 各市州城镇

项目	长沙	株洲	湘潭	衡阳	邵阳
期内住户常住成员数(人/户)	**3.14**	**3.13**	**2.91**	**3.36**	**3.23**
居住空间样式(%)					
单栋楼房	19.3	38.7	10.7	31.1	36.7
单栋平房	2.1	0.3	0.8	2.4	2.2
四居室及以上单元房	7.0	6.8	10.0	11.4	8.7
三居室单元房	42.2	26.3	50.5	41.5	30.9
二居室单元房	26.5	24.4	24.3	12.6	18.1
一居室单元房	2.0	3.1	3.6	0.6	1.2
筒子楼或连片平房	0.9	0.2	0.0	0.4	2.2
其他	0.0	0.2	0.0	0.0	0.0
现住房房屋来源(%)					
租赁公房	1.7	0.3	4.1	0.3	4.3
租赁私房	5.8	3.2	1.1	1.4	5.1
自建住房	18.7	40.0	12.6	39.0	39.9
购买商品房	56.1	37.4	63.9	47.8	32.0
购买房改住房	8.9	15.9	7.7	6.4	9.8
购买保障性住房	3.1	1.3	6.4	0.2	4.1
拆迁安置房	4.0	0.6	1.8	4.5	1.9
继承或获赠住房	0.5	0.0	0.1	0.0	0.4
免费借用房	0.5	0.9	1.1	0.0	1.6
雇主提供免费住房	0.2	0.2	1.1	0.0	0.0
其他来源	0.6	0.1	0.0	0.4	0.9
现住房总建筑面积(平方米/人)	**41.2**	**56.3**	**49.2**	**49.6**	**56.3**
住户主要饮用水来源情况(%)					
经过净化处理的自来水	85.7	84.7	97.2	80.3	93.2
受保护的井水和泉水	11.7	9.3	1.2	11.0	3.5
不受保护的井水和泉水	0.2	0.4	0.0	2.8	0.4
江河湖泊水	0.0	0.2	0.0	0.4	0.1
收集雨水	0.0	0.0	0.0	0.0	0.0
桶装水	1.9	5.4	1.5	5.5	2.8
其他水源	0.6	0.0	0.1	0.0	0.0
住户厕所类型(%)					
水冲式卫生厕所	99.5	99.6	100.0	96.2	96.4
水冲式非卫生厕所	0.4	0.2	0.0	3.8	0.5
卫生旱厕	0.0	0.2	0.0	0.0	1.7
普通旱厕	0.0	0.0	0.0	0.0	1.3
无厕所	0.2	0.0	0.0	0.0	0.0
住户洗澡设施情况(%)					
统一供热水	2.5	0.9	0.1	1.1	3.4
家庭自装热水器	96.1	92.6	98.1	94.2	91.3
其他	1.2	5.0	1.1	2.0	3.0
无洗澡设施	0.2	1.5	0.7	2.7	2.3
住户主要取暖设备状况(%)					
由市政或小区集中供暖	0.7	0.0	2.7	0.0	0.0
自行供暖	88.3	90.6	85.4	85.5	73.5
无取暖设备	11.0	9.4	11.9	14.5	26.5
主要炊用能源状况(%)					
柴草	0.0	0.4	0.0	1.2	0.3
煤炭	0.4	2.2	0.1	1.3	1.5
罐装液化石油气	20.5	21.6	18.5	50.4	44.3
管道液化石油气	0.6	0.7	0.5	3.0	2.4
管道煤气	2.1	0.7	2.2	2.2	8.4
管道天然气	66.5	66.9	74.8	34.5	17.9
电	8.7	7.5	3.2	7.3	25.2
燃料用油	0.0	0.0	0.0	0.0	0.0
沼气	1.1	0.1	0.1	0.0	0.0
其他	0.2	0.0	0.0	0.0	0.0
无炊用行为	0.0	0.0	0.5	0.1	0.0

居民住房情况(2020年)

岳阳	常德	张家界	益阳	郴州	永州	怀化	娄底	湘西
2.96	**3.03**	**3.62**	**2.78**	**3.12**	**3.54**	**3.16**	**3.16**	**3.85**
30.0	41.6	34.9	37.5	28.0	40.5	28.0	21.3	51.2
6.1	5.5	2.0	3.9	3.3	2.2	4.7	1.5	6.7
14.6	10.5	4.6	3.6	11.7	7.4	10.6	13.6	6.3
36.1	28.8	46.6	37.6	44.6	41.2	44.7	41.2	25.7
11.3	12.4	11.1	11.4	9.1	8.2	10.9	18.5	9.7
1.3	1.3	0.8	3.9	2.1	0.3	0.8	0.5	0.4
0.6	0.0	0.0	1.8	1.3	0.1	0.3	3.4	0.0
0.0	0.0	0.0	0.3	0.0	0.1	0.0	0.0	0.0
2.1	1.6	5.4	3.2	5.0	1.7	1.7	1.9	0.4
2.4	1.3	2.5	2.7	2.4	3.2	1.6	7.9	2.0
39.0	45.0	39.3	37.1	31.4	37.5	30.7	30.7	56.8
46.2	46.4	46.0	40.1	45.6	45.5	50.1	41.5	28.5
5.2	4.9	0.6	10.9	6.7	8.6	9.4	9.1	3.8
1.9	0.0	0.6	0.3	1.2	0.5	0.6	4.0	3.0
1.4	0.4	4.7	2.6	4.2	0.6	3.6	2.9	2.3
0.7	0.0	0.0	1.0	0.7	1.3	0.6	0.4	0.0
0.3	0.5	0.0	0.5	1.8	0.6	0.7	1.1	2.0
0.2	0.0	0.0	1.4	0.2	0.0	0.1	0.0	0.0
0.5	0.0	1.0	0.3	0.9	0.6	0.9	0.4	1.2
48.9	**55.3**	**52.6**	**51.6**	**49.1**	**57.2**	**44.9**	**41.6**	**46.7**
89.7	96.0	96.3	91.5	85.8	86.7	87.4	90.1	72.0
1.9	1.6	1.2	6.8	9.4	4.0	6.1	1.1	7.3
8.4	0.0	0.0	1.2	0.7	0.3	0.0	0.0	5.8
0.0	1.3	0.0	0.0	0.2	0.8	0.1	1.3	0.0
0.0	0.0	0.0	0.0	0.0	0.0	0.0	0.0	0.5
0.0	1.1	2.5	0.3	3.9	8.2	6.1	7.4	14.3
0.0	0.0	0.0	0.2	0.1	0.0	0.3	0.0	0.0
99.2	100.0	100.0	99.6	98.0	99.1	96.5	95.3	89.3
0.0	0.0	0.0	0.1	1.3	0.3	2.4	1.7	7.8
0.8	0.0	0.0	0.3	0.3	0.3	0.3	2.7	0.0
0.0	0.0	0.0	0.0	0.2	0.3	0.8	0.3	2.9
0.0	0.0	0.0	0.0	0.2	0.0	0.0	0.0	0.0
1.6	0.6	2.9	1.6	1.3	1.5	2.0	2.2	1.3
95.4	98.2	93.5	95.1	92.0	95.3	95.0	90.2	91.7
3.1	1.2	0.0	0.7	4.4	0.7	2.2	5.5	4.0
0.0	0.0	3.5	2.5	2.4	2.5	0.8	2.1	3.0
0.2	0.0	0.0	0.0	0.0	0.0	0.0	0.0	0.1
93.8	87.0	97.5	80.0	93.7	79.9	91.0	95.8	75.1
6.0	13.0	2.5	20.0	6.3	20.1	9.0	4.2	24.8
1.0	1.2	0.4	1.0	0.2		1.1	0.3	2.7
0.2	0.3	0.1	0.3	2.7	0.3	0.3	6.6	1.1
41.8	39.3	36.2	35.8	54.9	73.0	62.7	36.0	68.3
2.3	0.3	1.7	3.6	2.4	1.2	1.0	0.8	0.2
0.3	1.3	0.0	1.8	1.2	0.7	0.3	0.3	0.0
44.2	56.4	42.6	51.2	20.7	7.2	9.9	30.4	4.4
9.1	1.0	19.0	5.2	16.1	17.1	24.1	25.7	23.1
0.3	0.0	0.0	0.0	0.8	0.0	0.0	0.0	0.2
0.8	0.0	0.0	0.3	0.0	0.0	0.0	0.0	0.0
0.0	0.1	0.0	0.0	0.0	0.1	0.6	0.0	0.1
0.0	0.1	0.0	0.9	1.1	0.5	0.1	0.0	0.0

2-42 各市州农村

项 目	长沙	株洲	湘潭	衡阳	邵阳
期内住户常住成员数(人/户)	**3.58**	**3.30**	**3.17**	**3.53**	**3.40**
居住空间样式(%)					
单栋楼房	87.2	94.8	92.9	84.6	86.2
单栋平房	8.9	4.6	6.0	12.4	11.5
四居室及以上单元房	0.7	0.0	0.4	1.0	0.3
三居室单元房	2.4	0.3	0.7	0.3	0.6
二居室单元房	0.3	0.0	0.0	0.0	0.0
一居室单元房	0.0	0.0	0.0	0.0	0.0
筒子楼或连片平房	0.0	0.0	0.0	1.6	0.0
其他	0.5	0.3	0.0	0.0	1.4
现住房房屋来源(%)					
租赁公房	0.0	0.2	0.2	0.0	0.3
租赁私房	0.3	0.0	0.5	0.0	0.8
自建住房	93.0	99.0	96.6	98.2	97.2
购买商品房	0.7	0.4	0.9	0.9	0.2
购买房改住房	0.0	0.0	0.9	0.3	0.0
购买保障性住房	0.0	0.0	0.0	0.0	0.0
拆迁安置房	4.9	0.2	0.6	0.0	0.6
继承或获赠住房	0.0	0.0	0.0	0.2	0.1
免费借用房	0.0	0.0	0.0	0.3	0.5
雇主提供免费住房	0.0	0.0	0.3	0.0	0.0
其他来源	1.0	0.2	0.0	0.0	0.3
现住房总建筑面积(平方米/人)	**62.36**	**80.15**	**61.03**	**65.25**	**72.79**
住户主要饮用水来源情况(%)					
经过净化处理的自来水	24.5	26.4	18.0	17.3	55.3
受保护的井水和泉水	61.3	56.8	73.9	63.9	32.5
不受保护的井水和泉水	11.5	8.6	5.4	16.2	6.4
江河湖泊水	0.5	0.4	0.4	0.7	0.2
收集雨水	0.0	0.0	0.0	0.3	0.0
桶装水	0.3	7.8	0.5	0.6	3.9
其他水源	1.9	0.0	1.7	1.1	1.7
住户厕所类型(%)					
水冲式卫生厕所	99.3	96.4	92.2	73.8	64.4
水冲式非卫生厕所	0.0	1.5	2.8	24.8	10.3
卫生旱厕	0.0	1.7	4.9	0.6	8.2
普通旱厕	0.7	0.4	0.0	0.8	17.1
无厕所	0.0	0.0	0.0	0.0	0.0
住户洗澡设施情况(%)					
统一供热水	1.6	1.0	0.0	2.2	1.8
家庭自装热水器	86.3	73.1	91.5	69.4	67.2
其他	10.0	22.3	4.3	13.4	10.6
无洗澡设施	2.2	3.6	4.2	14.9	20.4
住户主要取暖设备状况(%)					
由市政或小区集中供暖	0.0	0.0	0.0	0.3	0.0
自行供暖	93.8	87.0	71.9	67.3	47.6
无取暖设备	6.2	13.0	28.1	32.4	52.4
主要炊用能源状况(%)					
柴草	3.7	13.0	15.5	11.7	21.2
煤炭	7.3	18.0	0.3	10.7	3.2
罐装液化石油气	73.6	51.0	76.3	65.4	42.9
管道液化石油气	0.0	2.1	0.5	0.6	0.4
管道煤气	0.0	2.1	0.0	0.8	0.0
管道天然气	3.4	3.4	2.9	0.8	0.0
电	10.6	9.7	1.6	9.0	32.2
燃料用油	0.0	0.0	0.0	0.0	0.0
沼气	1.0	0.7	2.3	0.3	0.0
其他	0.4	0.0	0.5	0.3	0.0
无炊用行为	0.0	0.0	0.0	0.3	0.0

居民住房情况(2020年)

岳阳	常德	张家界	益阳	郴州	永州	怀化	娄底	湘西
2.97	**2.79**	**3.28**	**2.85**	**3.15**	**3.36**	**3.29**	**2.94**	**3.70**
78.8	72.0	74.8	81.9	79.6	81.0	57.0	78.7	52.4
20.1	27.8	21.6	14.8	16.1	17.3	38.8	9.6	44.1
0.4	0.2	0.0	0.8	1.9	0.2	0.9	5.3	0.5
0.7	0.0	0.0	1.1	1.7	0.6	2.2	4.5	1.2
0.0	0.0	0.4	0.0	0.2	0.0	0.6	1.8	0.2
0.0	0.0	0.0	0.0	0.0	0.0	0.1	0.0	0.0
0.0	0.0	0.6	1.0	0.1	0.3	0.1	0.0	0.0
0.0	0.0	2.7	0.3	0.4	0.6	0.4	0.0	1.6
0.0	0.0	0.0	0.4	0.0	0.0	0.0	0.0	0.0
0.0	0.1	0.4	0.0	1.0	0.1	0.4	3.3	0.0
98.2	99.9	96.4	96.1	95.2	98.2	94.4	88.9	96.7
0.3	0.0	1.1	2.3	1.2	0.8	1.3	1.1	0.4
0.4	0.0	0.0	0.1	0.5	0.1	0.5	0.0	0.0
0.0	0.0	0.4	0.0	0.0	0.0	0.1	0.5	0.0
0.3	0.0	0.6	0.4	0.7	0.6	2.7	0.0	2.1
0.0	0.0	0.3	0.4	0.6	0.0	0.7	1.2	0.4
0.8	0.0	0.0	0.0	0.6	0.1	0.0	4.3	0.0
0.0	0.0	0.0	0.0	0.0	0.0	0.0	0.4	0.0
0.0	0.0	0.8	0.3	0.1	0.1	0.0	0.4	0.4
62.81	**73.42**	**66.35**	**70.54**	**62.38**	**67.46**	**53.52**	**78.29**	**45.02**
55.5	81.3	34.0	71.8	48.9	32.7	49.6	47.4	43.8
27.5	3.5	33.5	23.5	40.7	49.6	36.8	41.6	35.9
16.5	1.8	15.5	4.7	4.7	10.3	12.0	4.7	13.3
0.2	11.8	3.5	0.0	0.0	0.3	0.2	0.8	2.6
0.0	0.0	0.9	0.0	0.0	0.0	0.0	0.0	0.0
0.0	0.0	10.8	0.0	4.7	6.5	1.3	4.4	0.5
0.3	1.6	1.9	0.0	1.1	0.6	0.1	1.2	3.8
96.0	97.7	81.4	92.2	84.8	77.0	71.7	74.4	49.3
1.0	0.6	12.5	5.8	7.4	13.1	13.6	11.2	33.9
1.3	1.1	0.6	1.2	2.3	2.3	3.0	9.7	5.3
1.7	0.6	5.6	0.7	5.5	7.5	11.6	4.7	11.5
0.0	0.0	0.0	0.0	0.0	0.1	0.2	0.0	0.0
1.2	1.2	0.3	0.7	0.8	0.8	1.5	1.9	0.9
92.3	89.6	73.5	81.3	73.3	73.4	68.4	74.2	58.3
4.4	4.0	13.2	10.0	14.4	13.8	14.9	12.9	15.0
2.1	5.2	13.0	8.1	11.5	12.0	15.3	10.9	25.9
0.0	0.0	0.0	0.0	0.0	0.0	0.0	0.0	0.3
96.1	77.9	83.4	67.8	95.5	70.0	75.9	91.5	59.2
3.9	22.1	16.6	32.2	4.5	30.0	24.1	8.5	40.5
7.4	21.5	46.5	17.1	7.7	6.8	43.1	2.3	58.9
1.7	0.0	0.0	2.0	7.0	0.1	0.3	13.1	0.4
83.9	73.1	44.6	67.1	65.4	74.1	36.6	52.2	21.3
0.0	0.1	0.3	0.2	0.0	0.2	0.2	0.4	0.1
0.0	0.0	0.0	1.4	0.1	0.0	0.1	0.0	0.1
0.0	1.9	0.0	2.2	0.9	0.5	0.2	0.4	0.0
7.0	3.2	6.4	9.1	18.6	17.7	19.1	30.7	18.3
0.0	0.0	0.0	0.0	0.2	0.0	0.0	0.0	0.0
0.0	0.0	1.8	1.0	0.0	0.5	0.1	0.4	0.8
0.0	0.1	0.0	0.0	0.0	0.1	0.3	0.0	0.0
0.0	0.0	0.4	0.0	0.0	0.0	0.0	0.4	0.0

2-43 各市州全体居民平均每百户拥有耐用消费品数量(2020年)

项目	长沙	株洲	湘潭	衡阳	邵阳	岳阳	常德
家用汽车(辆)	59.36	35.00	46.54	29.20	24.68	37.86	33.68
摩托车(辆)	38.02	74.98	56.02	66.39	46.81	60.64	58.90
助力车(辆)	27.13	22.74	31.18	27.85	22.25	32.05	39.54
洗衣机(台)	107.83	102.69	106.93	94.72	92.93	105.44	101.89
电冰箱(台)	107.40	102.86	104.19	101.09	97.87	117.16	112.59
微波炉(台)	48.26	28.62	40.02	23.98	20.46	36.81	28.67
彩色电视机(台)	119.01	128.79	128.83	112.18	107.90	128.94	125.26
空调(台)	228.84	171.04	194.42	107.39	60.07	190.97	161.72
热水器(台)	104.89	96.53	100.39	93.69	82.90	104.02	102.92
洗碗机(台)	3.67	0.97	2.50	2.13	12.08	0.81	0.65
排油烟机(台)	86.56	69.02	72.02	58.71	38.26	79.07	66.96
固定电话(部)	7.50	10.15	14.89	11.07	14.78	9.07	3.29
移动电话(部)	269.32	290.46	273.12	298.39	265.97	282.02	265.96
计算机(台)	80.53	65.45	66.41	45.43	51.41	47.44	45.18
照相机(架)	22.77	12.95	17.24	6.96	9.95	10.31	8.71
中高档乐器(件)	11.55	6.38	9.97	2.93	2.18	5.12	4.56
健身器材(套)	10.73	7.32	9.40	3.80	3.22	6.20	4.84

2-43 续表

项目	张家界	益阳	郴州	永州	怀化	娄底	湘西
家用汽车(辆)	31.92	26.33	26.43	38.77	22.35	26.58	22.67
摩托车(辆)	62.89	52.52	59.37	68.95	51.35	45.65	52.49
助力车(辆)	11.19	29.54	17.37	34.18	12.73	12.66	9.04
洗衣机(台)	94.77	103.01	93.09	92.85	92.14	97.50	96.27
电冰箱(台)	104.64	104.68	100.51	104.24	103.36	102.86	99.84
微波炉(台)	26.00	27.25	18.96	27.16	20.11	21.17	17.51
彩色电视机(台)	107.89	117.83	109.53	115.89	108.45	106.17	106.16
空调(台)	91.18	134.29	80.69	83.78	87.43	100.40	55.06
热水器(台)	99.98	96.25	89.86	92.24	88.49	84.54	81.15
洗碗机(台)	27.96	0.32	1.04	1.99	1.09	0.29	22.78
排油烟机(台)	31.95	50.20	71.43	57.93	46.12	54.90	21.33
固定电话(部)	18.83	5.82	3.70	4.26	6.38	6.20	12.84
移动电话(部)	294.52	267.32	262.31	296.85	283.71	267.62	317.05
计算机(台)	53.06	43.55	45.18	54.88	41.44	41.07	31.88
照相机(架)	6.92	5.42	8.44	9.70	8.48	6.04	3.94
中高档乐器(件)	5.81	3.96	6.68	5.61	4.15	4.07	1.06
健身器材(套)	6.43	6.53	6.59	7.35	4.91	3.59	3.17

2-44 各市州城镇居民平均每百户耐用消费品拥有量(2020年)

项　　目	长沙	株洲	湘潭	衡阳	邵阳	岳阳	常德
家用汽车(辆)	61.30	40.28	57.68	34.82	32.50	45.88	42.53
摩托车(辆)	23.20	55.40	27.92	41.98	26.69	35.09	35.03
助力车(辆)	24.48	27.29	36.82	34.60	22.57	29.50	42.91
洗衣机(台)	108.86	105.34	108.59	100.23	99.09	105.36	106.55
电冰箱(台)	108.11	103.04	102.72	103.94	102.21	114.61	110.38
微波炉(台)	58.10	38.99	56.28	35.39	36.69	51.34	47.41
彩色电视机(台)	116.84	126.11	127.17	112.31	107.54	126.16	125.31
空调(台)	248.34	207.07	241.30	147.35	99.61	227.96	214.12
热水器(台)	107.62	105.41	111.78	105.83	104.41	104.91	106.14
洗碗机(台)	4.92	0.96	3.39	3.61	14.27	1.38	1.44
排油烟机(台)	92.97	83.13	92.76	78.21	58.51	89.47	86.38
固定电话(部)	8.64	12.14	16.25	8.42	21.50	8.46	1.67
移动电话(部)	262.46	281.84	260.25	286.59	265.29	269.63	268.16
计算机(台)	92.91	77.85	85.46	61.43	82.51	62.40	64.68
照相机(架)	29.40	17.95	25.01	11.49	19.63	16.73	14.25
中高档乐器(件)	14.36	8.67	14.37	4.43	3.90	7.93	7.30
健身器材(套)	12.95	10.15	13.61	5.06	6.56	9.80	8.54

2-44 续表

项　　目	张家界	益阳	郴州	永州	怀化	娄底	湘西
家用汽车(辆)	49.39	30.72	35.11	53.49	32.33	39.18	31.87
摩托车(辆)	52.62	25.45	40.34	48.48	35.20	28.22	42.46
助力车(辆)	11.90	28.24	22.52	40.76	15.75	13.86	10.07
洗衣机(台)	105.90	102.41	98.63	106.20	101.77	100.22	104.49
电冰箱(台)	110.52	103.40	101.29	106.10	104.49	105.61	103.24
微波炉(台)	44.58	44.07	30.12	46.52	37.48	33.62	37.42
彩色电视机(台)	109.52	113.25	112.40	119.33	109.24	109.92	111.53
空调(台)	155.00	175.81	123.68	139.46	154.51	163.71	96.27
热水器(台)	122.72	103.76	101.61	105.54	103.34	98.89	113.42
洗碗机(台)	25.98	0.67	1.18	2.70	2.06	0.0	36.24
排油烟机(台)	58.38	66.06	87.64	85.68	78.69	71.51	39.72
固定电话(部)	25.53	3.07	5.21	5.85	6.72	6.40	24.47
移动电话(部)	296.12	254.59	257.75	296.25	272.76	267.17	313.51
计算机(台)	85.23	57.64	69.25	87.74	68.49	59.83	55.96
照相机(架)	10.35	9.67	14.98	21.00	15.60	13.39	8.63
中高档乐器(件)	8.23	7.31	11.17	8.00	7.58	7.30	1.02
健身器材(套)	10.33	9.71	11.36	11.89	8.44	6.47	6.06

2-45 各市州农村居民平均每百户耐用消费品拥有量(2020年)

项　目	长沙	株洲	湘潭	衡阳	邵阳	岳阳	常德
家用汽车(辆)	53.68	25.79	27.42	23.20	18.84	27.62	26.32
摩托车(辆)	81.56	109.09	104.20	92.45	61.85	93.25	78.77
助力车(辆)	34.91	14.83	21.51	20.64	22.00	35.29	36.74
洗衣机(台)	104.83	98.07	104.09	88.84	88.33	105.53	98.01
电冰箱(台)	105.30	102.54	106.73	98.05	94.63	120.41	114.44
微波炉(台)	19.35	10.54	12.14	11.81	8.33	18.25	13.06
彩色电视机(台)	125.39	133.46	131.68	112.04	108.17	132.48	125.22
空调(台)	171.56	108.26	114.02	64.74	30.51	143.75	118.11
热水器(台)	96.87	81.06	80.85	80.74	66.82	102.87	100.24
洗碗机(台)	0.0	0.99	0.96	0.56	10.44	0.07	0.0
排油烟机(台)	67.74	44.44	36.46	37.90	23.13	65.80	50.80
固定电话(部)	4.12	6.70	12.56	13.91	9.76	9.84	4.65
移动电话(部)	289.47	305.48	295.21	310.98	266.48	297.84	264.14
计算机(台)	44.15	43.84	33.72	28.35	28.17	28.36	28.94
照相机(架)	3.30	4.23	3.90	2.11	2.71	2.10	4.10
中高档乐器(件)	3.28	2.39	2.42	1.33	0.89	1.55	2.27
健身器材(套)	4.19	2.41	2.17	2.45	0.72	1.60	1.76

2-45 续表

项　目	张家界	益阳	郴州	永州	怀化	娄底	湘西
家用汽车(辆)	18.16	22.39	17.80	27.67	14.62	17.53	16.37
摩托车(辆)	70.98	76.80	78.30	84.38	63.86	58.18	59.36
助力车(辆)	10.63	30.70	12.25	29.23	10.40	11.80	8.33
洗衣机(台)	86.02	103.56	87.58	82.79	84.68	95.54	90.63
电冰箱(台)	100.02	105.83	99.75	102.84	102.48	100.89	97.52
微波炉(台)	11.37	12.16	7.86	12.57	6.66	12.23	3.87
彩色电视机(台)	106.60	121.95	106.67	113.30	107.84	103.48	102.48
空调(台)	40.96	97.05	37.93	41.81	35.48	54.89	26.81
热水器(台)	82.08	89.51	78.18	82.22	77.00	74.22	59.03
洗碗机(台)	29.51	0.0	0.90	1.46	0.34	0.50	13.55
排油烟机(台)	11.14	35.98	55.31	37.00	20.90	42.96	8.73
固定电话(部)	13.57	8.28	2.19	3.06	6.11	6.07	4.87
移动电话(部)	293.27	278.74	266.83	297.31	292.19	267.94	319.48
计算机(台)	27.74	30.91	21.24	30.11	20.51	27.59	15.37
照相机(架)	4.22	1.60	1.94	1.17	2.97	0.75	0.72
中高档乐器(件)	3.89	0.96	2.21	3.81	1.49	1.74	1.08
健身器材(套)	3.36	3.68	1.86	3.92	2.18	1.52	1.19

2-46 按户数五等份分组的城乡居民家庭人均可支配收入(2020年)

单位：元

项　目	低收入户	中低收入户	中等收入户	中高收入户	高收入户
城镇					
#可支配收入	15648.8	26943.9	37456.5	52126.5	93277.5
工资性收入	8599.7	14818.9	21001.3	27999.0	48812.6
经营净收入	1897.6	3229.7	3814.2	6347.0	18762.9
财产净收入	1326.1	2547.8	3880.8	5393.8	11732.1
转移净收入	3825.4	6347.6	8760.2	12386.8	13970.0
#消费支出	14464.3	19077.9	24599.3	32531.2	49149.6
农村					
#可支配收入	5133.1	10936.3	15368.6	20486.9	38352.8
工资性收入	2253.8	4722.0	7631.1	9443.3	11797.0
经营净收入	711.2	2573.9	3478.0	6412.6	20135.3
财产净收入	59.6	125.0	196.9	221.4	675.5
转移净收入	2108.6	3515.4	4062.6	4409.5	5744.9
#消费支出	10742.6	12895.0	14244.4	17364.6	22358.8

2-47 按户数五等份分组的城乡居民家庭人均可支配收入(2020年)

增速：%

项　　目	低收入户	中低收入户	中等收入户	中高收入户	高收入户
城镇					
#可支配收入	2.8	2.1	3.5	5.5	7.8
工资性收入	1.2	1.1	2.5	4.8	7.4
经营净收入	2.3	2.3	5.9	3.9	8.4
财产净收入	0.8	0.2	4.6	8.4	14.3
转移净收入	7.4	5.3	4.6	6.8	3.4
#消费支出	-4.1	-3.1	-1.9	-0.3	-0.2
农村					
#可支配收入	9.9	6.4	5.6	6.1	9.1
工资性收入	3.1	3.5	5.8	4.4	7.1
经营净收入	13.3	9.6	3.5	10.8	12.5
财产净收入	20.1	13.5	8.7	8.2	5.2
转移净收入	16.6	7.8	7.0	3.2	2.3
#消费支出	9.7	7.6	4.9	5.7	9.9

2-48 各县(市、区)住户调查主要指标(2020年)

地　区	全体居民人均可支配收入		城镇居民人均可支配收入		农村居民人均可支配收入	
	绝对值(元)	增速(%)	绝对值(元)	增速(%)	绝对值(元)	增速(%)
芙蓉区	61985.1	5.0	61985.1	5.0	—	—
天心区	62293.0	5.3	62293.0	5.3	—	—
岳麓区	54036.5	7.1	61835.0	4.9	—	—
开福区	61075.2	4.7	61075.2	4.7	—	—
雨花区	62402.7	5.1	62402.7	5.1	—	—
望城区	46615.0	6.0	53876.0	5.2	37738.2	7.5
长沙县	46587.3	6.1	53446.5	5.3	37140.9	7.4
宁乡县	40488.2	6.1	49151.0	4.8	31568.0	7.6
浏阳市	45840.1	6.0	52810.6	4.9	37154.2	7.5
荷塘区	51490.7	4.7	51490.7	4.7	—	—
芦淞区	54138.0	5.1	54138.0	5.1	—	—
石峰区	52068.7	5.0	52068.7	5.0	—	—
天元区	59331.1	4.7	59331.1	4.7	—	—
株洲县	26938.2	6.4	38885.8	5.0	22037.0	7.2
攸　县	37468.4	5.6	43762.4	4.7	30277.0	7.1
茶陵县	24444.7	6.2	37867.3	4.9	11532.2	9.8
炎陵县	20084.0	6.1	32388.2	4.7	10698.5	9.9
醴陵市	38653.6	5.7	44981.1	4.8	30777.2	7.1
雨湖区	42514.0	4.7	42877.3	4.6	35540.2	7.1
岳塘区	41742.0	5.0	42047.8	4.9	35680.9	7.0
湘潭县	28241.0	6.0	39436.3	4.7	21541.5	7.3
湘乡市	28208.2	6.0	39897.1	5.0	21111.1	7.1
韶山市	40070.0	5.7	45711.9	4.9	30256.9	7.4
珠晖区	40506.7	5.9	41042.0	5.9	—	—
雁峰区	40015.2	6.1	40015.4	6.1	—	—
石鼓区	42311.2	6.1	42311.8	6.1	—	—
蒸湘区	41072.7	6.0	41151.0	6.0	—	—
南岳区	45171.2	5.8	45574.0	5.8	—	—
衡阳县	27102.0	7.2	37571.4	5.5	20869.7	9.2
衡南县	28987.0	6.3	37205.2	5.5	24050.9	7.1
衡山县	28974.8	6.0	37608.2	5.1	23963.8	6.8
衡东县	28092.0	6.0	37369.0	5.2	22920.3	6.7
祁东县	22036.0	6.9	30157.1	5.0	16827.2	9.2
耒阳市	31237.0	6.0	39090.8	5.3	23688.1	6.9
常宁市	27937.2	7.3	36778.0	6.2	20022.3	9.2

注：与以前的城镇居民人均可支配收入、农村居民人均纯收入相比，2013年分市县城乡居民人均可支配收入在指标名称、口径、范围上有较大变化。主要包括：农村居民人均纯收入指标改为农村居民人均可支配收入；城镇范围由原来的市区和城关镇扩大到了县以下的建制镇和城乡结合区；指标口径城乡都有变化，新的城镇居民人均可支配收入包含从单位获得的实物、免费午餐和居民自有住房折算的租金等项目，同时转移性收入也要减去个人所得税、社会保障支出、赡养支出等转移性支出，只计算净额。农村居民收入由于打工时间较长的农民工计算为城镇常住人口而减少了参与平均的人口。

2-48 续表 1

地 区	全体居民人均可支配收入		城镇居民人均可支配收入		农村居民人均可支配收入	
	绝对值(元)	增速(%)	绝对值(元)	增速(%)	绝对值(元)	增速(%)
双清区	32200.2	6.2	34178.2	5.9	23114.9	7.8
大祥区	30839.0	6.3	33362.2	5.9	22750.6	7.8
北塔区	27641.9	6.2	30494.7	5.8	20711.4	7.9
邵东县	31009.9	6.9	37814.0	4.7	25232.8	9.6
新邵县	19094.9	6.9	30527.7	5.5	13332.0	8.1
邵阳县	19156.1	7.1	30175.1	4.4	13175.0	10.3
隆回县	17318.9	7.6	28449.2	4.3	12588.7	10.6
洞口县	20024.4	6.8	30535.4	4.5	13061.5	10.2
绥宁县	16486.9	6.3	27947.3	4.2	12045.8	7.9
新宁县	18129.2	6.5	29190.4	4.7	11923.0	8.1
城步县	15095.6	6.9	26818.5	4.1	10205.4	9.8
武冈市	20950.2	6.4	29974.8	4.2	14669.4	9.6
岳阳楼区	40541.8	4.7	40541.8	4.7	—	—
云溪区	42506.5	4.5	42506.5	4.5	—	—
君山区	29377.9	5.8	35932.3	4.8	21251.1	7.9
岳阳县	25257.4	5.9	32555.0	4.6	19299.1	7.7
华容县	27529.1	6.1	33495.1	4.7	22828.0	7.7
湘阴县	27591.7	5.7	34946.0	4.3	21363.8	7.5
平江县	17444.0	5.9	26641.1	4.4	11321.1	8.0
汨罗市	28995.2	5.9	36205.9	5.1	20907.9	7.4
临湘市	25210.3	5.9	32511.2	4.6	18660.3	7.8
武陵区	42396.3	5.7	43351.3	5.4	31235.3	8.9
鼎城区	27863.9	6.6	38355.7	5.2	18743.1	9.0
安乡县	22731.0	6.2	30317.8	4.0	18105.1	8.4
汉寿县	24956.0	7.0	34771.3	4.9	19264.2	9.2
澧 县	24131.8	6.9	33262.1	4.7	19587.3	8.7
临澧县	27017.1	6.3	36289.0	4.5	19909.2	8.8
桃源县	23396.0	6.7	33998.7	3.9	17671.2	9.5
石门县	19718.0	6.8	28316.0	4.6	14055.9	9.7
津市市	30725.3	6.0	37589.3	5.0	18415.1	9.3
永定区	22446.2	5.8	31743.2	4.4	12276.2	9.5
武陵源区	26760.2	4.6	33161.1	3.5	15621.3	8.6
慈利县	18567.2	6.7	27019.3	4.3	12838.1	10.2
桑植县	13533.3	7.7	19269.4	3.9	10163.3	12.2
资阳区	28853.3	6.8	34566.1	5.7	22329.5	8.6
赫山区	34420.0	6.2	41832.7	5.2	22607.4	9.4
南 县	25121.1	6.8	32550.0	4.8	19490.2	9.3
桃江县	24774.2	7.2	33765.2	5.9	18438.1	8.7
安化县	14066.0	8.1	21115.0	5.6	10879.9	10.1
沅江市	29548.0	6.3	38190.0	5.1	21667.0	8.3

2-48 续表 2

地 区	全体居民人均可支配收入		城镇居民人均可支配收入		农村居民人均可支配收入	
	绝对值(元)	增速(%)	绝对值(元)	增速(%)	绝对值(元)	增速(%)
北湖区	38469.3	6.0	41612.3	5.8	25657.1	6.5
苏仙区	34154.7	5.9	39908.7	5.7	23531.7	6.6
桂阳县	30148.0	6.2	39221.0	5.4	22599.0	7.3
宜章县	20971.2	5.9	33983.2	4.9	11411.3	8.1
永兴县	28064.2	6.5	36733.0	6.1	20786.3	7.0
嘉禾县	24667.1	5.6	32093.1	4.9	18710.1	6.5
临武县	21841.2	6.4	31590.9	5.1	15378.4	8.0
汝城县	16280.1	6.7	24694.1	5.2	11836.0	8.1
桂东县	15851.1	6.8	23259.6	5.7	11365.5	7.9
安仁县	19143.0	6.2	28028.2	5.0	13010.9	7.8
资兴市	33005.0	5.9	39028.9	5.3	23164.1	6.8
零陵区	28848.1	6.3	34265.1	5.8	22428.2	7.0
冷水滩区	33119.2	6.0	37741.2	5.7	24073.2	6.9
祁阳县	24649.3	6.2	35852.2	5.4	16412.0	7.0
东安县	23590.4	6.7	34278.2	5.9	17329.4	7.4
双牌县	17977.0	6.0	29118.1	5.3	10688.0	7.3
道 县	23796.1	6.2	31732.2	5.4	18372.8	7.1
江永县	17320.4	6.5	27736.2	5.4	12185.4	7.6
宁远县	22400.2	6.7	30764.8	5.6	17186.4	7.8
蓝山县	23844.1	6.7	33028.1	5.8	17071.7	7.9
新田县	17293.0	6.2	28234.9	5.5	11069.8	7.1
江华县	18550.7	6.8	28627.8	6.1	12575.1	7.7
鹤城区	35650.1	4.3	37229.0	4.0	17795.2	10.3
中方县	19214.3	6.9	31148.0	3.9	13703.1	10.0
沅陵县	16702.4	7.1	25893.1	4.1	11674.1	10.5
辰溪县	17029.2	7.7	26515.1	4.9	12194.8	10.8
溆浦县	18228.3	6.9	26628.1	3.8	13753.0	10.2
会同县	16609.1	7.4	25221.0	4.4	12351.0	10.5
麻阳县	15674.0	6.9	26342.4	3.7	10640.8	10.7
新晃县	14978.9	8.1	24084.0	5.6	10725.0	10.6
芷江县	16183.2	7.1	27427.1	4.5	10949.2	10.0
靖州县	17937.8	6.9	25208.4	5.0	11959.1	10.0
通道县	14376.4	8.4	24302.9	4.2	10193.3	12.6
洪江市	18815.3	6.6	27260.2	4.3	13478.8	9.6
娄星区	35408.0	6.0	37167.1	5.7	22564.0	9.6
双峰县	17732.0	8.0	24498.7	5.6	14728.3	9.7
新化县	14924.0	7.4	24197.0	5.4	10753.0	9.3
冷水江市	35647.0	5.8	39376.3	5.2	23114.0	9.4
涟源市	16997.0	7.3	25734.8	5.3	12284.8	9.5
吉首市	28676.9	4.8	34073.2	4.0	13102.2	11.4
泸溪县	17017.6	7.9	26547.3	4.5	10445.3	14.2
凤凰县	17441.0	7.9	28002.9	4.6	12368.1	11.4
花垣县	17295.2	7.7	27603.0	4.1	10822.2	13.8
保靖县	16855.2	7.7	25128.0	4.7	11798.1	11.7
古丈县	15051.4	8.9	23915.4	3.7	10030.2	16.4
永顺县	15343.8	8.3	24415.1	3.9	10119.7	14.7
龙山县	16181.0	7.9	24898.3	4.5	11543.2	11.9

2-49 各县(市、区)全体居民

地区名称	人均可支配收入(元)	工资性收入	经营净收入	财产净收入	转移净收入	人均消费支出(元)
芙蓉区	61985.1	29170.2	7488.9	12651.0	12675.0	43508.8
天心区	62293.0	32180.0	8750.0	8110.0	13253.0	44088.0
岳麓区	54036.5	34131.4	7726.4	4359.1	7819.6	42102.9
开福区	61075.2	30569.1	4018.7	7882.2	18605.2	35874.5
雨花区	62402.7	33349.6	8753.4	5319.6	14980.1	48745.8
望城区	46615.0	28157.0	12366.2	3154.3	2937.5	30677.4
长沙县	46587.3	31801.5	5985.9	6220.7	2579.2	29738.4
宁乡县	40488.2	23808.5	7070.6	3867.4	5741.8	28330.2
浏阳市	45840.1	26864.0	11993.1	2628.8	4354.3	26404.8
荷塘区	51490.7	34548.3	2832.2	2811.1	11299.1	35642.8
芦淞区	54138.0	29392.0	10646.0	4289.0	9811.0	34671.6
石峰区	52068.7	30237.7	8633.7	8552.4	4644.9	35647.0
天元区	59331.1	40494.0	2252.0	3915.0	12670.0	38733.2
株洲县	26938.2	12284.1	4643.0	1242.8	8768.3	19236.7
攸　县	37468.4	11751.2	12103.0	2932.4	10681.8	22927.8
茶陵县	24444.7	10239.5	2281.2	1520.5	10403.5	16670.4
炎陵县	20084.0	10988.5	3097.2	1048.4	4949.9	14403.4
醴陵市	38653.6	16016.9	10715.5	4123.1	7798.2	24857.8
雨湖区	42514.0	22466.4	5209.8	2743.9	12093.9	31486.6
岳塘区	41742.0	24058.5	2496.6	3048.7	12138.2	32660.1
湘潭县	28241.0	15678.3	6815.6	1111.4	4635.6	18762.2
湘乡市	28208.2	15511.8	4749.8	2913.2	5033.4	21914.5
韶山市	40070.0	24053.0	8785.1	1353.2	5878.7	28690.6
珠晖区	40506.7	22916.8	3078.5	4253.9	10257.6	28987.3
雁峰区	40015.2	28642.9	3017.6	1741.7	6613.0	27869.4
石鼓区	42311.2	28380.9	6244.9	4267.2	3418.1	35528.4
蒸湘区	41072.7	25918.0	1856.8	4331.3	8966.6	35935.8
南岳区	45171.2	22369.4	8370.2	9019.6	5412.0	28653.5
衡阳县	27102.0	16373.1	5584.3	1250.0	3894.6	20434.1
衡南县	28987.0	17079.4	3878.9	1580.2	6448.5	22517.0
衡山县	28974.8	14591.0	7950.5	1250.7	5182.6	22251.9
衡东县	28092.0	18273.8	2460.1	1512.8	5845.3	19834.3
祁东县	22036.0	8269.7	3821.6	1777.2	8167.5	18970.4
耒阳市	31237.0	16956.7	4708.9	3164.0	6407.4	20883.8
常宁市	27937.2	15344.4	5679.2	1127.5	5786.2	22482.3

人均可支配收入及消费支出(2020年)

食品烟酒	衣着	居住	生活用品及服务	交通通信	教育文化娱乐	医疗保健	其他用品和服务
11751.5	3508.1	8078.8	2924.4	4729.4	7748.1	3336.8	1431.7
11412.6	2282.5	7001.0	2890.0	8150.0	8094.6	3308.0	949.3
11141.1	2349.4	7836.2	2544.0	5848.0	7579.3	3968.2	836.7
11326.2	2256.2	7036.1	2334.3	2615.9	6441.7	3447.3	416.8
12835.7	2959.4	9179.9	6033.7	4381.8	8820.9	3654.0	880.4
7974.1	1816.7	6050.4	1821.7	5286.3	5595.4	1588.7	544.1
8006.4	2014.0	5544.2	2076.9	4567.8	5524.5	1704.6	300.0
7248.6	1721.5	6229.6	1932.8	3819.7	5308.6	1443.1	626.3
6723.5	1628.0	5911.1	1373.1	3745.7	4591.6	1735.9	695.9
11214.3	1970.7	5796.6	1690.7	7089.7	4732.2	2743.8	404.9
9857.6	2079.3	5741.1	3135.3	4341.2	5631.8	3349.1	536.3
11244.3	2382.9	5401.1	2944.0	5081.9	4930.3	2364.3	1298.3
10597.3	2325.5	5559.0	2621.0	7302.9	5523.0	3361.9	1442.7
6452.7	882.2	4238.2	1066.5	2027.1	2620.9	1521.8	427.4
5112.7	967.7	7308.2	1089.4	2532.1	2431.9	3276.2	209.6
4800.6	778.9	4558.7	807.2	1394.4	2293.6	1804.9	232.1
4027.9	686.3	3369.3	625.6	2067.4	2165.7	1344.3	117.0
6389.9	1424.5	4961.1	1665.2	3343.2	4754.2	1796.4	523.3
9674.2	2287.8	5011.9	2517.6	3661.0	5664.4	2079.1	590.7
11139.3	2470.7	4748.0	1945.8	4026.0	5930.9	1839.4	560.0
5591.2	1164.1	3776.2	1044.2	1964.4	3095.6	1805.1	321.5
6333.7	1696.0	4878.4	1422.4	2091.2	3383.0	1716.3	393.6
8728.5	2484.6	4939.7	2259.7	3500.1	5280.5	1199.6	297.9
7351.3	1692.2	5105.8	1897.6	5446.5	5477.9	1502.2	513.8
9914.3	2340.2	4168.9	2754.1	2225.3	4014.1	1727.0	725.5
10225.1	3050.8	5510.8	1980.5	3332.0	7769.8	2189.0	1470.4
12217.2	2896.7	7048.2	2345.5	2654.1	5385.8	2438.5	949.7
7175.1	1351.7	10507.5	1972.2	2188.3	3009.6	2001.9	447.2
6343.4	1482.7	4390.0	1206.9	1723.7	3477.1	1512.2	298.1
8018.1	1498.6	3566.5	1558.8	2814.3	3070.4	1554.8	435.7
6587.7	1127.6	5094.6	1744.6	2519.2	3269.1	1516.0	393.2
5291.4	1631.0	4452.7	1164.0	2298.0	3364.3	1419.6	213.3
5836.6	850.2	4309.2	908.3	2281.1	2371.9	2266.9	146.1
6331.7	1512.4	3700.9	1457.0	2055.3	3383.5	2117.3	325.7
6561.8	1330.4	4380.2	1312.2	2739.4	3651.1	2037.3	469.7

2-49 续表 1

地区名称	人均可支配收入(元)	工资性收入	经营净收入	财产净收入	转移净收入	人均消费支出(元)
双清区	32200.2	15976.5	3030.6	3085.2	10107.9	18090.6
大祥区	30839.0	16153.1	4368.9	2078.6	8238.4	21886.9
北塔区	27641.9	17013.0	3861.5	2865.5	3901.9	22530.9
邵东县	31009.9	13569.3	7381.5	4952.3	5106.7	22386.1
新邵县	19094.9	8392.8	2796.2	769.4	7136.5	14120.4
邵阳县	19156.1	7665.6	4775.1	716.4	5998.9	15421.8
隆回县	17318.9	7124.1	4569.4	931.4	4694.0	15280.3
洞口县	20024.4	10406.3	2752.6	492.9	6372.6	15365.2
绥宁县	16486.9	9005.9	2404.9	1060.3	4015.8	11804.3
新宁县	18129.2	9706.2	2543.0	1837.0	4043.0	16885.4
城步县	15095.6	7602.0	1810.1	931.6	4752.0	15554.4
武冈市	20950.2	13723.3	1408.8	872.3	4945.8	15326.8
岳阳楼区	40541.8	29293.6	2502.9	2831.9	5913.4	31261.4
云溪区	42506.5	27378.9	3909.1	3241.8	7976.7	27399.8
君山区	29377.9	12044.5	8172.0	1016.9	8144.5	19790.2
岳阳县	25257.4	8432.7	6350.1	993.5	9481.1	14757.1
华容县	27529.1	12316.0	7883.1	2292.9	5037.2	17728.2
湘阴县	27591.7	12367.7	6266.5	820.1	8137.4	21833.6
平江县	17444.0	9743.4	1475.4	855.3	5369.9	14927.5
汨罗市	28995.2	16430.4	3566.0	1626.0	7372.8	22666.4
临湘市	25210.3	12089.7	7294.8	1786.5	4039.4	18911.7
武陵区	42396.3	23397.9	6562.5	3463.0	8972.9	39937.2
鼎城区	27863.9	12939.9	7311.0	1805.4	5807.6	22710.9
安乡县	22731.0	9534.2	5863.4	1094.4	6239.0	18134.0
汉寿县	24956.0	9723.6	7874.3	1107.1	6250.9	17912.2
澧　县	24131.8	11953.7	6384.9	993.9	4799.2	20574.2
临澧县	27017.1	12674.6	6540.2	1752.1	6050.3	19894.0
桃源县	23396.0	9858.1	7282.1	1130.3	5125.4	18290.4
石门县	19718.0	8045.6	6151.9	968.1	4552.4	19939.5
津市市	30725.3	13904.7	5685.9	1705.9	9428.8	24109.1
永定区	22446.2	10826.6	3475.4	2817.1	5327.1	17164.9
武陵源区	26760.2	15637.4	4311.8	5206.2	1604.9	19151.4
慈利县	18567.2	10178.3	3299.2	513.3	4576.4	16150.2
桑植县	13533.3	5776.3	4030.7	800.2	2926.1	12654.0
资阳区	28853.3	13672.4	5886.1	1361.9	7932.9	21167.4
赫山区	34420.0	19099.1	5320.3	2576.3	7424.2	23049.1
南　县	25121.1	9385.5	8524.6	1450.6	5760.4	19334.0
桃江县	24774.2	12088.4	6686.3	1328.8	4670.7	18847.7
安化县	14066.0	6841.9	2064.9	953.3	4205.8	12667.5
沅江市	29548.0	14670.9	8963.6	2426.1	3487.4	21881.9
北湖区	38469.3	21511.8	6864.0	3566.2	6527.2	29007.1
苏仙区	34154.7	18936.4	3921.8	3617.6	7678.9	22785.3
桂阳县	30148.0	15507.2	6272.4	2807.9	5560.5	20432.2
宜章县	20971.2	13998.1	2461.4	795.6	3716.1	15674.4

食品烟酒	衣着	居住	生活用品及服务	交通通信	教育文化娱乐	医疗保健	其他用品和服务
6755.0	1165.0	3601.7	1072.6	1531.4	2169.1	1355.9	440.0
6859.7	2109.9	3653.0	1328.4	2429.7	2362.9	1816.6	1326.8
5965.1	1249.2	3358.0	1202.0	3962.9	2995.3	3393.4	405.0
6903.1	1455.2	4850.6	1228.9	3486.6	3130.3	1150.0	181.5
4762.4	818.8	3542.4	727.1	1109.0	1851.2	1153.3	156.3
4562.0	1022.2	3130.4	691.2	1766.1	2531.3	1528.7	189.9
4395.4	782.7	4127.0	700.2	1082.6	1907.4	2005.3	279.8
5487.6	1004.1	2861.5	823.4	1445.1	1549.0	931.4	1263.1
3976.4	657.5	2420.3	555.9	1114.4	1826.1	1102.8	150.9
5316.8	860.3	4343.7	936.5	1790.8	1755.1	1606.5	275.6
4472.8	810.5	3928.4	940.3	1352.0	2518.1	1425.3	107.0
4719.7	554.2	4220.3	781.8	1585.3	2115.4	1222.2	128.0
9598.6	2033.5	6395.6	1638.8	3863.5	4459.9	2311.4	960.1
9361.7	2928.6	2948.0	1893.3	2813.9	4557.6	2115.0	781.7
6403.5	1554.3	3270.2	1418.4	2853.2	2169.5	1678.9	442.1
4953.2	871.9	3421.2	983.1	1221.2	1641.0	1520.7	144.8
5076.3	1157.4	3219.3	1023.4	1784.5	3590.1	1561.5	315.7
5985.6	1307.5	4497.4	1472.0	2602.7	3449.4	2122.9	396.2
4156.4	938.3	3266.9	879.4	1227.7	2558.3	1677.2	223.4
6935.0	1706.2	4581.4	1665.5	2974.4	2630.8	1686.9	486.2
6130.8	1550.9	4097.8	1134.9	2027.5	2445.6	1321.5	202.6
11634.0	2854.1	7947.4	2725.3	4116.2	6948.8	2716.7	994.8
7158.5	1432.0	4993.3	1303.2	2634.5	2811.1	1969.9	408.6
5691.7	1234.0	3900.7	1106.0	1782.3	2612.0	1427.1	380.3
6064.4	1072.0	3592.8	1048.8	1918.6	2249.8	1633.5	332.3
5994.4	1378.4	4454.2	1108.6	2317.6	2685.3	1966.6	669.0
5663.8	1187.5	4887.8	1048.7	2410.7	2421.0	1962.9	311.7
5303.6	1162.4	3926.0	1138.8	2025.1	2821.5	1588.4	324.7
5665.3	1063.4	4521.0	1286.1	2282.0	2554.2	2193.9	373.6
7896.9	1651.2	4482.8	1684.6	2411.9	4187.2	1191.1	603.4
4683.4	1116.9	5189.3	766.7	1641.0	2641.6	948.1	177.8
4973.9	1342.4	5523.2	1048.8	1816.5	3044.8	1182.5	219.4
4199.1	1130.5	3553.0	1130.4	1776.6	2422.5	1615.0	323.0
3602.3	782.5	3865.1	691.6	1045.4	1679.8	662.1	325.2
7026.1	1354.2	3287.0	1236.9	3210.2	1866.5	2934.7	251.9
7355.3	1771.8	4087.2	1085.4	4956.8	2061.4	1469.5	261.6
5526.5	948.9	4324.1	1056.2	2695.0	1568.0	2838.9	376.3
5662.9	1055.3	4775.1	1070.2	2451.7	2011.2	1544.0	277.1
3607.7	697.4	3947.1	625.1	952.3	1908.5	773.0	156.3
6313.4	1051.3	2356.5	906.9	5403.8	3997.5	1295.3	557.3
8158.4	1697.2	6356.0	1575.9	2984.8	5563.8	2227.4	443.5
7310.3	1285.9	4754.1	2967.0	1942.8	2340.9	1576.6	607.6
6952.7	1029.3	4389.9	1192.2	2603.9	2438.0	1538.4	287.8
5285.5	1016.4	2904.5	742.5	1606.1	2433.3	1528.4	157.8

2-49 续表 2

地区名称	人均可支配收入（元）	工资性收入	经营净收入	财产净收入	转移净收入	人均消费支出（元）
永兴县	28064.2	13326.7	6090.4	1511.8	7135.2	16261.1
嘉禾县	24667.1	13971.5	4926.0	1849.2	3920.4	19357.0
临武县	21841.2	13718.2	2710.7	1292.6	4119.8	15463.9
汝城县	16280.1	10762.2	1873.4	1011.3	2633.2	15739.5
桂东县	15851.1	8332.3	2943.3	873.4	3702.1	13309.3
安仁县	19143.0	9332.5	3090.8	1621.2	5098.5	16925.8
资兴市	33005.0	14343.5	9495.7	1959.1	7206.7	21191.1
零陵区	28848.1	16937.1	5050.7	2086.9	4773.3	21575.4
冷水滩	33119.2	16075.7	10702.3	1888.7	4452.6	21126.3
祁阳县	24649.3	12316.0	4580.5	1998.3	5754.5	19633.4
东安县	23590.4	11446.8	5499.0	1809.9	4834.7	18288.2
双牌县	17977.0	9503.5	3397.9	1283.5	3792.1	15087.0
道　县	23796.1	11682.8	5083.0	1552.6	5477.7	16466.2
江永县	17320.4	8698.0	4587.1	1000.2	3035.0	13074.1
宁远县	22400.2	10504.1	3593.4	1335.5	6967.2	17236.1
蓝山县	23844.1	11674.1	3730.8	2982.1	5457.1	20388.1
新田县	17293.0	8363.9	3784.1	1176.3	3968.8	13852.3
江华县	18550.7	9517.5	3437.4	1264.7	4331.0	12716.2
鹤城区	35650.1	22890.4	2710.9	3100.2	6948.6	29657.1
中方县	19214.3	11192.9	5219.5	771.3	2030.6	13492.8
沅陵县	16702.4	6951.4	2948.1	940.7	5862.2	13073.8
辰溪县	17029.2	9625.5	1954.4	384.4	5064.8	14350.6
溆浦县	18228.3	8372.0	4241.3	698.3	4916.6	14097.9
会同县	16609.1	7932.8	2670.5	564.3	5441.5	13141.1
麻阳县	15674.0	7820.0	2778.0	430.9	4645.1	12169.1
新晃县	14978.9	7991.7	2638.3	640.4	3708.5	11885.4
芷江县	16183.2	6928.6	4757.7	860.4	3636.6	12674.2
靖州县	17937.8	8378.9	4835.3	508.5	4215.1	13142.1
通道县	14376.4	7647.5	2407.5	657.7	3663.7	11038.7
洪江市	18815.3	8946.4	5135.2	629.9	4103.8	16083.3
娄星区	35408.0	19261.9	4959.8	2380.2	8806.1	24064.2
双峰县	17732.0	8280.8	2391.8	513.6	6545.8	13116.1
新化县	14924.0	7868.3	2085.7	721.2	4248.8	14665.8
冷水江市	35647.0	18037.1	4678.8	1703.5	11227.5	18494.0
涟源市	16997.0	7415.6	2952.2	674.4	5954.8	15201.2
吉首市	28676.9	19457.5	1634.9	1530.2	6054.4	19329.8
泸溪县	17017.6	7555.2	4051.7	434.9	4975.8	11877.4
凤凰县	17441.0	7956.4	3022.8	632.6	5829.2	12795.4
花垣县	17295.2	9874.2	3413.0	674.9	3333.1	11342.8
保靖县	16855.2	8675.4	3461.2	739.2	3979.5	13461.2
古丈县	15051.4	7817.4	2334.9	760.4	4138.7	10797.9
永顺县	15343.8	10018.6	2174.1	684.8	2466.3	13067.6
龙山县	16181.0	7259.5	4060.6	1164.9	3696.0	13715.1

食品烟酒	衣着	居住	生活用品及服务	交通通信	教育文化娱乐	医疗保健	其他用品和服务
6086.4	1066.0	3305.1	1031.1	1567.3	1906.8	1023.8	274.6
6618.4	847.7	3363.8	1141.4	2320.2	2727.4	2022.4	315.6
5445.0	1027.3	2907.9	863.3	1466.1	2194.7	1256.2	303.3
4574.5	1047.1	3412.9	867.8	2220.9	2098.7	1166.5	351.1
4049.5	674.9	2700.2	664.8	1607.3	2287.0	1087.0	238.7
5281.6	1166.3	4442.4	1010.1	1718.7	1962.3	1125.4	219.0
6378.5	1315.8	3632.4	1108.4	2607.3	3284.6	2159.1	705.1
7198.4	1495.8	4446.6	855.6	3050.1	2549.4	1747.4	232.1
5821.7	1328.8	4555.6	1311.4	3436.8	2275.1	1814.4	582.5
5850.0	1204.8	4352.1	1133.7	2455.3	2294.0	1865.9	477.6
6125.8	1086.3	3486.8	1170.9	1707.5	3143.5	1206.8	360.6
5730.7	577.0	4168.0	429.2	1360.1	1801.1	879.2	141.7
5192.5	794.5	4629.8	850.0	1456.4	2076.6	1187.0	279.4
4223.9	678.6	2680.1	810.1	1408.4	1376.1	1659.8	237.1
5750.4	683.0	4702.8	667.2	1270.1	2991.0	983.0	188.6
7026.6	1245.0	4860.9	1110.2	1787.4	2902.7	1134.3	321.1
4363.3	756.7	3903.7	748.8	1269.5	1357.2	1294.1	159.0
3782.4	624.5	3128.6	598.7	1435.7	2099.0	889.4	157.9
7480.7	2193.6	5837.3	2476.0	3420.5	4785.8	2212.8	1250.4
4026.3	792.8	2082.8	587.9	2208.5	2252.3	1407.4	134.9
4654.8	807.0	3050.0	662.1	1128.0	1613.2	1016.2	142.6
5054.4	989.1	2563.5	945.4	1785.7	1907.6	876.5	228.2
4360.1	917.8	3141.8	773.5	1457.4	2156.6	1074.4	216.2
3991.6	796.1	2484.4	647.9	1249.2	2207.5	1484.1	280.2
4067.9	759.2	2800.9	685.9	1052.8	1854.0	745.4	203.1
4049.6	686.0	2427.1	612.4	942.0	1969.7	983.7	215.0
3804.7	935.5	2319.4	762.4	1583.1	2017.0	978.5	273.6
4430.8	883.5	2699.7	789.7	1261.9	1828.7	1028.3	219.4
3571.4	594.4	2231.3	566.1	974.2	1781.5	1155.8	164.0
4972.6	1052.4	3014.5	814.2	2267.0	2450.4	1266.8	245.4
6747.9	1666.1	4215.2	1896.9	2875.6	4161.0	1997.3	504.2
4513.1	800.1	3499.5	616.6	1043.9	1580.0	998.1	64.8
4944.3	982.0	2720.2	860.0	1263.3	1908.6	1657.1	330.3
6577.9	1251.0	2909.0	1596.2	1310.2	2704.8	1643.6	501.3
4479.5	1052.2	3797.2	935.0	1388.2	2144.7	1105.0	299.4
5792.1	1409.0	3505.8	1157.3	2815.0	2277.8	1984.1	388.6
4201.5	726.0	2553.2	751.7	898.0	1667.8	993.7	85.5
3704.6	795.2	3218.2	829.8	1535.0	1537.8	937.9	236.9
3324.7	795.5	2503.6	679.4	1223.1	1377.4	1259.2	179.9
4332.8	871.0	2403.6	1099.7	1471.6	1710.6	1358.8	213.1
3665.7	740.5	1676.9	761.6	963.4	1291.3	1374.4	324.3
4668.6	896.2	2714.4	663.7	1068.0	1827.7	1004.5	224.4
3731.6	674.8	3338.2	753.9	1670.1	1950.2	1441.4	154.9

2-50 各县(市、区)城镇居民人均可支配

地区名称	可支配收入(元)					消费支出(元)
		工资性收入	经营净收入	财产净收入	转移净收入	
芙蓉区	61985.1	29170.2	7488.9	12651.0	12675.0	43508.8
天心区	62293.0	32180.0	8750.0	8110.0	13253.0	44088.0
岳麓区	61835.0	37912.2	8102.1	5685.0	10135.7	45485.0
开福区	61075.2	30569.1	4018.7	7882.2	18605.2	35874.5
雨花区	62402.7	33349.6	8753.4	5319.6	14980.1	48745.8
望城区	53876.0	31019.2	13746.8	5140.1	3969.9	35843.6
长沙县	53446.5	34668.7	5644.5	10355.4	2777.8	33842.7
宁乡县	49151.0	27204.0	6848.8	7392.0	7706.2	31879.0
浏阳市	52810.6	35801.9	7786.5	4435.2	4787.0	30427.0
荷塘区	51490.7	34548.3	2832.2	2811.1	11299.1	35642.8
芦淞区	54138.0	29392.0	10646.0	4289.0	9811.0	34671.6
石峰区	52068.7	30237.7	8633.7	8552.4	4644.9	35647.0
天元区	59331.1	40494.0	2252.0	3915.0	12670.0	38733.2
株洲县	38885.8	16665.2	2433.0	2673.8	17113.9	20886.4
攸　县	43762.4	13418.0	11277.1	5012.2	14055.2	24066.8
茶陵县	37867.3	15213.0	3530.9	2634.2	16489.2	20989.0
炎陵县	32388.2	19720.2	3030.4	2242.9	7394.8	19985.6
醴陵市	44981.1	19435.0	10959.2	6559.0	8028.0	28898.2
雨湖区	42877.3	22361.7	5169.0	2803.6	12542.9	31567.0
岳塘区	42047.8	24251.1	2284.4	3081.2	12431.2	32920.1
湘潭县	39436.3	24032.4	7202.0	2309.9	5892.0	21756.7
湘乡市	39897.1	21515.9	3500.9	6614.7	8265.7	28194.6
韶山市	45711.9	31306.0	5753.1	1702.4	6950.4	33233.0
珠晖区	41042.0	23129.4	2977.8	4390.7	10544.1	29389.6
雁峰区	40015.4	28643.1	3017.5	1741.7	6613.1	27869.5
石鼓区	42311.8	28381.5	6244.8	4267.3	3418.2	35529.1
蒸湘区	41151.0	25955.6	1849.2	4350.9	8995.4	35950.8
南岳区	45574.0	22467.4	8478.7	9190.8	5437.1	28831.8
衡阳县	37571.4	25308.5	5237.8	2441.5	4583.5	28502.7
衡南县	37205.2	22729.2	2796.9	3528.2	8150.9	24820.9
衡山县	37608.2	23392.2	7550.5	2161.4	4504.0	24885.4
衡东县	37369.0	24823.7	1838.0	3928.4	6778.9	28000.7
祁东县	30157.1	12735.1	2312.2	4410.0	10699.9	25763.0
耒阳市	39090.8	22434.9	4516.4	6335.6	5803.9	24340.7
常宁市	36778.0	20478.3	6439.3	2301.1	7559.2	26293.6
双清区	34178.2	15905.4	3093.2	3590.9	11588.8	17664.9
大祥区	33362.2	18892.1	2069.4	2384.7	10016.0	24004.3
北塔区	30494.7	18933.2	4023.0	3888.4	3650.1	24183.8
邵东县	37814.0	15192.5	8549.6	8903.3	5168.6	24598.1
新邵县	30527.7	14073.0	4881.7	2040.7	9532.3	17690.2
邵阳县	30175.1	14299.8	5333.9	1987.1	8554.4	19258.0

收入及消费支出(2020年)

食品烟酒	衣着	居住	生活用品及服务	交通通信	教育文化娱乐	医疗保健	其他用品和服务
11751.5	3508.1	8078.8	2924.4	4729.4	7748.1	3336.8	1431.7
11412.6	2282.5	7001.0	2890.0	8150.0	8094.6	3308.0	949.3
12173.1	2586.7	8225.4	2944.7	5613.6	8220.1	4793.2	928.3
11326.2	2256.2	7036.1	2334.3	2615.9	6441.7	3447.3	416.8
12835.7	2959.4	9179.9	6033.7	4381.8	8820.9	3654.0	880.4
9052.4	2299.5	6824.9	2140.4	6421.3	6716.4	1644.5	744.3
9499.7	2335.1	5858.9	1868.1	5290.4	6353.1	2278.5	358.8
8076.0	2217.2	7801.9	2310.4	2912.4	6157.2	1487.0	916.9
7983.9	2087.8	7179.2	1556.5	3264.6	5717.1	1665.6	972.4
11214.3	1970.7	5796.6	1690.7	7089.7	4732.2	2743.8	404.9
9857.6	2079.3	5741.1	3135.3	4341.2	5631.8	3349.1	536.3
11244.3	2382.9	5401.1	2944.0	5081.9	4930.3	2364.3	1298.3
10597.3	2325.5	5559.0	2621.0	7302.9	5523.0	3361.9	1442.7
8631.8	1186.7	3870.8	1358.8	1218.2	2421.5	1965.0	233.7
5714.8	1188.6	7197.7	1246.5	2291.0	2623.3	3578.2	226.7
6001.6	1098.9	5076.5	1131.6	1821.5	2856.9	2644.7	357.4
5542.5	1212.5	4030.2	886.1	3380.4	2647.1	2134.1	152.7
7521.2	1708.1	5659.5	1772.6	4350.6	5518.0	1704.4	663.7
9755.7	2312.0	4993.6	2549.0	3617.6	5698.1	2048.6	592.5
11298.6	2494.6	4710.8	1988.5	4032.6	5984.2	1839.3	571.6
6179.6	1840.0	4288.2	1248.1	2627.2	3781.3	1405.0	387.3
8300.7	2959.9	5031.9	2021.1	2754.1	4637.5	1912.9	576.4
10151.2	3061.3	5146.8	2554.7	4332.8	6228.0	1371.0	387.3
7429.1	1706.7	5146.6	1935.3	5584.3	5589.6	1472.2	525.8
9914.3	2340.2	4168.8	2754.2	2225.3	4014.1	1727.0	725.5
10225.4	3050.9	5510.8	1980.5	3332.0	7770.0	2189.0	1470.5
12221.4	2905.0	7018.1	2346.8	2657.0	5403.2	2445.5	953.8
7224.2	1361.6	10599.3	1979.1	2202.8	3002.0	2010.2	452.6
9188.0	2621.1	5001.5	1680.8	2615.2	5143.9	1780.2	472.2
8937.1	2154.1	3409.1	1734.1	2983.4	3473.3	1627.6	502.2
7723.6	1561.6	4690.3	1341.9	3177.4	3348.2	2362.3	680.1
7690.9	2501.9	5156.8	1850.4	3486.0	5010.5	1960.1	344.1
7463.5	1319.5	5942.8	1254.6	4111.4	2524.3	2959.0	187.9
6974.7	1992.0	4042.0	1583.1	2156.9	4102.5	3034.9	454.4
7683.6	1699.5	5161.4	1482.3	3059.7	4544.4	1994.7	668.0
6583.9	1180.8	3160.4	1137.8	1496.3	2167.1	1445.2	493.4
7220.3	2562.4	3842.9	1598.3	2096.0	2788.3	2206.5	1689.5
6262.9	1154.0	3131.4	943.5	4863.1	3318.8	4122.2	387.9
7444.0	1767.7	5600.2	1354.0	3604.2	3514.2	1079.5	234.2
5677.7	1310.2	4412.5	1042.5	1505.7	2711.3	806.3	224.0
6494.4	1903.5	2860.3	877.6	1882.2	3179.4	1662.0	398.7

2-50 续表 1

地区名称	可支配收入（元）	工资性收入	经营净收入	财产净收入	转移净收入	消费支出（元）
隆回县	28449.2	13246.8	6271.0	3096.2	5835.2	19042.0
洞口县	30535.4	17784.2	2248.0	1115.9	9387.2	21012.3
绥宁县	27947.3	17197.1	2401.1	1875.0	6474.1	15812.3
新宁县	29190.4	17823.3	2283.4	4908.3	4175.4	22118.2
城步县	26818.5	15161.8	1372.7	2679.0	7605.0	27314.6
武冈市	29974.8	19450.4	1028.0	1835.6	7660.8	15321.7
岳阳楼区	40541.8	29293.6	2502.9	2831.9	5913.4	31261.4
云溪区	42506.5	27378.9	3909.1	3241.8	7976.7	27399.8
君山区	35932.3	17387.4	6527.5	1358.3	10659.1	23254.7
岳阳县	32555.0	9949.5	8809.8	1494.4	12301.4	15580.0
华容县	33495.1	16635.5	5191.3	3471.2	8197.1	19126.8
湘阴县	34946.0	18505.4	6564.6	1574.7	8301.3	25212.2
平江县	26641.1	14502.0	1731.2	1978.3	8429.7	21343.2
汨罗市	36205.9	21990.3	2551.6	2444.1	9219.9	25296.2
临湘市	32511.2	14504.9	9987.8	3079.2	4939.2	24324.6
武陵区	43351.3	24076.9	6248.6	3697.4	9328.5	41181.4
鼎城区	38355.7	18206.6	8379.0	3333.9	8436.1	24588.4
安乡县	30317.8	14515.7	4899.1	2589.9	8313.1	23906.3
汉寿县	34771.3	14965.0	8354.7	1809.3	9642.3	20030.8
澧　县	33262.1	21065.5	5421.2	2133.0	4642.4	25547.5
临澧县	36289.0	16789.8	6850.8	3719.9	8928.6	24526.1
桃源县	33998.7	16333.7	8005.1	2863.8	6796.1	24640.5
石门县	28316.0	12787.5	7734.7	2215.7	5578.1	24210.7
津市市	37589.3	18037.6	4995.2	2418.1	12138.3	27743.6
永定区	31743.2	15539.0	3330.6	5205.9	7667.7	21770.3
武陵源区	33161.1	18552.9	5103.5	7929.8	1574.8	21497.1
慈利县	27019.3	16482.9	3242.4	1080.5	6213.6	20221.8
桑植县	19269.4	9061.6	5580.3	1928.9	2698.7	17046.3
资阳区	34566.1	15182.6	4700.9	2290.7	12391.8	25595.9
赫山区	41832.7	22820.2	6093.2	4023.0	8896.3	26113.3
南　县	32550.0	13069.7	9849.1	2373.2	7258.0	24891.8
桃江县	33765.2	14649.0	9033.9	2287.4	7795.0	21399.2
安化县	21115.0	10904.1	1924.0	1972.1	6314.8	13664.4
沅江市	38190.0	19856.3	8937.2	4473.0	4923.5	25195.8
北湖区	41612.3	22295.3	7504.3	4326.4	7486.3	30483.7
苏仙区	39908.7	21084.4	3715.0	5085.0	10024.3	25265.1
桂阳县	39221.0	22053.7	5541.7	5085.6	6540.0	24542.3
宜章县	33983.2	23620.4	3956.7	1299.8	5106.2	23024.6
永兴县	36733.0	17522.1	8212.9	2688.4	8309.7	17143.7
嘉禾县	32093.1	19502.1	6118.5	3179.9	3292.6	22510.2

食品烟酒	衣着	居住	生活用品及服务	交通通信	教育文化娱乐	医疗保健	其他用品和服务
6124.1	1230.8	4004.5	1029.5	1628.5	2599.5	1932.7	492.4
6994.6	1730.6	3237.2	1149.9	1743.1	2239.0	1067.0	2850.9
4853.1	1153.5	2643.5	927.4	1608.4	2589.8	1646.5	390.2
6484.2	1383.4	7162.1	1209.1	1831.9	1856.0	1874.1	317.4
6982.4	1976.2	5879.1	1357.5	2446.0	5976.2	2428.5	268.7
5422.2	781.9	3458.6	812.4	938.5	2266.3	1509.3	132.5
9598.6	2033.5	6395.6	1638.8	3863.5	4459.9	2311.4	960.1
9361.7	2928.6	2948.0	1893.3	2813.9	4557.6	2115.0	781.7
7571.7	1861.3	3255.0	1795.5	3977.8	2343.9	1995.7	453.8
5636.8	894.7	3194.6	1434.0	1130.5	1789.9	1385.0	114.4
6234.8	1539.2	3305.4	1188.3	2112.7	3165.3	1169.0	412.0
6846.4	1884.8	4385.2	1553.8	3215.4	4561.4	2227.8	537.3
5727.5	1475.4	3349.7	1227.1	2051.2	4376.0	2763.0	373.3
8221.2	2191.4	4881.0	1767.7	2876.8	3208.2	1602.4	547.6
8035.9	2278.9	4992.0	1257.6	2372.9	2997.3	2104.3	285.8
11971.9	2955.3	8178.7	2809.9	4241.4	7218.3	2770.4	1035.5
7680.6	1962.8	4679.8	1498.9	2590.4	3529.2	2069.6	577.2
6629.4	1796.6	4807.7	1449.0	2839.8	3697.2	1960.2	726.4
7098.4	1468.8	3213.1	1300.3	2430.8	2306.0	1942.4	271.1
7209.2	1844.6	4272.8	1384.9	3443.9	3654.5	3065.6	672.1
7132.6	1355.7	6063.7	1345.7	2792.8	3228.0	2184.2	423.5
7277.1	1809.5	4641.4	1590.0	2732.5	4315.3	1758.6	516.1
6926.4	1589.6	4892.2	1416.9	3101.9	3736.3	1950.6	596.8
9451.2	2091.0	4365.7	1945.9	2906.7	4880.3	1329.3	773.4
6190.6	1475.9	6565.4	1009.4	2010.5	3229.8	1031.3	257.5
5731.7	1720.1	6179.3	1283.6	1750.9	3245.2	1390.5	196.0
5292.6	1789.3	3673.0	1314.9	2816.2	3382.3	1552.0	401.6
4117.1	1037.4	5743.5	1114.2	1400.5	2480.7	674.9	478.1
8575.0	1908.9	3379.6	1125.4	3892.0	2475.8	3901.7	337.4
8395.9	2266.1	4480.1	1227.0	5643.8	2348.9	1426.7	324.7
6405.3	1263.6	5627.8	1550.2	3768.5	1724.2	4132.4	419.6
6682.8	1205.2	5249.8	1138.3	2434.6	2235.7	2242.1	210.7
4519.6	890.8	3163.9	756.1	1214.1	2162.2	769.1	188.7
7828.5	1432.8	2483.2	969.1	5928.9	4899.0	1199.4	455.0
8551.4	1751.8	6499.6	1682.8	3191.0	6064.0	2294.5	448.6
8423.8	1452.1	4925.8	3337.1	1855.8	2588.8	1930.7	751.0
8101.7	1429.9	5638.0	1521.4	3079.0	2933.4	1386.7	452.1
7128.4	1764.5	3167.3	1088.1	2853.1	3928.9	2827.2	267.3
6412.0	1320.4	2911.1	1289.6	1562.9	2430.5	864.2	353.0
8257.8	1212.7	3552.0	1202.4	2905.8	3581.7	1438.5	359.3

2-50 续表 2

地区名称	可支配收入(元)	工资性收入	经营净收入	财产净收入	转移净收入	消费支出(元)
临武县	31590.9	22329.0	1864.5	2635.2	4762.2	20866.5
汝城县	24694.1	19421.2	1523.2	2639.0	1110.6	19729.4
桂东县	23259.6	14823.3	3566.6	1806.5	3063.1	15474.8
安仁县	28028.2	14879.1	4693.9	3653.1	4802.1	22112.4
资兴市	39028.9	18695.9	9457.5	2742.5	8133.1	22854.0
零陵区	34265.1	22987.2	4300.8	3484.4	3492.8	26844.3
冷水滩	37741.2	20014.0	11866.6	2775.2	3085.4	24768.1
祁阳县	35852.2	19491.4	5692.0	4086.3	6582.5	28481.5
东安县	34278.2	17365.3	6442.9	4236.6	6233.3	25340.2
双牌县	29118.1	14563.5	6304.0	3055.3	5195.4	19098.1
道　县	31732.2	17230.5	5012.0	3150.2	6339.5	21996.6
江永县	27736.2	15439.2	4299.3	2613.4	5384.2	17027.4
宁远县	30764.8	15815.9	3445.7	3169.5	8333.7	22160.0
蓝山县	33028.1	17372.0	3022.3	6296.5	6337.3	28137.1
新田县	28234.9	14765.6	4909.9	2855.9	5703.5	20506.6
江华县	28627.8	16011.2	3946.1	3056.8	5613.7	19443.6
鹤城区	37229.0	23938.1	2563.9	3297.1	7429.8	31012.9
中方县	31148.0	22685.4	5895.0	1869.8	697.7	19226.9
沅陵县	25893.1	11852.3	3878.2	2408.1	7754.5	18536.8
辰溪县	26515.1	15898.0	1563.5	1100.1	7953.5	22196.0
溆浦县	26628.1	14712.5	4385.1	1742.5	5787.9	18336.9
会同县	25221.0	15048.4	1043.3	1496.0	7633.3	19382.3
麻阳县	26342.4	13332.2	4320.0	1234.6	7455.8	20516.5
新晃县	24084.0	13077.0	729.1	1962.9	8315.0	18567.2
芷江县	27427.1	14639.9	5365.6	2570.0	4851.6	20458.0
靖州县	25208.4	11332.8	7648.3	824.4	5402.9	17029.3
通道县	24302.9	14813.9	980.1	811.2	7697.7	16826.4
洪江市	27260.2	14175.6	5280.6	1294.1	6509.8	23095.9
娄星区	37167.1	20359.8	4902.7	2674.4	9230.2	24966.2
双峰县	24498.7	14033.1	2464.8	1532.2	6468.6	17299.1
新化县	24197.0	13315.7	3048.3	1784.5	6048.5	18785.0
冷水江市	39376.3	20353.5	4777.4	2169.3	12076.0	19735.4
涟源市	25734.8	12853.7	2420.6	1508.8	8951.6	19253.4
吉首市	34073.2	23927.3	1303.2	2044.1	6798.5	21959.1
泸溪县	26547.3	13672.9	6197.2	1048.2	5629.0	15511.4
凤凰县	28002.9	13840.3	2036.8	1691.0	10434.8	16119.0
花垣县	27603.0	17692.9	3446.2	1293.8	5170.2	13259.4
保靖县	25128.0	16699.6	2500.3	1761.8	4166.4	16666.1
古丈县	23915.4	11209.2	1713.5	2028.1	8964.6	14800.1
永顺县	24415.1	18077.3	1714.1	1818.0	2805.8	18187.3
龙山县	24898.3	11826.8	4333.0	3107.6	5630.9	18770.2

食品烟酒	衣着	居住	生活用品及服务	交通通信	教育文化娱乐	医疗保健	其他用品和服务
7460.8	1553.4	3321.6	1281.7	2109.7	2932.8	1886.3	320.0
5707.2	1737.2	4337.6	911.9	3389.4	2141.8	860.9	643.4
5237.1	921.8	2711.7	836.5	1559.8	2888.5	1028.0	291.3
6456.0	1897.4	5876.3	1171.3	2618.9	2504.6	1247.4	340.6
7189.7	1671.7	3731.9	1106.6	2827.5	3696.6	1769.8	860.3
8663.1	2213.6	5469.7	1058.1	4375.3	3602.5	1110.2	351.8
6060.7	1664.5	5107.9	1582.9	4696.0	2888.7	2018.5	748.8
8007.9	1953.0	5565.4	1780.3	3715.3	3439.5	3170.2	849.9
7901.2	2030.2	4562.2	1579.1	2806.5	4134.6	1550.9	775.4
7684.7	977.2	3854.2	760.6	2095.7	2644.1	882.1	199.7
6261.2	1193.2	6644.7	1262.0	2066.2	2349.5	1836.6	383.2
5696.8	1177.9	3838.3	944.7	1763.4	1882.7	1440.9	282.7
6103.5	966.0	6132.7	870.9	2197.4	4412.2	1234.5	242.7
8402.7	1786.4	6083.9	1703.1	2646.8	5219.8	1729.8	564.6
6938.0	1379.9	5930.7	1074.4	1501.5	1707.8	1763.9	210.3
4925.3	1036.8	4757.6	848.7	2507.3	3557.6	1458.4	351.9
7726.1	2285.5	6136.1	2620.0	3563.6	5028.7	2313.9	1339.0
5200.6	1372.0	2716.5	873.1	4260.9	2779.3	1709.9	314.5
5961.2	1321.7	3693.5	1034.7	1463.7	2733.6	2018.7	309.6
7548.3	2001.0	2838.7	1810.7	2887.5	3100.6	1393.8	615.3
5619.8	1251.8	3807.4	1020.9	2356.5	2958.7	1018.7	303.1
5661.0	1618.5	3583.2	1080.9	1914.1	3264.5	1643.0	617.1
7357.3	1738.8	3843.2	1149.4	1884.9	2801.0	1157.1	584.8
5975.5	1309.8	3711.3	984.6	1268.3	3252.5	1658.5	406.7
5720.4	1715.4	3244.6	977.1	2831.4	3326.3	2175.0	467.8
5795.6	1323.9	2968.9	1055.3	1314.5	2859.0	1403.1	308.9
5130.7	1050.7	2844.1	1059.8	1280.4	3412.5	1717.5	330.8
7574.8	1783.5	4209.1	1279.0	2108.0	4184.0	1481.9	475.5
6982.2	1778.5	4258.6	2030.7	2892.4	4460.5	2018.2	545.1
5434.3	1440.6	3503.7	977.1	1614.3	2844.3	1348.3	136.5
6627.3	1340.5	2804.6	1151.2	1314.0	2929.3	2056.3	561.8
7167.6	1367.2	2783.8	1837.0	1453.4	2952.6	1593.1	580.7
5341.1	1544.6	4150.2	1179.4	2008.5	3291.4	1192.7	545.5
6424.3	1696.3	3639.9	1328.3	3421.5	2615.4	2340.2	493.2
5581.1	1215.9	2853.2	999.7	1291.1	2061.0	1385.4	124.0
4549.9	1191.9	3700.7	1236.0	1267.3	2479.7	1313.5	379.9
4239.5	1153.0	3031.1	933.6	1064.8	1357.9	1217.1	262.5
5517.3	1467.7	2784.5	1291.9	1628.9	2190.2	1493.4	292.3
4837.2	990.7	2531.1	902.4	1076.4	1496.3	2725.1	240.9
6182.1	1607.9	3372.3	1132.8	1545.7	2670.5	1385.6	290.5
4371.5	1146.7	4791.1	1019.4	3023.7	2287.3	1899.9	230.7

2−51 各县(市、区)农村居民人均可支配

地区名称	可支配收入(元)					消费支出(元)
		工资性收入	经营净收入	财产净收入	转移净收入	
望城区	37738.2	24657.9	10678.3	726.6	1675.4	24361.4
长沙县	37140.9	27852.8	6456.1	526.3	2305.7	24086.1
宁乡县	31568.0	20312.0	7299.0	238.0	3719.0	24676.0
浏阳市	37154.2	15726.3	17234.9	377.8	3815.1	21392.7
株洲县	22037.0	10486.9	5549.5	655.9	5344.8	18560.0
攸　县	30277.0	9846.9	13046.5	556.1	6827.5	21626.5
茶陵县	11532.2	5455.0	1079.0	449.2	4549.0	12515.9
炎陵县	10698.5	4328.0	3148.2	137.3	3085.0	10145.4
醴陵市	30777.2	11762.1	10412.1	1091.0	7512.1	19828.4
湘潭县	21541.5	10679.1	6584.5	394.2	3883.8	16970.2
湘乡市	21111.1	11866.2	5508.1	665.8	3070.9	18101.5
韶山市	30256.9	11437.5	14058.8	745.8	4014.7	20789.7
衡阳县	20869.7	11054.0	5790.5	540.7	3484.4	15630.9
衡南县	24050.9	13685.9	4528.7	410.2	5426.0	21133.2
衡山县	23963.8	9482.6	8182.7	722.1	5576.5	20723.4
衡东县	22920.3	14622.4	2806.9	166.2	5324.8	15281.7
祁东县	16827.2	5405.7	4789.7	88.6	6543.2	14613.7
耒阳市	23688.1	11691.3	4893.8	115.4	6987.5	17561.2
常宁市	20022.3	10748.2	4998.6	76.7	4198.8	19070.1
邵东县	25232.8	12191.1	6389.8	1597.7	5054.2	20507.9
新邵县	13332.0	5529.7	1744.9	128.6	5928.9	12320.9
邵阳县	13175.0	4064.7	4471.8	26.7	4611.9	13339.6
隆回县	12588.7	4522.1	3846.3	11.3	4209.0	13681.6
洞口县	13061.5	5518.9	3086.9	80.2	4375.5	11624.3
绥宁县	12045.8	5831.6	2406.3	744.7	3063.2	10251.1
新宁县	11923.0	5152.0	2688.7	113.8	3968.6	13949.4
城步县	10205.4	4448.4	1992.5	202.6	3561.9	10648.6
武冈市	14669.4	9737.4	1673.8	201.9	3056.4	15330.4
君山区	21251.1	5419.9	10211.1	593.5	5026.7	15494.6
岳阳县	19299.1	7194.3	4341.9	584.5	7178.4	14085.4
华容县	22828.0	8912.2	10004.2	1364.4	2547.2	16626.1
湘阴县	21363.8	7170.1	6014.1	181.1	7998.6	18972.5
平江县	11321.1	6575.4	1305.1	107.7	3332.9	10656.4
汨罗市	20907.9	10194.6	4703.7	708.5	5301.1	19716.9
临湘市	18660.3	9922.8	4878.7	626.8	3232.0	14055.5
武陵区	31235.3	15462.5	10231.3	723.5	4818.0	25396.5

收入及消费支出(2020年)

食品烟酒	衣着	居住	生活用品及服务	交通通信	教育文化娱乐	医疗保健	其他用品和服务
6655.8	1226.4	5103.6	1432.0	3898.7	4225.0	1520.5	299.4
5949.7	1571.8	5110.7	2364.5	3572.8	4383.3	914.2	219.0
6396.6	1211.0	4610.6	1544.0	4754.0	4434.7	1398.0	327.0
5153.0	1055.2	4330.9	1144.6	4345.1	3189.0	1823.5	351.4
5558.7	757.3	4388.9	946.6	2358.9	2702.7	1340.0	506.8
4424.8	715.3	7434.5	910.0	2807.5	2213.2	2931.1	190.2
3645.3	471.0	4060.6	495.1	983.5	1751.8	997.0	111.5
2872.6	285.0	2865.2	426.8	1065.9	1798.4	741.8	89.8
4981.6	1071.4	4091.7	1531.6	2089.2	3803.5	1910.9	348.6
5239.0	759.7	3469.8	922.1	1567.8	2685.2	2044.6	282.1
5139.3	928.5	4785.3	1058.8	1688.7	2621.2	1596.9	282.7
6254.1	1481.6	4579.3	1746.6	2051.8	3632.5	901.4	142.4
4650.0	805.1	4025.9	924.9	1193.0	2484.8	1352.7	194.4
7466.1	1104.8	3661.0	1453.5	2712.7	2828.3	1511.0	395.7
5928.4	875.6	5329.3	1978.3	2137.2	3223.2	1024.7	226.7
3953.7	1145.5	4060.2	781.4	1635.8	2446.6	1118.3	140.4
4793.1	549.2	3261.5	686.2	1107.2	2274.1	1823.0	119.4
5713.7	1051.4	3373.0	1335.8	1957.7	2692.3	1235.3	202.1
5557.6	999.8	3680.9	1160.0	2452.6	2851.4	2075.5	292.3
6443.8	1189.8	4214.1	1122.6	3386.7	2804.3	1209.8	136.7
4301.0	571.1	3103.8	568.1	909.1	1417.6	1328.2	122.1
3513.1	543.8	3277.0	590.0	1703.1	2179.6	1456.4	76.6
3660.7	592.3	4179.0	560.2	850.6	1613.2	2036.2	189.4
4489.2	522.9	2612.6	607.1	1247.6	1091.9	841.6	211.3
3636.7	465.2	2333.9	411.9	923.0	1530.1	892.1	58.2
4661.9	566.8	2762.3	783.6	1767.7	1698.5	1456.4	252.2
3425.9	324.2	3114.7	766.3	895.6	1075.5	1006.9	39.5
4230.8	395.6	4750.4	760.5	2035.4	2010.5	1022.4	124.8
4955.1	1173.7	3289.1	950.8	1458.9	1953.1	1286.0	427.7
4395.0	853.3	3606.2	615.0	1295.2	1519.5	1631.5	169.7
4163.4	856.6	3151.5	893.5	1525.8	3924.8	1870.8	239.7
5256.6	818.7	4592.4	1402.7	2083.8	2507.7	2034.0	276.8
3110.4	580.7	3211.8	647.9	679.4	1348.2	954.4	123.5
5492.4	1162.1	4245.5	1550.9	3083.9	1983.1	1781.6	417.4
4421.6	897.9	3295.6	1024.9	1717.7	1950.8	619.2	127.9
7684.8	1671.2	5244.7	1736.4	2653.4	3798.7	2088.4	518.9

2-51 续表 1

地区名称	可支配收入(元)	工资性收入	经营净收入	财产净收入	转移净收入	消费支出(元)
鼎城区	18743.1	8361.3	6382.6	476.7	3522.5	21078.8
安乡县	18105.1	6496.8	6451.3	182.6	4974.4	14614.4
汉寿县	19264.2	6684.2	7595.8	700.0	4284.3	16683.6
澧　县	19587.3	7418.4	6864.6	426.9	4877.3	18098.7
临澧县	19909.2	9519.8	6302.2	243.5	3843.7	16343.0
桃源县	17671.2	6361.7	6891.7	194.4	4223.4	14861.8
石门县	14055.9	4922.9	5109.7	146.4	3876.9	17126.8
津市市	18415.1	6492.5	6924.5	428.6	4569.4	17590.8
永定区	12276.2	5671.8	3633.7	204.1	2766.6	12127.0
武陵源区	15621.3	10563.6	2934.0	466.6	1657.1	15069.3
慈利县	12838.1	5904.9	3337.7	128.8	3466.6	13390.4
桑植县	10163.3	3846.2	3120.3	137.1	3059.7	10073.5
资阳区	22329.5	11947.7	7239.6	301.2	2841.0	16110.2
赫山区	22607.4	13169.3	4088.7	271.0	5078.4	18166.0
南　县	19490.2	6593.0	7520.7	751.3	4625.2	15121.3
桃江县	18438.1	10284.0	5032.0	653.3	2469.0	17049.6
安化县	10879.9	5005.8	2128.6	492.9	3252.6	12217.0
沅江市	21667.0	9942.1	8987.6	559.5	2177.8	18859.8
北湖区	25657.1	18318.1	4253.8	467.6	2617.6	22988.0
苏仙区	23531.7	14970.9	4303.4	908.5	3348.9	18207.1
桂阳县	22599.0	10060.4	6880.4	912.7	4745.5	17012.5
宜章县	11411.3	6928.5	1362.8	425.2	2694.8	10274.2
永兴县	20786.3	9804.6	4308.5	524.1	6149.2	15520.1
嘉禾县	18710.1	9534.9	3969.4	781.8	4424.1	16827.5
临武县	15378.4	8010.3	3271.6	402.6	3693.9	11882.6
汝城县	11836.0	6188.7	2058.4	151.5	3437.3	13632.2
桂东县	11365.5	4402.2	2565.9	308.4	4088.9	11998.1
安仁县	13010.9	5504.4	1984.4	219.0	5303.1	13346.3
资兴市	23164.1	7233.2	9558.2	679.5	5693.2	18474.7
零陵区	22428.2	9767.1	5939.4	430.7	6291.0	15331.1
冷水滩	24073.2	8367.6	8423.6	153.7	7128.4	13998.9
祁阳县	16412.0	7040.1	3763.3	463.1	5145.7	13127.6

食品烟酒	衣着	居住	生活用品及服务	交通通信	教育文化娱乐	医疗保健	其他用品和服务
6704.6	970.6	5265.8	1133.0	2672.9	2186.7	1883.2	262.0
5119.9	890.9	3347.6	896.9	1137.5	1950.3	1102.0	169.4
5464.8	841.9	3812.9	903.0	1621.5	2217.2	1454.3	367.8
5389.7	1146.3	4544.5	971.1	1756.9	2203.0	1419.5	667.5
4537.8	1058.6	3986.3	821.0	2117.8	1802.3	1793.3	226.0
4238.1	812.9	3539.7	895.1	1643.1	2015.0	1496.5	221.4
4834.9	716.8	4276.6	1199.9	1742.0	1775.8	2354.1	226.6
5109.3	862.4	4693.0	1215.8	1524.5	2944.0	943.3	298.4
3034.7	724.3	3684.0	501.1	1237.0	1998.2	857.2	90.6
3655.2	685.1	4381.5	640.0	1930.6	2696.2	820.7	260.0
3457.8	684.0	3471.7	1005.4	1072.0	1771.9	1657.7	269.8
3299.9	632.7	2761.6	443.3	836.8	1209.3	654.6	235.3
5257.3	720.8	3181.2	1364.2	2431.6	1170.6	1830.3	154.3
5697.0	984.1	3461.2	859.7	3862.0	1603.3	1537.6	161.1
4860.4	710.3	3335.9	681.8	1881.3	1449.5	1858.5	343.5
4944.2	949.7	4440.6	1022.2	2463.8	1853.0	1052.0	324.0
3195.5	610.0	4301.0	566.0	834.0	1793.9	774.8	141.7
4931.7	703.4	2240.9	850.1	4924.9	3175.3	1382.8	650.6
6556.1	1474.5	5770.8	1140.4	2144.3	3524.9	1954.2	422.8
5254.6	978.9	4437.2	2283.7	2103.4	1883.3	923.1	342.9
5996.8	696.0	3351.4	918.2	2208.7	2025.7	1664.6	151.1
3931.6	466.7	2711.4	488.6	689.9	1334.5	574.2	77.3
5813.0	852.5	3635.9	814.0	1570.9	1467.2	1157.8	208.7
5303.3	554.9	3212.9	1092.5	1850.4	2042.1	2490.8	280.6
4108.8	678.5	2633.6	586.0	1039.5	1705.5	838.5	292.2
3976.2	682.6	2924.5	844.6	1603.8	2076.0	1327.9	196.7
3330.4	525.4	2693.2	560.8	1636.1	1922.7	1122.7	206.8
4471.1	661.6	3452.9	898.9	1097.5	1588.1	1041.2	135.0
5053.3	734.4	3469.9	1111.3	2247.5	2611.7	2794.9	451.6
5462.6	645.2	3234.0	615.5	1479.7	1301.2	2502.6	90.3
5354.0	671.9	3474.8	780.1	972.2	1074.0	1414.9	257.0
4263.4	654.8	3459.9	658.3	1528.9	1451.8	906.8	203.8

2-51 续表 2

地区名称	可支配收入(元)	工资性收入	经营净收入	财产净收入	转移净收入	消费支出(元)
东安县	17329.4	7979.6	4946.0	388.3	4015.5	14157.2
双牌县	10688.0	6193.1	1496.7	124.3	2874.0	12462.8
道　县	18372.8	7891.6	5131.5	460.8	4888.8	12687.0
江永县	12185.4	5374.7	4728.9	205.0	1876.8	11125.1
宁远县	17186.4	7193.2	3685.4	192.4	6115.4	14167.0
蓝山县	17071.7	7472.5	4253.1	538.0	4808.1	14673.9
新田县	11069.8	4722.8	3143.8	221.0	2982.2	10067.6
江华县	12575.1	5666.8	3135.8	202.1	3570.4	8726.8
鹤城区	17795.2	11042.1	4372.9	873.0	1507.2	14325.5
中方县	13703.1	5885.5	4907.6	263.9	2646.1	10844.7
沅陵县	11674.1	4270.1	2439.2	137.9	4827.0	10085.0
辰溪县	12194.8	6428.9	2153.6	19.7	3592.7	10352.3
溆浦县	13753.0	4993.9	4164.7	142.0	4452.4	11839.4
会同县	12351.0	4414.5	3475.1	103.6	4357.8	10055.2
麻阳县	10640.8	5219.4	2050.5	51.8	3319.1	8231.0
新晃县	10725.0	5615.9	3530.2	22.5	1556.4	8763.7
芷江县	10949.2	3339.0	4474.7	64.5	3071.0	9050.9
靖州县	11959.1	5949.9	2522.2	248.7	3238.4	9945.6
通道县	10193.3	4627.6	3009.0	593.0	1963.7	8599.7
洪江市	13478.8	5642.0	5043.3	210.2	2583.3	11651.9
娄星区	22564.0	11245.3	5376.8	232.4	5709.5	17477.9
双峰县	14728.3	5727.3	2359.5	61.4	6580.1	11259.3
新化县	10753.0	5418.1	1652.7	242.9	3439.2	12813.0
冷水江市	23114.0	10252.4	4347.5	138.0	8376.1	14322.1
涟源市	12284.8	4482.9	3238.8	224.5	4338.7	13015.8
吉首市	13102.2	6556.9	2592.0	46.8	3906.6	11740.9
泸溪县	10445.3	3336.0	2572.1	11.9	4525.3	9371.2
凤凰县	12368.1	5130.3	3496.4	124.3	3617.0	11199.0
花垣县	10822.2	4964.2	3392.1	286.3	2179.5	10139.3
保靖县	11798.1	3770.2	4048.5	114.1	3865.2	11502.0
古丈县	10030.2	5896.0	2686.9	42.2	1405.0	8530.8
永顺县	10119.7	5377.7	2439.0	32.2	2270.7	10119.2
龙山县	11543.2	4829.5	3915.7	131.4	2666.5	11025.6

食品烟酒	衣着	居住	生活用品及服务	交通通信	教育文化娱乐	医疗保健	其他用品和服务
5085.8	533.3	2856.8	931.8	1063.8	2562.9	1005.3	117.5
4452.3	315.1	4373.3	212.4	878.9	1249.6	877.3	103.8
4462.1	522.0	3252.9	568.6	1039.7	1890.1	743.1	208.5
3497.7	432.5	2109.1	743.8	1233.3	1126.4	1767.7	214.6
5530.3	506.6	3811.5	540.3	692.1	2105.2	826.2	154.8
6011.8	845.7	3959.0	672.9	1153.7	1194.1	695.1	141.5
2898.9	402.3	2750.8	563.6	1137.6	1157.7	1026.8	129.8
3104.7	379.9	2162.7	450.4	800.3	1234.0	552.0	42.8
4705.9	1154.0	2457.9	847.2	1802.9	2039.5	1069.8	248.3
3483.9	525.2	1790.1	456.2	1260.6	2008.9	1267.7	52.0
3940.0	525.4	2697.9	458.2	944.3	1000.2	467.7	51.2
3783.4	473.5	2423.3	504.4	1224.2	1299.7	612.9	31.0
3689.0	739.9	2787.3	641.7	978.4	1729.2	1104.0	169.9
3166.3	389.5	1941.1	433.8	920.5	1684.8	1405.6	113.7
2516.1	297.0	2309.1	467.3	660.3	1407.2	551.1	23.0
3149.8	394.5	1827.1	438.5	789.5	1370.3	668.5	125.5
2912.9	572.5	1888.7	662.4	1002.1	1407.5	421.5	183.3
3308.6	521.4	2478.4	571.4	1218.6	981.5	720.2	145.7
2914.3	402.1	1973.1	358.1	845.1	1094.2	919.1	93.7
3328.1	590.4	2259.6	520.5	2367.6	1354.8	1130.9	99.9
5036.6	845.6	3897.8	920.2	2753.2	1974.6	1844.6	205.3
4104.2	515.8	3497.6	456.6	790.8	1018.7	842.7	33.0
4187.4	820.7	2682.3	729.0	1240.5	1449.5	1477.5	226.1
4596.2	860.5	3329.8	786.7	828.8	1872.4	1813.5	234.4
4014.8	786.7	3606.8	803.2	1053.7	1526.3	1057.7	166.6
3967.7	579.7	3118.7	663.7	1064.4	1303.4	956.4	87.0
3250.1	388.1	2346.3	580.7	626.8	1396.7	723.6	59.0
3298.6	604.6	2986.5	634.7	1663.6	1085.4	757.5	168.1
2750.3	571.1	2172.3	519.8	1322.6	1389.6	1285.7	128.0
3608.8	506.2	2170.7	982.2	1375.5	1417.4	1276.5	164.6
3002.0	598.7	1193.0	681.9	899.4	1175.1	609.3	371.5
3797.0	486.3	2335.5	393.5	793.0	1342.4	785.0	186.4
3391.2	423.8	2565.2	612.6	950.0	1770.9	1197.4	114.6

2–52　分区域人均可支配收入(2020年)

单位：元

项　　目	全省	长株潭城市群	大湘西地区	湘南地区	洞庭湖生态经济区
全体居民可支配收入	29379.9	45272.7	20323.4	27170.7	26695.1
城镇居民可支配收入	41697.5	53149.0	30258.4	36482.3	35295.8
农村居民可支配收入	16584.6	28808.5	12951.6	18429.5	18259.9

三、价格调查

资料整理人员：钟 莉　傅磊峰
肖 鹏　王湘杰

3-1 历年各种物价总指数

年　份	居民消费价格指数	商品零售价格指数	农产品生产者价格指数	工业生产者购进价格指数	工业品出厂价格指数	固定资产投资价格指数
上年=100						
1985	110.9	111.1	111.6			105.2
1986	105.3	104.8	105.7			108.8
1987	109.8	110.6	110.2			109.1
1988	125.6	125.9	123.1			119.2
1989	118.2	118.1	106.8	122.5	118.1	105.7
1990	100.4	99.4	94.1	103.3	100.6	107.3
1991	104.4	104.1	94.3	110.4	104.7	108.1
1992	110.7	109.5	99.1	116.2	111.1	116.4
1993	116.8	115.1	114.7	139.7	128.9	129.5
1994	125.3	124.5	114.1	119.6	117.6	113.5
1995	119.0	115.5	117.2	117.6	121.4	109.5
1996	107.7	105.2	104.9	105.7	105.6	104.9
1997	102.8	100.3	95.3	100.1	99.2	101.8
1998	100.2	97.9	90.4	94.8	95.9	102.7
1999	100.5	97.6	91.1	96.2	98.5	100.5
2000	101.4	99.3	96.8	106.7	102.9	102.3
2001	99.1	98.8	100.9	101.1	99.8	101.3
2002	99.5	99.2	99.9	99.3	99.2	100.4
2003	102.4	100.6	106.8	106.7	102.6	102.8
2004	105.1	103.9	127.3	114.4	108.0	105.5
2005	102.3	102.3	99.5	109.4	106.0	103.6
2006	101.4	101.3	100.7	106.5	104.3	103.1
2007	105.6	104.3	130.6	106.1	106.1	105.8
2008	106.0	105.6	126.7	112.0	109.3	109.9
2009	99.6	98.5	90.6	92.6	94.3	99.7
2010	103.1	103.1	109.9	110.0	106.9	104.0
2011	105.5	105.5	121.9	110.8	108.5	107.2
2012	102.0	101.7	100.2	100.1	99.1	101.7
2013	102.5	101.7	102.1	98.4	98.5	101.3
2014	101.9	101.2	98.6	97.9	98.4	101.5
2015	101.4	99.9	104.1	94.5	96.3	100.4
2016	101.9	101.0	104.7	98.0	98.9	100.4
2017	101.4	101.3	98.0	107.2	105.8	105.7
2018	102.0	102.3	95.4	103.5	103.2	104.8
2019	102.9	102.3	118.0	100.2	99.6	101.7
2020	102.3	101.3	123.3	98.9	99.0	
1978年=100						
1985	143.6	137.1	190.3			111.3
1986	151.2	143.7	201.1			121.0
1987	166.0	158.9	221.6			132.1
1988	208.5	200.1	272.8			157.4
1989	246.4	236.3	291.4	122.5	118.1	166.4
1990	247.4	234.9	274.2	126.5	118.8	178.5
1991	258.3	244.5	258.6	139.7	124.4	193.0
1992	285.9	267.7	256.3	162.3	138.2	224.6
1993	333.9	308.2	294.0	226.7	178.1	290.9
1994	418.4	383.6	335.5	271.1	209.4	330.2
1995	497.9	443.1	393.2	318.8	254.2	361.6
1996	536.2	466.1	412.5	337.0	268.4	379.3
1997	551.2	467.5	393.1	337.3	266.3	386.1
1998	552.3	457.7	355.4	319.8	255.4	396.5
1999	555.1	446.7	323.8	307.6	251.6	398.5
2000	562.9	443.6	313.4	328.2	258.9	407.7
2001	557.8	438.3	316.2	331.8	258.4	413.0
2002	555.0	434.8	315.9	329.5	256.3	414.6
2003	568.3	437.4	337.4	351.6	263.0	426.2
2004	597.3	454.5	429.5	402.2	284.0	449.7
2005	611.0	465.0	427.4	440.0	301.0	465.9
2006	619.6	471.0	430.4	468.6	313.9	480.3
2007	654.3	491.3	562.1	497.2	333.0	508.2
2008	693.6	518.8	712.2	556.9	364.0	558.5
2009	690.8	511.0	645.3	515.7	343.3	556.8
2010	712.2	526.8	654.3	567.3	367.0	579.1
2011	751.4	555.8	797.6	628.6	398.2	620.8
2012	766.4	565.2	799.2	629.2	394.6	631.3
2013	785.6	574.8	816.0	619.1	388.7	639.6
2014	800.5	581.7	804.6	606.1	382.5	649.1
2015	811.7	581.1	837.6	572.8	368.3	651.7
2016	827.1	586.9	877.0	561.3	364.3	654.4
2017	838.9	594.2	859.4	601.7	385.4	691.7
2018	855.4	607.7	819.9	622.8	397.7	724.9
2019	880.2	621.7	967.5	624.0	396.1	737.2
2020	900.4	629.8	1086.5	617.1	392.1	

注：1.主要原材料、燃料、动力购进价格指数和工业品出厂价格指数以1988年为100。
　　2.固定资产投资价格指数以1982年为100。

3-2 历年居民消费价格指数

年份	居民消费价格指数（上年=100）	城市	农村	居民消费价格指数（1985年=100）	城市	农村
1985	110.9	111.9	110.2	100.0	100.0	100.0
1986	105.3	105.4	105.3	105.3	105.4	105.3
1987	109.8	111.3	108.8	115.6	117.3	114.6
1988	125.6	125.7	125.4	145.2	147.5	143.7
1989	118.2	117.3	119.1	171.6	173.0	171.1
1990	100.4	100.6	100.2	172.3	174.0	171.4
1991	104.4	105.1	103.8	179.9	182.9	178.0
1992	110.7	113.5	107.9	199.2	207.6	192.0
1993	116.8	117.4	116.4	232.6	243.7	223.5
1994	125.3	124.8	125.6	291.5	304.1	280.7
1995	119.0	118.1	119.5	346.9	359.2	335.7
1996	107.7	107.2	108.2	373.6	385.1	363.2
1997	102.8	103.0	102.5	384.1	396.7	372.3
1998	100.2	100.5	100.1	384.9	398.7	372.7
1999	100.5	99.6	101.4	386.8	397.1	377.9
2000	101.4	101.3	101.4	392.2	402.3	383.2
2001	99.1	98.9	99.3	388.7	397.9	380.5
2002	99.5	99.6	99.4	386.8	396.3	378.2
2003	102.4	101.4	104.1	396.1	401.8	393.7
2004	105.1	104.1	105.7	416.3	418.3	416.2
2005	102.3	102.1	102.8	425.8	427.1	427.9
2006	101.4	101.6	101.2	431.8	433.9	433.0
2007	105.6	105.2	106.9	456.0	456.5	462.9
2008	106.0	105.8	107.4	483.4	483.0	497.2
2009	99.6	99.7	99.6	481.5	480.5	495.2
2010	103.1	103.1	103.2	496.4	495.4	511.1
2011	105.5	105.5	105.6	523.7	522.6	539.7
2012	102.0	102.2	101.6	534.2	534.1	548.3
2013	102.5	102.6	102.5	547.6	548.0	562.0
2014	101.9	102.1	101.4	558.0	559.5	569.9
2015	101.4	101.5	101.1	565.8	567.9	576.1
2016	101.9	101.9	101.9	576.4	578.5	587.2
2017	101.4	101.6	101.1	584.8	587.8	593.7
2018	102.0	101.9	102.0	596.3	599.3	605.5
2019	102.9	102.8	103.1	613.6	616.1	624.3
2020	102.3	102.0	102.9	627.7	628.4	642.4

3-3 历年农村相关价格指数

上年=100

年　份	农村居民消费价格指数	农业生产资料价格指数	农产品生产者价格指数
1978	99.4	100.1	101.7
1979	103.3	100.0	127.1
1980	113.6	102.0	111.2
1981	102.6	100.1	107.3
1982	101.6	103.2	103.7
1983	102.7	104.1	105.4
1984	102.9	107.5	102.9
1985	110.2	108.0	111.6
1986	105.3	102.5	105.7
1987	108.8	114.6	110.2
1988	125.4	128.3	123.1
1989	119.1	124.4	106.8
1990	100.2	99.9	94.1
1991	103.8	101.2	94.3
1992	107.9	105.6	99.1
1993	116.4	114.6	114.7
1994	125.6	118.6	144.1
1995	119.5	129.3	117.2
1996	108.2	107.3	104.9
1997	102.5	97.9	95.3
1998	100.1	89.5	90.4
1999	101.4	95.3	91.1
2000	101.4	99.3	96.8
2001	99.3	98.4	100.9
2002	99.4	98.9	99.9
2003	104.1	102.6	106.8
2004	105.7	112.1	127.3
2005	102.8	111.2	99.5
2006	101.2	100.7	100.7
2007	106.9	113.0	130.6
2008	107.4	126.5	126.7
2009	99.6	95.0	90.6
2010	103.2	101.4	109.9
2011	105.6	110.9	121.9
2012	101.6	104.7	100.2
2013	102.5	102.3	102.1
2014	101.4	100.2	98.6
2015	101.1	104.1	104.1
2016	101.9	101.7	105.4
2017	101.1	101.0	98.0
2018	102.0	102.7	95.4
2019	103.1	102.5	118.0
2020	102.9	103.5	123.3

3-4 居民消费价格分类指数(2020年)

上年=100

类 别	合计	城镇	农村
居民消费价格指数(%)	**102.3**	**102.0**	**102.9**
服务项目价格指数	99.8	99.8	99.7
工业品价格指数	99.0	99.1	99.0
消费品价格指数	103.6	103.1	104.6
扣除食品和能源价格指数	100.2	100.3	100.1
食品烟酒	108.3	107.4	110.2
食品	111.4	110.2	113.4
粮食	101.1	101.0	101.2
薯类	104.7	104.4	105.1
豆类	105.5	104.9	106.6
食用油	106.1	102.7	110.4
菜	104.4	103.7	105.7
畜肉类	139.3	138.3	140.9
禽肉类	103.8	103.2	104.8
水产品	102.3	101.2	104.7
蛋类	96.1	93.5	100.0
奶类	99.6	99.8	99.1
干鲜瓜果类	91.5	92.6	89.0
糖果糕点类	100.5	100.5	100.4
调味品	100.4	100.0	100.9
其他食品类	101.9	100.6	104.0
茶及饮料	99.8	100.0	99.6
烟酒	100.7	101.0	100.3
在外餐饮	101.5	101.5	101.3
衣着	100.2	100.0	100.5
服装	100.1	100.0	100.4
服装材料	100.4	99.8	101.5
其他衣着及配件	99.8	100.0	99.2
衣着加工服务费	100.4	100.2	101.2
鞋类	100.3	100.2	100.5
居住	99.1	99.3	98.7
租赁房房租	100.0	100.4	98.5
住房保养维修及管理	100.1	100.4	99.8
水电燃料	97.9	98.0	97.6
自有住房	99.2	99.4	98.7
生活用品及服务	99.9	99.9	100.1
家具及室内装饰品	99.7	99.6	99.8
家用器具	99.4	99.3	99.7
家用纺织品	100.2	99.9	100.9
家庭日用杂品	100.0	99.8	100.3
个人护理用品	100.6	101.0	99.6
家庭服务	100.8	100.4	102.1
交通通信	96.7	96.6	96.9
交通	95.1	95.2	95.1
通信	99.5	99.1	100.2
教育文化娱乐	100.0	99.6	100.7
教育	100.7	100.4	101.3
文化娱乐	98.8	98.6	99.4
医疗保健	101.0	101.4	100.4
药品及医疗器具	101.0	101.1	100.9
医疗服务	101.1	101.7	100.1
其他用品和服务	103.6	104.6	101.8
其他用品类	108.6	110.9	104.5
其他服务类	99.1	99.0	99.3

3-5 主要商品和服务消费价格指数(2011-2020年)

品　　名	2011	2012	2013	2014	2015	2016	2017	2018	2019	2020
大　　米	120.0	104.7	103.8	101.3	101.5	101.2	101.2	100.7	100.4	101.1
面　　粉	108.8	102.9	107.8	104.6	102.0	102.2	103.2	101.5	99.9	101.2
豆 制 品	105.9	104.0	108.3	104.9	102.6	101.0	100.2	100.3	100.5	106.0
植物油制品(食用植物油)	112.9	103.6	101.4	95.3	95.8	101.4	99.9	101.6	100.6	100.4
猪　　肉	130.7	92.6	101.0	97.2	111.5	115.9	91.8	91.7	143.1	146.8
牛　　肉	102.4	117.6	124.0	111.0	103.5	100.7	100.0	101.5	112.5	113.1
鸡	110.3	103.9	99.5	104.4	103.5	103.6	100.0	104.9	112.4	102.9
鸭	114.4	103.6	107.3	104.9	104.3	101.8	100.2	109.9	107.4	102.8
鲜　　蛋(鸡蛋)	115.0	99.8	104.7	108.6	97.6	98.1	98.4	107.6	106.4	96.7
淡 水 鱼	108.1	111.7	103.0	101.8	98.0	102.0	107.2	99.0	95.7	105.5
鲜　　菜	106.8	111.8	104.8	102.5	105.0	112.2	93.6	106.5	106.0	104.7
食　　盐(食用盐)	99.7	103.2	102.4	102.2	100.2	100.5	100.1	100.0	100.2	100.8
酱　　油	103.6	102.5	104.1	100.2	100.8	101.2	102.4	105.0	102.2	100.7
食　　醋	101.1	101.6	100.8	100.5	101.1	100.7	100.5	109.8	102.8	99.4
味　　精	105.6	101.2	101.1	101.0	101.1	100.6	100.6	100.0	101.4	101.0
食　　糖	126.0	101.3	96.9	97.8	100.8	102.2	107.1	103.7	100.7	100.4
糖　　果	107.4	103.6	98.2	99.9	101.4	99.3	100.3	102.1	101.1	100.4
茶　　叶	102.7	100.7	100.2	100.2	100.0	100.0	101.1	100.3	99.9	98.8
巴氏杀菌奶或消毒奶(鲜奶)	101.6	100.0	105.0	108.8	102.4	98.6	100.5	101.6	100.2	99.3
酸　　奶	103.8	100.1	98.9	104.6	101.3	100.2	100.5	101.6	100.2	100.1
奶　　粉	100.7	101.2	102.4	103.5	103.3	99.8	101.7	102.2	102.1	99.5
白　　酒	107.1	104.6	101.0	97.1	99.5	100.6	103.0	101.2	100.0	100.5
葡 萄 酒	101.4	102.5	101.4	100.4	100.9	100.7	100.2	100.2	99.7	100.5
啤　　酒	101.2	101.3	102.1	99.9	100.7	99.1	100.3	102.6	103.6	99.2
西　　服(男式西服)	100.8	100.4	102.2	101.6	103.1	101.5	100.8	101.2	102.0	100.7
裙　　子(女士裙子)	101.2	102.0	102.9	101.2	102.0	101.9	101.2	104.6	100.8	98.4
男　　鞋	100.4	100.5	100.9	100.5	100.7	100.6	100.1	100.4	100.2	100.1
女　　鞋	100.4	100.3	100.9	100.6	100.7	101.0	100.3	100.4	100.4	100.1
童　　鞋	100.1	101.1	102.1	100.9	101.8	100.5	100.3	100.5	100.7	100.8
洗 衣 机	98.7	98.8	99.5	100.3	100.0	98.9	100.3	100.6	100.0	99.1
电冰箱(柜)	99.0	98.8	99.7	99.9	99.7	98.9	99.8	100.0	98.5	99.1
吸排油烟机(抽油烟机)	98.7	97.9	98.6	102.2	100.5	99.9	100.3	100.1	99.6	99.1
空 调 器	100.5	100.2	100.9	101.0	100.1	99.5	100.8	100.9	100.4	99.0
热 水 器	99.3	99.0	100.0	100.7	100.5	100.2	100.3	100.4	99.8	99.2
微 波 炉	98.3	99.5	99.7	100.4	99.6	100.5	99.9	100.5	100.6	100.9
中 药 材	122.5	106.7	103.8	109.7	100.8	102.6	104.2	102.7	102.2	102.4
中 成 药	101.7	105.5	104.7	105.1	104.2	103.3	102.2	107.2	109.5	101.4
抗微生物药	99.7	99.0	99.6	99.9	101.1	99.8	99.4	103.1	100.3	99.9
消化系统用药	100.4	103.9	100.9	102.1	103.4	108.2	106.4	112.5	103.1	99.7
呼吸系统用药	102.9	101.3	102.3	101.9	102.4	111.8	122.4	107.6	100.6	100.6
解热镇痛及非甾体抗炎药(解热镇痛药)	99.2	100.3	100.4	101.0	103.6	100.9	102.8	101.3	106.9	102.2

3-5 续表

品　　名	2011	2012	2013	2014	2015	2016	2017	2018	2019	2020
手 术 费(临床手术治疗)	100.0	100.8	100.6	101.7	102.2	100.9	105.6	100.5	100.1	102.5
美　　容	99.7	104.4	101.4	103.3	100.9	101.8	101.5	104.9	101.2	99.8
理(烫)发(美发)	108.0	107.8	106.4	101.5	102.0	101.4	100.9	105.1	103.2	103.4
助动自行车(电动自行车)	100.1	100.3	99.7	99.7	99.5	99.7	100.0	100.3	99.8	99.5
轿　　车(小型汽车)	99.8	95.9	97.8	98.9	95.9	96.7	100.5	99.7	99.3	97.9
自 行 车	100.2	99.8	100.5	100.8	100.6	99.6	99.9	100.3	100.3	100.0
汽　　油	115.4	102.8	99.0	98.9	80.9	95.5	111.6	112.9	94.0	85.5
柴　　油	112.7	102.5	99.1	96.4	76.5	94.9	112.8	114.2	93.7	84.5
出租汽车	104.0	101.6	101.0	100.5	107.1	103.6	101.4	100.2	100.6	100.1
飞 机 票	104.0	100.8	110.1	102.5	89.6	106.3	98.1	106.4	101.8	93.0
火 车 票	99.8	99.7	99.0	100.0	100.0	100.0	100.0	100.0	100.0	100.0
长途汽车	102.5	101.0	105.0	104.2	98.8	100.1	100.2	104.6	100.2	98.6
固定电话机	99.9	99.7	99.0	99.8	98.8	99.9	101.3	100.0	100.2	100.2
移动电话机	95.1	96.6	96.3	99.0	99.0	97.6	98.0	99.7	99.2	99.9
电 视 机	98.0	95.1	97.8	97.7	97.5	100.8	100.4	101.1	99.6	99.0
照 相 机	99.2	99.1	97.9	99.4	99.4	100.0	101.8	101.0	99.3	99.9
家用音响(音响)	97.6	98.3	99.2	100.1	99.7	100.0	101.0	100.2	100.0	100.2
工 具 书	100.1	101.1	100.6	100.1	100.0	100.0	100.4	100.1	100.1	99.5
教　　材	100.4	100.7	101.8	101.3	104.3	100.0	100.2	100.2	100.1	100.8
参 考 书(参考资料)	100.9	100.1	100.0	99.9	99.9	100.1	100.2	100.9	100.2	101.5
学前教育	107.0	103.9	104.7	104.2	102.3	104.1	102.1	103.5	105.6	101.8
专业技能培训	103.9	101.2	103.7	103.5	109.1	97.8	101.4	102.1	103.3	99.3
旅行社收费	101.7	104.7	108.7	115.3	97.7	102.5	105.2	100.6	102.1	96.6
木 地 板	101.4	101.5	102.0	101.7	101.3	101.2	101.9	102.5	100.8	99.3
水　　泥	115.0	102.3	110.0	102.2	96.2	99.8	102.6	114.6	102.5	100.3
私房房租	106.1	100.6	103.1	103.3	102.4	103.1	104.9	103.9	101.9	100.0
物业管理费用	101.5	101.6	101.1	101.4	102.5	103.2	104.3	100.2	100.0	100.0
水	103.7	110.1	103.2	101.8	103.2	103.3	104.0	100.7	101.0	101.0
电	100.0	100.6	100.7	100.0	100.0	99.9	100.0	100.0	100.0	100.0
液化石油气	113.1	105.2	99.5	101.0	81.7	98.4	104.7	108.6	100.8	89.5
管道燃气	107.7	100.0	100.0	99.1	99.9	99.6	99.8	102.4	104.7	100.0

3-6　14个调查市居民消费价格分类指数(2020年)

类　别	全省	长沙市	株洲市	湘潭市	衡阳市	邵阳市	岳阳市	常德市
居民消费价格指数(%)	**102.3**	**101.8**	**101.9**	**102.0**	**101.4**	**102.2**	**101.7**	**102.2**
一、食品烟酒	108.3	106.9	108.1	107.4	105.9	107.3	107.2	107.3
1.食品	111.4	109.8	111.1	110.6	107.5	109.9	110.5	110.5
(1)粮食	101.1	101.4	100.7	101.6	99.5	101.3	99.9	100.0
(2)薯类	104.7	102.3	102.2	105.3	94.9	108.5	107.5	120.5
(3)豆类	105.5	104.6	105.7	111.7	98.2	107.9	101.7	99.8
(4)食用油	106.1	103.4	103.3	100.5	100.3	105.4	102.6	106.4
(5)菜	104.4	103.1	101.8	108.9	96.2	101.2	107.7	105.6
(6)畜肉类	139.3	138.7	141.4	135.4	135.0	137.9	136.4	137.3
(7)禽肉类	103.8	107.3	101.5	95.7	101.5	99.5	98.9	101.7
(8)水产品	102.3	99.6	102.6	102.4	105.3	103.4	104.0	101.9
(9)蛋类	96.1	90.8	97.9	92.2	92.8	91.5	107.5	92.5
(10)奶类	99.6	99.5	100.4	99.3	100.2	98.5	100.8	100.1
(11)干鲜瓜果类	91.5	90.8	93.6	97.1	89.8	93.9	94.4	96.0
(12)糖果糕点类	100.5	101.3	100.3	100.0	99.7	100.2	100.0	99.4
(13)调味品	100.4	100.6	100.5	100.1	99.8	100.8	96.8	99.8
(14)其他食品类	101.9	100.6	100.1	100.4	101.6	101.3	100.2	100.3
2.茶及饮料	99.8	99.9	99.1	100.0	100.7	98.8	100.0	99.9
3.烟酒	100.7	101.3	100.2	100.0	100.0	100.8	100.0	100.8
4.在外餐饮	101.5	100.7	101.6	101.1	103.9	102.4	100.2	100.5
二、衣着	100.2	100.4	99.4	100.3	98.2	99.3	99.8	100.1
1.服装	100.1	100.5	99.1	100.4	98.0	98.8	99.7	100.0
2.服装材料	100.4	99.8	100.7	99.6	100.0	100.0	99.6	100.0
3.其他衣着及配件	99.8	100.0	100.0	100.0	100.0	100.0	100.0	99.7
4.衣着加工服务费	100.4	99.8	100.1	100.0	100.3	100.0	100.0	102.6
5.鞋类	100.3	100.3	100.3	100.3	98.4	100.4	100.1	100.0
三、居住	99.1	100.2	99.5	99.4	100.1	98.7	97.7	99.0
1.租赁房房租	100.0	101.4	97.9	99.6	100.8	97.9	98.3	99.9
2.住房保养维修及管理	100.1	100.6	100.6	100.1	101.5	100.4	100.0	100.0
3.水电燃料	97.9	98.1	100.5	98.4	99.3	98.5	98.2	97.1
4.自有住房	99.2	101.0	98.6	99.8	100.0	98.3	96.5	99.6
四、生活用品及服务	99.9	99.8	99.7	99.7	100.3	100.8	100.0	99.8
1.家具及室内装饰品	99.7	99.0	101.0	100.4	99.5	100.4	99.6	100.0
2.家用器具	99.4	98.6	99.6	100.3	98.9	99.9	100.0	98.8
3.家用纺织品	100.2	100.0	100.0	99.1	100.0	100.0	100.0	100.0
4.家庭日用杂品	100.0	100.3	99.0	98.7	100.0	101.3	100.2	100.4
5.个人护理用品	100.6	101.5	100.3	100.4	100.2	100.8	100.3	100.0
6.家庭服务	100.8	100.3	99.5	100.5	107.3	104.1	99.1	101.0
五、交通通信	96.7	96.9	96.4	97.2	97.0	97.4	97.0	96.8
1.交通	95.1	96.0	95.1	95.4	95.1	96.2	95.0	95.1
2.通信	99.5	98.6	98.5	100.0	100.2	99.3	100.3	100.0
六、教育文化娱乐	100.0	99.0	98.8	99.8	99.2	101.0	100.7	101.1
1.教育	100.7	99.8	100.3	100.5	100.3	100.9	101.7	102.0
2.文化娱乐	98.8	98.0	96.8	98.9	97.5	101.2	99.5	99.9
七、医疗保健	101.0	101.0	100.6	102.4	100.8	102.7	101.8	101.9
1.药品及医疗器具	101.0	100.3	100.2	101.8	99.0	103.2	100.5	101.1
2.医疗服务	101.1	101.5	100.8	102.7	101.9	102.4	102.6	102.4
八、其他用品和服务	103.6	105.5	105.1	101.8	102.4	103.6	103.0	106.0
1.其他用品类	108.6	112.8	110.2	106.3	106.1	109.7	110.1	110.7
2.其他服务类	99.1	98.6	100.6	97.2	99.3	98.2	97.0	101.9

3-6 续表 1

类　别	张家界	益阳市	郴州市	永州市	怀化市	娄底市	吉首市
居民消费价格指数(%)	**101.8**	**102.2**	**102.3**	**102.0**	**102.6**	**102.4**	**102.9**
一、食品烟酒	109.0	108.4	108.3	108.0	109.1	108.7	108.4
1.食品	111.9	110.8	109.8	109.7	111.5	109.6	110.9
(1)粮食	100.5	101.5	100.1	101.4	103.9	101.2	102.4
(2)薯类	105.9	98.0	94.4	101.4	119.9	99.6	124.7
(3)豆类	107.3	106.1	104.9	105.0	109.1	108.9	104.6
(4)食用油	103.1	102.8	104.2	105.7	104.1	102.1	104.2
(5)菜	106.5	103.3	96.7	102.5	104.4	106.2	106.9
(6)畜肉类	141.2	138.8	140.9	137.3	141.6	131.2	136.8
(7)禽肉类	104.7	100.3	106.3	98.4	97.1	96.2	98.7
(8)水产品	101.9	105.0	98.9	100.7	100.4	102.7	104.2
(9)蛋类	96.3	95.5	90.8	86.9	92.8	89.8	100.7
(10)奶类	100.1	98.9	102.2	99.5	100.1	97.6	100.2
(11)干鲜瓜果类	92.4	92.9	91.4	90.3	94.2	97.6	91.4
(12)糖果糕点类	100.2	99.9	98.7	98.4	100.2	99.2	100.2
(13)调味品	101.0	99.5	100.8	99.7	98.4	102.2	101.3
(14)其他食品类	100.9	100.1	99.9	108.6	104.3	100.9	105.6
2.茶及饮料	99.8	100.9	99.3	97.2	100.4	101.6	100.0
3.烟酒	100.9	100.2	104.2	101.0	101.6	103.2	99.6
4.在外餐饮	102.9	104.3	105.9	105.9	105.8	108.5	104.0
二、衣着	101.2	100.7	97.4	99.3	100.0	100.2	100.1
1.服装	101.0	100.6	96.8	99.3	100.1	100.1	99.5
2.服装材料	100.0	100.0	97.5	100.0	100.0	100.0	100.0
3.其他衣着及配件	100.4	100.0	100.0	98.7	99.3	100.0	100.0
4.衣着加工服务费	100.0	103.1	100.5	105.9	100.0	100.0	109.9
5.鞋类	101.9	100.6	98.7	98.7	99.8	100.5	100.5
三、居住	95.0	98.1	99.4	97.2	98.4	98.7	99.3
1.租赁房房租	84.3	98.8	99.3	98.1	97.5	95.1	101.6
2.住房保养维修及管理	100.9	100.5	100.0	99.9	99.7	103.8	98.7
3.水电燃料	101.1	99.6	100.1	95.4	98.9	97.0	98.2
4.自有住房	91.1	96.5	98.8	97.1	97.8	98.2	99.9
四、生活用品及服务	100.2	99.4	100.7	100.1	99.9	100.1	100.4
1.家具及室内装饰品	100.1	100.0	100.1	100.0	99.8	101.1	100.5
2.家用器具	100.8	100.0	99.7	99.8	99.1	98.9	99.8
3.家用纺织品	99.7	99.4	100.0	100.0	100.4	99.7	97.3
4.家庭日用杂品	99.9	97.3	100.8	100.4	99.6	98.9	101.3
5.个人护理用品	100.0	100.6	103.3	101.0	101.2	101.1	99.8
6.家庭服务	100.0	101.1	101.5	98.1	100.6	106.4	104.0
五、交通通信	96.9	97.6	96.5	97.2	96.6	97.2	98.1
1.交通	95.0	95.8	94.7	94.9	95.1	96.0	97.3
2.通信	100.1	100.5	99.6	100.1	99.5	99.6	99.5
六、教育文化娱乐	100.7	99.4	101.6	102.0	100.5	100.3	102.4
1.教育	103.3	102.4	100.8	104.1	99.9	100.9	104.6
2.文化娱乐	97.1	95.3	102.7	99.6	101.4	99.5	99.1
七、医疗保健	101.2	101.3	101.3	100.2	102.7	100.3	102.8
1.药品及医疗器具	101.1	100.8	102.8	100.7	104.1	101.3	101.2
2.医疗服务	101.3	101.6	100.3	100.0	101.7	99.6	104.0
八、其他用品和服务	99.8	105.2	103.5	104.6	104.4	105.5	102.6
1.其他用品类	107.0	110.4	110.9	110.8	110.4	109.9	106.8
2.其他服务类	93.3	100.3	97.6	99.3	98.8	101.1	99.8

3-6 续表 2

类 别	耒阳市	慈利县	道县	新化县
居民消费价格指数(%)	**102.7**	**103.1**	**102.8**	**103.4**
一、食品烟酒	109.6	110.4	110.1	111.5
1.食品	112.9	113.6	113.1	114.5
(1)粮食	99.3	104.5	99.7	102.3
(2)薯类	99.7	112.8	93.4	112.8
(3)豆类	111.2	104.9	98.6	107.2
(4)食用油	114.1	115.2	108.3	114.5
(5)菜	105.5	107.7	107.2	103.6
(6)畜肉类	141.4	130.9	144.7	142.4
(7)禽肉类	108.4	122.1	97.0	97.6
(8)水产品	100.3	112.7	110.8	100.7
(9)蛋类	90.1	106.1	102.7	102.1
(10)奶类	97.8	99.9	100.0	99.3
(11)干鲜瓜果类	87.9	96.3	84.0	90.6
(12)糖果糕点类	100.0	99.8	100.0	101.4
(13)调味品	100.9	100.4	100.0	101.9
(14)其他食品类	100.0	103.2	100.0	111.3
2.茶及饮料	99.9	100.0	100.0	98.7
3.烟酒	100.1	99.6	100.0	100.9
4.在外餐饮	100.6	101.4	100.6	102.4
二、衣着	102.4	99.3	99.3	99.8
1.服装	102.8	98.4	99.0	99.8
2.服装材料	104.6	100.0	100.0	100.0
3.其他衣着及配件	100.0	100.0	100.0	96.9
4.衣着加工服务费	106.2	100.0	100.0	100.0
5.鞋类	100.8	101.7	100.1	100.0
三、居住	98.7	99.2	99.4	98.1
1.租赁房房租	99.1	96.2	100.8	97.8
2.住房保养维修及管理	100.4	100.9	100.0	98.6
3.水电燃料	97.3	96.6	100.9	96.2
4.自有住房	98.3	100.1	98.2	98.8
四、生活用品及服务	100.0	100.4	100.0	100.1
1.家具及室内装饰品	101.2	100.1	100.0	98.1
2.家用器具	99.1	100.0	100.0	99.8
3.家用纺织品	100.0	100.0	100.0	102.7
4.家庭日用杂品	100.9	100.0	99.9	100.4
5.个人护理用品	97.6	100.0	100.0	101.3
6.家庭服务	101.5	106.8	100.6	101.6
五、交通通信	96.2	96.9	96.7	97.3
1.交通	94.7	95.3	94.7	95.6
2.通信	100.2	100.1	100.2	100.3
六、教育文化娱乐	100.3	100.2	100.0	101.9
1.教育	101.6	100.0	100.0	102.6
2.文化娱乐	97.9	100.7	99.9	100.5
七、医疗保健	100.4	100.8	99.7	100.7
1.药品及医疗器具	100.4	100.3	100.5	102.0
2.医疗服务	100.4	101.0	99.3	99.9
八、其他用品和服务	101.5	102.0	102.3	102.4
1.其他用品类	103.5	105.2	105.1	106.0
2.其他服务类	99.6	99.1	99.5	99.3

3-7 居民消费价格分月指数(2020年)

上年同月=100

类别	1月	2月	3月	4月	5月	6月	7月	8月	9月	10月	11月	12月
居民消费价格总指数	**104.8**	**104.9**	**104.0**	**103.0**	**102.0**	**102.5**	**103.5**	**102.3**	**101.5**	**100.2**	**99.0**	**100.1**
服务价格指数	100.1	99.5	99.5	99.9	99.8	99.9	99.8	99.8	99.8	100.0	99.8	99.8
工业品价格指数	100.7	100.0	99.1	98.4	98.3	98.4	98.6	99.1	99.0	99.0	99.0	99.0
消费品价格指数	107.4	107.8	106.4	104.7	103.2	103.9	105.4	103.6	102.3	100.3	98.6	100.2
扣除食品和能源价格指数	100.4	100.0	100.1	100.2	100.2	100.2	100.1	100.3	100.2	100.3	100.2	100.2
一、食品烟酒	114.7	116.3	114.4	111.4	108.6	110.0	112.9	108.2	105.6	101.6	98.1	101.3
1.食品	120.8	123.1	120.4	116.0	111.8	113.9	118.1	111.0	107.5	101.9	97.0	101.5
(1)粮食	100.5	100.4	100.8	101.3	101.4	101.5	101.4	101.4	101.3	101.0	101.2	101.3
(2)薯类	106.7	106.1	117.2	113.7	106.5	103.2	104.5	102.0	100.2	99.7	97.6	98.8
(3)豆类	102.4	101.6	103.4	104.9	106.1	106.7	107.2	107.3	106.6	106.7	106.8	106.8
(4)食用油	109.4	109.4	108.7	107.7	106.7	107.3	108.5	107.3	104.2	102.6	100.8	101.9
(5)菜	101.6	96.7	94.1	91.8	87.8	98.5	109.5	111.8	116.0	121.4	113.4	116.8
(6)畜肉类	183.2	199.0	186.4	171.8	160.4	165.2	176.0	137.1	118.9	98.1	88.7	98.8
(7)禽肉类	114.7	114.4	116.0	114.6	111.0	107.1	105.5	101.4	94.8	92.5	89.7	92.1
(8)水产品	100.7	100.8	101.8	101.8	103.2	104.1	103.9	102.4	102.2	103.2	101.7	101.8
(9)蛋类	107.3	107.3	106.8	103.3	97.3	93.6	92.0	95.4	89.4	88.9	87.0	89.3
(10)奶类	99.6	99.4	99.2	99.4	99.2	99.2	99.1	99.7	100.0	99.9	99.9	99.9
(11)干鲜瓜果类	92.8	92.6	93.1	91.2	87.1	82.4	81.4	83.4	96.0	101.3	101.5	102.2
(12)糖果糕点类	99.8	99.6	99.9	100.3	100.5	100.7	100.7	100.6	100.6	100.9	101.0	101.0
(13)调味品	100.1	99.8	100.0	100.0	100.1	100.3	100.2	100.0	100.1	101.3	101.3	101.4
(14)其他食品类	102.8	102.6	102.5	102.0	101.4	101.8	101.7	101.6	101.7	102.0	101.6	101.4
2.茶及饮料	99.7	99.6	99.5	99.3	99.6	99.7	99.7	99.8	100.1	100.3	100.4	100.3
3.烟酒	101.0	101.0	100.8	100.6	100.7	100.6	100.6	100.5	100.5	100.4	100.8	100.9
4.在外餐饮	101.6	101.5	101.4	101.6	101.7	101.7	102.0	101.9	101.1	101.1	101.1	101.1
二、衣着	100.4	100.3	100.2	100.0	100.0	99.9	99.8	100.2	100.3	100.4	100.3	100.3
1.服装	100.5	100.3	100.1	99.9	99.9	99.8	99.7	100.2	100.3	100.4	100.3	100.2
2.服装材料	101.1	101.1	101.1	101.0	101.0	101.0	99.6	99.2	99.7	100.0	100.1	100.1
3.其他衣着及配件	99.9	99.9	99.9	99.9	99.9	99.9	99.9	99.5	99.6	99.6	99.6	99.6
4.衣着加工服务费	100.0	100.6	100.6	100.6	100.6	100.6	100.5	100.5	100.2	100.2	100.2	100.2
5.鞋类	100.1	100.1	100.3	100.4	100.2	100.2	100.2	100.3	100.3	100.4	100.5	100.4
三、居住	99.5	99.2	98.4	98.9	98.5	98.7	98.9	99.3	99.2	99.5	99.6	99.5
1.租赁房房租	100.2	99.6	98.8	100.6	99.7	99.7	100.0	100.5	99.8	100.4	100.5	100.4
2.住房保养维修及管理	100.8	100.6	100.4	100.4	100.4	100.1	100.0	100.0	99.8	99.5	99.6	99.8
3.水电燃料	99.7	99.6	98.3	97.3	96.9	96.8	96.7	97.5	97.6	98.1	98.3	98.1
4.自有住房	98.7	98.3	97.5	98.9	98.3	99.0	99.4	99.8	99.7	100.2	100.1	100.1
四、生活用品及服务	100.1	99.9	99.9	100.0	100.0	99.9	99.9	99.8	99.9	99.9	99.9	99.9
1.家具及室内装饰品	100.2	100.2	100.1	100.0	100.0	99.3	99.2	99.0	99.4	99.6	99.6	99.3
2.家用器具	99.8	99.8	99.6	99.3	99.4	99.3	99.3	99.3	99.3	99.3	99.2	99.4
3.家用纺织品	100.1	100.1	99.9	100.2	100.2	100.2	100.2	100.3	100.3	100.2	100.3	100.4
4.家庭日用杂品	99.8	99.4	99.5	99.9	100.0	100.1	100.3	100.2	100.2	100.2	100.1	100.3
5.个人护理用品	100.4	100.7	100.4	100.8	100.7	100.6	100.8	100.8	100.7	100.6	100.6	100.3
6.家庭服务	101.4	99.8	101.5	101.4	101.3	100.8	100.5	100.5	100.6	100.6	100.6	100.8
五、交通通信	100.6	98.2	96.4	95.4	95.0	95.7	96.0	96.6	96.8	96.5	96.3	96.7
1.交通	101.3	97.5	94.5	92.9	92.5	93.5	94.3	95.3	95.5	94.9	94.5	95.1
2.通信	99.4	99.4	100.0	99.9	99.8	99.6	99.0	98.9	99.2	99.3	99.5	99.6
六、教育文化娱乐	100.9	100.2	100.7	100.3	100.3	100.1	99.5	99.2	99.3	99.8	99.7	99.7
1.教育	101.7	100.9	100.7	100.7	100.8	100.8	100.8	100.8	100.3	100.4	100.4	100.4
2.文化娱乐	99.5	99.1	100.8	99.6	99.4	99.0	97.5	96.6	97.8	99.0	98.4	98.5
七、医疗保健	100.8	100.7	100.9	101.0	101.1	101.2	101.1	101.1	101.1	101.2	101.1	101.2
1.药品及医疗器具	101.5	101.1	101.2	101.0	101.1	101.1	100.9	100.8	100.8	100.7	100.9	101.0
2.医疗服务	100.4	100.4	100.7	101.1	101.1	101.2	101.2	101.3	101.3	101.4	101.3	101.3
八、其他用品和服务	104.3	104.1	104.6	104.0	104.3	104.3	104.5	105.4	104.3	101.7	101.4	100.6
1.其他用品类	106.9	107.4	108.7	108.3	109.3	109.3	109.8	111.8	108.7	108.7	108.3	106.6
2.其他服务类	102.0	101.2	100.9	100.3	100.0	99.8	99.6	99.5	100.1	95.1	95.0	95.2

3-8 城市居民消费价格分月指数(2020年)

上年同月=100

类　别	1月	2月	3月	4月	5月	6月	7月	8月	9月	10月	11月	12月
居民消费价格总指数	**104.4**	**104.5**	**103.5**	**102.5**	**101.6**	**102.1**	**102.9**	**101.8**	**101.2**	**100.1**	**99.1**	**100.1**
服务价格指数	100.6	99.9	100.0	100.3	100.0	99.9	99.7	99.5	99.5	99.7	99.5	99.5
工业品价格指数	100.7	100.0	99.1	98.4	98.2	98.4	98.6	99.1	99.0	99.0	99.0	99.0
消费品价格指数	106.5	107.0	105.4	103.7	102.4	103.2	104.7	102.9	102.1	100.4	98.8	100.4
扣除食品和能源价格指数	100.6	100.2	100.3	100.4	100.3	100.3	100.2	100.2	100.1	100.2	100.2	100.2
一、食品烟酒	112.9	114.6	112.3	109.5	107.0	108.5	111.4	106.9	105.3	101.8	98.7	101.7
1.食品	118.8	121.3	117.8	113.5	109.7	112.1	116.3	109.3	107.2	102.1	97.5	101.9
(1)粮食	100.4	100.4	100.5	100.7	100.9	101.1	100.9	100.9	100.9	101.7	102.0	102.3
(2)薯类	106.1	107.4	119.3	115.2	104.7	101.5	100.2	98.3	98.0	99.4	100.6	102.7
(3)豆类	102.6	101.9	103.2	104.2	105.0	105.6	106.6	106.6	106.2	105.7	105.8	105.8
(4)食用油	104.2	104.1	103.5	103.2	102.8	102.9	103.9	103.2	101.7	100.9	100.1	101.8
(5)菜	101.4	96.4	92.9	90.7	86.3	98.8	108.2	109.4	115.6	121.6	113.4	117.5
(6)畜肉类	181.0	197.4	182.2	167.9	158.3	162.7	175.2	135.7	118.1	98.4	89.6	98.9
(7)禽肉类	114.2	113.3	114.6	112.8	109.4	106.3	105.6	100.8	95.4	92.7	88.9	91.8
(8)水产品	100.3	101.0	101.0	100.0	101.5	102.9	103.1	102.2	101.5	101.4	99.4	100.2
(9)蛋类	101.7	102.2	102.3	100.0	94.9	91.4	89.3	92.0	88.6	87.5	86.0	88.5
(10)奶类	99.9	99.6	99.3	99.6	99.2	99.3	99.6	100.0	100.4	100.4	100.3	100.2
(11)干鲜瓜果类	92.7	93.5	94.4	92.1	87.3	82.8	81.9	84.0	98.9	103.3	103.6	104.7
(12)糖果糕点类	100.0	99.7	100.1	100.2	100.3	100.7	100.7	100.8	100.8	100.8	101.1	100.9
(13)调味品	99.9	99.4	99.9	99.8	99.8	100.1	100.1	99.9	100.1	100.4	100.4	100.6
(14)其他食品类	100.7	100.8	100.6	100.5	100.5	100.6	100.5	100.5	100.7	100.6	100.7	100.9
2.茶及饮料	99.8	99.6	99.6	99.6	99.6	99.6	99.7	100.0	100.4	100.8	100.6	100.5
3.烟酒	101.1	101.0	100.7	100.8	100.9	100.9	100.8	100.8	100.8	100.9	101.8	102.0
4.在外餐饮	101.6	101.5	101.5	101.7	101.8	101.8	102.1	102.0	101.3	101.1	101.1	101.1
二、衣着	100.0	100.0	100.0	99.8	99.7	99.7	99.8	100.1	100.3	100.3	100.4	100.4
1.服装	100.0	100.0	99.9	99.6	99.7	99.7	99.7	100.1	100.3	100.3	100.4	100.4
2.服装材料	100.0	100.0	100.0	99.9	99.9	99.9	99.3	98.7	99.5	100.0	100.2	100.2
3.其他衣着及配件	100.0	100.0	100.0	100.0	100.0	99.9	99.9	99.9	100.0	100.0	100.0	100.0
4.衣着加工服务费	99.5	100.3	100.3	100.3	100.3	100.3	100.3	100.3	100.3	100.3	100.3	100.3
5.鞋类	100.0	100.1	100.2	100.3	99.9	100.0	100.0	100.2	100.3	100.3	100.5	100.4
三、居住	100.4	100.0	99.2	99.5	99.0	98.9	99.0	99.3	98.9	99.2	99.2	99.1
1.租赁房房租	101.0	100.2	99.6	101.4	100.2	100.1	100.5	100.8	99.8	100.3	100.3	100.3
2.住房保养维修及管理	100.8	100.6	100.5	100.4	100.5	100.4	100.4	100.4	100.3	100.0	99.9	99.9
3.水电燃料	100.0	99.9	98.7	97.5	97.3	97.2	96.5	97.6	97.6	98.1	98.1	98.0
4.自有住房	100.4	99.7	99.0	99.9	99.1	99.2	99.5	99.6	99.0	99.3	99.2	99.2
四、生活用品及服务	100.0	99.7	99.7	99.9	99.9	99.8	99.9	99.8	99.9	99.9	99.9	99.9
1.家具及室内装饰品	100.0	100.0	99.8	99.7	99.7	99.1	99.1	98.8	99.5	99.8	99.8	99.7
2.家用器具	99.8	99.7	99.6	99.3	99.3	99.1	99.2	99.1	99.1	99.1	99.1	99.2
3.家用纺织品	100.0	100.0	99.7	99.7	99.7	99.9	99.9	99.9	99.9	99.9	100.1	100.2
4.家庭日用杂品	99.6	99.3	99.1	99.6	99.8	100.0	100.2	100.0	100.0	100.0	99.9	100.1
5.个人护理用品	100.7	101.0	100.9	101.3	101.2	101.1	101.2	101.1	101.2	101.0	100.8	100.5
6.家庭服务	100.5	98.5	100.7	100.5	100.5	100.6	100.5	100.5	100.5	100.5	100.5	100.9
五、交通通信	100.6	98.2	96.4	95.4	95.0	95.5	95.8	96.5	96.7	96.3	96.1	96.6
1.交通	101.4	97.8	94.6	93.1	92.6	93.5	94.2	95.3	95.4	94.8	94.3	95.0
2.通信	99.0	99.0	99.7	99.6	99.4	99.1	98.6	98.5	98.9	99.0	99.3	99.5
六、教育文化娱乐	100.6	99.9	100.5	99.9	99.9	99.7	99.0	98.5	98.9	99.6	99.4	99.4
1.教育	101.4	100.5	100.2	100.1	100.3	100.4	100.3	100.3	100.2	100.3	100.4	100.4
2.文化娱乐	99.5	99.2	100.9	99.7	99.4	98.8	97.3	96.1	97.2	98.7	98.0	98.1
七、医疗保健	101.3	101.0	101.3	101.5	101.4	101.6	101.5	101.5	101.4	101.6	101.6	101.6
1.药品及医疗器具	102.1	101.4	101.8	101.1	101.1	101.2	101.0	100.6	100.6	100.6	100.8	100.8
2.医疗服务	100.7	100.7	101.1	101.7	101.7	101.9	101.9	102.0	102.0	102.3	102.1	102.1
八、其他用品和服务	105.1	105.1	105.8	105.1	105.7	105.5	105.7	106.7	104.5	102.3	102.1	101.1
1.其他用品类	109.0	109.8	111.7	111.0	112.5	112.1	112.8	115.1	110.0	109.9	109.6	107.5
2.其他服务类	101.7	101.1	100.7	100.1	100.0	99.7	99.4	99.3	99.5	95.4	95.2	95.3

3-9 农村居民消费价格分月指数(2020年)

上年同月=100

类 别	1月	2月	3月	4月	5月	6月	7月	8月	9月	10月	11月	12月
居民消费价格总指数	**105.6**	**105.7**	**105.0**	**104.0**	**102.9**	**103.5**	**104.5**	**103.3**	**101.9**	**100.2**	**98.8**	**100.1**
服务价格指数	99.3	98.7	98.6	99.3	99.3	99.9	99.9	100.2	100.4	100.4	100.4	100.4
工业品价格指数	100.6	100.0	99.0	98.5	98.3	98.4	98.6	99.0	99.0	99.0	99.0	99.0
消费品价格指数	109.0	109.4	108.4	106.6	104.8	105.4	106.9	104.8	102.7	100.1	98.0	99.9
扣除食品和能源价格指数	99.9	99.6	99.6	99.9	99.9	100.2	100.1	100.3	100.4	100.4	100.3	100.4
一、食品烟酒	118.2	119.6	118.6	115.3	111.7	112.9	115.9	110.6	106.2	101.2	97.1	100.7
1.食品	124.3	126.2	125.0	120.5	115.7	117.2	121.2	113.9	108.1	101.5	96.1	100.8
(1)粮食	100.7	100.4	101.1	102.1	102.1	102.1	102.1	102.2	101.9	100.0	100.0	99.8
(2)薯类	107.4	104.7	114.7	112.0	108.8	105.3	109.9	106.7	102.8	100.2	94.1	94.3
(3)豆类	102.2	101.1	103.7	106.1	108.2	108.7	108.2	108.4	107.3	108.5	108.7	108.6
(4)食用油	116.1	116.2	115.5	113.4	111.6	113.0	114.3	112.6	107.3	104.7	101.7	102.1
(5)菜	102.0	97.3	96.7	93.9	90.9	98.0	112.1	116.8	116.6	121.0	113.5	115.4
(6)畜肉类	186.6	201.6	193.1	178.1	163.7	169.2	177.2	139.2	120.3	97.7	87.3	98.6
(7)禽肉类	115.5	116.2	118.4	117.5	113.6	108.4	105.4	102.3	93.8	92.2	91.0	92.6
(8)水产品	101.7	100.2	103.4	106.0	107.2	106.9	105.6	103.1	103.7	107.2	106.8	105.4
(9)蛋类	116.2	115.4	113.8	108.3	100.9	97.1	96.0	100.4	90.6	90.8	88.3	90.5
(10)奶类	99.2	99.0	99.1	99.2	99.3	99.1	98.1	99.1	99.4	99.1	99.2	99.4
(11)干鲜瓜果类	93.0	90.4	90.0	89.3	86.7	81.5	80.2	82.0	89.4	96.7	96.6	96.6
(12)糖果糕点类	99.4	99.4	99.6	100.4	100.8	100.6	100.7	100.2	100.2	101.0	101.0	101.1
(13)调味品	100.5	100.5	100.3	100.3	100.6	100.6	100.5	100.1	100.1	102.6	102.6	102.6
(14)其他食品类	106.1	105.6	105.5	104.4	102.7	103.7	103.7	103.5	103.4	104.2	103.1	102.2
2.茶及饮料	99.5	99.4	99.4	98.9	99.6	99.9	99.8	99.5	99.5	99.6	100.1	100.1
3.烟酒	100.9	100.9	101.0	100.4	100.4	100.3	100.3	100.2	100.2	99.7	99.5	99.5
4.在外餐饮	101.8	101.4	101.0	101.0	101.3	101.3	101.4	101.5	100.8	101.3	101.2	101.2
二、衣着	101.2	101.0	100.7	100.5	100.5	100.3	100.0	100.5	100.3	100.5	100.1	100.0
1.服装	101.6	101.3	100.7	100.4	100.3	100.1	99.8	100.5	100.4	100.6	99.9	99.8
2.服装材料	103.1	103.1	103.1	103.1	103.1	103.1	100.0	100.0	100.0	100.0	100.0	100.0
3.其他衣着及配件	99.7	99.7	99.7	99.7	99.7	99.7	99.7	98.2	98.2	98.5	98.5	98.5
4.衣着加工服务费	102.0	102.0	102.0	102.0	102.0	102.0	101.3	101.3	100.0	100.0	100.0	100.0
5.鞋类	100.2	100.1	100.5	100.7	100.7	100.7	100.5	100.5	100.5	100.5	100.6	100.6
三、居住	97.9	97.7	96.8	97.7	97.6	98.3	98.8	99.3	99.6	100.2	100.3	100.3
1.租赁房房租	96.8	96.8	95.5	97.5	97.5	97.8	98.2	99.4	99.8	100.7	101.0	101.0
2.住房保养维修及管理	100.8	100.7	100.2	100.3	100.3	99.7	99.5	99.4	99.1	98.9	99.1	99.5
3.水电燃料	99.3	98.9	97.5	96.7	96.1	96.1	96.9	97.5	97.5	98.3	98.6	98.2
4.自有住房	95.5	95.5	94.6	96.8	96.8	98.7	99.4	100.2	101.0	101.9	101.9	101.9
四、生活用品及服务	100.3	100.2	100.3	100.3	100.3	100.0	99.9	100.0	100.0	99.9	99.9	100.0
1.家具及室内装饰品	100.6	100.5	100.5	100.5	100.6	99.5	99.3	99.3	99.3	99.3	99.2	98.8
2.家用器具	99.9	99.9	99.8	99.4	99.5	99.7	99.5	99.6	99.8	99.6	99.5	99.6
3.家用纺织品	100.5	100.5	100.5	101.3	101.3	100.9	100.9	101.0	101.0	101.0	100.9	100.9
4.家庭日用杂品	100.0	99.7	100.2	100.4	100.2	100.4	100.4	100.5	100.5	100.5	100.5	100.7
5.个人护理用品	99.8	99.8	99.2	99.5	99.3	99.3	99.8	100.1	99.5	99.4	99.8	99.9
6.家庭服务	104.5	104.2	104.2	104.2	104.0	101.5	100.5	100.5	100.6	100.6	100.6	100.6
五、交通通信	100.7	98.1	96.5	95.4	95.1	96.0	96.4	96.9	97.1	96.7	96.6	96.9
1.交通	101.0	97.1	94.3	92.6	92.1	93.5	94.5	95.3	95.6	95.0	94.7	95.2
2.通信	100.1	100.1	100.6	100.6	100.6	100.8	99.9	99.9	99.9	99.9	100.0	100.0
六、教育文化娱乐	101.5	100.8	101.1	101.0	101.0	101.0	100.6	100.6	100.2	100.2	100.2	100.3
1.教育	102.4	101.5	101.5	101.6	101.6	101.6	101.6	101.6	100.5	100.5	100.5	100.5
2.文化娱乐	99.6	99.1	100.3	99.4	99.6	99.5	98.3	98.3	99.6	99.7	99.7	99.9
七、医疗保健	100.1	100.2	100.2	100.3	100.5	100.5	100.4	100.4	100.5	100.5	100.4	100.5
1.药品及医疗器具	100.2	100.6	100.2	100.7	101.1	101.1	100.7	100.9	101.1	101.1	101.0	101.3
2.医疗服务	100.0	100.0	100.1	100.1	100.1	100.1	100.1	100.1	100.1	100.1	100.1	100.1
八、其他用品和服务	102.9	102.1	102.3	102.0	101.7	102.0	102.2	102.8	103.7	100.4	100.1	99.7
1.其他用品类	103.2	103.1	103.4	103.4	103.5	104.1	104.5	105.7	106.2	106.5	105.7	104.8
2.其他服务类	102.6	101.2	101.3	100.7	99.9	100.0	100.0	100.1	101.3	94.6	94.7	94.8

3-10 居民消费价格分月环比指数(2020年)

上月=100

类 别	1月	2月	3月	4月	5月	6月	7月	8月	9月	10月	11月	12月
居民消费价格总指数	**100.8**	**100.9**	**98.8**	**99.4**	**99.2**	**100.1**	**101.2**	**100.4**	**100.0**	**99.5**	**99.0**	**100.7**
服务价格指数	100.1	99.9	99.6	100.5	100.1	99.9	100.2	100.1	99.8	99.9	99.7	100.0
工业品价格指数	100.2	99.6	99.3	99.4	100.0	100.0	100.1	100.2	100.0	100.0	100.0	100.4
消费品价格指数	101.2	101.4	98.5	98.8	98.8	100.2	101.7	100.5	100.1	99.3	98.7	101.0
扣除食品和能源价格指数	100.1	100.0	99.8	100.3	100.1	99.9	100.1	100.1	100.0	100.0	99.9	100.0
一、食品烟酒	102.2	103.0	97.7	98.2	97.7	100.5	103.2	100.9	100.3	98.7	97.5	101.7
1.食品	103.0	104.2	96.9	97.5	96.7	100.7	104.4	101.2	100.3	98.2	96.4	102.3
(1)粮食	100.1	100.0	100.2	100.5	100.2	100.1	100.0	100.0	100.0	99.8	100.2	100.2
(2)薯类	102.8	108.9	107.7	97.8	95.2	96.1	102.4	98.1	96.0	98.3	96.5	100.2
(3)豆类	101.0	100.4	100.5	101.3	101.2	100.4	100.5	100.0	100.7	100.4	100.2	99.9
(4)食用油	100.4	100.3	99.5	99.2	99.0	100.3	100.9	100.7	99.9	100.1	100.4	101.2
(5)菜	104.2	105.5	95.3	103.0	93.5	99.9	110.1	103.5	102.0	103.4	91.6	105.1
(6)畜肉类	106.4	108.6	93.7	92.4	93.0	103.3	109.7	101.3	99.4	93.8	94.5	105.1
(7)禽肉类	99.7	101.2	99.5	98.9	97.8	97.5	100.0	101.5	99.8	98.2	98.4	99.5
(8)水产品	101.3	102.9	97.9	100.0	101.6	100.1	100.1	101.1	100.3	99.3	97.4	100.0
(9)蛋类	97.9	99.0	96.4	96.1	97.4	96.2	101.7	107.4	100.0	98.6	98.3	100.2
(10)奶类	100.1	99.9	99.8	100.1	99.8	100.1	99.8	100.3	100.3	99.9	99.9	100.1
(11)干鲜瓜果类	102.4	101.9	100.1	99.6	101.1	99.1	98.7	99.7	102.5	99.9	97.9	99.4
(12)糖果糕点类	99.9	99.8	100.2	100.4	100.0	100.3	99.9	99.9	100.1	100.3	100.2	100.0
(13)调味品	100.0	100.0	100.1	100.0	100.0	100.0	100.1	99.9	100.2	101.0	100.0	100.0
(14)其他食品类	101.2	100.1	100.1	99.8	99.7	100.4	100.0	99.8	100.1	100.4	99.7	100.1
2.茶及饮料	100.1	99.9	100.0	99.8	100.2	100.1	100.0	100.0	100.0	100.0	100.0	100.0
3.烟酒	100.0	100.0	99.8	100.0	100.1	100.0	100.0	99.8	100.3	100.1	100.5	100.2
4.在外餐饮	100.2	100.0	99.9	100.2	100.1	100.0	100.2	100.1	100.2	100.1	100.2	100.1
二、衣着	100.0	100.0	100.0	100.0	100.0	100.0	100.0	99.9	100.1	100.1	100.0	100.1
1.服装	100.0	100.0	100.0	99.9	100.1	100.0	100.0	99.9	100.1	100.1	100.1	100.1
2.服装材料	100.0	100.0	100.0	99.9	100.0	100.0	99.6	99.6	100.5	100.4	100.1	100.0
3.其他衣着及配件	100.0	100.0	100.0	100.0	100.0	100.0	100.0	99.7	100.0	100.0	100.0	100.0
4.衣着加工服务费	100.2	100.0	100.0	100.0	100.0	100.0	100.0	100.0	100.0	100.0	100.0	100.0
5.鞋类	100.1	100.0	100.3	100.2	99.8	100.0	100.0	100.0	100.1	100.0	100.0	100.1
三、居住	99.8	100.0	99.2	100.4	100.0	99.9	100.1	100.3	99.6	100.2	99.9	100.3
1.租赁房房租	99.7	100.0	99.4	101.5	100.2	99.8	100.6	100.5	98.8	100.2	99.8	100.0
2.住房保养维修及管理	100.2	99.9	99.7	100.0	100.0	99.7	100.0	99.9	99.9	100.1	100.1	100.2
3.水电燃料	100.1	100.0	98.6	98.9	99.8	99.7	99.3	100.3	100.0	100.3	100.0	100.9
4.自有住房	99.4	100.0	99.3	101.2	100.1	100.1	100.4	100.4	99.3	100.1	99.8	100.0
四、生活用品及服务	100.1	99.9	100.0	100.0	100.0	99.8	100.1	100.0	100.0	100.1	100.0	100.1
1.家具及室内装饰品	100.0	100.0	99.9	99.9	100.0	99.2	100.0	99.8	100.1	100.3	100.0	100.1
2.家用器具	100.0	99.9	99.8	99.7	100.0	99.9	100.1	99.9	100.0	100.1	99.9	100.1
3.家用纺织品	100.0	100.0	100.0	100.2	100.0	100.0	100.0	100.0	100.0	99.9	100.1	100.1
4.家庭日用杂品	100.0	99.9	100.1	100.1	100.1	100.0	100.1	100.0	100.0	100.0	100.0	100.0
5.个人护理用品	100.0	100.3	99.8	100.2	100.0	99.9	100.2	100.0	99.9	100.1	99.9	99.9
6.家庭服务	102.3	98.2	100.1	99.8	100.0	100.1	100.0	100.0	100.0	100.0	100.0	100.3
五、交通通信	100.5	98.8	98.0	99.0	100.0	99.9	100.4	100.1	100.0	99.7	99.8	100.6
1.交通	101.0	98.1	96.7	98.4	100.1	100.0	100.6	100.2	99.9	99.4	99.6	101.0
2.通信	99.6	100.0	100.1	100.0	99.8	99.7	100.0	100.0	100.1	100.1	100.1	100.1
六、教育文化娱乐	100.3	100.0	99.9	99.9	100.0	99.8	100.1	99.8	100.2	100.1	99.5	100.0
1.教育	100.0	100.0	99.9	100.0	100.1	100.0	100.0	100.0	100.3	100.0	100.1	100.0
2.文化娱乐	100.9	100.0	100.0	99.7	100.0	99.4	100.2	99.4	99.9	100.3	98.6	100.0
七、医疗保健	100.2	100.0	100.3	100.3	100.1	100.1	100.0	100.0	100.0	100.1	100.0	100.0
1.药品及医疗器具	100.0	100.1	100.2	100.3	100.3	100.1	99.9	99.8	100.0	100.0	100.2	100.0
2.医疗服务	100.4	100.0	100.3	100.4	100.0	100.2	100.0	100.1	100.0	100.1	99.9	100.0
八、其他用品和服务	101.6	99.9	100.2	99.7	100.4	100.5	100.8	102.0	99.7	97.2	99.2	99.5
1.其他用品类	101.7	100.3	101.1	99.8	100.8	101.1	101.6	104.0	99.0	99.4	98.7	99.0
2.其他服务类	101.6	99.5	99.4	99.5	99.9	100.0	100.1	100.0	100.4	95.0	99.7	100.1

3-11 城市居民消费价格分月环比指数(2020年)

上月=100

类别	1月	2月	3月	4月	5月	6月	7月	8月	9月	10月	11月	12月
居民消费价格总指数	**100.8**	**100.9**	**98.8**	**99.4**	**99.4**	**100.1**	**101.1**	**100.3**	**100.0**	**99.7**	**99.0**	**100.7**
服务价格指数	100.3	99.9	99.7	100.4	100.1	99.8	100.2	100.0	99.6	100.0	99.6	100.0
工业品价格指数	100.2	99.6	99.3	99.4	100.0	100.0	100.1	100.2	99.9	100.0	100.0	100.4
消费品价格指数	101.1	101.4	98.3	98.9	99.0	100.2	101.6	100.4	100.2	99.6	98.7	101.0
扣除食品和能源价格指数	100.2	100.0	99.9	100.2	100.1	99.9	100.2	100.1	99.9	100.0	99.8	100.0
一、食品烟酒	102.0	103.2	97.4	98.4	98.0	100.5	103.1	100.6	100.4	99.2	97.4	101.7
1.食品	102.8	104.6	96.4	97.6	97.1	100.7	104.5	100.9	100.5	98.8	96.1	102.4
(1)粮食	100.0	100.1	100.1	100.1	100.3	100.1	100.0	100.0	100.0	100.8	100.3	100.3
(2)薯类	102.7	111.3	107.6	97.3	94.3	96.3	101.7	98.9	96.1	99.2	98.6	100.1
(3)豆类	100.8	100.2	100.9	100.9	100.8	100.6	100.9	100.0	100.0	100.2	100.2	100.2
(4)食用油	99.9	100.0	99.8	99.8	99.6	100.0	100.6	100.4	100.4	100.0	99.9	101.4
(5)菜	103.6	105.8	95.0	103.2	92.8	101.5	109.5	102.4	102.7	103.6	91.3	106.6
(6)畜肉类	106.3	109.5	92.2	92.5	94.0	102.7	110.0	100.8	99.6	95.3	93.7	104.7
(7)禽肉类	99.3	100.8	99.4	98.6	97.7	97.8	100.2	101.2	99.7	98.9	98.5	99.7
(8)水产品	100.9	103.5	97.5	99.6	101.8	100.2	100.3	100.8	99.6	98.8	97.4	100.1
(9)蛋类	97.9	98.8	96.9	97.4	98.0	95.9	100.6	105.7	100.1	98.9	98.5	99.5
(10)奶类	100.2	99.9	99.7	100.1	99.7	100.1	100.1	100.0	100.4	100.1	99.8	100.1
(11)干鲜瓜果类	103.0	102.3	100.5	99.3	100.8	99.1	99.2	100.1	103.2	99.5	98.0	99.5
(12)糖果糕点类	99.8	99.7	100.4	100.1	100.0	100.4	99.9	100.1	100.1	100.0	100.3	99.9
(13)调味品	100.0	100.0	100.2	99.9	100.0	100.1	100.2	99.9	100.3	100.1	100.0	99.9
(14)其他食品类	100.2	100.2	100.1	100.0	100.1	100.0	100.0	100.0	100.2	99.9	100.1	100.2
2.茶及饮料	100.1	100.0	100.0	100.0	100.0	100.0	100.1	100.1	100.0	100.0	100.0	100.1
3.烟酒	100.0	100.0	99.7	100.1	100.1	100.0	100.0	100.0	100.6	100.1	100.9	100.4
4.在外餐饮	100.2	100.1	100.0	100.2	100.1	100.0	100.1	100.0	100.1	100.1	100.1	100.1
二、衣着	100.0	100.0	100.1	100.0	100.1	100.0	100.0	99.9	100.2	100.0	100.0	100.1
1.服装	100.0	99.9	100.1	99.9	100.2	100.1	100.0	99.9	100.2	100.0	100.0	100.1
2.服装材料	100.0	100.0	100.0	99.9	100.0	100.0	99.5	99.4	100.7	100.6	100.2	100.0
3.其他衣着及配件	100.0	100.0	100.0	100.0	100.0	100.0	100.0	100.0	100.0	100.0	100.0	100.0
4.衣着加工服务费	100.3	100.0	100.0	100.0	100.0	100.0	100.0	100.0	100.0	100.0	100.0	100.0
5.鞋类	100.0	100.0	100.2	100.1	99.7	100.0	100.0	100.0	100.1	100.0	99.9	100.2
三、居住	100.0	100.0	99.3	100.1	100.1	99.8	100.0	100.2	99.4	100.2	99.9	100.3
1.租赁房房租	100.0	100.0	99.6	101.4	100.2	99.7	100.7	100.3	98.5	100.2	99.7	100.0
2.住房保养维修及管理	100.0	99.9	99.8	100.0	100.0	99.9	100.1	99.9	100.1	100.2	99.9	100.1
3.水电燃料	100.2	100.0	98.6	98.8	100.0	99.6	99.0	100.4	100.0	100.4	100.0	101.0
4.自有住房	99.9	100.0	99.4	100.7	100.2	99.8	100.4	100.2	98.9	100.1	99.8	100.0
四、生活用品及服务	100.2	99.8	99.9	100.0	100.0	99.9	100.1	99.9	100.0	100.1	100.0	100.1
1.家具及室内装饰品	100.0	100.0	99.8	99.9	100.0	99.5	100.0	99.7	100.2	100.4	100.0	100.1
2.家用器具	100.0	99.9	99.8	99.7	100.0	99.7	100.1	99.9	100.0	100.1	99.9	100.1
3.家用纺织品	100.0	100.0	100.0	100.0	100.0	100.0	100.0	99.9	100.0	99.9	100.2	100.1
4.家庭日用杂品	100.0	100.0	99.8	100.2	100.1	100.1	100.1	99.9	99.9	100.0	100.0	100.0
5.个人护理用品	100.0	100.4	99.9	100.2	100.0	99.9	100.1	100.0	100.1	100.2	99.9	99.9
6.家庭服务	102.8	97.8	100.2	99.8	100.0	100.1	100.0	100.0	100.0	100.0	100.0	100.4
五、交通通信	100.4	98.8	97.9	99.1	100.0	99.8	100.4	100.1	99.9	99.7	99.8	100.7
1.交通	101.0	98.1	96.7	98.5	100.1	99.9	100.6	100.2	99.8	99.4	99.6	101.0
2.通信	99.4	100.0	100.2	99.9	99.8	99.6	100.0	99.9	100.1	100.2	100.2	100.1
六、教育文化娱乐	100.5	100.0	99.9	99.9	100.1	99.7	100.2	99.7	100.0	100.2	99.3	100.0
1.教育	100.0	100.0	99.9	100.0	100.1	100.0	100.0	100.0	100.3	100.0	100.1	100.0
2.文化娱乐	101.1	100.0	99.9	99.8	100.0	99.2	100.4	99.3	99.7	100.5	98.1	100.0
七、医疗保健	100.3	100.0	100.4	100.4	100.1	100.2	99.9	100.0	100.0	100.1	100.0	100.0
1.药品及医疗器具	100.0	100.0	100.5	100.2	100.2	100.1	99.9	99.7	99.9	100.0	100.4	99.9
2.医疗服务	100.6	100.0	100.4	100.6	100.0	100.3	100.0	100.2	100.0	100.2	99.8	100.0
八、其他用品和服务	101.5	100.0	100.5	99.7	100.6	100.5	101.0	102.4	99.1	97.5	99.1	99.4
1.其他用品类	102.1	100.5	101.6	99.7	101.3	101.0	102.0	104.7	98.2	99.1	98.5	98.8
2.其他服务类	101.1	99.6	99.4	99.6	99.9	100.0	100.1	100.1	100.1	95.9	99.6	100.1

3-12 农村居民消费价格分月环比指数(2020年)

上月=100

类　　别	1月	2月	3月	4月	5月	6月	7月	8月	9月	10月	11月	12月
居民消费价格总指数	**100.9**	**100.8**	**99.0**	**99.3**	**99.0**	**100.2**	**101.3**	**100.6**	**100.0**	**99.1**	**99.2**	**100.7**
服务价格指数	99.8	99.9	99.5	100.7	100.0	100.1	100.2	100.3	100.2	99.8	99.9	100.0
工业品价格指数	100.1	99.6	99.2	99.5	100.0	99.9	100.2	100.1	100.0	99.9	100.0	100.3
消费品价格指数	101.4	101.3	98.7	98.7	98.5	100.2	101.8	100.8	100.0	98.8	98.8	101.0
扣除食品和能源价格指数	99.9	99.9	99.7	100.4	100.1	100.0	100.1	100.2	100.2	99.9	100.0	100.0
一、食品烟酒	102.6	102.7	98.3	97.9	97.1	100.5	103.4	101.4	99.9	97.8	97.7	101.6
1.食品	103.4	103.6	97.9	97.3	96.1	100.7	104.4	101.8	99.9	97.1	97.0	102.1
(1)粮食	100.2	99.9	100.5	101.1	100.0	100.0	100.0	100.0	100.0	98.3	100.0	100.0
(2)薯类	103.0	106.1	107.8	98.5	96.3	95.8	103.2	97.2	95.9	97.3	94.0	100.2
(3)豆类	101.4	100.7	99.9	102.1	102.1	100.1	99.8	99.8	101.9	100.9	100.2	99.4
(4)食用油	101.0	100.6	99.1	98.6	98.3	100.6	101.3	101.1	99.5	100.2	101.0	101.0
(5)菜	105.5	104.9	96.1	102.6	94.8	96.9	111.3	105.9	100.8	103.1	92.1	102.1
(6)畜肉类	106.5	107.2	96.2	92.3	91.5	104.1	109.2	101.9	99.0	91.7	95.8	105.6
(7)禽肉类	100.3	101.8	99.6	99.5	97.8	97.1	99.5	102.2	100.0	97.1	98.3	99.1
(8)水产品	102.2	101.7	98.8	100.8	101.2	100.0	99.5	101.7	101.9	100.4	97.4	99.8
(9)蛋类	97.9	99.4	95.7	94.3	96.6	96.8	103.1	109.9	99.8	98.2	98.0	101.2
(10)奶类	99.9	99.9	100.0	100.0	100.0	100.0	99.0	100.9	100.0	99.4	100.1	100.2
(11)干鲜瓜果类	101.1	100.8	99.2	100.4	101.6	99.0	97.5	98.8	100.8	100.8	97.5	99.1
(12)糖果糕点类	100.0	100.0	100.0	100.8	100.0	100.0	100.0	99.5	100.0	100.8	100.0	100.0
(13)调味品	100.0	100.0	100.0	100.0	100.1	100.0	100.0	100.0	100.0	102.5	100.0	100.0
(14)其他食品类	102.7	100.0	100.0	99.5	99.2	101.2	100.0	99.5	100.0	101.2	99.0	100.0
2.茶及饮料	100.0	99.9	100.0	99.5	100.4	100.2	100.0	100.0	100.0	100.0	100.0	100.0
3.烟酒	100.0	100.0	100.0	99.8	100.0	100.0	100.0	99.7	100.0	100.0	100.0	100.0
4.在外餐饮	100.1	99.8	99.5	100.0	100.3	99.9	100.3	100.2	100.3	100.4	100.3	100.0
二、衣着	100.1	100.0	99.8	100.0	100.0	100.0	100.0	99.8	100.0	100.1	100.1	100.0
1.服装	100.0	100.0	99.6	99.9	100.1	100.0	100.0	99.8	100.0	100.2	100.1	100.0
2.服装材料	100.0	100.0	100.0	100.0	100.0	100.0	100.0	100.0	100.0	100.0	100.0	100.0
3.其他衣着及配件	100.0	100.0	100.0	100.0	100.0	100.0	100.0	98.5	100.0	100.0	100.0	100.0
4.衣着加工服务费	100.0	100.0	100.0	100.0	100.0	100.0	100.0	100.0	100.0	100.0	100.0	100.0
5.鞋类	100.2	99.9	100.4	100.2	100.0	100.0	99.7	100.0	100.0	100.0	100.2	100.0
三、居住	99.3	100.0	99.0	101.0	99.8	100.1	100.3	100.5	99.9	100.1	100.0	100.3
1.租赁房房租	98.3	100.0	98.7	102.1	100.0	100.3	100.4	101.2	100.0	100.2	99.9	100.0
2.住房保养维修及管理	100.4	99.9	99.5	100.1	100.0	99.4	99.9	99.9	99.8	100.0	100.2	100.3
3.水电燃料	100.0	100.0	98.6	99.2	99.4	100.0	100.0	100.2	100.0	100.0	100.0	100.8
4.自有住房	98.4	100.0	99.0	102.3	100.0	100.5	100.6	100.9	100.0	100.2	100.0	100.0
四、生活用品及服务	100.0	99.9	100.1	100.0	100.0	99.8	100.0	100.1	100.0	100.0	100.0	100.0
1.家具及室内装饰品	100.0	100.0	100.0	99.9	100.0	98.9	100.0	100.0	100.0	100.0	100.0	100.0
2.家用器具	100.0	100.0	99.9	99.6	100.0	100.1	100.0	100.0	100.0	100.0	100.0	100.0
3.家用纺织品	100.0	100.0	100.0	100.8	100.0	100.0	100.0	100.1	100.0	100.0	100.0	100.0
4.家庭日用杂品	100.0	99.8	100.6	100.0	100.0	100.0	100.0	100.2	100.0	100.0	100.0	100.0
5.个人护理用品	100.0	100.0	99.5	100.2	100.0	100.0	100.5	100.3	99.5	99.9	100.0	100.1
6.家庭服务	100.8	99.7	100.0	100.0	100.0	100.0	100.0	100.0	100.1	100.0	100.0	100.0
五、交通通信	100.6	98.7	98.0	98.8	100.0	100.0	100.4	100.1	100.1	99.7	99.8	100.6
1.交通	100.9	98.0	96.9	98.2	100.1	100.0	100.6	100.2	100.2	99.5	99.8	100.9
2.通信	100.0	100.0	100.0	100.0	100.0	100.0	100.0	100.0	100.0	100.0	100.0	100.0
六、教育文化娱乐	100.1	100.0	100.0	100.0	100.0	100.0	99.9	99.9	100.4	100.0	100.0	100.1
1.教育	100.0	100.0	100.0	100.1	100.0	100.0	100.0	100.0	100.3	100.0	100.0	100.0
2.文化娱乐	100.3	100.0	100.2	99.5	100.1	100.0	99.7	99.6	100.6	99.8	99.9	100.2
七、医疗保健	100.0	100.1	100.0	100.2	100.2	100.1	100.0	100.0	100.1	100.0	99.9	100.1
1.药品及医疗器具	100.0	100.2	99.7	100.5	100.5	100.1	100.0	99.9	100.2	99.9	99.9	100.2
2.医疗服务	100.0	100.0	100.1	100.0	100.0	100.0	100.0	100.0	100.0	100.0	99.9	100.0
八、其他用品和服务	101.8	99.6	99.8	99.7	99.9	100.6	100.4	101.3	100.8	96.6	99.4	99.7
1.其他用品类	100.9	100.0	100.3	100.0	99.9	101.2	100.8	102.7	100.7	99.9	99.0	99.4
2.其他服务类	102.7	99.3	99.4	99.4	99.9	100.0	100.1	100.0	100.9	93.3	99.8	100.1

3-13 历年商品零售价格指数

年份	上年=100			1985年=100		
	商品零售价格指数	城市	农村	商品零售价格指数	城市	农村
1985	111.1	112.4	110.1	100.0	100.0	100.0
1986	104.8	105.2	104.4	104.8	105.2	104.4
1987	110.6	111.3	110.2	115.9	117.1	115.0
1988	125.9	126.0	125.8	145.9	147.5	144.7
1989	118.1	116.2	119.4	172.3	171.4	172.8
1990	99.4	99.2	99.6	171.3	170.0	172.1
1991	104.1	104.4	103.1	178.3	177.6	177.4
1992	109.5	111.4	106.6	195.2	197.7	189.2
1993	115.1	115.7	114.6	224.8	228.9	216.8
1994	124.5	121.7	126.5	279.9	278.4	274.3
1995	115.5	114.5	116.8	323.2	318.9	320.3
1996	105.2	105.2	105.1	340.0	335.5	336.6
1997	100.3	100.6	99.8	341.0	337.5	335.9
1998	97.9	98.3	97.4	333.8	331.8	327.3
1999	97.6	97.8	97.5	325.9	324.4	319.0
2000	99.3	99.8	98.4	323.6	323.8	313.9
2001	98.8	98.1	99.4	319.7	317.6	312.0
2002	99.2	99.1	99.3	317.1	314.7	309.9
2003	100.6	100.1	101.1	319.0	315.1	313.3
2004	103.9	103.0	105.0	331.4	324.6	329.0
2005	102.3	101.6	103.0	339.0	329.7	338.8
2006	101.3	101.2	101.4	343.5	333.7	343.5
2007	104.3	103.6	106.7	358.2	345.8	366.6
2008	105.6	104.5	108.7	378.4	361.1	398.3
2009	98.5	98.2	98.8	372.7	354.8	393.7
2010	103.1	102.9	103.3	384.2	365.2	406.7
2011	105.5	105.4	105.6	405.3	384.9	429.5
2012	101.7	101.7	101.8	412.2	391.4	437.2
2013	101.7	101.4	102.3	419.2	396.9	447.3
2014	101.2	101.3	101.1	424.2	402.0	452.2
2015	99.9	99.7	100.0	423.8	400.8	452.2
2016	101.0	101.0	101.1	428.0	404.7	457.2
2017	101.3	101.2	101.4	433.4	409.7	463.5
2018	102.3	102.3	102.0	443.2	419.2	472.9
2019	102.3	102.2	102.4	453.4	428.4	484.2
2020	101.3	101.2	102.5	459.3	433.5	496.3

3-14 商品零售价格分类指数(2020年)

项　　目	全省	城镇	农村
商品零售价格指数	**101.3**	**101.2**	**102.5**
一、食品	109.0	108.6	112.8
1.粮食	101.1	101.0	101.3
2.薯类	105.1	105.6	103.5
3.豆类	105.3	105.0	107.3
4.食用油	103.9	102.7	111.7
5.菜	103.9	103.8	105.4
6.畜肉类	138.8	138.4	141.5
7.禽肉类	104.0	103.9	105.0
8.水产品	101.6	101.4	104.1
9.蛋类	94.5	94.0	98.7
10.奶类	99.7	99.8	98.9
11.干鲜瓜果类	92.3	92.5	89.9
12.糖果糕点类	100.5	100.5	100.4
13.调味品	99.9	99.9	101.1
14.其他食品类	101.0	100.6	103.8
15.在外餐饮	101.4	101.4	101.9
二、饮料、烟酒	100.6	100.6	100.2
1.茶及饮料	99.8	99.8	99.5
2.烟草	100.9	101.0	100.0
3.酒类	100.7	100.7	100.7
三、服装、鞋帽	100.2	100.1	100.5
1.服装	100.2	100.1	100.7
2.鞋帽袜	100.1	100.2	100.0
3.其他衣着配件	100.0	100.0	100.0
四、纺织品	100.1	99.9	101.2
1.服装材料	100.0	99.7	101.7
2.床上用品	100.1	99.9	101.0
五、家用电器及音像器材	99.4	99.3	99.6
1.家庭设备	99.2	99.2	99.6
2.文娱用耐用消费品	99.4	99.4	99.7
3.专业音像器材	100.0	100.0	100.0
六、文化办公用品	100.3	100.2	101.7
纸张文具	99.8	99.7	100.7
台式计算机	99.4	99.2	101.6
笔记本平板	101.8	101.8	101.4
电脑附件	99.4	99.4	100.4
打印复印机	102.0	101.8	106.0
教学设备	98.5	98.4	100.0

3-14 续表

项　　目	全省	城镇	农村
七、日用品	100.0	100.0	100.2
1.日用百货	100.0	99.9	100.5
2.厨具餐具茶具	99.6	99.6	99.9
3.清洗用品	100.5	100.4	100.9
4.其他日用品	100.0	100.1	99.0
八、体育娱乐用品	100.1	100.0	100.8
1.体育户外用品	100.6	100.5	101.8
2.娱乐用品	99.7	99.7	99.8
九、交通、通信用品	99.1	99.0	99.7
1.交通运输机械	98.7	98.7	99.0
2.通信器材	99.7	99.6	100.8
十、家具	99.4	99.4	99.7
柜	98.9	99.0	98.2
床	100.1	99.9	102.1
桌	100.2	100.3	99.6
椅	100.4	100.5	100.0
沙发	98.3	98.2	99.2
其他家具	100.1	100.2	99.3
十一、化妆品	101.2	101.3	100.7
清洁化妆品	102.8	102.8	102.9
护肤化妆品	102.1	102.2	101.8
彩妆化妆品	100.6	100.6	100.0
清洁类护理用品	99.6	99.7	98.1
护发美发用品	101.0	101.0	101.0
十二、金银饰品	118.0	118.4	112.9
金 饰 品	127.3	127.9	119.5
银 饰 品	102.3	102.2	103.6
铂金饰品	100.0	100.1	99.3
十三、中西药品及医疗保健用品	101.0	101.0	101.0
1.医疗卫生器具	100.2	100.1	102.0
2.中药	101.6	101.6	101.2
3.西药	100.7	100.7	100.9
4.保健器具及用品	101.0	101.0	100.2
十四、书报杂志及电子出版物	100.7	100.7	100.8
1.教材及参考书	100.0	99.9	101.1
2.书报杂志	101.5	101.6	100.7
3.计算机办公软件	100.6	100.7	100.0
十五、燃料	89.2	89.1	90.1
1.煤炭及制品	99.8	99.9	99.1
2.石油及制品	88.1	88.2	87.5
十六、建筑材料及五金电料	100.0	100.0	99.7
1.建筑装潢材料	99.9	100.0	99.6
2.五金水暖	100.0	100.0	100.1

3-15 4个县主要商品零售价格指数(2020年)

项 目	耒阳市	慈利县	道县	新化县
商品零售价格指数	**102.3**	**102.2**	**102.5**	**102.2**
一、食品	112.2	112.6	112.0	112.0
1.粮食	99.3	104.6	99.8	102.3
2.薯类	99.7	112.8	93.4	112.8
3.豆类	111.3	104.9	98.5	107.2
4.食用油	114.1	115.1	104.3	112.8
5.菜	105.4	107.7	107.1	103.6
6.畜肉类	141.9	131.6	145.2	142.3
7.禽肉类	108.4	122.2	97.0	97.8
8.水产品	100.4	112.5	110.5	100.8
9.蛋类	90.2	106.1	102.7	102.0
10.奶类	97.5	99.9	100.0	99.4
11.干鲜瓜果类	88.4	96.3	84.5	91.1
12.糖果糕点类	100.1	99.8	100.0	101.4
13.调味品	101.0	100.4	100.0	101.9
14.其他食品类	100.0	103.1	100.0	111.4
15.在外餐饮	101.6	102.9	100.8	102.0
二、饮料、烟酒	100.1	99.5	100.0	100.4
1.茶及饮料	100.0	100.0	100.0	98.7
2.烟草	100.0	100.0	100.0	100.0
3.酒类	100.3	98.7	100.1	102.0
三、服装、鞋帽	102.2	98.9	99.3	99.8
1.服装	102.9	98.5	99.0	99.9
2.鞋帽袜	100.8	100.0	100.0	99.5
3.其他衣着配件	100.0	100.0	100.0	100.0
四、纺织品	101.4	100.0	100.0	102.1
1.服装材料	104.6	100.0	100.0	100.0
2.床上用品	100.0	100.0	100.0	103.1
五、家用电器及音像器材	99.4	99.9	99.6	99.8
1.家庭设备	99.1	99.9	100.0	99.8
2.文娱用耐用消费品	99.8	99.7	98.8	99.8
3.专业音像器材	100.0	100.0	100.0	100.0
六、文化办公用品	100.0	100.3	100.7	104.4
七、日用品	100.2	100.1	100.0	100.1
1.日用百货	102.1	100.0	99.9	99.8
2.厨具餐具茶具	100.5	100.0	100.0	99.2
3.清洗用品	100.2	100.1	100.0	102.0
4.其他日用品	98.0	100.4	100.0	99.6
八、体育娱乐用品	99.2	101.9	99.9	102.2
1.体育户外用品	100.0	105.3	100.0	102.8
2.娱乐用品	98.6	98.9	99.7	101.7
九、交通、通信用品	99.3	99.5	99.7	99.7
1.交通运输机械	98.9	99.0	99.0	99.0
2.通信器材	100.8	100.3	100.7	101.2
十、家具	100.7	100.0	100.0	98.2
十一、化妆品	97.6	100.0	100.0	104.5
十二、金银饰品	114.0	114.1	114.6	112.5
十三、中西药品及医疗保健用品	100.3	100.1	100.5	102.2
1.医疗卫生器具	100.3	103.7	101.7	103.4
2.中药	97.9	99.3	102.4	105.7
3.西药	101.3	99.6	99.8	100.5
4.保健器具及用品	100.4	104.5	98.3	98.9
十四、书报杂志及电子出版物	100.4	100.0	100.0	101.6
1.教材及参考书	98.9	99.9	100.0	103.5
2.书报杂志	101.9	100.0	100.0	100.0
3.计算机办公软件	100.0	100.0	100.0	100.0
十五、燃料	89.4	90.0	93.3	88.0
1.煤炭及制品	100.0	100.0	99.9	97.5
2.石油及制品	87.3	88.2	91.0	85.8
十六、建筑材料及五金电料	100.5	101.0	100.0	98.1
1.建筑装潢材料	100.6	101.2	100.0	97.7
2.五金水暖	100.1	100.0	99.9	100.2

3-16 商品零售价格

上年同月=100

类　别	1月	2月	3月	4月	5月
商品零售价格指数	**104.3**	**104.1**	**102.7**	**101.4**	**100.5**
一、食品	116.1	118.0	115.4	111.9	108.6
1.粮食	100.5	100.5	100.6	100.9	101.0
2.薯类	106.8	107.6	118.4	115.2	106.6
3.豆类	102.6	101.9	103.5	104.6	105.5
4.食用油	105.9	105.8	105.2	104.8	104.3
5.菜	101.5	96.4	93.2	90.9	86.3
6.畜肉类	181.1	196.9	183.5	169.0	158.8
7.禽肉类	114.7	113.9	115.2	113.4	110.2
8.水产品	100.1	100.9	101.1	100.4	102.2
9.蛋类	103.6	104.1	104.1	101.4	96.1
10.奶类	99.8	99.6	99.3	99.6	99.1
11.干鲜瓜果类	92.7	93.2	93.9	91.7	87.1
12.糖果糕点类	99.9	99.7	100.0	100.2	100.4
13.调味品	99.7	99.2	99.6	99.7	99.6
14.其他食品类	101.3	101.3	101.1	100.9	100.8
15.在外餐饮	101.5	101.5	101.4	101.6	101.7
二、饮料、烟酒	100.6	100.6	100.4	100.4	100.5
1.茶及饮料	99.6	99.6	99.5	99.3	99.3
2.烟草	100.9	100.8	100.5	100.5	100.5
3.酒类	101.0	101.0	100.9	100.8	101.1
三、服装、鞋帽	100.2	100.1	100.1	100.0	99.9
1.服装	100.2	100.1	100.1	99.8	99.9
2.鞋帽袜	100.0	100.1	100.3	100.3	100.0
3.其他衣着配件	100.0	100.0	100.0	100.0	100.0
四、纺织品	100.2	100.2	100.1	100.1	100.1
1.服装材料	100.5	100.5	100.5	100.3	100.3
2.床上用品	100.1	100.1	99.9	100.0	100.0
五、家用电器及音像器材	99.7	99.7	99.6	99.4	99.2
1.家庭设备	99.8	99.7	99.5	99.2	99.3
2.文娱用耐用消费品	99.5	99.6	99.7	99.5	98.9
3.专业音像器材	100.0	100.0	100.0	100.0	100.0
六、文化办公用品	100.7	100.7	100.7	100.2	100.0
七、日用品	99.8	99.6	99.6	100.0	100.2
1.日用百货	99.8	99.7	99.7	100.3	100.1
2.厨具餐具茶具	99.6	99.5	99.3	99.3	99.2
3.清洗用品	100.1	99.3	99.4	100.4	101.1
4.其他日用品	99.7	99.8	99.9	99.8	100.1
八、体育娱乐用品	100.2	100.1	100.0	99.6	99.7
1.体育户外用品	100.3	100.3	100.3	100.1	100.1
2.娱乐用品	100.1	100.0	99.7	99.3	99.5
九、交通、通信用品	98.4	98.5	99.1	99.0	98.7
1.交通运输机械	98.2	98.2	98.2	98.1	98.0
2.通信器材	98.9	99.0	101.1	101.0	100.2
十、家具	99.7	99.8	99.5	99.5	99.5
十一、化妆品	100.7	101.0	100.9	101.4	101.4
十二、金银饰品	115.0	116.1	119.1	118.1	120.6
十三、中西药品及医疗保健用品	101.7	101.1	101.4	100.9	101.0
1.医疗卫生器具	100.7	100.7	100.2	99.8	100.0
2.中药	101.4	101.0	101.4	101.3	101.6
3.西药	101.3	101.2	101.6	100.9	100.9
4.保健器具及用品	104.5	101.0	101.0	100.5	100.2
十四、书报杂志及电子出版物	100.5	100.7	100.8	100.7	100.8
1.教材及参考书	100.2	100.2	100.2	100.1	100.0
2.书报杂志	100.6	101.3	101.3	101.3	101.7
3.计算机办公软件	100.8	100.8	101.0	101.0	101.0
十五、燃料	103.7	98.2	89.5	84.9	83.6
1.煤炭及制品	100.0	100.0	100.0	99.9	99.8
2.石油及制品	104.0	98.0	88.5	83.4	82.0
十六、建筑材料及五金电料	100.5	100.1	100.0	99.9	100.1
1.建筑装潢材料	100.6	100.2	100.0	100.0	100.1
2.五金水暖	100.0	99.8	99.8	99.8	99.9

分月指数(2020年)

6月	7月	8月	9月	10月	11月	12月
101.1	**102.0**	**101.3**	**100.7**	**99.6**	**98.7**	**99.7**
110.6	114.1	108.6	106.4	102.1	98.1	101.7
101.1	101.0	101.0	100.9	101.5	101.8	102.1
102.7	103.1	101.1	99.6	100.1	99.6	101.1
106.1	106.9	107.0	106.5	106.1	106.2	106.2
104.5	105.5	104.6	102.6	101.7	100.7	102.1
98.9	108.8	110.2	115.9	121.6	113.5	117.3
162.9	174.7	136.5	119.0	99.1	90.0	99.4
107.0	106.0	101.5	96.3	93.7	90.1	92.4
103.3	103.5	102.5	102.0	102.1	100.2	100.8
92.3	90.3	93.2	88.9	88.1	86.4	88.6
99.3	99.4	99.9	100.3	100.2	100.2	100.1
82.8	82.0	83.8	98.1	102.3	102.7	103.9
100.8	100.7	100.8	100.8	100.9	101.1	101.0
100.1	99.9	99.8	100.0	100.5	100.5	100.9
100.9	100.8	100.7	100.9	100.9	100.9	101.0
101.7	102.0	101.9	101.1	100.9	100.9	100.9
100.4	100.3	100.4	100.5	100.6	101.0	101.1
99.3	99.4	99.7	100.1	100.6	100.5	100.4
100.6	100.6	100.6	100.7	100.8	101.8	102.0
100.8	100.6	100.6	100.6	100.5	100.4	100.5
99.9	99.9	100.2	100.4	100.4	100.4	100.4
99.8	99.8	100.3	100.5	100.5	100.5	100.5
100.0	100.0	100.0	100.1	100.2	100.3	100.2
100.0	100.0	100.0	100.0	100.0	100.0	100.0
100.2	99.8	99.9	100.1	100.0	100.0	100.1
100.3	99.3	99.3	99.9	100.0	99.7	99.7
100.1	100.1	100.1	100.1	100.1	100.2	100.3
98.9	99.1	99.1	99.0	99.4	99.4	99.6
99.0	99.0	99.0	99.0	99.0	98.9	99.1
98.7	99.1	99.1	98.8	99.8	100.1	100.4
100.0	100.0	100.0	100.0	100.0	100.0	100.0
99.8	100.0	100.6	100.4	100.3	100.4	100.3
100.4	100.5	100.2	100.1	100.1	100.0	100.0
100.2	100.2	99.9	100.0	100.1	99.9	100.0
99.2	99.2	99.7	99.9	100.0	100.0	100.0
101.7	101.9	101.0	100.3	100.2	100.2	100.2
100.2	100.2	100.1	100.2	100.1	99.9	100.0
99.7	99.7	99.9	100.3	100.2	100.6	100.8
100.1	100.2	100.2	101.0	101.0	101.7	102.0
99.4	99.4	99.6	99.8	99.6	99.7	99.9
98.8	98.2	98.9	99.4	99.6	100.0	100.1
98.2	98.3	99.4	99.6	99.6	99.7	99.7
100.1	98.1	97.9	99.0	99.6	100.7	101.1
99.0	99.0	98.6	99.2	99.6	99.6	99.5
101.2	101.5	101.5	101.6	101.4	101.1	100.8
119.9	120.9	124.3	116.8	116.7	116.4	112.7
101.1	100.9	100.7	100.6	100.7	100.9	100.9
99.9	100.1	100.2	100.2	100.2	100.2	100.2
101.7	101.6	101.3	101.4	101.6	102.3	102.5
100.9	100.6	100.4	100.2	100.1	100.1	100.1
100.7	100.8	100.8	100.8	100.8	100.6	100.5
100.8	100.7	100.7	100.6	100.7	100.7	100.7
100.0	99.8	99.8	99.9	100.0	100.0	100.1
101.7	101.7	101.7	101.7	101.8	101.8	101.8
101.0	101.0	101.0	100.2	100.0	100.0	100.0
85.1	86.5	88.6	88.1	87.2	87.1	88.1
99.7	99.7	100.1	99.6	99.6	99.6	99.7
83.6	85.2	87.4	86.9	86.0	85.8	87.0
99.8	99.8	99.8	99.7	99.9	99.8	100.1
99.7	99.8	99.7	99.6	99.8	99.7	100.1
100.0	100.0	100.2	100.1	100.1	100.1	100.2

3-17 城市商品零售价格

上年同月=100

类　　别	1月	2月	3月	4月	5月
商品零售价格指数	**104.1**	**103.9**	**102.5**	**101.2**	**100.3**
一、食品	115.3	117.2	114.6	111.1	108.0
1.粮食	100.5	100.4	100.6	100.7	100.8
2.薯类	107.0	109.0	119.9	116.6	106.3
3.豆类	102.6	101.9	103.3	104.4	105.1
4.食用油	104.0	103.9	103.3	103.1	102.8
5.菜	101.5	96.5	93.0	90.6	85.9
6.畜肉类	179.9	195.9	181.9	167.6	158.0
7.禽肉类	114.6	113.6	114.8	112.9	109.9
8.水产品	100.0	101.1	100.9	100.0	101.8
9.蛋类	102.1	102.7	102.9	100.6	95.7
10.奶类	99.8	99.6	99.3	99.6	99.2
11.干鲜瓜果类	92.6	93.4	94.1	91.8	87.0
12.糖果糕点类	99.9	99.7	100.0	100.2	100.3
13.调味品	99.6	99.1	99.6	99.6	99.5
14.其他食品类	100.7	100.8	100.7	100.5	100.6
15.在外餐饮	101.4	101.4	101.4	101.5	101.6
二、饮料、烟酒	100.6	100.5	100.3	100.4	100.5
1.茶及饮料	99.7	99.6	99.5	99.4	99.3
2.烟草	101.0	100.9	100.5	100.6	100.6
3.酒类	100.7	100.8	100.7	100.8	101.1
三、服装、鞋帽	100.0	100.0	100.0	99.9	99.8
1.服装	100.0	99.9	100.0	99.7	99.8
2.鞋帽袜	100.0	100.1	100.3	100.3	100.0
3.其他衣着配件	100.0	100.0	100.0	100.0	100.0
四、纺织品	99.9	99.9	99.8	99.7	99.8
1.服装材料	100.0	100.0	100.0	99.8	99.8
2.床上用品	99.9	99.9	99.7	99.7	99.7
五、家用电器及音像器材	99.7	99.7	99.6	99.4	99.2
1.家庭设备	99.8	99.7	99.5	99.2	99.3
2.文娱用耐用消费品	99.5	99.7	99.7	99.5	98.9
3.专业音像器材	100.0	100.0	100.0	100.0	100.0
六、文化办公用品	100.7	100.6	100.6	100.1	99.9
七、日用品	99.7	99.5	99.5	100.0	100.2
1.日用百货	99.7	99.7	99.5	100.3	100.0
2.厨具餐具茶具	99.5	99.4	99.2	99.2	99.2
3.清洗用品	99.9	99.1	99.2	100.3	101.1
4.其他日用品	99.8	99.9	100.1	100.0	100.2
八、体育娱乐用品	100.2	100.1	100.0	99.6	99.7
1.体育户外用品	100.3	100.3	100.3	100.0	100.0
2.娱乐用品	100.1	100.0	99.7	99.3	99.5
九、交通、通信用品	98.4	98.4	99.0	98.9	98.6
1.交通运输机械	98.2	98.2	98.2	98.1	97.9
2.通信器材	98.8	98.8	101.0	100.8	100.0
十、家具	99.7	99.7	99.4	99.4	99.3
十一、化妆品	100.7	101.1	101.0	101.5	101.5
十二、金银饰品	115.4	116.6	119.8	118.9	121.4
十三、中西药品及医疗保健用品	101.9	101.2	101.5	100.9	100.9
1.医疗卫生器具	100.8	100.7	100.2	99.8	99.8
2.中药	101.5	101.1	101.6	101.4	101.6
3.西药	101.4	101.3	101.8	100.9	100.8
4.保健器具及用品	104.7	101.0	101.0	100.4	100.2
十四、书报杂志及电子出版物	100.5	100.8	100.8	100.7	100.8
1.教材及参考书	100.3	100.2	100.3	100.0	99.9
2.书报杂志	100.6	101.4	101.4	101.4	101.8
3.计算机办公软件	100.9	100.9	101.1	101.1	101.1
十五、燃料	103.8	98.2	89.5	84.8	83.5
1.煤炭及制品	100.1	100.1	100.0	100.1	100.0
2.石油及制品	104.1	98.1	88.6	83.5	82.1
十六、建筑材料及五金电料	100.4	100.0	99.9	99.8	100.0
1.建筑装潢材料	100.6	100.1	99.9	99.8	100.0
2.五金水暖	100.0	99.7	99.7	99.8	99.9

分月指数(2020年)

6月	7月	8月	9月	10月	11月	12月
100.9	**101.8**	**101.1**	**100.6**	**99.6**	**98.7**	**99.7**
110.0	113.5	108.1	106.3	102.2	98.3	101.9
101.0	100.8	100.8	100.8	101.8	102.1	102.4
102.5	101.5	100.0	99.6	100.8	101.7	103.5
105.8	106.7	106.8	106.4	105.8	105.9	105.9
103.0	103.9	103.2	101.8	101.0	100.4	102.0
99.0	108.5	109.6	115.9	121.7	113.5	117.4
162.0	174.3	136.0	118.7	99.3	90.4	99.5
106.9	106.0	101.5	96.6	93.8	90.0	92.3
103.1	103.4	102.5	101.9	101.7	99.6	100.4
92.0	89.9	92.4	88.9	88.0	86.4	88.6
99.4	99.6	100.0	100.4	100.4	100.3	100.2
82.9	82.0	83.9	98.8	102.8	103.3	104.5
100.8	100.8	100.9	100.9	100.9	101.2	100.9
100.0	99.9	99.7	100.0	100.2	100.3	100.7
100.6	100.5	100.4	100.6	100.6	100.6	100.9
101.6	102.0	101.9	101.1	100.9	100.9	100.9
100.4	100.3	100.4	100.6	100.8	101.2	101.3
99.3	99.3	99.7	100.2	100.7	100.6	100.5
100.7	100.7	100.7	100.8	100.9	102.1	102.3
100.8	100.6	100.6	100.6	100.7	100.7	100.8
99.8	99.8	100.2	100.4	100.4	100.5	100.5
99.8	99.8	100.3	100.5	100.5	100.6	100.5
100.0	100.0	100.1	100.2	100.2	100.4	100.3
100.0	100.0	100.0	100.0	100.0	100.0	100.0
99.9	99.7	99.7	100.0	99.9	99.9	100.1
99.8	99.2	99.1	99.9	100.0	99.7	99.7
99.9	99.9	100.0	100.0	99.9	100.1	100.3
98.9	99.1	99.1	98.9	99.3	99.4	99.6
98.9	99.0	98.9	98.9	98.9	98.9	99.1
98.6	99.1	99.0	98.7	99.8	100.1	100.4
100.0	100.0	100.0	100.0	100.0	100.0	100.0
99.7	99.9	100.5	100.3	100.2	100.2	100.2
100.5	100.5	100.2	100.1	100.1	100.0	100.0
100.2	100.1	99.8	99.9	100.0	99.8	99.9
99.2	99.2	99.7	99.9	100.0	100.0	100.0
101.8	101.9	101.1	100.4	100.2	100.2	100.2
100.3	100.3	100.3	100.3	100.2	100.0	100.0
99.7	99.7	99.9	100.2	100.0	100.4	100.6
100.0	100.1	100.1	100.9	100.7	101.5	101.7
99.4	99.4	99.7	99.7	99.6	99.7	99.9
98.7	98.2	98.8	99.4	99.6	100.0	100.2
98.2	98.3	99.4	99.6	99.5	99.6	99.6
99.8	97.9	97.7	99.0	99.6	100.8	101.3
99.0	99.0	98.5	99.2	99.7	99.6	99.6
101.3	101.5	101.5	101.7	101.4	101.1	100.8
120.5	121.6	125.0	116.7	116.7	116.4	112.6
101.1	100.9	100.7	100.6	100.6	100.9	100.8
99.7	100.0	100.0	100.0	100.0	100.0	100.0
101.7	101.6	101.3	101.4	101.6	102.3	102.5
100.9	100.6	100.3	100.1	100.0	100.0	100.0
100.7	100.8	100.8	100.8	100.8	100.7	100.6
100.8	100.7	100.7	100.6	100.6	100.6	100.7
99.9	99.6	99.6	99.8	99.9	99.8	99.9
101.8	101.8	101.8	101.8	101.8	101.8	101.8
101.1	101.1	101.1	100.2	100.0	100.0	100.0
85.0	86.4	88.5	88.0	87.1	86.9	88.0
99.9	99.8	100.3	99.8	99.7	99.7	99.8
83.7	85.2	87.4	86.9	85.9	85.8	87.0
99.7	99.9	99.9	99.9	100.1	100.0	100.2
99.7	99.9	99.7	99.8	100.1	100.0	100.2
100.0	100.0	100.2	100.1	100.1	100.1	100.1

3-18 农村商品零售价格

上年同月=100

类 别	1月	2月	3月	4月	5月
商品零售价格指数	**105.9**	**105.9**	**104.9**	**103.7**	**102.5**
一、食品	123.3	124.8	123.8	119.6	115.0
1.粮食	100.6	100.5	101.2	102.3	102.2
2.薯类	105.9	102.9	113.3	110.5	107.7
3.豆类	103.2	102.0	105.1	107.2	108.9
4.食用油	117.9	118.0	117.7	115.3	113.6
5.菜	101.4	95.6	96.0	93.7	90.3
6.畜肉类	189.7	204.4	195.1	179.3	164.5
7.禽肉类	116.0	116.8	119.1	118.2	113.9
8.水产品	101.2	99.5	102.9	105.3	106.5
9.蛋类	116.4	115.7	114.2	108.1	99.5
10.奶类	99.1	98.8	98.9	99.0	99.1
11.干鲜瓜果类	93.3	91.4	91.4	90.8	88.1
12.糖果糕点类	99.4	99.4	99.6	100.4	100.8
13.调味品	100.5	100.5	100.3	100.3	100.6
14.其他食品类	105.9	105.4	105.3	104.3	102.5
15.在外餐饮	102.9	102.4	102.3	102.3	102.5
二、饮料、烟酒	101.0	100.9	101.0	100.2	100.4
1.茶及饮料	99.5	99.4	99.4	98.7	99.6
2.烟草	100.0	100.0	100.0	100.0	100.0
3.酒类	102.6	102.6	102.9	101.0	101.1
三、服装、鞋帽	101.3	101.1	100.8	100.7	100.6
1.服装	101.9	101.6	101.1	100.8	100.7
2.鞋帽袜	99.9	99.9	100.2	100.4	100.4
3.其他衣着配件	100.0	100.0	100.0	100.0	100.0
四、纺织品	101.7	101.7	101.7	102.2	102.2
1.服装材料	103.4	103.4	103.4	103.4	103.4
2.床上用品	100.9	100.9	100.9	101.7	101.7
五、家用电器及音像器材	99.7	99.7	99.6	99.3	99.3
1.家庭设备	99.9	99.9	99.7	99.2	99.4
2.文娱用耐用消费品	99.3	99.3	99.3	99.4	99.0
3.专业音像器材	100.0	100.0	100.0	100.0	100.0
六、文化办公用品	101.2	101.3	102.2	102.2	101.4
七、日用品	100.2	100.0	100.3	100.3	100.2
1.日用百货	100.1	99.8	100.9	100.7	100.6
2.厨具餐具茶具	100.5	100.5	100.0	100.2	99.1
3.清洗用品	102.0	101.4	101.4	101.4	101.4
4.其他日用品	98.4	98.4	98.4	98.7	99.0
八、体育娱乐用品	100.0	100.0	100.0	100.1	100.2
1.体育户外用品	100.0	100.0	100.0	101.1	101.1
2.娱乐用品	100.1	100.1	100.1	99.3	99.3
九、交通、通信用品	99.2	99.2	99.9	99.9	99.9
1.交通运输机械	98.5	98.5	98.5	98.5	98.4
2.通信器材	100.3	100.3	102.5	102.5	102.5
十、家具	100.4	100.3	100.3	100.4	100.7
十一、化妆品	100.3	100.3	99.7	100.7	100.2
十二、金银饰品	109.8	109.3	109.9	108.5	109.7
十三、中西药品及医疗保健用品	100.0	100.3	100.0	100.9	101.5
1.医疗卫生器具	99.1	100.0	100.0	100.7	102.7
2.中药	100.3	100.1	100.1	100.1	101.7
3.西药	99.8	100.4	99.9	101.3	101.4
4.保健器具及用品	100.7	100.8	100.8	101.3	101.3
十四、书报杂志及电子出版物	100.0	100.0	100.0	101.0	101.0
1.教材及参考书	100.0	100.0	100.0	101.4	101.5
2.书报杂志	100.0	100.0	100.0	100.8	100.8
3.计算机办公软件	100.0	100.0	100.0	100.0	100.0
十五、燃料	102.4	97.3	89.6	86.0	84.4
1.煤炭及制品	99.6	99.6	99.8	99.1	98.9
2.石油及制品	103.3	96.7	86.8	82.4	80.5
十六、建筑材料及五金电料	100.8	100.6	100.6	100.6	100.6
1.建筑装潢材料	100.9	100.7	100.7	100.7	100.7
2.五金水暖	100.0	100.0	100.0	100.0	100.0

分月指数(2020年)

6月	7月	8月	9月	10月	11月	12月
102.8	**103.7**	**102.7**	**101.4**	**99.7**	**98.4**	**99.6**
116.1	119.9	113.3	107.7	101.4	96.3	100.6
102.2	102.2	102.4	102.1	100.0	100.0	99.7
103.6	109.0	105.0	99.7	97.6	92.6	93.2
109.2	108.7	108.9	107.3	108.8	109.3	109.3
114.5	115.8	113.5	107.9	105.6	102.4	102.5
97.8	112.1	116.8	116.7	120.8	113.4	116.1
168.7	177.5	140.1	121.1	98.1	87.2	98.2
108.5	105.1	101.6	93.1	92.5	91.4	93.2
106.1	104.9	102.1	103.1	106.8	106.5	104.8
95.2	93.7	99.3	88.9	88.9	86.1	88.6
98.8	97.7	98.8	99.2	98.8	98.9	99.2
82.5	81.5	83.3	90.5	96.8	96.7	96.7
100.6	100.7	100.2	100.2	101.1	101.1	101.3
100.6	100.5	100.1	100.1	103.0	103.0	103.0
103.6	103.6	103.4	103.2	104.0	102.9	102.1
102.4	102.4	102.1	100.7	101.0	100.7	100.7
100.3	100.3	100.1	100.1	99.5	99.4	99.4
99.8	99.8	99.2	99.3	99.4	99.9	99.9
100.0	100.0	100.0	100.0	100.0	100.0	100.0
100.8	100.9	100.4	100.4	99.1	98.6	98.6
100.4	100.1	100.4	100.2	100.3	99.9	99.8
100.4	100.1	100.7	100.4	100.6	99.9	99.8
100.4	100.1	99.6	99.6	99.6	99.8	99.8
100.0	100.0	100.0	100.0	100.0	100.0	100.0
101.7	100.6	100.6	100.6	100.6	100.6	100.6
103.4	100.0	100.0	100.0	100.0	100.0	100.0
100.9	100.9	100.9	100.9	100.9	100.8	100.8
99.4	99.4	99.7	99.8	99.9	99.9	99.9
99.6	99.4	99.5	99.7	99.6	99.5	99.6
99.0	99.4	100.1	99.9	100.3	100.6	100.6
100.0	100.0	100.0	100.0	100.0	100.0	100.0
101.3	101.3	101.6	101.6	101.5	102.2	102.3
100.3	100.2	100.1	100.1	100.1	100.0	100.1
100.6	100.6	100.7	100.7	100.6	100.6	100.6
99.1	99.1	100.0	100.0	100.0	100.0	100.0
101.4	101.4	100.0	100.2	100.0	100.0	100.0
99.4	99.2	99.2	99.2	99.7	99.1	99.6
100.2	100.0	100.0	101.1	102.5	102.5	102.5
101.1	101.1	101.1	101.9	104.6	104.6	104.6
99.3	99.0	98.9	100.3	100.5	100.7	100.7
100.1	99.0	99.5	99.7	99.7	99.8	99.8
98.6	98.7	99.4	99.7	99.7	99.8	99.8
103.0	99.7	99.7	99.7	99.7	100.0	100.0
99.5	99.2	99.2	99.2	99.2	99.1	98.7
100.2	100.5	101.6	101.2	101.1	101.2	101.5
111.9	112.7	115.9	117.9	116.7	116.5	114.5
101.4	101.0	101.2	101.3	101.3	101.2	101.4
102.7	101.9	103.0	103.0	103.8	103.8	103.8
102.1	101.3	101.5	101.7	101.3	101.6	102.8
101.2	100.8	101.1	101.2	101.2	101.1	100.9
100.1	100.1	99.4	99.8	100.2	98.8	98.8
101.0	101.0	101.0	101.0	101.2	101.2	101.2
101.5	101.5	101.5	101.5	101.6	101.6	101.6
100.8	100.8	100.8	100.8	101.2	101.2	101.2
100.0	100.0	100.0	100.0	100.0	100.0	100.0
85.9	88.2	89.9	89.5	89.1	89.2	89.8
99.0	99.0	98.9	99.0	99.0	99.0	99.0
82.3	85.2	87.3	86.8	86.3	86.4	87.2
99.8	99.4	99.3	98.6	98.2	98.6	99.3
99.8	99.3	99.1	98.3	97.8	98.3	99.0
100.0	100.0	100.0	100.0	100.3	100.3	100.9

3-19 商品零售价格

上月=100

类　　别	1月	2月	3月	4月	5月
商品零售价格指数	**100.8**	**100.6**	**98.7**	**99.0**	**99.4**
一、食品	102.3	103.7	97.2	98.0	97.4
1.粮食	100.0	100.1	100.1	100.2	100.2
2.薯类	103.0	110.3	107.2	98.0	94.6
3.豆类	100.9	100.3	100.8	101.0	100.8
4.食用油	100.1	100.1	99.8	99.7	99.5
5.菜	103.4	105.7	95.2	103.0	92.8
6.畜肉类	106.3	109.1	93.1	92.4	93.6
7.禽肉类	99.6	100.9	99.5	98.6	97.9
8.水产品	100.6	103.2	97.8	99.8	102.1
9.蛋类	97.9	99.1	96.7	97.0	97.8
10.奶类	100.2	99.9	99.7	100.1	99.6
11.干鲜瓜果类	102.8	102.2	100.4	99.5	100.8
12.糖果糕点类	99.8	99.7	100.4	100.2	100.0
13.调味品	100.1	99.9	100.2	99.9	100.0
14.其他食品类	100.4	100.2	100.1	100.0	100.0
15.在外餐饮	100.2	100.0	100.0	100.2	100.1
二、饮料、烟酒	100.1	100.0	99.8	100.0	100.1
1.茶及饮料	100.2	100.0	100.0	99.9	100.0
2.烟草	100.0	100.0	99.7	100.0	100.0
3.酒类	100.1	100.0	99.9	100.0	100.2
三、服装、鞋帽	100.0	100.0	100.1	100.0	100.0
1.服装	100.0	100.0	100.1	100.0	100.2
2.鞋帽袜	100.0	100.1	100.2	100.1	99.7
3.其他衣着配件	100.0	100.0	100.0	100.0	100.0
四、纺织品	100.0	100.0	100.0	100.0	100.0
1.服装材料	100.0	100.0	100.0	99.8	100.0
2.床上用品	100.0	100.0	100.0	100.1	100.0
五、家用电器及音像器材	100.0	100.0	99.8	99.7	99.9
1.家庭设备	100.0	99.9	99.8	99.7	100.0
2.文娱用耐用消费品	100.1	100.1	99.9	99.8	99.8
3.专业音像器材	100.0	100.0	100.0	100.0	100.0
六、文化办公用品	100.0	100.0	100.3	100.0	100.1
七、日用品	100.0	100.0	99.9	100.0	100.1
1.日用百货	100.0	100.0	100.1	100.2	99.8
2.厨具餐具茶具	100.0	100.0	99.9	100.0	100.0
3.清洗用品	100.2	100.0	99.6	100.1	100.4
4.其他日用品	100.0	100.0	100.1	99.9	100.1
八、体育娱乐用品	100.1	99.9	99.8	99.7	100.1
1.体育户外用品	100.2	100.0	100.0	100.0	100.0
2.娱乐用品	100.1	99.9	99.6	99.5	100.1
九、交通、通信用品	99.8	100.0	100.2	99.9	99.7
1.交通运输机械	99.7	100.0	100.0	99.9	99.9
2.通信器材	100.0	100.0	100.6	99.8	99.2
十、家具	100.0	100.0	99.8	100.0	99.9
十一、化妆品	100.0	100.4	99.9	100.3	100.0
十二、金银饰品	103.3	100.7	102.4	99.6	102.0
十三、中西药品及医疗保健用品	100.0	100.0	100.4	100.2	100.2
1.医疗卫生器具	99.9	99.9	100.0	100.0	100.1
2.中药	100.0	100.0	100.6	100.3	100.5
3.西药	100.0	100.1	100.4	100.3	100.1
4.保健器具及用品	100.0	100.0	100.1	100.0	100.3
十四、书报杂志及电子出版物	100.2	100.2	99.9	100.1	100.1
1.教材及参考书	100.1	100.0	99.9	100.2	99.9
2.书报杂志	100.6	100.7	100.0	100.1	100.4
3.计算机办公软件	100.0	100.0	100.0	100.0	100.0
十五、燃料	101.7	96.6	93.0	94.6	99.8
1.煤炭及制品	100.2	99.8	99.9	99.9	99.9
2.石油及制品	101.8	96.2	92.3	94.1	99.8
十六、建筑材料及五金电料	100.0	99.8	99.8	100.0	100.0
1.建筑装潢材料	100.0	99.8	99.7	100.0	100.0
2.五金水暖	100.0	100.0	100.0	100.0	100.1

分月环比指数(2020年)

6月	7月	8月	9月	10月	11月	12月
100.1	**101.0**	**100.4**	**100.1**	**99.7**	**99.2**	**100.8**
100.5	103.7	100.9	100.4	98.9	96.9	102.0
100.1	100.0	100.0	100.0	100.6	100.3	100.3
96.0	102.3	98.4	96.0	98.7	97.6	100.2
100.6	100.7	100.0	100.3	100.3	100.3	100.1
100.1	100.6	100.5	100.4	100.0	100.1	101.3
101.7	109.9	102.6	102.5	103.4	91.3	106.2
102.5	109.7	101.2	99.7	95.1	94.3	104.6
97.6	99.9	101.1	99.7	99.0	98.7	99.6
100.2	100.3	100.8	99.6	99.0	97.4	100.0
95.9	100.9	106.2	100.0	99.1	98.3	99.4
100.1	100.0	100.0	100.5	100.0	99.8	100.1
99.2	99.0	99.9	102.9	99.5	98.2	99.6
100.4	99.9	100.1	100.1	100.1	100.3	99.9
100.1	100.1	99.9	100.4	100.3	100.0	100.0
100.1	100.0	99.9	100.1	100.1	100.0	100.2
100.0	100.1	100.0	100.1	100.1	100.1	100.1
100.0	100.0	100.0	100.3	100.1	100.4	100.2
100.0	100.0	100.1	100.0	100.0	100.0	100.1
100.0	100.0	100.0	100.6	100.1	101.0	100.4
100.0	100.0	99.8	100.3	100.0	100.1	100.1
100.0	100.0	99.9	100.2	100.0	100.0	100.1
100.0	100.0	99.9	100.2	100.0	100.0	100.1
100.0	100.0	99.9	100.1	100.0	99.9	100.1
100.0	100.0	100.0	100.0	100.0	100.0	100.0
100.0	99.8	99.9	100.2	100.0	100.0	100.1
100.0	99.5	99.9	100.6	100.1	99.7	100.0
100.0	100.0	99.9	100.0	99.9	100.2	100.1
99.7	100.1	99.8	99.9	100.3	100.0	100.2
99.7	100.1	99.9	99.9	100.2	99.9	100.1
99.7	100.2	99.6	99.9	100.6	100.3	100.3
100.0	100.0	100.0	100.0	100.0	100.0	100.0
99.8	100.3	100.1	99.8	99.9	99.9	100.1
100.0	100.0	100.0	100.0	100.0	99.9	100.0
100.2	100.0	99.9	99.8	100.1	99.9	100.0
100.0	100.0	100.0	100.1	100.0	100.0	100.0
100.0	100.0	100.0	100.0	100.0	100.0	99.9
99.9	100.0	100.0	100.0	100.0	99.9	100.1
100.0	100.1	100.1	100.4	100.0	100.4	100.2
100.0	100.1	100.0	100.8	100.0	100.7	100.2
99.9	100.1	100.2	100.2	100.0	100.1	100.2
100.0	100.1	99.9	100.2	100.2	100.2	100.1
100.2	100.1	99.9	100.0	100.0	100.0	100.0
99.6	100.1	99.8	100.4	100.6	100.6	100.4
99.6	100.1	99.6	100.1	100.4	100.0	100.1
99.9	100.1	100.1	100.2	100.1	99.9	100.0
101.8	103.2	107.0	97.9	98.7	97.8	98.0
100.1	99.9	99.8	99.9	100.0	100.3	100.0
99.9	100.2	100.1	100.0	100.0	100.0	100.0
100.1	100.0	99.8	100.1	100.2	100.9	100.1
100.1	99.7	99.8	99.8	99.9	100.0	100.0
100.2	100.1	100.0	100.0	100.0	99.8	99.8
100.0	99.9	100.0	100.1	100.0	100.0	100.1
100.0	99.8	100.0	100.1	100.1	100.0	100.1
100.0	100.0	100.0	100.0	100.0	100.0	100.0
100.0	100.0	100.0	100.0	100.0	100.0	100.0
99.4	100.2	100.9	99.5	99.2	99.9	103.1
99.9	100.0	100.0	100.0	99.9	100.0	100.0
99.3	100.2	101.0	99.4	99.1	99.9	103.5
99.7	100.2	99.9	100.1	100.3	100.0	100.3
99.6	100.2	99.9	100.1	100.4	100.0	100.3
100.0	100.0	100.0	100.0	100.0	100.0	100.1

3-20 城市商品零售价格

上月=100

类别	1月	2月	3月	4月	5月
商品零售价格指数	**100.8**	**100.6**	**98.6**	**99.0**	**99.4**
一、食品	102.2	103.8	97.1	98.1	97.5
1.粮食	100.0	100.1	100.1	100.1	100.3
2.薯类	102.8	111.3	107.4	98.1	94.3
3.豆类	100.8	100.2	100.9	101.0	100.7
4.食用油	100.0	100.0	99.8	99.9	99.7
5.菜	103.2	105.8	95.0	103.1	92.7
6.畜肉类	106.2	109.5	92.6	92.5	93.9
7.禽肉类	99.5	100.8	99.5	98.5	97.9
8.水产品	100.4	103.4	97.6	99.8	102.1
9.蛋类	97.9	99.1	97.0	97.4	98.1
10.奶类	100.2	99.9	99.7	100.1	99.6
11.干鲜瓜果类	103.0	102.3	100.4	99.4	100.7
12.糖果糕点类	99.8	99.7	100.4	100.1	100.0
13.调味品	100.1	99.9	100.2	99.9	100.0
14.其他食品类	100.1	100.2	100.1	100.0	100.1
15.在外餐饮	100.2	100.1	100.0	100.2	100.1
二、饮料、烟酒	100.1	100.0	99.8	100.0	100.1
1.茶及饮料	100.2	100.0	100.0	100.0	100.0
2.烟草	100.0	100.0	99.7	100.0	100.0
3.酒类	100.1	100.0	99.9	100.1	100.3
三、服装、鞋帽	100.0	100.0	100.2	100.0	100.0
1.服装	100.0	100.0	100.2	100.0	100.2
2.鞋帽袜	100.0	100.1	100.2	100.1	99.7
3.其他衣着配件	100.0	100.0	100.0	100.0	100.0
四、纺织品	100.0	100.0	100.0	99.9	100.0
1.服装材料	100.0	100.0	100.0	99.8	100.0
2.床上用品	100.0	100.0	100.0	100.0	100.1
五、家用电器及音像器材	100.0	100.0	99.8	99.8	99.9
1.家庭设备	100.0	99.9	99.8	99.7	100.0
2.文娱用耐用消费品	100.1	100.1	99.9	99.8	99.8
3.专业音像器材	100.0	100.0	100.0	100.0	100.0
六、文化办公用品	100.0	100.0	100.2	99.9	100.1
七、日用品	100.0	100.0	99.9	100.1	100.1
1.日用百货	99.9	100.0	100.0	100.2	99.8
2.厨具餐具茶具	100.0	100.0	99.9	100.1	100.1
3.清洗用品	100.2	100.0	99.5	100.1	100.5
4.其他日用品	100.0	100.0	100.1	99.8	100.2
八、体育娱乐用品	100.1	99.9	99.8	99.7	100.1
1.体育户外用品	100.2	100.0	100.0	99.9	100.0
2.娱乐用品	100.1	99.9	99.6	99.5	100.1
九、交通、通信用品	99.8	100.0	100.2	99.9	99.7
1.交通运输机械	99.7	100.0	100.0	99.9	99.9
2.通信器材	100.0	100.0	100.6	99.8	99.2
十、家具	100.0	100.0	99.8	100.0	99.9
十一、化妆品	100.0	100.5	100.0	100.2	100.0
十二、金银饰品	103.4	100.8	102.6	99.6	102.1
十三、中西药品及医疗保健用品	100.0	100.0	100.4	100.2	100.2
1.医疗卫生器具	99.9	99.9	100.0	100.0	100.0
2.中药	100.0	100.0	100.6	100.3	100.4
3.西药	100.0	100.1	100.5	100.1	100.0
4.保健器具及用品	100.0	100.0	100.1	100.0	100.3
十四、书报杂志及电子出版物	100.3	100.3	99.9	100.0	100.1
1.教材及参考书	100.1	100.0	99.9	100.1	99.9
2.书报杂志	100.6	100.8	100.0	100.0	100.5
3.计算机办公软件	100.0	100.0	100.0	100.0	100.0
十五、燃料	101.7	96.5	92.9	94.5	99.9
1.煤炭及制品	100.2	99.8	99.9	100.1	99.9
2.石油及制品	101.9	96.2	92.3	94.0	99.9
十六、建筑材料及五金电料	100.0	99.8	99.8	100.0	100.1
1.建筑装潢材料	100.0	99.8	99.7	100.0	100.0
2.五金水暖	100.0	100.0	100.0	100.0	100.1

分月环比指数(2020年)

6月	7月	8月	9月	10月	11月	12月
100.1	**101.0**	**100.4**	**100.1**	**99.8**	**99.2**	**100.8**
100.5	103.7	100.8	100.5	99.1	96.9	102.0
100.2	100.0	100.0	100.0	101.0	100.4	100.3
96.3	101.8	99.0	96.4	98.9	98.2	100.1
100.6	100.8	100.0	100.0	100.2	100.2	100.2
100.1	100.5	100.4	100.5	100.0	99.9	101.4
102.2	109.7	102.3	102.7	103.5	91.2	106.5
102.4	109.8	101.0	99.8	95.6	94.0	104.5
97.7	100.0	101.0	99.7	99.1	98.7	99.7
100.2	100.4	100.8	99.4	98.9	97.4	100.0
95.9	100.6	105.5	100.0	99.3	98.4	99.1
100.1	100.1	99.9	100.5	100.1	99.8	100.1
99.3	99.1	100.0	103.1	99.5	98.2	99.6
100.4	99.9	100.1	100.1	100.0	100.3	99.9
100.1	100.2	99.9	100.4	100.1	100.0	100.0
99.9	99.9	100.0	100.1	99.9	100.1	100.2
100.0	100.1	100.0	100.1	100.0	100.1	100.1
100.0	100.0	100.0	100.4	100.1	100.5	100.2
100.0	100.0	100.1	100.0	100.0	100.0	100.1
100.0	100.0	100.1	100.6	100.2	101.1	100.5
100.0	100.0	100.0	100.4	100.0	100.1	100.1
100.0	100.0	99.9	100.2	100.0	100.0	100.1
100.0	100.0	99.9	100.2	100.0	100.0	100.1
100.0	100.0	100.0	100.1	100.0	99.9	100.2
100.0	100.0	100.0	100.0	100.0	100.0	100.0
100.0	99.8	99.9	100.2	100.0	100.0	100.1
100.0	99.4	99.9	100.7	100.1	99.7	100.0
100.0	100.0	99.9	100.0	99.9	100.2	100.2
99.7	100.1	99.8	99.9	100.3	100.0	100.2
99.6	100.1	99.9	99.9	100.2	99.9	100.1
99.7	100.3	99.6	99.8	100.6	100.3	100.4
100.0	100.0	100.0	100.0	100.0	100.0	100.0
99.8	100.3	100.1	99.8	99.9	99.9	100.1
100.0	100.0	99.9	99.9	100.0	100.0	100.0
100.2	100.0	99.8	99.8	100.2	99.9	100.1
100.0	100.0	100.0	100.1	100.0	100.0	100.0
100.0	100.0	100.0	100.0	100.0	100.0	99.9
99.9	100.0	100.0	100.0	100.0	100.0	100.1
100.0	100.1	100.1	100.4	99.9	100.4	100.2
100.0	100.1	100.0	100.8	99.8	100.8	100.2
99.9	100.2	100.3	100.1	100.0	100.1	100.2
100.0	100.1	99.8	100.2	100.2	100.2	100.1
100.2	100.1	99.9	100.0	100.0	100.0	100.0
99.5	100.1	99.8	100.4	100.6	100.6	100.5
99.7	100.1	99.5	100.1	100.5	100.0	100.1
99.9	100.1	100.0	100.2	100.2	99.9	99.9
101.6	103.3	107.0	97.5	98.7	97.7	98.0
100.1	99.9	99.8	99.9	100.0	100.3	100.0
99.9	100.3	100.0	100.0	100.0	100.0	100.0
100.1	100.0	99.7	100.1	100.2	101.0	100.0
100.1	99.7	99.8	99.8	99.9	100.0	100.0
100.3	100.1	100.0	100.0	100.0	99.9	99.8
100.0	99.9	100.0	100.1	100.0	100.0	100.1
100.0	99.8	100.0	100.1	100.1	100.0	100.1
100.0	100.0	100.0	100.0	100.0	100.0	100.0
100.0	100.0	100.0	100.0	100.0	100.0	100.0
99.3	100.1	100.9	99.5	99.2	99.9	103.2
99.9	100.0	100.0	100.0	99.9	100.0	100.0
99.3	100.1	101.0	99.4	99.1	99.9	103.5
99.8	100.2	99.9	100.1	100.3	99.9	100.2
99.7	100.3	99.9	100.2	100.4	99.9	100.3
100.0	100.0	100.0	100.0	100.0	100.0	100.0

3-21 农村商品零售价格

上月=100

类　别	1月	2月	3月	4月	5月
商品零售价格指数	**100.9**	**100.6**	**99.0**	**99.0**	**99.0**
一、食品	103.1	103.2	98.2	97.4	96.3
1.粮食	100.1	99.9	100.5	101.2	100.0
2.薯类	103.6	107.1	106.6	97.6	95.6
3.豆类	101.5	100.9	99.9	101.8	101.8
4.食用油	100.8	100.3	99.4	98.3	98.4
5.菜	105.5	104.8	97.0	102.7	94.2
6.畜肉类	106.7	106.8	96.4	92.1	91.3
7.禽肉类	100.3	102.0	99.9	99.5	97.7
8.水产品	101.9	101.5	99.2	100.8	101.3
9.蛋类	97.5	99.2	95.1	93.6	96.1
10.奶类	99.9	99.9	100.0	100.0	100.0
11.干鲜瓜果类	101.1	100.8	99.9	100.5	101.8
12.糖果糕点类	100.0	100.0	100.0	100.8	100.0
13.调味品	100.0	100.0	100.0	100.0	100.1
14.其他食品类	102.6	100.0	100.0	99.5	99.1
15.在外餐饮	100.1	99.9	99.6	100.0	100.1
二、饮料、烟酒	100.0	100.0	100.0	99.7	100.1
1.茶及饮料	100.0	99.9	100.0	99.3	100.4
2.烟草	100.0	100.0	100.0	100.0	100.0
3.酒类	100.0	100.0	100.0	99.6	100.0
三、服装、鞋帽	100.0	100.0	99.8	100.0	100.1
1.服装	100.0	100.0	99.7	99.9	100.1
2.鞋帽袜	100.0	100.0	100.2	100.2	100.0
3.其他衣着配件	100.0	100.0	100.0	100.0	100.0
四、纺织品	100.0	100.0	100.0	100.6	100.0
1.服装材料	100.0	100.0	100.0	100.0	100.0
2.床上用品	100.0	100.0	100.0	100.8	100.0
五、家用电器及音像器材	100.0	100.0	99.8	99.7	100.1
1.家庭设备	100.0	100.0	99.8	99.5	100.1
2.文娱用耐用消费品	100.0	100.0	99.8	100.0	100.1
3.专业音像器材	100.0	100.0	100.0	100.0	100.0
六、文化办公用品	100.0	100.0	101.1	100.4	99.7
七、日用品	100.0	99.9	100.4	99.9	99.9
1.日用百货	100.0	99.7	101.2	99.9	100.0
2.厨具餐具茶具	100.0	100.0	100.0	99.1	100.0
3.清洗用品	100.0	100.0	100.0	100.0	100.0
4.其他日用品	100.0	100.0	100.0	100.2	99.4
八、体育娱乐用品	100.0	100.0	100.0	100.1	100.0
1.体育户外用品	100.0	100.0	100.0	101.1	100.0
2.娱乐用品	100.1	100.0	100.0	99.2	100.0
九、交通、通信用品	99.8	100.0	100.0	100.0	100.0
1.交通运输机械	99.8	100.0	100.0	99.9	99.9
2.通信器材	100.0	100.0	100.0	100.0	100.0
十、家具	100.0	100.0	100.0	100.0	100.0
十一、化妆品	100.0	100.0	99.7	101.0	100.0
十二、金银饰品	102.6	100.0	100.6	98.7	101.1
十三、中西药品及医疗保健用品	100.0	100.1	99.8	100.9	100.7
1.医疗卫生器具	100.0	100.0	100.0	100.7	101.9
2.中药	100.0	99.8	100.3	100.0	101.5
3.西药	100.0	100.3	99.4	101.4	100.2
4.保健器具及用品	100.0	100.1	100.0	100.5	100.0
十四、书报杂志及电子出版物	100.0	100.0	100.0	101.0	100.0
1.教材及参考书	100.0	100.0	100.0	101.4	100.1
2.书报杂志	100.0	100.0	100.0	100.8	100.0
3.计算机办公软件	100.0	100.0	100.0	100.0	100.0
十五、燃料	101.2	97.2	93.6	95.7	99.2
1.煤炭及制品	100.1	100.0	100.0	99.0	99.9
2.石油及制品	101.5	96.4	91.7	94.7	99.0
十六、建筑材料及五金电料	99.9	99.8	99.8	100.1	100.0
1.建筑装潢材料	99.9	99.8	99.8	100.1	100.0
2.五金水暖	100.0	100.0	100.0	100.0	100.0

分月环比指数(2020年)

6月	7月	8月	9月	10月	11月	12月
100.1	**101.2**	**100.6**	**100.0**	**99.2**	**99.3**	**100.7**
100.4	104.1	101.8	99.9	97.2	97.4	102.0
100.0	100.0	100.0	100.0	98.0	100.0	100.0
95.2	104.0	96.5	94.5	97.7	95.0	100.6
100.2	99.7	99.8	102.4	101.1	100.5	99.5
100.5	101.2	101.1	99.9	100.4	101.5	100.6
97.0	111.3	106.1	100.8	102.8	92.1	102.4
103.5	109.4	102.0	99.0	91.7	96.0	105.6
97.0	99.6	102.1	100.1	97.5	98.3	99.2
99.9	99.4	101.5	101.9	100.4	97.3	99.6
96.2	103.1	111.4	100.1	97.8	97.6	101.3
100.0	98.8	101.0	100.0	99.3	100.1	100.2
98.8	97.4	99.1	100.8	99.8	97.6	99.2
100.0	100.0	99.5	100.0	100.9	100.0	100.0
100.0	100.0	100.0	100.0	102.9	100.0	100.0
101.3	100.0	99.5	100.0	101.1	99.1	100.0
99.9	100.2	100.1	100.3	100.2	100.1	100.0
100.0	100.0	99.6	100.0	100.0	100.0	100.0
100.2	100.0	99.9	100.1	100.0	100.1	100.0
100.0	100.0	100.0	100.0	100.0	100.0	100.0
100.0	100.0	98.9	100.0	100.0	100.0	100.0
100.0	99.9	99.7	100.0	100.1	100.1	100.0
100.0	100.0	99.8	100.0	100.2	100.1	100.0
100.0	99.8	99.4	100.0	100.0	100.2	100.0
100.0	100.0	100.0	100.0	100.0	100.0	100.0
100.0	100.0	100.0	100.0	100.0	100.0	100.0
100.0	100.0	100.0	100.0	100.0	100.0	100.0
100.0	100.0	100.0	100.0	100.0	100.0	100.0
100.1	100.0	100.0	100.0	100.1	100.1	100.0
100.2	100.0	100.0	100.0	100.0	100.0	100.0
100.0	100.0	100.0	100.0	100.3	100.3	100.0
100.0	100.0	100.0	100.0	100.0	100.0	100.0
99.9	100.1	100.0	100.3	100.0	100.4	100.4
100.0	100.0	100.1	100.0	100.0	99.9	100.0
100.0	100.0	100.0	100.0	99.8	100.0	100.0
100.0	100.0	100.9	100.0	100.0	100.0	100.0
100.0	100.0	100.0	100.2	99.8	100.0	100.0
100.0	100.0	100.0	99.9	100.6	99.4	100.0
100.0	99.9	99.9	101.1	101.4	100.1	100.0
100.0	100.0	100.0	100.8	102.6	100.0	100.0
100.0	99.8	99.9	101.4	100.2	100.1	100.0
100.1	100.0	99.9	100.0	100.0	100.0	100.0
100.2	100.1	99.9	100.0	100.0	100.0	100.0
100.0	100.0	100.0	100.0	100.0	100.0	100.0
98.7	100.0	100.0	100.0	100.0	100.0	100.0
100.0	100.3	101.2	99.7	99.6	99.8	100.3
103.6	102.1	106.7	102.6	97.9	99.2	98.9
100.0	100.0	99.9	100.2	99.9	99.9	100.2
100.0	99.3	101.0	100.0	100.8	100.0	100.0
100.4	99.5	100.2	100.3	99.6	100.2	100.8
99.9	100.3	99.6	100.2	100.0	99.8	99.8
98.9	100.0	100.0	100.4	100.4	98.6	100.0
100.0	100.0	100.0	100.0	100.2	100.0	100.0
100.0	100.0	100.0	100.0	100.1	100.0	100.0
100.0	100.0	100.0	100.0	100.4	100.0	100.0
100.0	100.0	100.0	100.0	100.0	100.0	100.0
100.1	101.1	100.7	99.6	99.0	99.9	102.4
100.0	100.0	100.0	100.0	100.0	100.0	100.0
100.1	101.5	100.9	99.5	98.7	99.8	103.1
99.2	99.8	100.0	99.5	100.1	100.4	100.5
99.1	99.8	100.0	99.4	100.1	100.5	100.5
100.0	100.0	100.0	100.0	100.3	100.0	100.6

3-22 历年工业生产者出厂、购进价格指数

上年=100

年 份	工业生产者出厂价格指数	工业生产者购进价格指数
1989	118.1	122.5
1990	100.6	103.3
1991	104.7	110.4
1992	111.1	116.2
1993	128.9	139.7
1994	117.6	119.6
1995	121.4	117.6
1996	105.6	105.7
1997	99.2	100.1
1998	95.9	94.8
1999	98.5	96.2
2000	102.9	106.7
2001	99.8	101.1
2002	99.2	99.3
2003	102.6	106.7
2004	108.0	114.4
2005	106.0	109.4
2006	104.3	106.5
2007	106.1	106.1
2008	109.3	112.0
2009	94.3	92.6
2010	106.9	110.0
2011	108.5	110.8
2012	99.1	100.1
2013	98.5	98.4
2014	98.4	97.9
2015	96.3	94.5
2016	98.9	98.0
2017	105.8	107.2
2018	103.2	103.5
2019	99.6	100.2
2020	99.0	98.9

3-23 工业生产者出厂价格分类指数(2011-2020年)

上年=100

行　业	2011	2012	2013	2014	2015	2016	2017	2018	2019	2020
总指数	**108.5**	**99.1**	**98.5**	**98.4**	**96.3**	**98.9**	**105.8**	**103.2**	**99.6**	**99.0**
生产资料	109.1	98.3	97.7	97.9	95.2	98.4	107.3	104.0	99.1	98.3
采掘工业	116.3	99.3	94.4	96.1	91.8	98.8	122.9	107.3	97.4	97.1
原材料工业	113.0	97.2	96.4	97.8	93.3	96.9	111.5	103.5	96.4	95.1
加工工业	106.5	98.7	98.7	98.1	96.4	98.9	104.9	104.0	100.2	99.3
生活资料	106.2	101.8	101.3	100.6	100.4	100.2	101.1	100.6	101.2	101.4
食品类	107.6	102.5	101.6	100.9	100.8	100.9	101.1	100.6	101.3	102.1
衣着类	107.6	99.8	101.7	100.2	100.2	100.6	99.1	100.6	101.2	100.4
一般日用品	103.5	100.8	100.9	99.9	99.4	99.9	102.3	101.1	101.5	101.1
耐用消费品	102.1	101.3	99.7	100.5	99.8	97.2	99.9	99.7	100.3	99.3
按工业部门分										
冶金工业	117.2	93.3	94.3	95.9	89.6	99.3	120.0	104.9	97.4	98.8
电力工业	103.4	104.0	100.8	99.7	99.2	98.2	99.0	99.4	96.9	97.3
煤炭及炼焦工业	112.0	101.2	90.1	92.1	90.6	93.0	120.4	104.2	93.8	91.9
石油工业	113.9	102.4	99.2	96.3	82.2	92.9	111.7	113.4	96.4	85.2
化学工业	106.5	97.9	98.0	98.2	96.8	99.0	105.2	102.8	98.9	96.6
机械工业	102.7	99.6	99.5	99.5	99.3	98.6	100.0	100.2	99.9	99.3
建筑材料工业	109.4	99.4	98.8	97.6	97.0	99.4	107.8	111.8	105.1	101.0
森林工业	108.6	104.0	102.9	102.8	99.9	98.5	98.7	101.2	102.2	99.8
食品工业	107.7	103.3	102.2	101.0	100.2	100.0	101.1	100.9	101.0	102.2
纺织工业	115.1	96.0	99.0	97.9	97.8	100.1	102.7	101.6	99.2	99.7
缝纫工业	108.1	99.0	102.0	100.6	100.3	100.5	97.3	100.6	101.6	100.4
皮革工业	110.0	103.7	102.1	100.3	99.6	101.1	103.4	100.4	100.3	100.0
造纸工业	104.0	99.8	97.7	98.2	98.9	99.7	111.4	112.9	92.3	99.4
文教艺术用品工业	99.9	99.2	100.3	99.8	99.6	99.2	100.3	102.0	102.9	101.8
其它工业	105.4	101.9	101.4	100.6	101.5	98.9	107.1	105.8	103.3	102.5

3-24 工业生产者购进价格指数(2011-2020年)

上年=100

类　别	2011	2012	2013	2014	2015	2016	2017	2018	2019	2020
总指数	**110.8**	**100.1**	**98.4**	**97.9**	**94.5**	**98.0**	**107.2**	**103.5**	**100.2**	**98.9**
燃料动力类	111.6	106.8	97.9	97.4	87.9	94.3	112.3	106.6	99.3	95.0
黑色金属材料类	107.8	93.4	95.7	95.3	91.0	99.2	114.9	105.3	102.8	100.5
有色金属材料和电线	115.9	93.2	95.1	96.2	93.6	96.4	115.9	103.6	96.8	97.4
化工原料类	110.1	97.2	98.1	98.5	97.3	99.4	105.6	103.1	98.1	94.7
木材及纸浆类	106.9	101.2	100.6	100.0	99.5	100.4	104.8	102.8	100.6	98.8
建材及非金属矿	117.9	99.0	98.5	100.1	97.8	100.2	104.2	106.5	105.0	104.7
其他工业原料及半成品	107.4	99.8	98.8	98.0	98.5	98.7	101.2	100.5	101.0	101.2
农副产品类	113.4	103.7	102.8	99.1	99.2	98.6	100.3	101.3	100.7	102.0
纺织原料类	106.5	97.3	99.2	98.3	93.3	99.3	106.3	103.3	99.7	99.9

3-25 分行业(新行业)各月工业

项目名称	平均	1月	2月	3月	4月
总指数	**99.0**	**99.7**	**99.3**	**98.3**	**97.8**
煤炭开采和洗选业	90.8	86.1	90.1	89.5	89.8
烟煤和无烟煤开采洗选	90.8	86.1	90.1	89.5	89.8
黑色金属矿采选业	97.2	96.0	96.2	96.5	95.9
铁矿采选	100.6	99.3	99.3	100.0	100.0
锰矿、铬矿采选	89.5	88.6	89.3	88.9	86.9
有色金属矿采选业	99.0	92.4	94.4	92.1	92.6
常用有色金属矿采选	94.4	88.0	89.8	86.3	87.7
贵金属矿采选	119.9	111.4	112.7	111.4	119.2
稀有稀土金属矿采选	97.8	92.3	95.0	96.1	89.0
非金属矿采选业	105.7	102.1	102.3	102.6	102.7
土砂石开采	107.2	102.5	102.8	103.2	102.9
化学矿开采	107.6	107.0	107.0	104.7	104.7
采盐	88.8	95.5	94.1	95.0	104.5
石棉及其他非金属矿采选	100.7	100.0	100.0	100.0	100.0
农副食品加工业	104.1	103.8	104.6	104.2	104.7
谷物磨制	101.1	98.2	98.3	98.7	100.3
饲料加工	102.0	97.7	98.2	98.9	101.7
植物油加工	102.3	99.7	99.9	99.5	100.1
屠宰及肉类加工	118.9	131.0	135.0	134.6	129.2
水产品加工	102.0	103.7	103.6	103.4	103.3
蔬菜、菌类、水果和坚果加工	101.3	107.5	108.1	102.0	102.1
其他农副食品加工	100.0	99.6	99.5	98.7	98.7
食品制造业	99.9	99.9	100.0	100.0	100.4
焙烤食品制造	101.0	102.3	102.3	102.3	102.3
糖果、巧克力及蜜饯制造	100.0	100.1	99.9	100.0	100.0
方便食品制造	101.6	100.5	101.1	101.3	103.1
乳制品制造	100.5	102.2	102.4	102.6	101.0
罐头食品制造	99.1	100.2	100.1	100.0	99.7
调味品、发酵制品制造	97.5	95.8	95.8	95.8	95.9
其他食品制造	99.8	100.2	100.1	100.2	100.4
酒、饮料及精制茶制造业	99.4	100.2	100.7	100.2	99.7
酒的制造	100.6	99.8	101.5	99.6	100.2
饮料制造	99.5	100.2	100.1	100.4	100.2
精制茶加工	98.3	100.6	100.6	100.6	98.7
烟草制品业	100.0	100.0	100.0	100.0	100.0
烟叶复烤	100.0	100.0	100.0	100.0	100.0
卷烟制造	100.0	100.0	100.0	100.0	100.0
纺织业	99.4	99.5	99.7	99.6	98.5
棉纺织及印染精加工	95.7	95.9	96.6	96.7	93.7
麻纺织及染整精加工	99.3	103.4	102.1	101.9	99.3
针织或钩针编织物及其制品制造	96.3	96.5	97.2	92.9	95.9
家用纺织制成品制造	105.8	105.2	104.7	105.4	108.7
产业用纺织制成品制造	116.3	110.2	110.2	111.0	113.1
纺织服装、服饰业	101.1	100.9	100.2	100.5	100.4
机织服装制造	101.2	100.5	100.0	100.3	100.3
针织或钩针编织服装制造	100.6	102.4	100.9	101.1	100.3
皮革、毛皮、羽毛及其制品和制鞋业	100.1	99.6	100.0	100.2	100.4
皮革鞣制加工	99.1	100.1	101.0	100.9	101.4
皮革制品制造	101.3	101.8	101.9	101.4	101.6

生产者出厂价格同比指数(2020年)

5月	6月	7月	8月	9月	10月	11月	12月
97.8	**98.5**	**98.8**	**99.7**	**99.6**	**99.0**	**99.6**	**100.5**
90.2	88.7	90.2	90.5	90.6	92.0	93.2	99.4
90.2	88.7	90.2	90.5	90.6	92.0	93.2	99.4
96.4	95.6	94.9	96.6	98.7	99.4	100.0	100.5
100.0	100.0	100.0	100.0	101.7	103.4	103.4	100.0
88.5	86.1	83.9	88.9	91.7	90.1	91.8	101.6
93.9	96.6	100.1	103.5	105.6	103.9	105.9	108.5
88.6	91.1	92.8	96.0	100.0	102.5	104.7	108.3
125.1	122.0	124.1	127.3	124.0	120.8	120.2	119.3
88.5	95.3	105.8	109.9	110.3	96.2	99.2	101.5
102.5	108.7	109.0	108.4	108.7	107.0	108.0	106.7
103.1	111.0	111.3	110.8	111.4	109.3	109.6	107.7
107.0	107.0	109.3	111.6	109.1	107.6	107.5	108.7
91.6	89.0	87.5	78.7	77.0	78.9	83.9	90.1
100.0	100.0	100.0	100.0	100.0	100.0	104.1	104.1
104.6	104.7	105.7	104.9	103.7	102.5	102.6	103.8
100.6	101.6	102.0	102.7	102.8	102.7	102.1	103.3
102.2	101.5	102.5	103.7	103.1	103.6	104.1	106.5
101.2	99.9	101.1	102.3	104.3	105.8	106.4	107.1
124.8	127.5	130.7	119.3	110.3	101.1	99.4	101.1
103.2	102.7	101.2	101.1	101.1	101.0	100.3	99.2
101.9	101.7	101.5	101.1	100.7	100.5	94.7	95.0
98.7	98.7	98.8	98.7	98.7	98.8	105.0	105.7
100.1	99.9	100.1	100.5	100.0	99.6	99.1	99.0
101.3	101.2	101.2	100.7	99.5	99.5	99.5	99.4
100.0	100.0	100.0	100.0	100.0	100.0	100.0	100.0
102.3	102.1	102.2	102.2	101.5	101.1	100.8	100.9
100.2	98.7	99.4	101.1	101.3	100.9	97.8	98.4
99.6	100.0	100.1	99.0	98.3	98.1	97.6	96.7
96.5	97.0	97.2	100.1	100.5	99.0	98.4	98.1
100.2	99.7	100.0	99.9	99.3	99.3	99.1	99.2
99.5	98.7	98.4	99.3	99.5	98.6	98.8	98.8
100.0	98.1	97.7	100.8	101.9	101.4	102.4	103.4
100.3	100.2	100.3	100.3	100.1	97.3	97.6	96.9
98.4	97.7	97.3	97.3	97.1	97.6	97.2	96.9
100.0	100.0	100.0	100.0	100.0	100.0	100.0	100.0
100.0	100.0	100.0	100.0	100.0	100.0	100.0	100.0
100.0	100.0	100.0	100.0	100.0	100.0	100.0	100.0
98.0	98.3	98.8	99.1	99.2	100.0	100.5	102.1
93.3	93.6	94.4	94.6	95.2	96.8	97.4	99.9
99.9	99.6	98.5	97.9	97.3	97.7	97.6	96.6
96.2	95.8	95.7	95.9	95.7	96.2	98.2	99.2
105.5	105.3	106.1	106.7	106.1	105.3	105.8	104.8
114.8	117.8	118.1	120.3	119.8	119.2	117.2	123.3
101.2	101.4	101.8	101.5	101.1	101.0	101.8	101.3
101.2	101.5	102.0	101.9	101.3	101.2	102.4	101.8
101.2	100.9	100.7	99.8	100.5	100.5	99.4	99.2
101.1	100.9	100.4	100.7	99.4	99.6	99.8	99.6
100.2	99.5	98.3	97.7	97.5	97.4	97.4	97.9
101.1	101.0	100.9	101.9	100.9	101.0	101.0	101.3

3-25 续表 1

项目名称	平均	1月	2月	3月	4月
制鞋业	100.1	98.8	99.2	99.7	99.7
木材加工和木、竹、藤、棕、草制品业	99.7	101.3	100.8	100.2	99.8
木材加工	100.2	105.8	104.8	102.7	100.3
人造板制造	99.7	100.0	99.5	99.3	99.3
木制品制造	103.0	106.9	106.9	107.0	105.7
竹、藤、棕、草制品制造	98.0	100.2	99.5	98.5	98.4
家具制造业	99.7	101.1	101.2	101.0	100.5
木质家具制造	100.0	101.7	101.8	101.6	101.0
其他家具制造	98.0	97.3	97.2	97.8	97.8
造纸和纸制品业	99.4	96.5	97.2	99.6	99.4
造纸	100.0	96.6	97.4	100.7	100.0
纸制品制造	98.2	96.2	96.9	97.4	98.3
印刷和记录媒介复制业	102.2	100.6	100.4	101.8	102.3
印刷	102.2	100.6	100.4	101.9	102.4
装订及印刷相关服务	97.6	100.0	100.0	92.9	92.9
记录媒介复制	100.1	100.5	100.5	100.5	100.0
文教、工美、体育和娱乐用品制造业	100.3	101.1	101.1	101.1	100.9
文教办公用品制造	100.0	100.0	100.0	100.0	100.0
工艺美术及礼仪用品制造	99.4	100.2	100.2	100.1	100.3
体育用品制造	101.2	102.4	102.5	102.6	102.0
玩具制造	101.1	100.0	100.0	100.0	100.0
石油、煤炭及其他燃料加工业	85.4	108.3	99.0	86.8	78.2
精炼石油产品制造	82.7	109.4	98.9	85.5	75.3
煤炭加工	99.7	102.9	99.9	93.9	94.9
化学原料和化学制品制造业	95.3	97.0	96.3	95.6	94.5
基础化学原料制造	85.6	87.4	85.3	84.0	80.9
肥料制造	102.8	97.1	99.0	99.8	103.8
农药制造	102.0	103.8	103.3	104.2	103.2
涂料、油墨、颜料及类似产品制造	100.0	99.9	100.3	99.5	98.3
合成材料制造	92.7	93.2	92.3	88.2	88.4
专用化学产品制造	95.3	97.7	96.9	98.0	97.6
炸药、火工及焰火产品制造	98.0	101.8	101.6	100.3	98.7
日用化学产品制造	100.5	96.9	96.3	100.0	100.1
医药制造业	101.6	102.1	101.4	101.5	101.3
化学药品原料药制造	102.6	103.2	101.6	101.3	100.8
化学药品制剂制造	98.7	99.1	99.8	99.8	100.0
中药饮片加工	102.7	107.3	105.3	104.9	104.6
中成药生产	100.3	100.0	99.3	99.8	99.5
兽用药品制造	102.6	105.1	105.7	104.1	102.1
生物药品制品制造	102.6	98.9	98.9	101.1	103.3
卫生材料及医药用品制造	98.6	100.0	100.0	100.0	100.0
药用辅料及包装材料	98.6	100.0	100.0	100.0	100.0
化学纤维制造业	84.0	91.6	89.5	86.5	75.8
纤维素纤维原料及纤维制造	99.9	100.0	100.0	100.0	100.0
合成纤维制造	80.7	89.8	87.3	83.8	71.1
生物基材料制造	99.9	100.0	100.0	100.0	100.0
橡胶和塑料制品业	96.0	97.9	97.9	95.7	95.9
橡胶制品业	97.4	99.1	100.0	100.0	100.1
塑料制品业	95.8	97.7	97.6	95.1	95.3

5月	6月	7月	8月	9月	10月	11月	12月
101.3	101.3	100.9	101.3	99.6	100.0	100.3	99.7
99.3	99.7	99.0	99.2	99.0	99.2	99.4	99.4
99.3	99.1	98.7	98.5	98.3	98.2	98.8	99.0
98.9	99.6	99.7	100.0	99.7	100.0	100.1	100.1
106.0	106.4	100.4	100.3	99.6	99.3	99.0	100.2
98.0	97.6	96.9	96.8	97.3	97.4	97.9	97.3
99.8	99.6	100.3	99.3	98.6	98.5	98.4	98.5
100.1	99.9	100.7	99.6	98.8	98.6	98.3	98.2
97.9	97.8	97.8	97.7	97.8	98.0	99.1	100.2
98.2	97.9	99.6	100.1	100.7	101.2	101.1	102.1
99.0	97.9	99.7	100.4	101.2	102.0	102.2	103.3
96.6	98.0	99.2	99.3	99.4	99.4	98.7	99.6
102.1	101.9	102.7	102.6	102.2	104.1	103.0	102.0
102.2	102.0	102.7	102.6	102.3	104.1	103.1	102.1
92.9	92.9	100.0	100.0	100.0	100.0	100.0	100.0
100.0	100.0	100.0	100.0	100.0	100.0	100.0	100.0
100.8	100.7	100.8	100.6	101.1	99.3	98.0	97.8
100.0	100.0	100.0	100.0	100.0	100.0	100.0	100.0
100.5	100.9	100.7	100.7	100.6	98.0	95.8	95.2
101.5	100.8	100.5	100.3	101.1	100.4	100.3	99.6
100.0	100.0	102.8	102.1	104.9	101.4	98.6	102.8
75.0	77.6	82.4	83.9	83.6	82.0	83.9	85.9
71.8	74.3	79.1	81.5	80.7	78.0	79.0	81.6
92.8	95.2	99.9	96.4	98.9	103.4	110.2	108.7
94.3	95.8	94.2	94.2	94.0	94.1	96.1	97.7
81.5	86.1	81.0	82.5	84.5	85.6	91.4	97.7
104.6	103.7	104.3	105.3	104.0	103.5	103.7	104.7
102.1	103.2	102.2	101.2	101.1	99.7	100.1	99.7
98.8	100.1	100.2	100.0	100.8	101.1	100.8	100.4
91.0	94.2	92.4	90.8	91.9	91.4	97.3	102.3
96.6	97.7	95.7	93.7	90.5	91.6	93.8	94.1
97.5	97.4	97.2	97.1	96.6	96.1	96.0	95.7
102.1	101.4	100.3	102.2	101.5	101.6	101.8	102.0
100.8	101.4	101.9	103.2	101.8	100.1	102.3	101.1
100.4	102.7	103.9	107.7	103.3	98.0	106.6	101.4
99.8	99.5	97.0	96.9	96.5	97.7	98.6	99.3
103.5	102.7	102.6	101.1	99.7	100.3	100.3	100.1
99.6	99.7	99.9	100.3	100.7	101.5	101.8	101.3
101.7	101.9	101.8	101.9	101.6	101.9	101.9	102.1
101.6	101.6	104.4	106.6	106.7	104.1	100.5	103.0
100.0	100.0	100.0	100.0	98.2	95.0	94.7	95.0
100.0	100.0	100.0	100.0	98.2	95.0	94.7	95.0
75.3	80.8	82.8	83.3	83.5	83.8	85.9	89.8
100.0	100.0	100.0	100.0	100.0	99.4	99.4	99.4
70.4	76.7	79.2	79.7	80.0	80.4	82.9	87.7
100.0	100.0	100.0	100.0	100.0	99.4	99.4	99.4
95.1	95.0	94.7	95.0	95.2	95.7	96.2	97.3
98.4	96.6	95.8	96.0	95.4	95.1	95.6	96.2
94.6	94.8	94.6	94.8	95.1	95.8	96.3	97.5

3-25 续表 2

项目名称	平均	1月	2月	3月	4月
非金属矿物制品业	100.5	103.3	102.2	101.6	101.0
水泥、石灰和石膏制造	98.6	108.7	106.2	104.1	100.4
石膏、水泥制品及类似制品制造	99.9	101.0	101.0	102.0	101.4
砖瓦、石材等建筑材料制造	100.6	99.1	98.9	99.1	100.7
玻璃制造	101.3	112.6	111.0	112.0	110.0
玻璃制品制造	100.1	97.8	97.5	99.2	99.9
玻璃纤维和玻璃纤维增强塑料制品制造	99.6	100.0	100.0	100.0	100.0
陶瓷制品制造	100.3	105.2	101.8	99.8	98.7
耐火材料制品制造	103.0	112.0	110.1	108.6	105.3
石墨及其他非金属矿物制品制造	102.8	102.0	102.4	101.8	102.2
黑色金属冶炼和压延加工业	96.0	99.1	98.2	94.5	89.0
炼铁	104.5	106.0	106.0	106.8	106.6
炼钢	102.0	109.0	104.9	105.3	105.1
钢压延加工	96.6	100.9	99.2	94.0	88.2
铁合金冶炼	94.1	94.6	95.5	94.8	89.4
有色金属冶炼和压延加工业	99.4	97.2	95.5	90.3	90.5
常用有色金属冶炼	91.1	86.6	85.2	82.2	82.4
贵金属冶炼	120.9	118.1	116.9	105.7	109.0
稀有稀土金属冶炼	93.0	89.2	90.8	93.8	86.4
有色金属合金制造	96.7	91.0	92.1	96.1	93.0
有色金属压延加工	98.8	100.9	97.8	90.4	90.7
金属制品业	100.9	101.6	101.3	100.9	101.3
结构性金属制品制造	100.8	102.0	101.9	99.7	99.7
金属工具制造	101.0	101.7	101.7	101.7	100.4
集装箱及金属包装容器制造	97.9	95.4	94.6	95.6	95.1
金属丝绳及其制品制造	100.1	103.5	102.9	102.2	96.3
建筑、安全用金属制品制造	103.5	103.9	104.0	104.1	105.7
金属表面处理及热处理加工	100.0	100.0	100.0	100.0	100.0
搪瓷制品制造	100.4	101.0	101.0	101.0	101.0
金属制日用品制造	101.5	102.1	101.6	102.6	102.5
锻造及其他金属制品制造	100.8	101.1	100.6	101.1	102.7
通用设备制造业	99.7	100.0	99.8	99.9	99.8
锅炉及原动设备制造	101.3	101.8	101.2	101.2	101.2
金属加工机械制造	102.7	101.7	101.4	102.2	102.9
物料搬运设备制造	99.6	100.9	100.4	100.7	102.5
泵、阀门、压缩机及类似机械制造	100.0	100.2	100.3	100.2	100.2
轴承、齿轮和传动部件制造	99.9	99.6	99.3	98.2	98.2
烘炉、风机、包装等设备制造	96.2	97.5	97.4	96.8	95.6
文化、办公用机械制造	99.9	100.3	99.6	99.7	99.7
通用零部件制造	98.0	98.9	98.7	98.8	97.8
其他通用设备制造	100.8	100.3	100.9	101.4	99.9
专用设备制造业	98.5	99.5	98.8	99.8	99.3
采矿、冶金、建筑专用设备制造	97.8	98.9	98.0	99.2	98.8
化工、木材、非金属加工专用设备制造	95.4	98.3	98.3	98.4	94.3
食品、饮料、烟草及饲料生产专用设备制造	101.1	100.3	100.3	100.6	101.3
印刷、制药、日化及日用品生产专用设备制造	105.4	108.4	108.4	107.9	105.7
纺织、服装和皮革加工专用设备制造	100.5	100.3	99.9	100.4	101.2
农、林、牧、渔专用机械制造	102.6	100.6	101.6	102.6	103.7
医疗仪器设备及器械制造	106.5	109.4	107.1	107.1	107.3
环保、邮政、社会公共服务及其他专用设备制造	100.1	100.3	100.3	100.2	100.2

5月	6月	7月	8月	9月	10月	11月	12月
100.7	101.2	101.3	100.9	99.5	97.4	98.4	98.3
102.5	103.5	103.0	100.4	93.8	86.6	89.3	88.6
99.7	100.2	99.6	100.3	99.2	98.0	98.1	98.6
100.9	101.0	101.2	101.2	101.8	101.1	100.7	101.0
94.0	93.3	97.7	99.4	100.6	96.1	94.3	96.2
100.0	101.1	100.4	100.2	100.5	101.0	100.8	102.8
100.0	99.4	99.4	99.4	99.4	99.4	99.4	99.4
98.6	98.6	99.8	100.0	99.2	100.1	101.1	101.3
104.7	102.9	100.6	98.4	97.9	97.5	100.0	99.8
101.2	102.7	103.6	103.2	104.0	101.6	104.9	104.2
89.6	93.4	93.6	96.9	97.8	97.3	99.1	104.4
105.8	106.2	106.2	106.2	101.4	100.8	101.2	101.0
103.1	100.7	99.2	100.1	100.2	99.3	99.3	99.2
89.0	93.9	94.7	98.5	97.8	97.2	100.4	105.8
89.6	91.5	90.3	92.8	97.5	97.2	96.2	101.3
93.7	96.8	98.8	107.1	106.5	103.1	104.7	108.9
85.6	88.2	88.8	95.5	99.6	97.5	99.5	105.6
115.4	118.5	118.4	143.4	130.9	123.7	121.6	123.1
85.8	86.7	95.3	97.6	106.5	88.2	98.9	100.6
95.9	100.2	98.7	99.4	99.0	97.6	102.2	96.4
92.8	96.3	100.6	103.3	102.0	101.1	102.4	107.8
100.7	101.1	101.2	100.9	101.1	100.2	100.4	100.5
98.9	100.5	101.6	101.4	101.7	100.5	100.6	101.0
100.7	100.5	100.9	101.0	101.0	100.7	100.6	101.3
94.9	96.4	97.2	99.2	101.3	101.2	102.0	102.3
96.0	98.7	98.9	99.4	100.2	100.2	100.6	101.9
103.7	102.8	103.3	102.1	104.0	102.7	103.2	102.8
100.0	100.0	100.0	100.0	100.0	100.0	100.0	100.0
101.0	100.0	100.0	100.0	100.0	100.0	100.0	100.0
101.7	101.6	101.6	101.7	100.6	100.6	100.7	100.6
102.2	102.0	101.1	100.5	100.4	99.3	99.8	99.3
99.6	99.5	99.0	99.2	99.1	99.5	100.2	100.4
101.1	101.1	101.2	101.1	101.1	101.4	101.5	101.5
102.7	102.7	102.8	102.6	103.1	103.9	103.9	103.0
101.2	99.2	97.4	99.4	98.3	98.4	99.1	97.7
100.3	100.7	99.8	99.5	99.9	99.9	99.8	99.4
98.2	100.0	99.8	101.5	101.1	101.1	101.2	101.1
95.0	94.2	95.3	94.8	93.6	95.9	99.3	99.4
99.7	99.7	100.0	100.0	100.0	100.0	100.0	100.0
98.3	98.0	96.8	96.8	97.4	96.7	97.2	100.7
100.1	101.3	100.7	100.5	100.1	101.4	101.3	101.9
98.7	98.8	98.2	98.2	98.3	97.8	97.7	96.9
98.1	98.2	97.5	97.4	97.5	96.8	97.0	96.1
94.4	94.6	94.6	94.6	94.1	94.2	94.4	94.3
101.4	101.4	101.2	101.1	102.8	101.5	100.6	100.4
106.0	106.0	107.0	106.7	104.7	105.4	100.6	98.4
100.2	99.8	100.2	101.0	101.0	101.4	100.0	101.0
102.2	102.7	102.9	103.2	103.0	102.9	102.8	102.6
106.7	107.6	106.5	106.5	106.5	105.0	105.2	103.1
99.5	99.7	99.5	99.5	100.0	101.2	100.3	100.0

3-25 续表 3

项目名称	平均	1月	2月	3月	4月
汽车制造业	98.9	97.5	97.3	97.7	97.8
汽车整车制造	99.4	99.6	99.7	99.7	99.7
汽车用发动机制造	99.4	99.6	99.7	99.7	99.7
改装汽车制造	100.5	101.8	101.1	102.3	102.2
汽车车身、挂车制造	83.2	88.3	76.7	76.7	75.3
汽车零部件及配件制造	100.2	96.6	97.6	98.3	98.8
铁路、船舶、航空航天和其他运输设备制造业	99.4	99.8	100.0	100.2	99.4
铁路运输设备制造	99.0	99.4	99.5	99.7	98.8
城市轨道交通设备制造	100.0	101.3	102.2	100.9	100.8
船舶及相关装置制造	100.1	100.0	100.2	100.2	100.2
航空、航天器及设备制造	100.6	101.5	101.5	101.5	100.8
摩托车制造	101.5	103.2	103.3	104.8	103.4
潜水救捞及其他未列明运输设备制造	105.4	106.6	106.7	106.7	104.8
电气机械和器材制造业	101.0	101.2	101.6	100.9	100.4
电机制造	105.4	103.1	104.4	105.7	105.8
输配电及控制设备制造	100.9	101.8	102.0	102.4	102.0
电线、电缆、光缆及电工器材制造	101.3	100.5	100.7	97.7	95.3
电池制造	93.3	98.3	98.3	97.3	99.9
家用电力器具制造	99.6	100.8	100.4	99.4	99.4
非电力家用器具制造	102.4	100.0	100.0	100.0	100.0
照明器具制造	101.7	102.7	101.9	100.6	100.8
计算机、通信和其他电子设备制造业	98.6	99.1	99.7	98.9	99.5
计算机制造	98.8	99.2	99.3	99.3	100.4
通信设备制造	97.9	100.8	101.5	98.7	99.0
广播电视设备制造	101.5	100.0	100.0	100.8	100.7
雷达及配套设备制造	98.2	97.6	97.6	97.6	97.6
视听设备制造	87.9	88.2	87.5	88.2	87.4
智能消费设备制造	99.4	100.6	100.5	100.3	100.1
电子器件制造	103.1	100.9	104.4	103.4	104.7
电子元件及电子专用材料制造	98.2	98.3	98.2	98.2	98.9
仪器仪表制造业	101.3	101.0	101.2	101.0	101.2
通用仪器仪表制造	102.0	101.4	101.8	101.7	101.8
专用仪器仪表制造	99.7	100.0	100.0	99.6	99.6
光学仪器制造	99.0	98.6	98.6	98.6	99.2
其他制造业	107.7	105.5	107.4	108.0	107.0
日用杂品制造	107.7	105.5	107.4	108.0	107.0
废弃资源综合利用业	94.2	107.1	96.3	89.9	82.7
金属废料和碎屑加工处理	94.2	107.1	96.3	89.9	82.7
电力、热力生产和供应业	97.3	95.6	95.8	95.8	97.1
电力生产	99.3	98.1	98.6	98.2	102.4
电力供应	96.1	94.1	94.1	94.4	93.9
热力生产和供应	98.6	96.8	96.8	96.8	96.8
燃气生产和供应业	99.0	99.4	99.3	96.3	97.1
燃气生产和供应业	99.0	99.4	99.3	96.3	97.1
生物质燃气生产和供应业	99.0	99.4	99.3	96.3	97.1
水的生产和供应业	100.5	103.2	103.2	100.0	100.0
自来水生产和供应	100.7	104.3	104.3	100.0	100.0
污水处理及其再生利用	100.0	100.0	100.0	100.0	100.0

5月	6月	7月	8月	9月	10月	11月	12月
98.4	99.3	99.3	99.1	99.5	99.7	100.3	100.6
99.4	99.3	99.3	99.3	99.3	99.3	99.1	99.1
99.4	99.3	99.3	99.3	99.3	99.3	99.1	99.1
101.2	101.1	100.5	100.2	99.8	99.9	98.5	97.7
86.7	86.7	86.4	86.4	86.4	82.7	82.7	86.1
98.7	100.7	100.7	100.4	101.3	102.2	103.8	103.8
98.8	99.7	99.0	98.9	99.4	99.2	99.8	99.0
98.3	99.3	98.6	98.4	99.2	98.9	99.7	98.8
98.8	100.1	100.1	99.6	99.0	99.1	98.7	99.4
100.2	100.2	100.2	100.0	100.0	100.0	100.0	100.0
100.3	100.5	100.5	99.5	100.0	100.0	100.5	100.5
101.6	101.3	101.3	101.1	99.2	99.7	99.9	99.2
102.8	104.9	104.3	107.8	108.2	110.2	100.7	101.9
100.4	100.3	101.1	100.7	100.9	101.2	101.4	102.4
105.6	105.9	106.3	106.2	104.7	106.5	105.6	105.3
101.4	100.5	101.0	100.2	99.6	100.2	100.2	100.1
96.5	97.6	101.4	102.7	104.3	104.6	105.5	109.5
98.9	96.8	92.2	89.1	90.0	86.1	86.9	86.4
99.3	99.0	99.4	99.6	99.6	99.6	99.6	99.6
100.0	101.2	104.7	104.7	104.7	104.7	104.7	104.7
100.9	100.9	100.5	100.5	101.0	103.7	103.7	103.6
99.7	98.6	97.3	98.1	97.7	99.2	98.4	97.5
100.4	101.1	100.4	99.5	97.9	97.0	96.1	95.2
98.8	97.8	98.2	96.8	96.7	96.9	95.5	94.6
100.8	100.4	101.9	101.7	102.5	101.9	103.3	103.7
97.6	97.6	100.0	100.0	100.0	98.3	98.3	95.7
91.7	91.1	89.3	87.1	85.2	83.9	87.1	88.6
99.8	98.8	98.8	98.6	98.8	98.8	98.9	98.8
104.2	102.6	103.3	103.4	103.9	103.7	101.0	101.6
99.3	97.5	94.0	97.1	96.6	100.9	100.4	99.0
101.3	101.2	101.7	101.0	101.6	101.5	101.7	101.6
102.1	102.0	102.7	101.7	102.3	102.2	102.3	102.2
99.6	99.6	99.6	99.6	99.6	99.6	99.6	99.6
97.2	97.2	97.1	97.1	100.2	100.2	102.2	102.2
107.6	108.4	109.5	108.8	106.2	106.3	108.5	108.6
107.6	108.4	109.5	108.8	106.2	106.3	108.5	108.6
84.7	93.1	93.3	93.2	99.7	96.9	97.0	97.9
84.7	93.1	93.3	93.2	99.7	96.9	97.0	97.9
95.2	95.2	96.5	98.3	99.4	99.0	99.9	100.2
97.4	96.9	97.7	99.0	99.7	99.6	102.4	101.9
93.9	94.1	95.8	97.8	99.1	98.7	98.3	99.1
96.8	100.0	100.0	100.0	100.0	100.0	100.0	100.0
98.8	98.6	99.6	100.4	100.1	100.0	99.9	98.2
98.8	98.6	99.6	100.4	100.1	100.0	99.9	98.2
98.8	98.6	99.6	100.4	100.1	100.0	99.9	98.2
100.0	100.0	100.0	100.0	100.0	100.0	100.0	100.0
100.0	100.0	100.0	100.0	100.0	100.0	100.0	100.0
100.0	100.0	100.0	100.0	100.0	100.0	100.0	100.0

3-26 分行业(新行业)各月工业

项目名称	1月	2月	3月	4月	5月
总指数	100.0	99.6	99.0	99.4	99.8
煤炭开采和洗选业	99.6	101.5	99.2	98.7	98.7
烟煤和无烟煤开采洗选	99.6	101.5	99.2	98.7	98.7
黑色金属矿采选业	99.9	100.2	99.9	99.5	100.5
铁矿采选	100.0	100.0	100.0	100.0	100.0
锰矿、铬矿采选	99.7	100.8	99.5	98.4	101.8
有色金属矿采选业	99.8	101.1	98.3	100.2	100.2
常用有色金属矿采选	99.5	100.2	97.1	101.3	99.4
贵金属矿采选	103.4	102.1	98.2	106.8	104.8
稀有稀土金属矿采选	98.1	103.3	101.9	92.7	98.7
非金属矿采选业	99.8	100.2	100.2	99.5	99.7
土砂石开采	99.8	100.3	100.4	99.2	100.1
化学矿开采	100.0	100.0	97.8	100.0	102.2
采盐	98.2	98.5	100.0	102.3	86.8
石棉及其他非金属矿采选	100.0	100.0	100.0	100.0	100.0
农副食品加工业	100.1	100.6	99.6	100.2	99.5
谷物磨制	100.0	100.2	100.5	102.0	100.2
饲料加工	99.6	100.4	100.0	100.3	100.0
植物油加工	100.4	100.1	99.6	100.6	99.8
屠宰及肉类加工	101.6	102.5	100.1	97.4	96.7
水产品加工	100.0	100.0	100.0	100.0	100.1
蔬菜、菌类、水果和坚果加工	99.8	100.0	94.3	100.0	99.8
其他农副食品加工	99.0	100.0	99.3	100.1	100.0
食品制造业	99.7	99.9	100.0	100.3	99.9
焙烤食品制造	100.0	100.0	100.0	100.0	99.5
糖果、巧克力及蜜饯制造	100.0	100.0	100.0	100.0	100.0
方便食品制造	100.1	99.8	100.2	102.0	99.3
乳制品制造	100.0	99.9	99.6	98.6	100.3
罐头食品制造	98.8	99.8	99.6	99.7	100.0
调味品、发酵制品制造	99.3	100.0	100.3	100.1	100.6
其他食品制造	99.8	99.9	100.1	100.0	100.1
酒、饮料及精制茶制造业	99.6	100.5	99.4	99.8	100.1
酒的制造	99.9	101.7	98.0	100.1	100.2
饮料制造	99.6	100.0	99.9	99.9	100.1
精制茶加工	99.5	100.0	100.0	99.4	100.0
烟草制品业	100.0	100.0	100.0	100.0	100.0
烟叶复烤	100.0	100.0	100.0	100.0	100.0
卷烟制造	100.0	100.0	100.0	100.0	100.0
纺织业	100.7	100.1	99.8	99.3	99.5
棉纺织及印染精加工	100.1	100.1	99.7	97.7	99.2
麻纺织及染整精加工	100.3	100.0	99.7	97.6	100.4
针织或钩针编织物及其制品制造	98.9	100.7	95.6	103.4	100.1
家用纺织制成品制造	102.9	99.7	101.2	102.8	98.5
产业用纺织制成品制造	102.8	100.0	101.9	101.9	101.4
纺织服装、服饰业	100.8	99.4	100.1	99.1	100.5
机织服装制造	100.9	99.7	100.3	99.3	100.5
针织或钩针编织服装制造	100.5	98.6	99.4	98.7	100.6
皮革、毛皮、羽毛及其制品和制鞋业	100.6	100.0	100.3	99.9	100.0
皮革鞣制加工	99.9	100.4	100.0	100.1	99.0
皮革制品制造	102.5	100.0	99.7	100.3	99.6

生产者出厂价格环比指数(2020年)

6月	7月	8月	9月	10月	11月	12月
100.4	100.1	100.8	100.0	99.7	100.5	101.0
98.1	100.5	100.0	100.1	99.1	100.8	103.1
98.1	100.5	100.0	100.1	99.1	100.8	103.1
99.1	98.9	100.2	101.6	100.7	100.1	99.9
100.0	100.0	100.0	101.7	101.7	100.0	96.7
97.1	96.1	100.6	101.4	98.0	100.3	108.5
100.8	100.0	102.6	102.6	101.7	99.7	101.3
100.4	98.9	101.9	103.9	102.9	100.2	102.5
100.2	103.2	105.6	100.7	97.5	97.9	97.9
102.7	100.2	101.9	100.4	102.1	99.6	100.4
107.2	100.3	99.8	100.6	98.3	100.7	100.3
109.1	100.2	100.0	100.7	97.8	100.0	100.0
100.0	102.2	102.1	100.0	100.8	101.2	102.0
97.9	100.0	90.9	101.2	104.5	106.2	105.1
100.0	100.0	100.0	100.0	100.0	104.1	100.0
100.3	100.9	100.4	100.3	100.0	100.5	101.4
100.1	100.0	100.1	100.1	100.3	98.5	101.1
100.5	100.9	101.0	100.3	100.6	100.8	101.9
98.3	100.9	100.8	101.9	101.3	102.2	101.0
102.7	103.3	100.4	99.1	97.1	97.7	102.8
100.0	98.8	100.1	100.1	100.1	99.9	100.1
99.8	100.2	100.0	100.1	100.3	100.4	100.2
100.0	100.1	100.0	100.1	100.1	106.8	100.4
99.9	100.0	99.9	99.8	99.7	99.8	100.1
100.0	100.0	100.0	100.0	100.0	100.0	100.0
100.0	100.0	100.0	100.0	100.0	100.0	100.0
99.3	100.0	100.1	99.9	99.9	100.1	100.1
99.3	101.1	101.0	100.0	99.6	97.7	101.5
100.3	99.9	98.9	99.9	99.9	100.0	99.7
100.2	99.7	99.7	100.1	98.5	99.8	99.8
100.0	100.0	100.0	99.4	100.0	99.8	100.1
99.8	99.5	100.0	100.6	99.2	100.1	100.2
100.1	98.6	100.1	102.5	100.4	100.4	101.6
100.0	100.0	100.0	99.8	97.4	100.4	99.7
99.4	99.7	100.0	99.9	100.0	99.5	99.5
100.0	100.0	100.0	100.0	100.0	100.0	100.0
100.0	100.0	100.0	100.0	100.0	100.0	100.0
100.0	100.0	100.0	100.0	100.0	100.0	100.0
100.0	100.1	100.0	100.1	100.6	100.1	102.0
99.6	100.3	99.6	99.9	100.9	100.2	102.7
99.0	99.4	99.5	100.5	101.0	99.9	99.2
100.4	99.6	100.3	100.6	100.0	99.2	100.6
100.0	100.0	100.5	100.2	99.5	100.2	99.5
102.6	101.1	101.8	100.0	100.7	100.0	106.9
100.2	100.1	100.1	100.1	100.4	100.3	100.1
100.4	100.2	100.1	99.7	100.2	100.5	100.2
99.4	99.7	99.9	101.8	101.3	99.7	99.6
99.8	99.9	100.3	98.9	100.2	100.1	99.6
99.4	99.4	100.0	100.0	99.1	100.1	100.5
99.9	99.9	99.9	99.2	100.1	100.0	100.1

3-26 续表 1

项目名称	1月	2月	3月	4月
制鞋业	100.2	99.8	100.5	99.8
木材加工和木、竹、藤、棕、草制品业	100.1	99.9	99.8	99.9
木材加工	99.9	100.0	99.8	99.9
人造板制造	100.1	100.0	99.9	99.9
木制品制造	99.8	100.0	100.2	98.8
竹、藤、棕、草制品制造	100.4	99.7	99.4	100.2
家具制造业	99.7	99.9	100.0	100.2
木质家具制造	99.7	99.8	99.9	100.2
其他家具制造	100.0	100.0	100.0	100.1
造纸和纸制品业	99.8	100.2	101.8	99.5
造纸	99.6	100.0	102.5	99.4
纸制品制造	100.4	100.5	100.5	99.7
印刷和记录媒介复制业	100.0	100.1	101.5	100.1
印刷	100.0	100.1	101.5	100.1
装订及印刷相关服务	100.0	100.0	92.9	100.0
记录媒介复制	100.0	100.0	100.0	100.0
文教、工美、体育和娱乐用品制造业	100.1	100.1	100.2	99.9
文教办公用品制造	100.0	100.0	100.0	100.0
工艺美术及礼仪用品制造	100.1	100.0	100.0	100.1
体育用品制造	100.2	100.3	100.4	99.6
玩具制造	100.0	100.0	100.0	100.0
石油、煤炭及其他燃料加工业	102.9	93.3	90.6	91.1
精炼石油产品制造	103.2	92.3	89.7	89.9
煤炭加工	101.1	98.4	95.1	97.2
化学原料和化学制品制造业	99.7	99.9	98.9	98.5
基础化学原料制造	98.2	98.9	97.1	94.3
肥料制造	100.3	100.4	101.2	104.5
农药制造	100.8	99.8	100.9	99.4
涂料、油墨、颜料及类似产品制造	100.1	100.0	99.5	98.8
合成材料制造	99.9	99.0	95.9	101.9
专用化学产品制造	99.7	101.1	100.3	98.5
炸药、火工及焰火产品制造	100.0	100.0	99.1	98.8
日用化学产品制造	100.3	100.0	100.7	99.9
医药制造业	99.9	100.1	100.5	100.2
化学药品原料药制造	100.0	100.2	100.1	99.7
化学药品制剂制造	100.0	100.6	100.0	100.1
中药饮片加工	100.1	100.1	100.3	99.9
中成药生产	100.1	99.8	100.7	100.0
兽用药品制造	101.4	100.4	100.2	100.0
生物药品制品制造	97.8	100.0	102.2	102.2
卫生材料及医药用品制造	100.0	100.0	100.0	100.0
药用辅料及包装材料	100.0	100.0	100.0	100.0
化学纤维制造业	101.0	97.8	97.0	89.4
纤维素纤维原料及纤维制造	100.0	100.0	100.0	100.0
合成纤维制造	101.2	97.3	96.3	86.9
生物基材料制造	100.0	100.0	100.0	100.0
橡胶和塑料制品业	100.4	99.9	97.5	99.9
橡胶制品业	101.0	100.0	100.2	99.9
塑料制品业	100.3	99.8	97.1	99.9
非金属矿物制品业	99.4	99.4	99.1	99.2

5月	6月	7月	8月	9月	10月	11月	12月
100.5	100.0	100.1	100.5	98.5	100.5	100.1	99.2
99.7	100.2	99.7	99.9	100.2	100.0	100.0	100.0
100.0	99.9	99.6	99.8	99.7	99.8	100.4	100.1
99.6	100.5	99.8	99.9	100.1	100.2	100.1	100.1
100.3	100.3	100.4	99.9	100.5	99.7	99.7	100.6
99.6	99.4	99.2	99.7	100.7	99.7	99.7	99.4
99.5	100.2	100.0	100.0	99.6	100.1	99.8	99.6
99.5	100.2	100.1	100.0	99.6	100.0	99.7	99.6
100.0	100.0	99.8	100.0	100.0	100.3	100.1	100.0
98.6	98.9	101.6	100.2	100.2	100.1	100.2	101.1
98.9	98.2	102.2	100.4	100.3	100.2	100.2	101.5
98.0	100.2	100.3	99.7	99.8	100.0	100.2	100.3
99.9	99.9	100.7	100.0	99.9	100.8	98.9	100.2
99.9	99.9	100.6	100.0	99.9	100.9	98.9	100.1
100.0	100.0	107.6	100.0	100.0	92.9	100.0	107.6
100.0	100.0	100.0	100.0	100.0	100.0	100.0	100.0
99.9	99.9	100.2	99.9	100.3	98.4	98.8	100.1
100.0	100.0	100.0	100.0	100.0	100.0	100.0	100.0
100.1	100.1	100.0	100.0	100.0	97.6	97.7	99.5
99.7	99.6	99.9	99.9	100.3	99.6	100.3	99.8
100.0	100.0	102.8	99.3	102.8	96.6	97.2	104.3
98.6	100.5	102.3	102.0	99.6	98.9	101.7	104.6
97.9	99.5	102.4	102.8	99.3	98.0	101.1	105.3
101.9	104.4	101.7	98.8	101.0	103.1	104.5	101.7
99.5	100.7	98.6	99.4	99.6	100.0	101.5	101.5
100.5	103.7	93.7	99.5	100.3	101.2	105.0	106.1
100.0	99.2	100.2	99.8	97.9	100.2	100.1	101.0
99.4	100.1	100.3	99.5	99.8	100.0	99.9	99.9
100.3	100.8	99.9	99.8	101.0	100.1	100.1	100.2
100.0	100.4	99.4	97.7	102.3	99.8	103.2	103.0
98.9	99.4	99.8	97.9	96.7	99.3	102.0	100.5
98.8	100.0	99.8	100.0	100.0	99.5	99.9	99.7
100.3	99.7	99.0	101.6	99.2	100.6	100.3	100.2
99.7	100.4	100.8	101.3	98.6	98.4	102.4	98.9
99.6	101.6	101.9	103.7	96.0	93.9	108.4	97.2
100.0	99.9	97.7	99.9	100.2	100.8	100.1	99.9
99.6	100.0	100.7	98.9	99.7	100.4	100.5	99.9
100.4	100.0	100.1	100.2	100.0	100.3	100.1	99.7
99.8	100.0	100.2	99.8	100.0	100.0	100.0	100.2
98.4	100.0	102.7	102.1	99.0	100.8	99.7	98.2
100.0	100.0	100.0	100.0	98.2	96.7	99.7	100.3
100.0	100.0	100.0	100.0	98.2	96.7	99.7	100.3
97.1	101.7	102.0	101.6	100.0	99.9	100.5	102.2
100.0	100.0	100.0	100.0	100.0	99.4	100.0	100.0
96.3	102.2	102.5	102.0	100.0	100.0	100.7	102.8
100.0	100.0	100.0	100.0	100.0	99.4	100.0	100.0
98.6	99.9	99.8	99.9	99.6	100.5	100.5	100.9
97.7	98.1	99.1	100.1	99.6	99.6	101.0	99.9
98.7	100.1	100.0	99.9	99.5	100.6	100.5	101.0
99.7	100.4	100.0	99.3	100.0	99.6	101.5	101.0

3-26 续表 2

项目名称	1月	2月	3月	4月
水泥、石灰和石膏制造	96.4	97.2	94.9	95.9
石膏、水泥制品及类似制品制造	100.2	99.7	100.3	99.4
砖瓦、石材等建筑材料制造	100.1	99.8	100.2	101.0
玻璃制造	101.1	97.5	99.0	97.0
玻璃制品制造	99.4	100.3	100.9	99.9
玻璃纤维和玻璃纤维增强塑料制品制造	100.0	100.0	100.0	100.0
陶瓷制品制造	100.1	99.8	99.0	98.9
耐火材料制品制造	100.0	100.1	100.4	99.2
石墨及其他非金属矿物制品制造	100.1	100.5	100.9	100.3
黑色金属冶炼和压延加工业	99.1	99.5	97.2	96.1
炼铁	100.0	100.0	100.8	100.0
炼钢	100.1	100.0	100.0	100.0
钢压延加工	98.6	98.7	95.8	96.2
铁合金冶炼	100.3	101.3	100.0	95.5
有色金属冶炼和压延加工业	99.9	98.4	94.4	99.9
常用有色金属冶炼	97.8	98.1	95.5	100.6
贵金属冶炼	104.1	100.3	88.8	102.3
稀有稀土金属冶炼	98.2	101.1	102.7	93.3
有色金属合金制造	97.4	100.7	103.7	96.7
有色金属压延加工	100.6	97.1	94.0	99.1
金属制品业	100.0	100.0	100.2	100.1
结构性金属制品制造	99.0	99.9	100.1	100.2
金属工具制造	101.2	100.2	100.1	99.7
集装箱及金属包装容器制造	100.0	100.0	100.2	98.8
金属丝绳及其制品制造	99.9	100.0	99.5	97.7
建筑、安全用金属制品制造	99.9	100.0	101.0	99.4
金属表面处理及热处理加工	100.0	100.0	100.0	100.0
搪瓷制品制造	100.0	100.0	100.0	100.0
金属制日用品制造	100.0	100.0	101.3	100.0
锻造及其他金属制品制造	100.5	100.0	100.3	100.6
通用设备制造业	100.5	99.8	100.0	99.8
锅炉及原动设备制造	101.7	98.9	100.0	100.0
金属加工机械制造	100.7	99.9	100.7	100.7
物料搬运设备制造	100.3	99.7	100.1	100.5
泵、阀门、压缩机及类似机械制造	100.0	100.0	99.8	100.0
轴承、齿轮和传动部件制造	100.8	99.6	100.0	100.0
烘炉、风机、包装等设备制造	100.6	99.9	99.6	98.9
文化、办公用机械制造	100.0	100.0	100.0	100.0
通用零部件制造	101.0	99.6	100.0	99.2
其他通用设备制造	99.6	100.4	100.4	98.8
专用设备制造业	100.1	99.1	99.8	99.4
采矿、冶金、建筑专用设备制造	100.0	98.7	99.6	99.5
化工、木材、非金属加工专用设备制造	100.0	100.0	100.0	95.8
食品、饮料、烟草及饲料生产专用设备制造	100.1	100.0	100.2	101.0
印刷、制药、日化及日用品生产专用设备制造	103.8	100.0	99.5	98.0
纺织、服装和皮革加工专用设备制造	99.8	100.1	100.0	100.4
农、林、牧、渔专用机械制造	100.0	101.0	101.0	100.6
医疗仪器设备及器械制造	101.0	99.8	100.0	100.2
环保、邮政、社会公共服务及其他专用设备制造	100.4	100.0	100.1	100.1

5月	6月	7月	8月	9月	10月	11月	12月
100.6	100.7	97.8	96.7	99.7	100.4	104.6	103.6
98.3	100.3	99.8	99.7	100.0	99.4	100.3	101.3
100.3	100.0	100.2	100.0	100.5	99.2	99.6	100.0
86.0	102.7	109.7	101.8	100.7	96.7	99.7	106.1
99.8	100.4	99.8	100.5	99.4	100.3	100.0	102.1
100.0	99.4	100.0	100.0	100.0	100.0	100.0	100.0
100.3	99.7	101.3	100.4	99.2	101.0	101.2	100.3
100.0	100.6	99.6	99.6	100.0	99.3	100.8	100.2
100.0	101.4	100.5	99.1	100.1	97.9	103.7	99.6
101.6	102.8	100.3	101.6	98.7	100.6	102.3	104.8
99.2	100.4	100.0	100.0	100.2	99.8	100.4	100.2
99.9	99.0	100.0	100.1	100.1	100.0	100.0	100.0
102.4	102.9	101.3	102.1	97.9	101.1	103.6	105.6
99.9	102.9	98.1	100.6	100.4	99.7	99.3	103.4
102.1	101.8	101.8	109.1	101.1	97.0	100.4	103.5
101.5	100.0	98.3	106.8	103.8	97.9	102.0	103.8
105.7	104.9	103.7	129.4	97.2	91.3	97.7	100.6
97.8	100.6	99.4	101.5	108.7	101.8	97.6	98.5
99.1	99.8	101.4	100.1	100.0	98.2	100.0	99.3
101.8	102.4	104.8	101.9	100.2	99.2	100.7	106.2
99.6	100.6	100.2	99.9	100.2	99.2	100.1	100.3
100.0	101.9	100.8	99.7	100.3	98.8	100.0	100.2
100.1	99.7	100.0	100.1	100.0	99.7	99.9	100.6
100.2	100.9	100.1	100.3	100.7	100.1	100.8	100.2
99.7	102.4	100.3	100.6	100.5	100.0	100.2	101.2
99.5	100.1	100.3	100.9	100.8	99.6	100.8	100.6
100.0	100.0	100.0	100.0	100.0	100.0	100.0	100.0
100.0	100.0	100.0	100.0	100.0	100.0	100.0	100.0
99.2	100.0	100.0	100.1	99.9	100.1	100.0	100.0
99.2	100.1	99.7	99.7	100.0	98.9	100.2	100.2
99.9	100.0	99.4	100.2	99.8	100.4	100.2	100.3
100.0	100.0	100.1	99.9	100.0	100.3	100.1	100.0
99.8	100.0	100.0	100.3	100.4	100.7	100.0	99.7
99.2	98.4	100.2	101.8	98.4	99.4	101.5	98.2
100.2	100.4	99.1	99.6	100.5	100.1	100.0	99.8
100.0	101.7	99.0	100.0	100.0	100.0	101.1	99.1
99.5	99.8	100.1	99.7	99.1	102.5	99.4	100.4
100.0	100.0	100.0	100.0	100.0	100.0	100.0	100.0
100.3	99.6	97.8	100.0	100.1	99.9	99.9	103.4
100.4	100.9	99.6	100.0	99.2	100.4	100.8	101.5
99.6	100.1	99.6	100.4	99.8	99.2	99.8	100.0
99.6	100.1	99.5	100.5	99.9	98.8	99.8	100.1
100.0	100.1	99.9	99.9	98.4	100.0	100.2	99.9
100.0	100.0	99.8	99.9	100.9	99.3	99.3	99.9
100.0	100.0	100.9	99.5	98.5	101.0	99.2	98.0
98.9	100.4	100.4	100.8	100.3	100.2	99.5	100.2
99.1	100.5	100.1	100.0	100.0	100.0	100.1	100.1
99.9	101.6	100.3	100.0	100.1	100.2	100.2	99.8
99.3	99.8	99.6	99.9	100.3	101.5	99.3	99.7

3-26 续表 3

项目名称	1月	2月	3月	4月
汽车制造业	100.2	99.4	100.1	99.9
汽车整车制造	99.8	100.0	100.0	100.0
汽车用发动机制造	99.8	100.0	100.0	100.0
改装汽车制造	100.4	99.3	100.4	99.5
汽车车身、挂车制造	99.2	86.8	100.0	100.0
汽车零部件及配件制造	100.6	100.4	100.2	99.7
铁路、船舶、航空航天和其他运输设备制造业	100.2	100.0	100.2	99.9
铁路运输设备制造	100.1	100.0	100.2	100.0
城市轨道交通设备制造	101.1	100.0	100.0	100.0
船舶及相关装置制造	100.0	100.0	100.0	100.0
航空、航天器及设备制造	100.0	100.0	100.0	99.8
摩托车制造	100.1	99.6	101.4	98.8
潜水救捞及其他未列明运输设备制造	101.9	100.0	100.0	100.0
电气机械和器材制造业	100.3	99.8	99.9	99.2
电机制造	99.8	101.2	101.1	100.2
输配电及控制设备制造	99.9	100.2	100.4	100.0
电线、电缆、光缆及电工器材制造	100.1	99.7	98.1	97.2
电池制造	100.8	96.6	101.3	99.6
家用电力器具制造	100.0	99.6	100.0	100.0
非电力家用器具制造	100.0	100.0	100.0	100.0
照明器具制造	104.1	100.0	98.8	100.2
计算机、通信和其他电子设备制造业	100.0	100.3	100.0	100.5
计算机制造	99.4	100.2	100.0	101.1
通信设备制造	100.0	99.3	100.1	100.9
广播电视设备制造	100.5	100.0	100.8	99.8
雷达及配套设备制造	100.0	100.0	100.0	100.0
视听设备制造	97.5	99.4	99.7	98.6
智能消费设备制造	100.0	99.9	100.0	100.0
电子器件制造	99.9	103.5	99.0	101.5
电子元件及电子专用材料制造	100.2	100.0	100.1	100.0
仪器仪表制造业	100.1	100.1	99.8	100.4
通用仪器仪表制造	100.1	100.2	99.9	100.6
专用仪器仪表制造	100.0	100.0	99.6	100.0
光学仪器制造	100.0	100.0	100.0	100.5
其他制造业	98.6	101.9	100.8	99.8
日用杂品制造	98.6	101.9	100.8	99.8
废弃资源综合利用业	97.6	98.0	95.9	89.0
金属废料和碎屑加工处理	97.6	98.0	95.9	89.0
电力、热力生产和供应业	100.1	100.0	100.3	101.0
电力生产	99.8	99.9	100.0	104.0
电力供应	100.4	100.0	100.4	99.1
热力生产和供应	100.0	100.0	100.0	100.0
燃气生产和供应业	99.1	99.9	97.0	98.2
燃气生产和供应业	99.1	99.9	97.0	98.2
生物质燃气生产和供应业	99.1	99.9	97.0	98.2
水的生产和供应业	100.0	100.0	100.0	100.0
自来水生产和供应	100.0	100.0	100.0	100.0
污水处理及其再生利用	100.0	100.0	100.0	100.0

5月	6月	7月	8月	9月	10月	11月	12月
99.9	100.1	99.7	100.1	100.3	100.3	100.6	100.0
99.7	99.9	100.0	100.0	100.0	100.0	99.7	100.0
99.7	99.9	100.0	100.0	100.0	100.0	99.7	100.0
99.7	100.2	100.2	100.0	99.9	99.8	99.0	99.4
100.0	100.0	100.0	100.0	100.0	100.0	100.0	100.0
100.2	100.3	99.5	100.2	100.7	100.5	101.5	100.0
99.3	100.5	99.5	99.9	99.5	99.9	100.6	99.5
99.1	100.6	99.4	99.9	99.5	99.8	100.8	99.4
100.0	99.2	99.6	99.6	100.0	100.0	100.0	100.0
100.0	100.0	100.0	100.0	100.0	100.0	100.0	100.0
99.5	99.7	101.0	99.5	100.5	99.5	100.5	100.5
99.9	99.7	100.0	99.9	98.8	100.7	100.2	100.0
100.0	100.0	100.0	100.0	100.0	100.0	100.0	100.0
99.8	100.0	100.9	100.1	100.3	100.6	100.3	101.1
99.9	99.9	100.0	100.0	99.7	102.6	100.3	100.4
99.9	99.9	100.4	99.8	99.6	100.3	99.9	99.8
100.8	100.6	104.1	101.2	101.8	100.5	101.0	104.4
96.7	98.7	96.5	98.9	100.1	98.6	99.4	98.4
99.9	99.7	100.4	100.0	100.0	100.0	100.0	100.0
100.0	101.2	103.4	100.0	100.0	100.0	100.0	100.0
100.1	100.0	100.0	100.0	100.1	100.1	100.1	100.1
100.2	99.4	98.7	99.3	99.2	101.6	99.3	99.3
100.0	100.7	99.3	99.1	98.3	99.1	99.1	98.8
99.7	100.9	100.1	98.7	97.6	100.0	98.3	98.8
99.9	99.6	101.4	99.8	100.8	99.4	101.4	100.3
100.0	100.0	100.0	100.0	100.0	98.3	100.0	97.4
101.3	97.2	99.8	99.9	97.5	96.6	100.9	99.6
99.7	98.9	100.2	99.9	100.1	99.9	100.1	100.1
99.2	98.5	100.7	100.2	100.3	100.5	98.4	100.0
101.0	98.4	96.4	99.2	100.0	104.5	99.8	99.4
100.3	100.0	100.2	100.0	100.3	100.0	100.2	100.2
100.4	100.0	100.2	100.0	100.3	100.0	100.2	100.3
100.0	100.0	100.0	100.0	100.0	100.0	100.0	100.0
100.0	100.0	100.5	100.0	101.1	100.0	100.0	100.0
100.8	101.7	101.8	100.8	98.6	100.3	101.7	101.5
100.8	101.7	101.8	100.8	98.6	100.3	101.7	101.5
102.9	109.1	100.4	101.0	103.7	98.4	101.1	102.4
102.9	109.1	100.4	101.0	103.7	98.4	101.1	102.4
98.0	99.7	100.1	100.2	100.1	100.2	100.5	100.0
95.6	99.8	100.5	100.8	99.4	100.4	102.5	99.5
99.5	99.7	99.9	99.9	100.5	100.0	99.3	100.3
100.0	100.0	100.0	100.0	100.0	100.0	100.0	100.0
100.0	99.9	100.8	99.8	99.8	99.9	102.4	101.5
100.0	99.9	100.8	99.8	99.8	99.9	102.4	101.5
100.0	99.9	100.8	99.8	99.8	99.9	102.4	101.5
100.0	100.0	100.0	100.0	100.0	100.0	100.0	100.0
100.0	100.0	100.0	100.0	100.0	100.0	100.0	100.0
100.0	100.0	100.0	100.0	100.0	100.0	100.0	100.0

3-27 长沙市住宅销售同比价格指数(2020年)

上年同期=100

项　目	1月	2月	3月	4月	5月	6月	7月	8月	9月	10月	11月	12月
新建住宅												
新建商品住宅	104.6	104.7	105	105.3	104.8	105.4	105.7	106.3	106.5	106.4	105.8	105
90平方米以下	103.9	103.8	104.4	104.3	103.9	104.4	104.7	105.3	105.6	105.8	104.8	104.3
90-144平方米	104.4	104.6	104.5	104.7	104.4	104.8	104.9	105.2	105.4	105.3	105	104.5
144平方米以上	105.2	105.5	106.1	106.9	105.8	107.1	107.6	108.8	108.8	108.4	107.6	106.3
二手住宅	**98.8**	**98.7**	**98.7**	**98.1**	**98.3**	**98.9**	**99.5**	**99.7**	**100**	**100.3**	**100.7**	**101.3**
90平方米以下	97.7	97.1	97	96.6	96	97.6	98.5	98.9	99	99	99.3	100.7
90-144平方米	99.5	99.5	99.5	98.5	98.8	98.5	99.4	99.9	100.1	100.9	101.2	101.4
144平方米以上	99	99.1	99.4	99	99.7	100.7	100.6	100.2	100.8	100.9	101.3	101.6

3-28 岳阳市住宅销售同比价格指数(2020年)

上年同期=100

项　目	1月	2月	3月	4月	5月	6月	7月	8月	9月	10月	11月	12月
新建住宅												
新建商品住宅	97.9	97.9	97.7	98	98.6	99	99.1	99.7	100.5	100.2	100.4	101
90平方米以下	96	96.9	97.6	97.4	98.2	99.1	99.1	100.6	102	99.6	99.8	100.5
90-144平方米	98.4	97.6	97.3	97.9	98.4	99	99.2	99.3	99.8	100.3	100.6	101
144平方米以上	98.3	99.2	98.7	98.8	99.5	98.9	99.1	99.8	100.8	100.4	100.6	101.1
二手住宅	**98.6**	**98.2**	**98.2**	**98.6**	**98.5**	**98.8**	**98.5**	**99.1**	**99.7**	**99.9**	**100.7**	**100.8**
90平方米以下	99.7	99.8	99.2	99.3	99.7	99.8	99.7	99.7	99.8	99.1	100	99.9
90-144平方米	98.1	97.2	97.5	98.1	97.7	98.2	97.7	98.7	99.6	100.6	101.3	101.5
144平方米以上	97.4	97.5	98	98.4	98.4	98.5	97.9	99.2	99.3	99.3	100.5	100.4

3-29 常德市住宅销售同比价格指数(2020年)

上年同期=100

项　目	1月	2月	3月	4月	5月	6月	7月	8月	9月	10月	11月	12月
新建住宅												
新建商品住宅	103.4	103.7	101.8	100.7	100.7	100.0	100.3	99.5	99.4	98.4	98.4	98.6
90平方米以下	102.8	102.8	100.4	99.0	99.7	98.6	99.0	98.4	99.0	98.6	98.5	99.1
90-144平方米	103.9	104.4	102.5	101.5	101.1	100.8	100.8	99.9	99.4	98.2	97.9	98.0
144平方米以上	103.4	103.5	102.4	101.8	101.2	100.6	101.5	100.7	100.0	98.7	99.7	99.7
二手住宅	**98.6**	**98.6**	**97.7**	**97.8**	**97.5**	**97.7**	**97.5**	**97.8**	**97.9**	**98.0**	**98.2**	**98.5**
90平方米以下	97.8	97.9	96.9	97.9	97.2	97.3	96.9	97.5	97.2	98.4	99.1	98.9
90-144平方米	99.2	99.2	98.6	97.9	98.1	98.5	98.4	98.0	98.6	97.5	97.5	98.1
144平方米以上	98.9	99	97.1	97.1	96.9	96.4	96.1	97.8	97.4	98.5	98.2	99.0

3–30 历年固定资产投资价格指数

上年同期=100

年份	总指数	建筑安装工程	人工费	材料费	机械使用费	设备、工器具购置	其他投资
1983	101.2	104.5	100.0	104.0		99.5	97.2
1984	104.5	108.9	103.0	106.0		100.2	99.2
1985	105.2	110.0	99.8	107.4		101.0	98.5
1986	108.7	112.2	111.8	111.3		101.4	101.0
1987	109.1	113.5	106.6	112.1		102.0	90.8
1988	119.2	121.4	109.5	123.9		103.6	110.1
1989	105.7	107.6	111.2	107.0		98.5	81.9
1990	107.3	113.6	145.9	110.3		102.1	90.1
1991	108.1	109.6	105.3	111.9		105.8	99.2
1992	116.4	119.9	127.5	123.3		109.7	108.4
1993	129.5	132.7	130.5	143.0		120.0	126.7
1994	113.5	111.8	120.2	113.1		113.0	146.8
1995	109.5	110.4	133.4	105.6		104.7	114.7
1996	104.9	108.2	113.1	101.7	112.3	99.3	96.2
1997	101.8	102.1	104.4	100.2	103.1	98.9	107.5
1998	102.7	104.2	108.8	100.6	104.1	97.1	105.5
1999	100.5	100.6	104.7	98.6	102.0	98.6	103.1
2000	102.3	103.3	105.6	101.3	106.4	99.0	101.4
2001	101.3	101.8	107.4	100.8	100.4	99.1	101.1
2002	100.4	100.9	104.3	99.6	101.6	99.0	99.1
2003	102.8	104.4	103.1	107.1	100.6	97.7	101.8
2004	105.5	107.9	103.9	113.2	101.6	99.1	103.4
2005	103.6	104.3	108.8	103.0	103.4	100.7	104.1
2006	103.1	103.4	112.1	100.6	102.4	100.4	105.2
2007	105.8	107.6	114.0	106.8	104.6	101.4	103.4
2008	109.9	112.3	116.4	112.3	109.5	104.7	105.1
2009	99.7	99.6	108.8	95.3	100.6	98.8	101.2
2010	104.0	104.8	109.4	103.3	104.4	101.7	103.3
2011	107.2	108.9	112.0	108.3	106.8	102.7	106.0
2012	101.7	102.2	109.8	99.0	103.1	99.6	102.0
2013	101.3	101.6	107.2	98.9	102.3	99.6	102.3
2014	101.5	101.5	105.4	99.7	101.9	100.0	103.4
2015	100.4	100.3	109.9	95.7	101.5	99.9	101.7
2016	100.4	100.7	103.4	99.1	101.4	99.4	100.7
2017	105.7	107.7	103.1	113.0	102.0	100.0	100.6
2018	104.8	105.8	104.9	107.7	103.1	100.7	102.6
2019	101.7	101.5	101.7	101.7	100.2	100.4	104.7

3-31 农产品生产者价格指数(2011-2020年)

上年=100

项　目	2011	2012	2013	2014	2015	2016	2017	2018	2019	2020
合计	**121.9**	**100.2**	**102.1**	**98.6**	**104.1**	**104.7**	**98.0**	**95.38**	**118.00**	**123.3**
农业产品	116.1	103.1	101.1	100.0	101.5	96.2	107.4	98.20	102.00	102.7
谷物(原粮)	117.7	104.9	98.1	101.4	102.2	96.2	101.7	99.49	98.90	106.6
稻谷	118.4	105.1	97.9	101.4	102.3	96.7	101.5	99.04	99.00	106.5
早籼稻	117.1	107.7	98.0	101.6	100.0	100.3	99.2	102.73		
晚籼稻	119.2	103.1	97.7	102.3	104.3	93.9	103.2	96.48		
中籼稻					101.5	95.1	102.7	94.84		
玉米	104.3	107.0	102.7	99.7	100.1	85.7	106.7	108.18	97.80	108.7
薯类	111.7	112.2	106.2	101.1	89.2	124.8	104.3	110.09	112.10	103.1
马铃薯	113.8	111.3	126.1	91.1	97.3	114.7	99.8	119.90		
甘薯					87.0	127.6	105.5	133.72		
油料	119.6	103.3	103.9	100.4	102.0	102.9	103.6	100.73	105.50	108.3
花生	107.6	109.2		97.9	100.0					
油菜籽	121.7	104.6	104.1	100.0	103.0	100.1	101.1	96.29		
豆类	111.4	104.7	104.9	101.4	101.1	108.4	97.3	89.68	104.30	107.5
棉花(籽棉)	85.6	90.2	99.1	87.1	90.5	91.5	121.9	93.93	103.20	90.4
未加工烟草					103.1	103.8	110.4	100.53	104.70	101.3
蔬菜及食用菌					101.6	101.6	98.8	100.37		
蔬菜	107.5	106.5	109.5	98.0	101.6	101.6	98.8	100.30	117.50	106.5
叶菜类	105.2	114.4	100.8	100.8	101.7	107.5	77.4	106.31		
白菜类					102.2	110.7	88.8	103.25		
甘蓝类					103.5	109.5	83.2	102.99		
根茎类	99.3	116.0	109.0	96.1	103.1	103.6	100.6	93.59		
瓜菜类	114.7	90.9	110.1	109.9	97.7	97.2	103.6	101.37		
豆类								101.33		
茄果类	102.2	111.5	111.7	97.8	102.6	96.4	103.8	98.98		
莴苣类					98.8	104.9	88.6	115.48		
葱蒜类	105.8	106.2	103.8	97.5	104.0	103.8	101.4	103.46		
食用菌	116.8	109.7	102.1	106.6	103.0	102.4	95.5	109.65		
水果					111.3	82.1	122.8	91.33	117.80	94.8
梨					106.1	110.7	116.4	96.36		
柑橘类水果					115.7	73.4	123.8	90.68		
葡萄					94.4	96.3	96.8	88.48		
瓜类水果	100.5	116.9	104.0		104.6	101.8	129.7	94.14		
茶及饮料原料	117.2	122.7	96.1	106.4	104.0	99.6	98.1	101.90		
茶叶	117.2	122.7	96.1	106.4	104.0	99.6	98.1	101.90	112.80	103
中草药材	101.1	91.7	93.4	100.1	105.5	95.1	105.3	113.23		

注：2015年部分指标口径和名称有所变动，当前指标均按照新的调查制度印刷，历年数据请结合参考往年调查资料。

3-31 续表 上年=100

项　目	2011	2012	2013	2014	2015	2016	2017	2018	2019	2020
林业产品	107.2	104.1	111.5	104.9	96.3	93.0	91.9	101.39	101.20	94.1
木材采伐产品	113.0	104.5	103.9	93.6	95.6	95.8	95.7	102.82	95.30	93.6
原木	113.0	104.5	106.0	93.6	95.6	95.8	95.7	102.82	95.30	93.6
竹材采伐产品	107.7	105.2	102.0	101.8	95.1	90.5	88.3	93.94	102.10	94.6
竹材					95.1	90.5	88.3	93.94	102.10	94.6
饲养动物及其产品	131.2	96.0	102.2	95.9	108.1	115.9	86.6	91.56	139.80	151.7
活牲畜	132.8	95.1	101.9	95.1	108.6	117.6	85.4	89.75		
牛	108.2	107.2	116.6	105.6	100.4	96.5	104.1	86.87	112.90	122.5
羊	117.3	104.7	108.4	104.9	94.8	88.0	90.5	97.89	116.60	119.3
猪	137.5	95.6	99.5	92.9	100.8	121.6	82.5	110.89	149.60	166.9
活家禽	112.7	106.5	105.8	106.2	103.7	103.6	97.7	104.98	110.10	89
活鸡	108.5	102.4	102.8	106.4	105.5	99.8	110.5	109.35		
活鸭	115.5	109.3	107.7	106.1	102.5	106.1	89.3	102.09		
禽蛋	113.7	106.2	105.8	102.8	101.8	89.4	98.8	118.98	99.40	88.5
鸡蛋	118.5	109.2	104.8	103.9	102.8	84.4	107.2	114.69		
鸭蛋	110.0	103.7	106.7	101.9	101.0	93.5	91.9	122.49		
渔业产品	108.1	104.6	104.9	102.7	101.2	103.1	102.8	95.83	101.10	103.1
淡水养殖产品	108.1	104.6	104.9	102.7	101.2	103.1	102.8	95.83	101.10	103.1
养殖淡水鱼	108.0	104.7	104.9	102.9	100.7	99.5	102.4	95.70		
养殖淡水青鱼	100.1	103.4		103.5	101.3	106.6	98.5	92.15		
养殖淡水草鱼	108.7	105.0	103.1	106.7	101.1	100.0	108.5	102.91		
养殖淡水鲤鱼	107.4	104.4	106.6	101.4	103.5	105.0	105.5	108.52		
养殖淡水鲢鱼	104.4	104.7	107.1	100.2	100.9	97.1	98.1	97.37		
养殖淡水鲫鱼	116.2	102.9	103.6	98.6	99.9	102.1	102.9	90.00		
养殖淡水鳙鱼	100.2	105.5	99.5	101.3	101.2	100.3	105.0	98.68		
养殖淡水鳊鲂					96.4					
养殖淡水鲶鱼					96.0					
养殖淡水黄鳝					96.4					
养殖淡水泥鳅					76.9					
淡水养殖蟹					97.6	82.8	114.0	99.50		

注：2015年部分指标口径和名称有所变动，当前指标均按照新的调查制度印刷，历年数据请结合参考往年调查资料。

3-32 分季度农产品生产者价格指数(2020年)

上年=100

项 目	1季度	2季度	3季度	4季度
合计	**156.0**	**158.1**	**125.6**	**102.3**
农业产品	109.8	109.7	101.7	104.5
谷物(原粮)	105.1	108.7	103.2	116.4
稻谷	105.1	109.0	103.2	115.4
早籼稻				
晚籼稻				
中籼稻				
玉米	101.6	104.2	102.9	133.2
薯类	125.6	83.4	104.5	109.2
马铃薯				
甘薯				
油料	99.8	127.3	109.7	102.6
花生				
油菜籽				
豆类	110.3	96.9	106.3	118.7
棉花(籽棉)	91.4		102.3	89.4
未加工烟草				100.3
蔬菜及食用菌				
蔬菜	119.6	105.2	104.5	121.7
叶菜类				
白菜类				
甘蓝类				
根茎类				
瓜菜类				
豆类(蔬菜)				
茄果类				
莴苣类				
葱蒜类				
食用菌				
水果	108.0	79.7	84.1	63.8
梨				
柑橘类水果				
葡萄				
瓜类水果				
茶及饮料原料				
茶叶	108.2	101.9	109.4	99.6
中草药材				

3-32 续表 上年=100

项　　目	1季度	2季度	3季度	4季度
林业产品	90.6	95.5	94.8	93.0
木材采伐产品		97.9	96.3	81.7
原木		97.91	96.30	81.70
竹材采伐产品	98.0	90.8	91.5	98.3
竹材	97.96	90.77	91.50	98.30
林产品	87.4	95.4	94.8	99.5
饲养动物及其产品	203.2	193.4	164.2	98.8
活牲畜				
猪	228.2	225.4	185.9	99.9
牛	119.5	137.1	113.7	108.5
羊	123.1	124.2	118.3	113.0
活家禽	96.7	95.5	88.2	75.8
活鸡				
活鸭				
禽蛋	102.5	89.0	89.5	77.9
鸡蛋				
鸭蛋				
渔业产品	107.5	106.1	101.6	99.3
淡水养殖产品	110.3	106.1	101.6	99.3
养殖淡水鱼				
养殖淡水鲤鱼				
养殖淡水草鱼				
养殖淡水鳙鱼(胖头鱼)				
养殖淡水青鱼				
养殖淡水鲢鱼				
养殖淡水鲫鱼				

3-33 农产品集贸市场分月价格(2020年)

单位：元/公斤

项　目	1月	2月	3月	4月	5月	6月	7月	8月	9月	10月	11月	12月
粮食类												
籼稻	2.71	2.75	2.75	2.81	2.84	2.83	2.84	2.85	2.81	2.88	2.92	2.95
粳稻	2.92	2.92	2.95	2.94	2.96	2.98	2.98	3.02	3	3.02	3.1	3.12
玉米	2.32	2.31	2.31	2.35	2.37	2.41	2.44	2.5	2.51	2.53	2.59	2.69
大豆	6.81	6.85	6.8	6.89	6.87	6.88	6.93	7.01	7.15	7.3	7.34	7.47
籼米	5.28	5.35	5.31	5.38	5.42	5.4	5.4	5.46	5.45	5.51	5.55	5.59
粳米	5.78	5.75	5.69	5.74	5.68	5.68	5.67	5.73	5.79	5.95	5.94	6.13
经济作物类												
棉花(籽棉)	6.33	7.5	7.45	7.5	7.49	7.47	7.48	7.53	7.63	6.67	6.35	6.62
花生仁	13.54	13.72	13.51	14.02	14.33	14.37	14.37	14.34	14.34	13.86	13.83	14.15
油菜籽	6.48	6.62	6.68	6.68	6.36	6.39	6.8	6.8	6.8	6.69	6.74	6.91
畜产品类												
活猪(毛重)	39.41	41.5	37.69	34.77	31.57	34.72	37.97	38.83	37.08	32.31	30.9	34.12
仔猪	84.58	86.97	100.57	97.06	96.01	94.85	100.01	103.29	107.33	102.89	96.23	97.85
猪肉	57.68	62.49	55.92	49.67	45.78	50.7	55.76	57.17	54.91	48.75	45.56	51.09
活牛	40.2	39.62	38.67	38.47	38.08	38.36	38.37	38.78	39.26	39.33	39.74	40.1
牛肉	102.66	102.44	100.03	98.67	96.03	96.52	96.48	97.98	98.99	99.18	98.5	99.46
活羊	41.73	41.63	41.32	41.07	40.8	40.56	40.64	40.53	41.43	42.38	42.96	45.35
羊肉	90.05	91.83	90.28	88.57	86.94	85.98	85.19	84.88	85.85	88.99	90.9	90.83
活鸡	25.89		21.33	21.25	20.02	20.26	20.84	21.35	22.46	22.27	21.77	22.52
鸡蛋	12.63	12.15	11.57	11.51	10.77	10.59	11.02	11.09	11.43	11.2	11.05	11.37
水产品类												
草鱼	14.64	15.38	14.99	14.86	15.09	15.34	15.56	15.69	15.78	15.19	14.79	14.81
鲤鱼	12.64	13.27	12.64	12.4	12.72	12.92	12.95	12.99	13.08	13.18	12.7	12.92
链鱼	8.22	8.8	8.59	8.73	8.77	8.45	8.78	8.76	8.69	8.63	8.66	8.65
蔬菜类												
大白菜	3.47	3.33	3.97	4.1	3.74	4.32	4.95	5.08	5.34	5.11	4.36	3.96
黄瓜	8.2	7.83	7.13	5.54	4.7	4.92	5.85	6.76	6.26	6.3	6.23	6.12
西红柿	9.87	10.12	9.43	10.38	8.22	7.04	7.74	8.55	8.7	8.93	8.64	8.58
菜椒	10.1	9.55	9.68	9.64	9.7	9.16	10.48	11.68	12.07	11.62	10.63	12.12
四季豆	14.87	15.18	12.15	12.31	8.6	8.99	10.67	11.79	12.01	11.43	10.69	11.82
水果类												
红富士苹果	12.7	13.25	12.98	13.09	13.33	13.35	13.49	13.39	13.2	12.96	12.83	12.9
香蕉	6.88	7.34	7.29	7.26	7	6.84	6.56	6.57	6.48	6.47	6.33	6.36
橙子	10.08	10.65	10.37	10.5	9.93	9.09	9.12	9.39	9.81	12.75	12.17	11.93

3-34 农产品集贸市场价格分月同比指数(2020年)

单位：%

项　　目	1月	2月	3月	4月	5月	6月	7月	8月	9月	10月	11月	12月
粮食类												
籼稻	2.3	3.8	4.2	6.0	7.2	6.0	6.8	6.7	4.9	7.5	9.8	10.1
粳稻	2.5	2.1	3.1	3.2	4.2	4.9	4.9	6.3	4.9	4.9	6.5	6.8
玉米	12.1	11.6	12.7	11.9	12.9	12.1	13.0	15.7	15.7	12.4	14.6	16.5
大豆	0.9	2.1	2.1	3.9	3.5	2.7	2.5	4.2	5.6	8.0	10.2	10.7
籼米	1.0	2.7	1.5	3.5	4.2	4.4	3.8	4.8	4.4	5.2	5.9	6.1
粳米	4.7	4.9	3.6	4.7	3.8	3.6	3.3	4.0	1.8	4.0	4.0	7.5
经济作物类												
棉花(籽棉)	-4.7	11.1	-0.9	-0.1	0.1	-0.1	0.1	0.9	2.3	4.2	1.8	4.7
花生仁	16.1	19.1	16.8	17.8	16.2	15.3	13.1	8.8	10.1	5.2	4.6	5.3
油菜籽	11.0	14.1	16.2	14.4	5.0	6.5	9.7	7.3	6.2	1.5	2.6	6.1
畜产品类												
活猪(毛重)	213.8	233.3	157.3	139.5	116.8	133.8	127.9	40.7	20.5	-21.5	-13.8	-6.3
仔猪	202.9	205.5	182.2	143.6	136.9	131.3	151.2	129.8	114.6	33.7	5.7	5.8
猪肉	151.7	183.0	139.0	112.2	96.9	112.4	118.1	29.5	13.3	-23.0	-9.7	-1.4
活牛	22.4	22.6	21.1	21.1	20.0	20.8	19.7	13.9	5.2	2.8	3.3	3.1
牛肉	27.4	27.5	25.8	24.1	21.4	22.7	17.4	10.3	6.0	4.5	3.2	2.7
活羊	9.8	11.5	10.9	11.0	10.9	11.1	11.9	8.7	5.1	5.9	6.0	11.5
羊肉	19.2	21.7	20.4	16.5	14.4	13.5	13.1	10.1	7.4	7.2	9.2	5.3
活鸡	13.5	-100.0	-4.4	-4.7	-11.2	-10.6	-14.0	-17.3	-18.7	-21.7	-19.8	-15.6
鸡蛋	8.5	9.6	6.0	5.5	-5.4	-5.8	-9.2	-15.1	-15.5	-18.6	-18.7	-13.3
水产品类												
草鱼	-7.3	-1.3	-3.1	-1.3	1.5	1.1	-0.4	-1.5	0.2	-3.5	-4.4	-2.5
鲤鱼	1.8	7.2	1.5	0.9	5.1	6.0	5.4	5.9	7.0	5.3	2.3	5.6
链鱼	6.1	15.2	13.2	14.3	15.1	9.5	11.7	9.2	10.4	6.9	6.8	6.3
蔬菜类												
大白菜	13.0	13.3	10.3	-0.2	-6.0	9.6	12.8	12.6	13.4	15.6	30.1	23.0
黄瓜	零	-10.2	-11.8	-12.9	-7.5	8.6	26.3	34.7	11.6	-6.4	-6.2	-6.0
西红柿	7.6	11.5	1.4	9.6	-13.9	-13.7	4.2	17.4	23.8	18.0	13.7	-13.6
菜椒	5.0	7.7	-7.5	-26.0	-20.6	-18.9	1.2	12.6	20.5	23.1	17.7	25.7
四季豆	36.5	24.9	2.8	4.1	-14.8	-3.4	6.9	23.3	10.7	7.3	-1.3	-7.7
水果类												
红富士苹果	4.2	6.5	2.4	-0.9	-12.8	-16.6	-19.3	-20.3	-15.1	-13.1	-1.5	3.4
香蕉	-3.0	7.0	6.6	6.0	2.0	-1.7	-2.1	-0.2	-3.6	-4.1	-2.9	-3.2
橙子	-2.0	14.4	13.6	16.9	7.4	-4.4	-7.0	-0.6	2.0	10.1	9.4	18.4

3-35 农产品集贸市场价格分月环比指数(2020年)

单位：%

项　　目	1月	2月	3月	4月	5月	6月	7月	8月	9月	10月	11月	12月
粮食类												
籼稻	1.12	1.48	0.00	2.18	1.07	-0.35	0.35	0.35	-1.4	2.49	1.39	1.03
粳稻	0.00	0.00	1.03	-0.34	0.68	0.68	0.00	1.34	-0.66	0.67	2.65	0.65
玉米	0.43	-0.43	0.00	1.73	0.85	1.69	1.24	2.46	0.4	0.8	2.37	3.86
大豆	0.89	0.59	-0.73	1.32	-0.29	0.15	0.73	1.15	2	2.1	0.55	1.77
籼米	0.19	1.33	-0.75	1.32	0.74	-0.37	0.00	1.11	-0.18	1.1	0.73	0.72
粳米	1.4	-0.52	-1.04	0.88	-1.05	0.00	-0.18	1.06	1.05	2.76	-0.17	3.2
经济作物类												
棉花(籽棉)	0.16	18.48	-0.67	0.67	-0.13	-0.27	0.13	0.67	1.33	-12.58	-4.8	4.25
花生仁	0.74	1.33	-1.53	3.77	2.21	0.28	0.00	-0.21	0.00	-3.35	-0.22	2.31
油菜籽	-0.46	2.16	0.91	0.00	-4.79	0.47	6.42	0.00	0.00	-1.62	0.75	2.52
畜产品类												
活猪(毛重)	8.21	5.3	-9.18	-7.75	-9.2	9.98	9.36	2.26	-4.51	-12.86	-4.36	10.42
仔猪	-8.56	2.83	15.64	-3.49	-1.08	-1.21	5.44	3.28	3.91	-4.14	-6.47	1.68
猪肉	11.31	8.34	-10.51	-11.18	-7.83	10.75	9.98	2.53	-3.95	-11.22	-6.54	12.14
活牛	3.4	-1.44	-2.4	-0.52	-1.01	0.74	0.03	1.07	1.24	0.18	1.04	0.91
牛肉	6.02	-0.21	-2.35	-1.36	-2.68	0.51	-0.04	1.55	1.03	0.19	-0.69	0.97
活羊	2.61	-0.24	-0.74	-0.61	-0.66	-0.59	0.2	-0.27	2.22	2.29	1.37	5.56
羊肉	4.37	1.98	-1.69	-1.89	-1.84	-1.1	-0.92	-0.36	1.14	3.66	2.15	-0.08
活鸡	-2.96			-0.38	-5.79	1.2	2.86	2.45	5.2	-0.85	-2.25	3.45
鸡蛋	-3.66	-3.8	-4.77	-0.52	-6.43	-1.67	4.06	0.64	3.07	-2.01	-1.34	2.9
水产品类												
草鱼	-3.62	5.05	-2.54	-0.87	1.55	1.66	1.43	0.84	0.57	-3.74	-2.63	0.14
鲤鱼	3.27	4.98	-4.75	-1.9	2.58	1.57	0.23	0.31	0.69	0.76	-3.64	1.73
链鱼	0.98	7.06	-2.39	1.63	0.46	-3.65	3.91	-0.23	-0.8	-0.69	0.35	-0.12
蔬菜类												
大白菜	7.76	-4.03	19.22	3.27	-8.78	15.51	14.58	2.63	5.12	-4.31	-14.68	-9.17
黄瓜	25.96	-4.51	-8.94	-22.3	-15.16	4.68	18.9	15.56	-7.4	0.64	-1.11	-1.77
西红柿	-0.6	2.53	-6.82	10.07	-20.81	-14.36	9.94	10.47	1.75	2.64	-3.25	-0.69
菜椒	4.77	-5.45	1.36	-0.41	0.62	-5.57	14.41	11.45	3.34	-3.73	-8.52	14.02
四季豆	16.08	2.08	-19.96	1.32	-30.14	4.53	18.69	10.5	1.87	-4.83	-6.47	10.57
水果类												
红富士苹果	1.76	4.33	-2.04	0.85	1.83	0.15	1.05	-0.74	-1.42	-1.82	-1	0.55
香蕉	4.72	6.69	-0.68	-0.41	-3.58	-2.29	-4.09	0.15	-1.37	-0.15	-2.16	0.47
橙子	0.00	5.65	-2.63	1.25	-5.43	-8.46	0.33	2.96	4.47	29.97	-4.55	-1.97

3-36 农业生产资料价格分类指数(2011-2020年)

类　　别	2011	2012	2013	2014	2015	2016	2017	2018	2019	2020
农业生产资料价格指数	**110.9**	**104.7**	**102.3**	**100.2**	**104.1**	**101.7**	**101.0**	**102.7**	**102.5**	**103.5**
农用手工工具	108.5	100.8	105.0	108.0	107.9	106.2	105.6	101.5	100.0	100.1
饲料	104.7	101.1	103.3	102.2	101.6	100.3	98.4	101.2	99.9	103.6
仔畜幼禽及产品畜	137.9	111.2	98.3	100.7	111.5	121.9	94.3	90.1	136.0	138.9
半机械化农具	102.3	103.2	104.6	100.5	101.7	99.7	100.8	102.2	100.2	100.5
机械化农具	106.9	101.6	100.4	98.2	97.3	98.8	100.4	104.8	102.2	100.6
化学肥料	112.6	106.7	101.6	96.1	104.6	101.2	104.1	106.4	99.4	98.5
农药及农药器械	103.9	101.1	101.2	101.4	101.1	100.2	100.4	105.2	101.9	100.9
化学农药	103.9	100.9	101.1	101.6	101.3	100.3	100.4	105.5	102.0	100.9
农药器械	105.1	104.9	103.5	96.9	96.9	98.5	100.1	100.6	99.5	101.4
农机用油	104.6	106.1	102.6	98.6	87.8	96.8	112.1	113.8	95.6	85.4
其他农用生产资料	107.0	106.6	102.7	100.2	101.8	99.4	102.6	101.6	101.9	101.0
农用种子	107.9	109.4	103.6	99.7	101.2	100.1	102.5	101.9	101.9	100.7
农业生产服务	108.3	104.4	106.9	104.5	106.3	102.3	101.4	102.0	103.4	102.9

3-37 农业生产资料价格分类指数(2020年)

类　　别	以上年价格为100	以2002年价格为100	以2005年价格为100
农业生产资料价格指数	**103.5**	**246.0**	**192.4**
农用手工工具	100.1	275.5	228.2
饲料	103.6	217.8	181.4
仔畜幼禽及产品畜	138.9	745.2	489.5
半机械化农具	100.5	161.7	145.2
机械化农具	100.6	146.8	141.3
化学肥料	98.5	220.3	163.4
农药及农药器械	100.9	163.3	153.3
化学农药	100.9	165.6	154.3
农药器械	101.4	136.9	134.1
农机用油	85.4	186.1	149.4
其他农用生产资料	101.0	201.3	165.0
农用种子	100.7	225.2	183.6
农业生产服务	102.9	372.7	325.6

3-38　四个调查市县农业生产资料价格分类指数(2020年)

上年=100

类　　别	耒阳市	慈利县	道县	新化县
农业生产资料价格指数	**105.3**	**106.9**	**102.5**	**102.6**
农用手工工具	100.8	101.1	99.2	100.0
饲料	109.0	102.8	103.9	101.3
仔畜幼禽及产品畜	142.0	161.4	123.3	132.8
半机械化农具	100.0	100.0	100.0	101.1
机械化农具	100.0	100.0	100.0	101.3
化学肥料	94.9	100.5	99.1	98.4
农药及农药器械	104.1	99.9	100.2	100.8
化学农药	104.0	99.8	100.2	100.8
农药器械	105.8	101.1	100.0	100.7
农机用油	85.6	85.3	85.4	85.9
其他农用生产资料	97.8	103.4	100.0	101.8
农用种子	95.8	102.8	100.0	102.1
农业生产服务	105.5	102.5	103.7	101.7

3-39　农业生产资料价格分月指数(2020年)

上年同月=100

类　　别	1月	2月	3月	4月	5月	6月
农业生产资料价格指数	**105.7**	**105.5**	**105.1**	**104.7**	**104.0**	**104.4**
农用手工工具	100.2	100.2	100.4	100.4	100.4	100.1
饲料	99.5	99.9	100.8	103.1	102.2	103.1
仔畜幼禽及产品畜	186.9	185.6	172.5	160.6	154.4	160.4
半机械化农具	100.9	100.9	100.9	100.9	100.9	100.9
机械化农具	101.6	101.6	101.6	100.5	100.5	100.5
化学肥料	98.7	98.7	99.1	98.4	98.4	98.3
农药及农药器械	101.9	101.9	102.0	102.1	102.2	102.2
化学农药	102.0	102.1	102.1	102.1	102.1	102.1
农药器械	99.7	99.7	101.3	102.2	102.8	102.8
农机用油	107.9	97.7	85.0	78.7	77.0	79.9
其他农用生产资料	102.1	102.0	103.2	102.2	101.7	101.0
农用种子	101.7	101.7	102.9	101.6	101.3	100.9
农业生产服务	106.2	106.2	106.3	106.0	105.6	103.7

3-39 续表

类　　别	7月	8月	9月	10月	11月	12月
农业生产资料价格指数	**104.0**	**103.1**	**102.6**	**101.2**	**101.0**	**101.5**
农用手工工具	100.2	100.2	100.2	99.7	99.7	99.7
饲料	103.3	104.5	106.3	105.8	106.8	107.7
仔畜幼禽及产品畜	160.8	135.9	122.6	107.8	101.4	100.3
半机械化农具	100.0	100.0	100.0	100.0	100.0	100.0
机械化农具	100.5	100.1	99.6	99.6	99.9	101.2
化学肥料	98.0	98.3	97.7	98.3	98.4	99.3
农药及农药器械	100.6	99.7	99.6	99.6	99.6	99.6
化学农药	100.5	99.6	99.5	99.5	99.5	99.5
农药器械	101.8	100.8	101.5	101.5	101.5	101.5
农机用油	83.5	85.2	84.5	82.0	81.5	83.5
其他农用生产资料	101.0	99.8	99.8	99.8	99.8	100.2
农用种子	100.9	99.4	99.4	99.4	99.4	100.0
农业生产服务	100.7	100.7	100.4	100.0	100.0	100.0

3-40　农业生产资料价格分月环比指数(2020年)

上月=100

类　　别	1月	2月	3月	4月	5月	6月
农业生产资料价格指数	**99.9**	**99.8**	**100.2**	**100.3**	**99.7**	**100.4**
农用手工工具	100.0	100.0	100.2	100.0	100.0	99.7
饲料	100.0	100.0	100.8	102.3	99.7	100.0
仔畜幼禽及产品畜	100.0	100.0	100.0	101.1	97.2	104.1
半机械化农具	100.0	100.0	100.0	100.0	100.0	100.0
机械化农具	100.0	100.0	100.0	99.0	100.0	100.0
化学肥料	98.9	100.0	100.6	99.7	100.0	100.0
农药及农药器械	99.9	100.0	100.0	100.5	100.0	100.0
化学农药	99.9	100.0	100.0	100.5	100.0	100.0
农药器械	100.0	100.0	100.4	100.4	100.0	100.0
农机用油	102.9	94.0	90.2	92.4	100.0	100.2
其他农用生产资料	100.3	100.0	101.1	99.0	100.0	99.9
农用种子	100.4	99.9	101.1	98.7	100.0	99.9
农业生产服务	100.0	100.0	100.0	100.0	100.0	100.0

3-40 续表

类　别	7月	8月	9月	10月	11月	12月
农业生产资料价格指数	**100.1**	**100.7**	**100.3**	**99.5**	**100.1**	**100.5**
农用手工工具	100.0	100.1	100.1	99.5	100.0	100.0
饲料	100.0	101.4	101.5	99.9	101.0	100.9
仔畜幼禽及产品畜	102.1	102.4	100.6	96.0	97.3	99.8
半机械化农具	100.0	100.0	100.0	100.0	100.0	100.0
机械化农具	100.0	100.0	100.0	100.0	100.9	101.4
化学肥料	99.6	100.2	99.3	100.0	100.2	100.8
农药及农药器械	99.4	99.8	99.9	100.0	100.0	100.0
化学农药	99.4	99.8	99.9	100.0	100.0	100.0
农药器械	100.0	100.0	100.6	100.0	100.0	100.0
农机用油	102.5	100.9	99.1	97.6	99.6	103.8
其他农用生产资料	100.0	100.0	100.0	100.0	100.0	100.0
农用种子	100.0	100.0	100.0	100.0	100.0	100.0
农业生产服务	100.0	100.0	100.0	100.0	100.0	100.0

四、农业调查

资料整理人员：谢开来 周　围

4-1 历年粮食、棉花播种面积

单位：千公顷

年 份	粮食					棉花
		稻谷				
			早稻	中稻	晚稻	
1983	5423.2	4418.9	1895.0	509.7	2014.2	131.3
1984	5390.9	4401.1	1885.4	507.0	2008.7	132.6
1985	5161.4	4246.5	1825.1	495.0	1926.4	101.8
1986	5210.4	4327.6	1838.3	499.4	1989.9	86.1
1987	5150.9	4255.1	1779.5	508.4	1967.2	64.4
1988	5196.3	4293.7	1803.9	505.7	1984.1	91.4
1989	5330.5	4354.1	1827.8	497.8	2028.5	94.4
1990	5365.7	4370.5	1844.1	484.3	2042.1	118.5
1991	5365.2	4298.1	1813.3	512.0	1972.8	133.3
1992	5243.6	4188.0	1741.0	477.5	1969.5	167.6
1993	5050.5	4025.9	1618.0	516.9	1891.0	172.1
1994	5077.4	4040.7	1633.8	525.1	1881.8	209.1
1995	5115.6	4084.1	1675.6	510.2	1898.3	185.3
1996	5133.9	4064.1	1669.3	513.7	1881.1	174.1
1997	5155.3	4075.8	1651.2	515.0	1909.6	176.5
1998	5074.8	3976.4	1610.1	538.1	1828.2	198.7
1999	5135.2	3984.5	1571.1	585.4	1828.0	157.8
2000	5029.9	3896.1	1515.8	632.1	1748.2	146.0
2001	4802.8	3691.6	1361.1	707.4	1623.1	149.4
2002	4652.6	3541.5	1224.5	812.5	1504.5	129.1
2003	4529.8	3410.0	1173.3	834.5	1402.1	139.0
2004	4754.1	3716.8	1288.3	1061.8	1366.7	167.7
2005	4838.6	3795.2	1324.4	1068.6	1402.2	150.9
2006	4545.4	3931.7	1355.9	1156.3	1419.5	158.6
2007	4539.7	3915.1	1303.6	1232.1	1379.5	172.2
2008	4607.1	3968.3	1306.6	1258.3	1403.4	162.0
2009	4827.2	4103.4	1399.8	1225.3	1478.3	148.8
2010	4847.8	4105.2	1385.7	1251.2	1468.3	161.1
2011	4932.2	4160.8	1427.7	1245.6	1487.4	169.4
2012	4975.3	4209.6	1464.5	1216.5	1528.5	173.5
2013	5010.0	4218.5	1494.0	1210.1	1514.5	173.3
2014	5065.6	4275.0	1507.7	1217.6	1549.6	153.9
2015	5053.7	4287.8	1505.9	1228.3	1553.6	122.0
2016	5010.7	4277.6	1487.3	1263.0	1527.3	106.5
2017	4978.9	4238.7	1448.2	1291.3	1499.2	95.6
2018	4747.9	4009.0	1238.2	1472.5	1298.3	63.9
2019	4616.4	3855.2	1094.6	1602.1	1158.5	63.0
2020	4754.8	3993.9	1225.7	1476.1	1292.0	59.5

注：2004年起为抽样调查数，2006、2007年为农普口径修正数。根据第三次全国农业普查结果对2007—2017年粮食、棉花播种面积及产量进行了修正。

4-1 续表

单位：万亩

年 份	粮食					棉花
		稻谷				
			早稻	中稻	晚稻	
1983	8134.8	6628.4	2842.5	764.6	3021.3	197.0
1984	8086.4	6601.7	2828.1	760.5	3013.1	198.9
1985	7742.1	6369.8	2737.7	742.5	2889.6	152.7
1986	7815.6	6491.4	2757.5	749.1	2984.9	129.2
1987	7726.4	6382.7	2669.3	762.6	2950.8	96.6
1988	7794.5	6440.6	2705.9	758.6	2976.2	137.1
1989	7995.8	6531.2	2741.7	746.7	3042.8	141.6
1990	8048.6	6555.8	2766.2	726.5	3063.2	177.8
1991	8047.8	6447.2	2720.0	768.0	2959.2	200.0
1992	7865.4	6282.0	2611.5	716.3	2954.3	251.4
1993	7575.8	6038.9	2427.0	775.4	2836.5	258.2
1994	7616.1	6061.1	2450.7	787.7	2822.7	313.7
1995	7673.4	6126.2	2513.4	765.3	2847.5	278.0
1996	7700.9	6096.2	2504.0	770.6	2821.7	261.2
1997	7733.0	6113.7	2476.8	772.5	2864.4	264.8
1998	7612.2	5964.6	2415.2	807.2	2742.3	298.1
1999	7702.8	5976.8	2356.7	878.1	2742.0	236.7
2000	7544.9	5844.2	2273.7	948.2	2622.3	219.0
2001	7204.2	5537.4	2041.7	1061.1	2434.7	224.1
2002	6978.9	5312.3	1836.8	1218.8	2256.8	193.7
2003	6794.7	5115.0	1760.0	1251.8	2103.2	208.5
2004	7131.2	5575.2	1932.5	1592.7	2050.1	251.6
2005	7257.9	5692.8	1986.6	1602.9	2103.3	226.4
2006	6818.1	5897.6	2033.9	1734.5	2129.3	237.9
2007	6809.5	5872.7	1955.4	1848.1	2069.3	258.3
2008	6910.6	5952.4	1959.8	1887.5	2105.1	243.0
2009	7240.8	6155.1	2099.7	1837.9	2217.5	223.2
2010	7271.8	6157.9	2078.6	1876.8	2202.5	241.6
2011	7398.3	6241.2	2141.6	1868.4	2231.2	254.1
2012	7462.9	6314.3	2196.8	1824.8	2292.8	260.3
2013	7515.0	6327.8	2240.9	1815.2	2271.7	260.0
2014	7598.5	6412.4	2261.6	1826.4	2324.4	230.9
2015	7580.5	6431.6	2258.8	1842.4	2330.4	182.9
2016	7516.0	6416.4	2231.0	1894.5	2291.0	159.8
2017	7468.4	6358.1	2172.3	1936.9	2248.8	143.5
2018	7121.9	6013.5	1857.3	2208.8	1947.5	95.9
2019	6924.6	5782.8	1641.9	2403.2	1737.8	94.5
2020	7132.1	5990.8	1838.6	2214.2	1938.0	89.2

4-2 历年粮食、棉花产量

单位：万吨

年份	粮食	稻谷				棉花
			早稻	中稻	晚稻	
1983	2654.0	2458.1	1038.4	280.5	1139.2	9.8
1984	2613.0	2416.5	1069.0	280.8	1066.7	12.8
1985	2514.3	2338.8	991.7	247.3	1099.8	10.1
1986	2631.6	2464.4	1050.6	289.2	1124.6	8.3
1987	2593.7	2414.2	948.7	302.3	1163.2	5.6
1988	2519.8	2343.9	987.8	258.5	1097.6	4.4
1989	2648.2	2445.2	994.2	307.7	1143.3	6.7
1990	2651.4	2468.2	1033.5	302.4	1132.3	12.0
1991	2682.0	2473.3	957.5	314.1	1201.7	14.9
1992	2620.1	2423.1	916.1	305.0	1202.0	20.3
1993	2570.2	2343.5	825.7	324.8	1193.0	21.1
1994	2661.0	2414.9	903.5	350.6	1160.8	23.8
1995	2691.6	2438.5	854.7	336.8	1247.0	22.4
1996	2701.6	2418.6	854.6	344.2	1219.8	19.0
1997	2801.9	2495.8	945.2	359.6	1191.0	25.6
1998	2647.9	2345.1	830.6	357.1	1157.4	19.2
1999	2725.4	2360.6	817.5	404.4	1138.7	17.7
2000	2767.6	2392.5	877.6	436.1	1078.8	15.8
2001	2700.3	2328.9	783.2	478.4	1067.3	19.0
2002	2501.3	2119.2	627.8	590.8	900.6	15.3
2003	2442.7	2070.2	621.2	637.9	811.1	16.3
2004	2640.0	2285.5	716.4	720.0	849.1	20.3
2005	2678.6	2296.2	734.4	723.8	838.0	19.8
2006	2654.2	2414.5	747.6	782.0	884.9	22.7
2007	2698.5	2435.3	743.0	833.5	858.8	26.5
2008	2822.2	2551.3	774.1	890.9	886.3	21.9
2009	2928.8	2614.3	821.0	862.0	931.3	20.8
2010	2881.6	2551.8	779.5	867.1	905.2	22.4
2011	2983.6	2634.2	824.5	883.8	925.9	23.4
2012	3061.9	2704.3	841.6	881.4	981.3	24.7
2013	2989.5	2645.3	888.5	795.6	961.2	21.1
2014	3078.9	2732.7	886.8	847.1	998.8	18.8
2015	3094.2	2756.8	895.2	857.7	1003.9	14.7
2016	3052.3	2724.6	873.5	871.4	979.8	12.6
2017	3073.6	2740.4	846.5	932.6	961.3	11.0
2018	3022.9	2674.0	755.5	1086.7	831.8	8.6
2019	2974.8	2611.5	661.4	1206.8	743.3	8.2
2020	3015.1	2638.9	718.7	1110.2	810.0	7.4

注：粮食产量1988年起为抽样调查数，棉花产量1998年起为抽样调查数。2006、2007年为农普口径修正数。

4-2 续表 单位：亿斤

年　份	粮食					棉花
		稻谷				
			早稻	中稻	晚稻	
1983	530.8	491.6	207.7	56.1	227.8	2.0
1984	522.6	483.3	213.8	56.2	213.3	2.6
1985	502.9	467.8	198.3	49.5	220.0	2.0
1986	526.3	492.9	210.1	57.8	224.9	1.7
1987	518.7	482.8	189.7	60.5	232.6	1.1
1988	504.0	468.8	197.6	51.7	219.5	0.9
1989	529.6	489.0	198.8	61.5	228.7	1.3
1990	530.3	493.6	206.7	60.5	226.5	2.4
1991	536.4	494.7	191.5	62.8	240.3	3.0
1992	524.0	484.6	183.2	61.0	240.4	4.1
1993	514.0	468.7	165.1	65.0	238.6	4.2
1994	532.2	483.0	180.7	70.1	232.2	4.8
1995	538.3	487.7	170.9	67.4	249.4	4.5
1996	540.3	483.7	170.9	68.8	244.0	3.8
1997	560.4	499.2	189.0	71.9	238.2	5.1
1998	529.6	469.0	166.1	71.4	231.5	3.8
1999	545.1	472.1	163.5	80.9	227.7	3.5
2000	553.5	478.5	175.5	87.2	215.8	3.2
2001	540.1	465.8	156.6	95.7	213.5	3.8
2002	500.3	423.8	125.6	118.2	180.1	3.1
2003	488.5	414.0	124.2	127.6	162.2	3.3
2004	528.0	457.1	143.3	144.0	169.8	4.1
2005	535.7	459.2	146.9	144.8	167.6	4.0
2006	530.8	482.9	149.5	156.4	177.0	4.5
2007	539.7	487.1	148.6	166.7	171.8	5.3
2008	564.4	510.3	154.8	178.2	177.3	4.4
2009	585.8	522.9	164.2	172.4	186.3	4.2
2010	576.3	510.4	155.9	173.4	181.0	4.5
2011	596.7	526.8	164.9	176.8	185.2	4.7
2012	612.4	540.9	168.3	176.3	196.3	4.9
2013	597.9	529.1	177.7	159.1	192.2	4.2
2014	615.8	546.5	177.4	169.4	199.8	3.8
2015	618.8	551.4	179.0	171.5	200.8	2.9
2016	610.5	544.9	174.7	174.3	196.0	2.5
2017	614.7	548.1	169.3	186.5	192.3	2.2
2018	604.6	534.8	151.1	217.3	166.4	1.7
2019	595.0	522.3	132.3	241.4	148.7	1.6
2020	603.0	527.8	143.7	222.0	162.0	1.5

4-3　农作物播种面积(2011-2020年)

单位：千公顷

项　　目	2011	2012	2013	2014	2015	2016	2017	2018	2019	2020
农作物总播种面积	**8373.30**	**8416.80**								
粮食	4932.2	4975.3	5010.0	5065.6	5053.7	5010.7	4978.9	4747.9	4616.4	4754.8
#春夏收粮食	176.54	165.06	166.55	172.01	157.54	126.19	135.94	123.70	102.5	106.3
#谷物	51.35	45.56	42.51	40.80	39.54	28.69	33.14	26.85	25.9	26.7
#秋收粮食	3327.94	3345.70	3349.49	3385.91	3390.25	3397.17	3394.81	3386.00	3419.3	3422.7
#谷物	3079.94	3109.32	3094.54	3141.81	3161.45	3173.55	3169.22	3146.10	3165.0	3168.1
谷物	4559.03	4619.41	4631.01	4690.33	4706.87	4689.54	4650.56	4411.15	4285.5	4420.5
稻谷	4160.8	4209.6	4218.5	4275.0	4287.8	4277.6	4238.7	4009.0	3855.2	3993.9
早稻	1427.7	1464.5	1494.0	1507.7	1505.9	1487.3	1448.2	1238.2	1094.6	1225.7
中稻与一季晚稻	1245.6	1216.5	1210.1	1217.6	1228.3	1263.0	1291.3	1472.5	1602.1	1476.1
晚稻	1487.4	1528.5	1514.5	1549.6	1553.6	1527.3	1499.2	1298.3	1158.5	1292.0
小麦	43.84	38.89	36.19	34.88	34.05	22.79	28.34	23.35	22.4	23.3
玉米	336.63	353.99	358.35	361.91	366.85	370.47	365.81	359.20	386.6	384.4
高粱	2.53	2.83	4.41	6.45	6.37	6.10	6.30	9.60	10.7	8.8
其他谷物	15.24	14.13	13.53	12.13	11.84	12.60	11.40	10.00	10.6	10.3
春夏收杂粮	7.51	6.67	6.33	5.92	5.49	5.90	4.80	3.50	3.5	3.4
大麦	1.16	0.96	0.91	0.80	0.76	1.50	1.40	1.40	1.4	1.4
其他春夏收杂粮	6.35	5.71	5.42	5.12	4.73	4.40	3.40	2.10	2.1	2.1
秋收杂粮	7.73	7.46	7.20	6.21	6.35	6.70	6.60	6.50	7.1	6.8
荞麦	2.35	2.35	2.34	2.13	2.23	2.10	2.20	2.20	2.6	2.5
其他秋收杂粮	5.37	5.12	4.86	4.07	4.12	4.60	4.40	4.30	4.5	4.4
豆类	151.82	146.21	142.05	144.37	134.75	137.63	141.01	148.19	149.2	150.8
大豆	95.59	94.39	95.59	101.07	96.75	98.53	99.71	106.50	113.3	114.7
绿豆	15.91	14.19	11.70	11.23	10.88	10.10	10.70	11.60	11.5	11.1
蚕豌豆	38.05	35.34	32.38	29.89	24.97	25.90	27.60	26.99	21.3	22.1
红小豆	0.98	0.98	0.97	0.78	0.75	0.80	1.10	1.22	1.2	1.2
其他杂豆	1.30	1.31	1.41	1.41	1.40	2.30	1.90	1.88	1.8	1.8
薯类(折粮)	221.37	209.67	236.93	230.94	212.05	183.49	187.38	188.56	181.7	183.5
红薯	134.23	125.51	145.28	129.61	119.01	111.89	112.18	118.70	126.4	125.9
马铃薯	87.14	84.16	91.65	101.33	93.03	71.60	75.20	69.86	55.3	57.5
#夏马铃薯	1.30	1.30								
油料作物	1311.90	1290.86								
花生	116.50	114.17								
油菜籽	1182.50	1171.86								
#双低油菜	1089.30	1083.65								
芝麻	12.40	4.83								
向日葵籽	0.10									
其他油料	0.40									
棉花	169.4	173.5	173.3	153.9	122.0	106.5	95.6	63.9	63.0	59.5
麻类	20.86	17.50								
黄红麻	0.30	0.20								
苎麻	20.50	17.30								
亚麻	0.06									
其他										
甘蔗	14.00	15.00								
烟叶	95.30	133.23								
烤烟	92.40	133.23								
晒土烟	2.90									
药材	59.00	62.00								
蔬菜(含菜用瓜)	1170.17	1181.86								
瓜果类	126.70	135.30								
西瓜	109.00	113.50								
甜瓜	15.00	16.90								
草莓	2.70	4.90								
其他农作物	503.39	500.30								
#青饲料	211.00	199.23								

4-3 续表 单位：万亩

项　　目	2011	2012	2013	2014	2015	2016	2017	2018	2019	2020
农作物总播种面积	**12559.95**	**12625.20**								
粮食	7398.32	7462.92	7514.98	7598.46	7580.51	7515.98	7468.42	7121.85	6924.57	7132.13
#春夏收粮食	264.81	247.59	249.82	258.02	236.31	189.28	203.91	185.55	153.69	159.47
#谷物	77.03	68.34	63.77	61.20	59.32	43.03	49.71	40.275	38.81	40.02
#秋收粮食	4991.91	5018.55	5024.23	5078.86	5085.38	5095.75	5092.21	5079	5128.98	5134.07
#谷物	4619.91	4663.99	4641.81	4712.71	4742.18	4760.33	4753.83	4719.15	4747.53	4752.17
谷物	6838.54	6929.11	6946.51	7035.49	7060.31	7034.31	6975.84	6616.73	6428.24	6630.78
稻谷	6241.18	6314.34	6327.80	6412.44	6431.64	6416.37	6358.07	6013.5	5782.80	5990.78
早稻	2141.60	2196.79	2240.93	2261.58	2258.82	2230.95	2172.30	1857.3	1641.90	1838.60
中稻与一季晚稻	1868.41	1824.75	1815.16	1826.43	1842.43	1894.47	1936.92	2208.75	2403.15	2214.15
晚稻	2231.17	2292.80	2271.71	2324.43	2330.39	2290.95	2248.85	1947.45	1737.75	1938.03
小麦	65.76	58.33	54.28	52.32	51.08	34.18	42.51	35.025	33.56	34.88
玉米	504.95	530.99	537.52	542.86	550.27	555.71	548.71	538.8	579.90	576.57
高粱	3.79	4.25	6.62	9.68	9.56	9.15	9.45	14.4	16.05	13.16
其他谷物	22.86	21.20	20.29	18.19	17.76	18.90	17.10	15	15.93	15.41
春夏收杂粮	11.27	10.01	9.49	8.88	8.24	8.85	7.20	5.25	5.25	5.15
大麦	1.74	1.44	1.36	1.20	1.14	2.25	2.10	2.1	2.10	2.06
其他春夏收杂粮	9.53	8.57	8.13	7.68	7.10	6.60	5.10	3.15	3.15	3.09
秋收杂粮	11.59	11.20	10.80	9.31	9.53	10.05	9.90	9.75	10.68	10.26
荞麦	3.53	3.52	3.51	3.20	3.34	3.15	3.30	3.3	3.87	3.72
其他秋收杂粮	8.06	7.68	7.29	6.11	6.19	6.90	6.60	6.45	6.81	6.54
豆类	227.73	219.31	213.07	216.56	202.13	206.44	211.51	222.29	223.79	226.17
大豆	143.38	141.58	143.38	151.60	145.13	147.79	149.56	159.75	169.95	171.99
绿豆	23.86	21.29	17.55	16.85	16.32	15.15	16.05	17.40	17.30	16.61
蚕豌豆	57.07	53.01	48.57	44.83	37.45	38.85	41.40	40.49	31.94	33.15
红小豆	1.47	1.47	1.46	1.17	1.13	1.20	1.65	1.83	1.85	1.77
其他杂豆	1.95	1.96	2.11	2.11	2.10	3.45	2.85	2.82	2.76	2.66
薯类(折粮)	332.05	314.50	355.40	346.41	318.07	275.24	281.07	282.84	272.55	275.18
红薯	201.34	188.26	217.92	194.42	178.52	167.84	168.27	178.05	189.60	188.88
马铃薯	130.71	126.24	137.48	151.99	139.55	107.40	112.80	104.79	82.95	86.30
#夏马铃薯	1.95	1.95								
油料作物	1967.85	1936.29								
花生	174.75	171.26								
油菜籽	1773.75	1757.79								
#双低油菜	1633.95	1625.48								
芝麻	18.60	7.25								
向日葵籽	0.15									
其他油料	0.60									
棉花	254.09	260.30	260.01	230.89	182.93	159.76	143.47	95.85	94.50	89.21
麻类	31.29	26.25								
黄红麻	0.45	0.30								
苎麻	30.75	25.95								
亚麻	0.09									
其他										
甘蔗	21.00	22.50								
烟叶	142.95	199.85								
烤烟	138.60	199.85								
晒土烟	4.35									
药材	88.50	93.00								
蔬菜(含菜用瓜)	1755.26	1772.79								
瓜果类	190.05	202.95								
西瓜	163.50	170.25								
甜瓜	22.50	25.35								
草莓	4.05	7.35								
其他农作物	755.09	750.45								
#青饲料	316.50	298.85								

4-4 粮食、棉花总产量(2011-2020年)

单位：万吨

项　　目	2011	2012	2013	2014	2015	2016	2017	2018	2019	2020
粮食	2983.62	3061.87	2989.54	3078.94	3094.21	3052.30	3073.60	3022.90	2974.84	3015.12
#春夏收粮食	53.90	52.02	53.65	55.35	52.96	44.28	48.56	51.39	41.34	43.13
#谷物	12.64	11.19	13.93	13.33	12.25	9.03	11.36	9.29	8.81	9.02
#秋收粮食	2105.21	2168.26	2047.36	2136.82	2146.08	2134.52	2178.54	2216.01	2272.10	2253.26
#谷物	2006.61	2070.16	1952.59	2047.47	2064.46	2055.22	2097.29	2126.75	2176.57	2149.18
谷物	2843.76	2922.94	2855.05	2947.57	2971.88	2937.75	2955.15	2891.54	2846.78	2876.93
稻谷	2634.20	2704.26	2645.27	2732.68	2756.75	2724.61	2740.35	2674.01	2611.50	2638.94
早稻	824.51	841.59	888.53	886.77	895.17	873.50	846.50	755.50	661.40	718.73
中稻与一季晚稻	883.76	881.35	795.58	847.10	857.65	871.35	932.55	1086.70	1206.80	1110.17
晚稻	925.93	981.32	961.16	998.81	1003.93	979.76	961.30	831.81	743.30	810.04
小麦	11.05	9.45	12.29	11.78	10.84	7.00	9.61	8.01	7.54	7.77
玉米	193.90	204.43	192.59	197.49	198.87	200.02	199.17	202.82	220.30	223.25
高粱	1.07	1.25	1.50	2.29	2.31	2.34	2.45	3.64	4.19	3.81
其他谷物	3.54	3.55	3.40	3.33	3.11	3.78	3.57	3.06	3.25	3.15
春夏收杂粮	1.59	1.74	1.64	1.55	1.41	2.03	1.75	1.28	1.27	1.25
大麦	0.31	0.24	0.22	0.21	0.19	0.52	0.55	0.56	0.55	0.54
其他春夏收杂粮	1.28	1.50	1.42	1.34	1.22	1.51	1.20	0.72	0.72	0.71
秋收杂粮	1.95	1.81	1.76	1.78	1.70	1.75	1.82	1.78	1.98	1.90
荞麦	0.59	0.59	0.58	0.69	0.64	0.59	0.64	0.63	0.75	0.73
其他秋收杂粮	1.36	1.22	1.18	1.09	1.06	1.16	1.18	1.15	1.23	1.18
豆类	36.87	33.69	30.74	31.29	29.42	30.52	31.98	36.34	37.34	40.03
大豆	24.38	22.37	21.32	22.53	21.96	22.78	23.21	26.51	28.82	31.16
绿豆	4.06	3.51	2.79	2.32	2.28	2.02	2.17	2.41	2.42	2.34
蚕豌豆	7.93	7.32	6.16	6.00	4.68	5.10	5.90	6.70	5.39	5.85
红小豆	0.15	0.15	0.15	0.14	0.14	0.17	0.20	0.24	0.24	0.23
其他杂豆	0.35	0.34	0.32	0.30	0.36	0.45	0.50	0.48	0.47	0.45
薯类(折粮)	102.99	105.24	103.75	100.08	92.91	84.03	86.47	95.02	90.72	98.16
红薯	69.66	71.73	70.19	64.06	56.88	53.88	55.17	59.62	63.58	69.90
马铃薯	33.33	33.51	33.56	36.02	36.03	30.15	31.30	35.40	27.14	28.26
棉花	23.40	24.65	21.13	18.81	14.73	12.62	10.95	8.57	8.18	7.45

4-4 续表 单位：亿斤

项 目	2011	2012	2013	2014	2015	2016	2017	2018	2019	2020
粮食	596.7	612.4	597.9	615.8	618.8	610.46	614.72	604.58	594.97	603.02
#春夏收粮食	10.8	10.4	10.7	11.1	10.6	8.86	9.71	10.28	8.27	8.63
#谷物	2.5	2.2	2.8	2.7	2.5	1.81	2.27	1.86	1.76	1.80
#秋收粮食	421.0	433.7	409.5	427.4	429.2	426.90	435.71	443.20	454.42	450.65
#谷物	401.3	414.0	390.5	409.5	412.9	411.04	419.46	425.35	435.31	429.84
谷物	568.8	584.6	571.0	589.5	594.4	587.55	591.03	578.31	569.36	575.39
稻谷	526.8	540.9	529.1	546.5	551.4	544.92	548.07	534.80	522.30	527.79
早稻	164.9	168.3	177.7	177.4	179.0	174.70	169.30	151.10	132.28	143.75
中稻与一季晚稻	176.8	176.3	159.1	169.4	171.5	174.27	186.51	217.34	241.36	222.03
晚稻	185.2	196.3	192.2	199.8	200.8	195.95	192.26	166.36	148.66	162.01
小麦	2.2	1.9	2.5	2.4	2.2	1.40	1.92	1.60	1.51	1.55
玉米	38.8	40.9	38.5	39.5	39.8	40.00	39.83	40.56	44.06	44.65
高粱	0.2	0.3	0.3	0.5	0.5	0.47	0.49	0.73	0.84	0.76
其他谷物	0.7	0.7	0.7	0.7	0.6	0.76	0.71	0.61	0.65	0.63
春夏收杂粮	0.3	0.3	0.3	0.3	0.3	0.41	0.35	0.26	0.25	0.25
大麦	0.1	0.0	0.0	0.0	0.0	0.10	0.11	0.11	0.11	0.11
其他春夏收杂粮	0.3	0.3	0.3	0.3	0.2	0.30	0.24	0.14	0.14	0.14
秋收杂粮	0.4	0.4	0.4	0.4	0.3	0.35	0.36	0.36	0.40	0.38
荞麦	0.1	0.1	0.1	0.1	0.1	0.12	0.13	0.13	0.15	0.15
其他秋收杂粮	0.3	0.2	0.2	0.2	0.2	0.23	0.24	0.23	0.25	0.24
豆类	7.4	6.7	6.1	6.3	5.9	6.10	6.40	7.27	7.47	8.01
大豆	4.9	4.5	4.3	4.5	4.4	4.56	4.64	5.30	5.76	6.23
绿豆	0.8	0.7	0.6	0.5	0.5	0.40	0.43	0.48	0.48	0.47
蚕豌豆	1.6	1.5	1.2	1.2	0.9	1.02	1.18	1.34	1.08	1.17
红小豆	0.03	0.03	0.03	0.0	0.0	0.03	0.04	0.05	0.05	0.05
其他杂豆	0.1	0.1	0.1	0.1	0.1	0.09	0.10	0.10	0.09	0.09
薯类(折粮)	20.6	21.0	20.8	20.0	18.6	16.81	17.29	19.00	18.14	19.63
红薯	13.9	14.3	14.0	12.8	11.4	10.78	11.03	11.92	12.72	13.98
马铃薯	6.7	6.7	6.7	7.2	7.2	6.03	6.26	7.08	5.43	5.65
棉花	4.7	4.9	4.2	3.8	2.9	2.5	2.2	1.7	1.64	1.49

4-5 粮食、棉花单位面积产量(2011-2020年)

单位：公斤/公顷

项 目	2011	2012	2013	2014	2015	2016	2017	2018	2019	2020
粮食	6049	6154	5967	6078.1	6122.7	6091.6	6173.2	6366.8	6444.0	6341.3
#春夏收粮食	3053	3152	3221	3217.8	3361.6	3509.1	3572.2	4154.4	4035.0	4057.0
#谷物	2461	2456	3277	3267.2	3097.9	3147.8	3427.9	3460.0	3405.0	3380.8
#秋收粮食	6326	6481	6112	6310.9	6330.2	6283.2	6417.3	6544.6	6645.0	6583.3
#谷物	6515	6658	6310	6516.9	6530.1	6476.1	6617.7	6760.0	6877.5	6783.8
谷物	6238	6328	6165	6284.4	6313.9	6264.5	6354.4	6555.1	6643.5	6508.1
稻谷	6331	6424	6271	6392.3	6429.3	6369.5	6465.1	6670.0	6774.0	6607.5
早稻	5775	5746	5948	5881.5	5944.5	5873.1	5845.2	6101.6	6042.0	5863.7
中稻与一季晚稻	7095	7245	6574	6957.0	6982.5	6899.2	7221.9	7380.0	7533.0	7521.0
晚稻	6225	6420	6346	6445.5	6462.0	6415.0	6412.0	6406.9	6415.5	6269.6
小麦	2521	2430	3396	3377.3	3183.2	3072.0	3391.0	3430.4	3370.5	3341.9
玉米	5760	5775	5374	5456.9	5421.1	5399.1	5444.7	5646.4	5698.5	5808.0
高粱	4235	4412	3399	3548.6	3624.5	3836.1	3888.9	3791.7	3916.5	4347.0
其他谷物	2323	2512	2514	2746.0	2626.7	3000.0	3131.6	3060.0	3060.0	3070.7
春夏收杂粮	2116	2609	2592	2618.2	2568.3	3440.7	3645.8	3657.1	3628.5	3644.3
大麦	2672	2500	2426	2625.0	2500.0	3466.7	3928.6	4000.0	3928.5	3941.6
其他春夏收杂粮	2015	2627	2620	2617.2	2579.3	3431.8	3529.4	3428.6	3429.0	3446.6
秋收杂粮	2524	2425	2444	2867.9	2677.2	2611.9	2757.6	2738.5	2781.0	2783.1
荞麦	2507	2514	2479	3234.4	2874.3	2809.5	2909.1	2863.6	2907.0	2923.5
其他秋收杂粮	2531	2384	2428	2675.9	2570.7	2521.7	2681.8	2674.4	2709.0	2703.3
豆类	2429	2304	2164	2167.3	2183.2	2217.6	2267.9	2452.3	2503.5	2655.0
大豆	2551	2370	2230	2229.2	2269.7	2312.1	2327.8	2489.2	2544.0	2717.6
绿豆	2552	2473	2385	2065.3	2095.6	2000.0	2028.0	2077.6	2098.5	2110.9
蚕豌豆	2084	2071	1902	2007.6	1874.5	1969.1	2137.7	2482.4	2532.0	2647.1
红小豆	1531	1531	1541	1794.9	1858.4	2125.0	1818.2	1967.2	1951.5	1970.7
其他杂豆	2692	2602	2275	2131.7	2570.2	1956.5	2631.6	2553.2	2554.5	2564.1
薯类(折粮)	4652	5019	4379	4333.6	4381.6	4579.5	4614.7	5039.2	4993.5	5350.8
红薯	5190	5715	4831	4942.4	4779.3	4815.3	4918.0	5022.7	5029.5	5551.2
马铃薯	3825	3982	3662	3554.8	3872.8	4210.9	4162.2	5067.3	4908.0	4912.2
棉花	1381	1420	1219	1222.0	1207.8	1184.9	1144.8	1341.2	1299.0	1252.2

4-5 续表 单位：公斤/亩

项目	2011	2012	2013	2014	2015	2016	2017	2018	2019	2020
粮食	403.3	410.3	397.8	405.2	408.2	406.1	411.5	424.5	429.6	422.8
#春夏收粮食	203.5	210.1	214.8	214.5	224.1	233.9	238.1	277.0	269.0	270.5
#谷物	164.1	163.8	218.4	217.8	206.5	209.9	228.5	230.7	227.0	225.4
#秋收粮食	421.7	432.0	407.5	420.7	422.0	418.9	427.8	436.3	443.0	438.9
#谷物	434.3	443.9	420.7	434.5	435.3	431.7	441.2	450.7	458.5	452.3
谷物	415.8	421.8	411.0	419.0	420.9	417.6	423.6	437.0	442.9	433.9
稻谷	422.1	428.3	418.0	426.2	428.6	424.6	431.0	444.7	451.6	440.5
早稻	385.0	383.1	396.5	392.1	396.3	391.5	389.7	406.8	402.8	390.9
中稻与一季晚稻	473.0	483.0	438.3	463.8	465.5	459.9	481.5	492.0	502.2	501.4
晚稻	415.0	428.0	423.1	429.7	430.8	427.7	427.5	427.1	427.7	418.0
小麦	168.0	162.0	226.4	225.2	212.2	204.8	226.1	228.7	224.7	222.8
玉米	384.0	385.0	358.3	363.8	361.4	359.9	363.0	376.4	379.9	387.2
高粱	282.3	294.1	226.6	236.6	241.6	255.7	259.3	252.8	261.1	289.8
其他谷物	154.9	167.5	167.6	183.1	175.1	200.0	208.8	204.0	204.0	204.7
春夏收杂粮	141.1	173.9	172.8	174.5	171.2	229.4	243.1	243.8	241.9	243.0
大麦	178.2	166.7	161.8	175.0	166.7	231.1	261.9	266.7	261.9	262.8
其他春夏收杂粮	134.3	175.1	174.7	174.5	172.0	228.8	235.3	228.6	228.6	229.8
秋收杂粮	168.2	161.7	163.0	191.2	178.5	174.1	183.8	182.6	185.4	185.5
荞麦	167.1	167.6	165.2	215.6	191.6	187.3	193.9	190.9	193.8	194.9
其他秋收杂粮	168.7	159.0	161.9	178.4	171.4	168.1	178.8	178.3	180.6	180.2
豆类	161.9	153.6	144.3	144.5	145.5	147.8	151.2	163.5	166.9	177.0
大豆	170.0	158.0	148.7	148.6	151.3	154.1	155.2	165.9	169.6	181.2
绿豆	170.2	164.9	159.0	137.7	139.7	133.3	135.2	138.5	139.9	140.7
蚕豌豆	139.0	138.1	126.8	133.8	125.0	131.3	142.5	165.5	168.8	176.5
红小豆	102.0	102.0	102.7	119.7	123.9	141.7	121.2	131.1	130.1	131.4
其他杂豆	179.5	173.5	151.7	142.1	171.3	130.4	175.4	170.2	170.3	170.9
薯类(折粮)	310.2	334.6	291.9	288.9	292.1	305.3	307.6	335.9	332.9	356.7
红薯	346.0	381.0	322.1	329.5	318.6	321.0	327.9	334.8	335.3	370.1
马铃薯	255.0	265.4	244.1	237.0	258.2	280.7	277.5	337.8	327.2	327.5
棉花	92.1	94.7	81.3	81.5	80.5	79.0	76.3	89.4	86.6	83.5

4–6 粮食生产大县粮食播种面积(2020年)

单位：千公顷

地区名称	粮食作物播种面积	稻谷				玉米	其他粮食
			早稻	中稻	晚稻		
望城区	45.34	43.73	18.03	7.65	18.04	0.16	1.46
长沙县	75.86	63.75	24.77	13.36	25.63	3.87	8.23
浏阳市	78.70	72.50	18.09	35.49	18.92	1.46	4.74
宁乡市	105.19	99.14	35.40	27.75	36.00	3.17	2.88
渌口区	29.36	27.46	9.67	7.91	9.87	0.42	1.49
攸　县	60.05	57.75	17.70	20.70	19.35	0.52	1.79
茶陵县	36.67	35.47	10.67	12.83	11.96	0.24	0.96
醴陵市	69.18	65.48	23.35	18.02	24.10	1.85	1.86
湘潭县	83.58	82.01	28.47	24.14	29.40	0.55	1.02
湘乡市	65.85	64.09	26.15	10.10	27.84	1.22	0.54
衡阳县	84.95	76.42	29.25	16.18	30.99	2.73	5.80
衡南县	90.21	82.33	31.29	18.77	32.27	0.82	7.06
衡山县	33.10	31.58	11.62	7.76	12.20	0.12	1.40
衡东县	58.19	53.33	20.59	10.44	22.30	0.58	4.28
祁东县	70.32	62.39	22.53	17.17	22.69	3.85	4.08
耒阳市	76.72	70.82	26.09	17.87	26.86	0.95	4.95
常宁市	61.80	59.26	23.15	12.89	23.22	0.53	2.01
新邵县	48.67	39.31	11.99	14.85	12.47	5.01	4.34
邵阳县	68.92	56.21	18.47	18.79	18.95	7.60	5.12
隆回县	71.72	60.58	11.17	36.30	13.11	5.04	6.11
洞口县	72.88	63.57	19.24	25.06	19.27	4.81	4.50
新宁县	43.38	33.18	9.50	13.28	10.40	7.65	2.55
武冈市	66.32	53.40	16.91	19.50	16.99	9.03	3.89
邵东市	68.12	55.42	16.56	21.65	17.21	5.19	7.50
岳阳县	80.31	72.64	29.41	12.92	30.30	3.67	4.00
华容县	85.54	79.79	28.66	22.41	28.72	3.07	2.69
湘阴县	80.78	72.54	28.68	14.23	29.63	4.51	3.74
平江县	66.13	58.92	21.51	15.45	21.95	4.34	2.87
汨罗市	76.26	67.29	25.68	15.62	25.99	4.99	3.98
临湘市	56.39	50.06	18.16	12.81	19.08	1.77	4.56

4-6 续表 单位：千公顷

地区名称	粮食作物播种面积	稻谷				玉米	其他粮食
			早稻	中稻	晚稻		
鼎城区	105.40	100.62	41.42	15.79	43.41	1.74	3.04
安乡县	53.57	49.41	12.41	22.71	14.29	1.14	3.03
汉寿县	95.86	93.32	39.77	13.12	40.43	0.56	1.98
澧　县	77.60	68.53	19.37	28.72	20.45	4.30	4.77
临澧县	53.20	49.09	16.82	13.93	18.34	2.16	1.95
桃源县	118.65	106.41	39.01	26.89	40.52	6.26	5.98
石门县	48.00	28.99	3.01	21.49	4.48	12.65	6.36
慈利县	57.10	27.84	0.74	26.36	0.74	16.44	12.83
资阳区	42.48	40.25	17.64	4.03	18.59	0.77	1.45
赫山区	73.11	69.56	29.66	8.67	31.23	1.29	2.25
南　县	74.98	67.67	16.03	35.17	16.47	3.20	4.10
桃江县	58.53	52.43	15.96	19.71	16.76	3.17	2.93
安化县	44.65	31.26	4.47	22.06	4.73	9.52	3.87
沅江市	71.36	67.96	27.61	11.41	28.94	1.46	1.95
桂阳县	49.55	35.72	5.66	20.38	9.68	2.98	10.85
宜章县	45.53	31.41	11.10	9.19	11.12	10.71	3.41
永兴县	45.21	38.53	12.35	13.82	12.36	3.18	3.49
安仁县	45.07	41.34	16.73	7.87	16.74	1.26	2.47
零陵区	55.27	50.00	18.56	11.70	19.74	1.67	3.59
冷水滩	50.40	43.57	15.72	11.81	16.04	3.46	3.37
祁阳县	83.82	70.71	25.37	17.42	27.92	3.71	9.40
东安县	57.89	48.72	17.57	12.42	18.73	3.46	5.71
道　县	56.99	46.45	17.02	11.73	17.71	4.01	6.53
宁远县	47.55	40.19	11.30	16.23	12.67	1.94	5.42
江华县	38.18	26.15	8.41	8.67	9.07	10.51	1.52
沅陵县	44.12	28.99		28.99		8.85	6.28
辰溪县	32.22	22.62	0.10	22.42	0.10	5.09	4.51
溆浦县	54.01	32.01	0.01	31.98	0.01	15.57	6.44
芷江县	34.05	22.18		22.18		8.53	3.34
靖州县	20.76	17.39		17.39		0.93	2.44
洪江市	27.34	19.43	0.03	19.37	0.03	4.84	3.07
双峰县	78.28	66.35	26.35	13.60	26.39	8.61	3.32
新化县	74.58	55.50	13.45	27.21	14.84	12.55	6.53
涟源市	61.84	44.44	13.20	17.93	13.31	10.63	6.77
永顺县	37.95	24.46		24.46		6.33	7.16

4−7　粮食生产大县粮食产量(2020年)

单位：吨

地区名称	粮食作物总产	稻谷				玉米	其他粮食
			早稻	中稻	晚稻		
望城区	311198	302847	109848	66868	126131	1141	7211
长沙县	491519	425631	152245	104318	169068	26080	39808
浏阳市	556675	525668	109634	284789	131246	9826	21181
宁乡市	702634	666951	195419	226081	245451	22701	12982
渌口区	200652	191696	61158	63091	67448	2603	6353
攸　县	423253	413070	115242	165620	132208	3158	7024
茶陵县	256849	251506	67441	102238	81828	1615	3728
醴陵市	484296	464880	152331	145549	166999	11523	7893
湘潭县	606482	597252	184523	205018	207711	4036	5194
湘乡市	460021	448288	166522	87395	194371	8958	2775
衡阳县	593608	547797	180167	141046	226583	21216	24595
衡南县	617991	583555	191440	162435	229680	6521	27915
衡山县	209853	201464	73937	53747	73780	803	7586
衡东县	390066	367619	125525	92197	149897	4742	17705
祁东县	449552	399636	140180	141177	118280	30126	19790
耒阳市	486643	452640	159397	142457	150787	7539	26464
常宁市	392299	381370	139630	108895	132845	4050	6879
新邵县	303568	249222	70218	109032	69973	35097	19250
邵阳县	448427	375125	108455	149618	117051	51562	21740
隆回县	505141	438464	67636	284811	86018	35190	31486
洞口县	471148	415752	113278	190275	112199	37184	18212
新宁县	288087	223535	55062	105748	62725	51756	12797
武冈市	448129	358917	102672	157763	98482	70470	18742
邵东市	433453	356469	98176	162106	96188	40937	36047
岳阳县	501693	463330	170700	96487	196144	23000	15363
华容县	530648	507323	160771	184464	162088	15700	7626
湘阴县	465431	424338	166658	114898	142783	27800	13293
平江县	435329	398798	117657	126842	154299	26800	9731
汨罗市	480735	436820	148086	106861	181873	31100	12814
临湘市	346239	319323	97294	99564	122465	12100	14816

4-7 续表 单位：吨

地区名称	粮食作物总产	稻谷				玉米	其他粮食
			早稻	中稻	晚稻		
鼎城区	667506	640792	232736	131169	276888	13204	13509
安乡县	345051	323017	64748	171769	86500	8947	13088
汉寿县	600353	586250	215132	105858	265259	4159	9944
澧　县	515017	463212	104619	229577	129015	32328	19478
临澧县	330024	304014	91034	105778	107202	16857	9153
桃源县	740028	670717	221928	211643	237146	45070	24242
石门县	301217	191452	15961	151036	24454	81394	28370
慈利县	325027	190267	3572	184211	2485	90681	44079
资阳区	267700	254045	99552	30989	123504	6782	6873
赫山区	476124	455994	173314	75674	207007	10852	9277
南　县	502262	464484	87136	285583	91765	22212	15566
桃江县	360502	330116	86715	147372	96030	18595	11790
安化县	239642	183798	23006	135936	24856	40808	15036
沅江市	449439	431808	158331	95310	178167	10456	7174
桂阳县	297028	230231	31574	142625	56032	15992	50804
宜章县	261513	191742	63777	68758	59207	54133	15638
永兴县	264038	232696	69894	96515	66287	15060	16281
安仁县	290045	271661	98968	60236	112458	8477	9906
零陵区	353795	325044	106924	97076	121044	12142	16608
冷水滩	320187	283644	92865	94987	95791	22613	13931
祁阳县	544565	471505	152865	144608	174032	23379	49681
东安县	365636	315439	104005	98835	112599	23582	26615
道　县	358229	302817	101506	93481	107830	28299	27113
宁远县	305399	260678	66597	116030	78051	13804	30916
江华县	228098	154151	47157	55894	51100	67418	6528
沅陵县	253353	198753		198753		32025	22575
辰溪县	207943	167558	571	166601	386	25295	15090
溆浦县	361678	255309	78	255181	51	83103	23266
芷江县	232791	175460		175460		45236	12094
靖州县	136182	121835		121835		4905	9441
洪江市	179668	144210	151	143942	116	21804	13655
双峰县	512002	446673	167835	110976	167862	54393	10936
新化县	473000	371636	79462	202467	89706	78459	22905
涟源市	388006	300755	84277	133902	82576	66629	20622
永顺县	224965	156577		156577		34006	34383

4-8 粮食生产大县粮食单产(2020年)

单位：公斤/亩

地区名称	粮食作物单产	稻谷				玉米	其他粮食
			早稻	中稻	晚稻		
望城区	457.57	461.73	406.09	582.78	466.02	488.66	329.63
长沙县	431.98	445.09	409.81	520.58	439.83	448.90	322.46
浏阳市	471.53	483.37	404.10	534.90	462.47	447.37	297.91
宁乡市	445.32	448.48	368.05	543.16	454.57	477.77	300.81
渌口区	455.54	465.41	421.49	531.43	455.51	415.08	284.76
攸　县	469.86	476.88	434.06	533.48	455.51	408.60	261.34
茶陵县	466.96	472.74	421.24	531.11	456.07	442.56	259.26
醴陵市	466.67	473.34	434.98	538.36	461.87	415.40	283.02
湘潭县	483.73	485.49	432.09	566.08	471.01	490.92	339.21
湘乡市	465.71	466.33	424.59	576.98	465.40	488.85	340.14
衡阳县	465.84	477.87	410.64	581.08	487.43	518.09	282.70
衡南县	456.72	472.54	407.88	576.99	474.50	530.78	263.56
衡山县	422.61	425.28	424.16	461.74	403.17	442.42	360.74
衡东县	446.88	459.54	406.39	588.80	448.10	545.00	275.85
祁东县	426.19	427.02	414.78	548.15	347.51	521.65	323.45
耒阳市	422.86	426.11	407.33	531.46	374.25	528.46	356.20
常宁市	423.19	429.04	402.10	563.16	381.43	508.46	228.16
新邵县	415.81	422.61	390.42	489.48	373.95	466.57	295.61
邵阳县	433.78	444.94	391.46	530.84	411.89	452.51	283.31
隆回县	469.52	482.55	403.67	523.07	437.56	465.60	343.57
洞口县	431.01	436.03	392.51	506.19	388.25	515.09	269.99
新宁县	442.77	449.13	386.40	530.86	402.06	451.05	335.11
武冈市	450.47	448.10	404.78	539.38	386.44	520.31	320.99
邵东市	424.22	428.79	395.23	499.13	372.59	525.50	320.32
岳阳县	416.46	425.25	386.90	497.75	431.55	417.57	255.98
华容县	413.56	423.89	373.97	548.73	376.27	341.38	189.20
湘阴县	384.10	390.00	387.40	538.44	321.26	411.30	236.88
平江县	438.86	451.27	364.66	547.25	468.58	411.39	225.80
汨罗市	420.27	432.76	384.44	456.00	466.54	415.83	214.65
临湘市	409.37	425.30	357.17	518.04	427.85	454.72	216.75

4-8 续表

单位：公斤/亩

地区名称	粮食作物单产	稻谷	早稻	中稻	晚稻	玉米	其他粮食
鼎城区	422.19	424.56	374.56	553.77	425.27	506.21	295.97
安乡县	429.41	435.87	347.91	504.33	403.46	524.11	288.34
汉寿县	417.53	418.80	360.65	537.86	437.35	497.79	334.83
澧　县	442.45	450.62	360.13	532.98	420.65	501.20	272.17
临澧县	413.58	412.89	360.82	506.34	389.68	520.04	312.91
桃源县	415.80	420.19	379.30	524.79	390.16	479.98	270.43
石门县	418.37	440.32	353.16	468.46	363.90	428.99	297.24
慈利县	379.46	455.61	321.76	465.88	223.84	367.82	229.08
资阳区	420.15	420.76	376.23	513.14	443.00	586.46	315.11
赫山区	434.19	437.01	389.56	581.75	441.88	560.39	274.63
南　县	446.60	457.59	362.30	541.31	371.55	462.61	252.86
桃江县	410.59	419.72	362.22	498.39	381.96	390.94	268.35
安化县	357.84	391.98	342.88	410.79	350.63	285.74	259.36
沅江市	419.87	423.59	382.26	557.08	410.41	479.09	245.78
桂阳县	399.65	429.70	371.96	466.53	385.90	357.77	312.22
宜章县	382.95	406.99	383.05	499.00	354.89	336.96	305.90
永兴县	389.39	402.59	377.21	465.58	357.54	315.72	310.83
安仁县	429.04	438.05	394.28	510.26	447.86	448.52	267.92
零陵区	426.79	433.41	384.09	553.37	408.71	483.55	308.16
冷水滩	423.52	434.01	393.85	536.24	398.11	435.45	275.58
祁阳县	433.13	444.54	401.65	553.54	415.52	420.33	352.39
东安县	421.09	431.68	394.72	530.56	400.78	454.11	310.74
道　县	419.05	434.60	397.59	531.52	406.00	470.70	276.72
宁远县	428.19	432.39	392.91	476.75	410.79	475.11	380.28
江华县	398.25	392.96	373.95	429.64	375.51	427.48	286.89
沅陵县	382.81	457.08	#DIV/0!	457.08	#DIV/0!	241.27	239.50
辰溪县	430.27	493.84	380.80	495.39	257.41	331.24	223.15
溆浦县	446.40	531.81	431.33	531.94	281.94	355.87	240.81
芷江县	455.82	527.38	#DIV/0!	527.38	#DIV/0!	353.63	241.47
靖州县	437.32	467.02	#DIV/0!	467.02	#DIV/0!	351.64	258.16
洪江市	438.14	494.83	315.08	495.54	241.77	300.33	296.61
双峰县	436.05	448.84	424.60	544.00	424.01	421.02	219.52
新化县	422.84	446.40	394.01	496.01	402.91	416.88	233.95
涟源市	418.28	451.18	425.64	497.79	413.70	417.99	202.95
永顺县	395.20	426.76	#DIV/0!	426.76	#DIV/0!	358.14	320.14

4–9 历年畜禽出栏量

年份	生猪（万头）	牛（万头）	羊（万头）	禽（万只）
1983	1850.1	11.9	27.6	
1984	2128.9	10.1	28.8	
1985	2296.6	9.3	30.1	8458.6
1986	2471.8	9.9	28.5	9453.9
1987	2657.4	11.7	30.3	10255.8
1988	2813.7	15.3	32.6	10548.9
1989	2866.5	15.8	35.2	11384.5
1990	3092.1	16.3	35.3	11832.6
1991	3247.9	20.2	42.9	12607.1
1992	3536.3	26.5	50.1	14187.4
1993	3813.2	33.4	71.0	15872.9
1994	4372.6	43.5	101.5	18441.2
1995	5001.7	58.0	157.9	23198.2
1996	4387.5	87.0	319.1	28315.8
1997	5127.0	96.5	291.1	31458.2
1998	5467.3	109.0	331.3	35703.4
1999	5385.3	118.8	354.2	27967.5
2000	5491.3	128.1	397.1	30448.9
2001	5540.5	125.0	435.2	32672.0
2002	5653.1	146.8	526.0	35286.0
2003	5905.8	148.3	604.9	41497.0
2004	6088.7	154.6	662.1	42816.6
2005	6176.3	167.4	763.4	39209.8
2006	5126.9	121.7	638.9	32867.8
2007	4822.4	125.0	661.8	32806.7
2008	5165.2	125.2	682.1	34779.9
2009	5528.1	132.0	722.7	36895.8
2010	5750.4	134.1	711.6	38377.1
2011	5608.7	128.9	700.6	39292.2
2012	5920.4	131.1	720.7	41686.0
2013	5951.0	136.8	757.9	41324.9
2014	6279.0	139.1	795.4	40089.6
2015	6141.7	142.5	840.0	41528.0
2016	5990.8	143.4	888.5	42732.9
2017	6116.3	147.0	901.8	42263.8
2018	5993.7	152.7	911.0	42476.7
2019	4812.9	162.5	971.5	51057.0
2020	4658.9	174.6	983.3	54403.6

注：生猪2000年起为抽样调查数，牛2001年起为抽样调查数，1997年起禽为农普衔接数，2006—2016年猪牛羊禽数据为三农普衔接数。

4-10 历年畜禽存栏量

年 份	生猪(万头)	能繁母猪(万头)	牛(万头)	羊(万头)	禽(万只)
1983	2233.0	166.2	323.5	69.8	
1984	2337.1	157.4	334.7	63.9	
1985	2441.7	177.5	349.1	55.7	
1986	2596.9	208.5	364.7	58.0	
1987	2647.8	185.5	378.6	63.4	
1988	2694.4	188.4	383.8	63.8	
1989	2727.6	195.3	392.4	68.6	
1990	2798.3	204.6	399.2	66.5	
1991	2837.5	197.7	404.9	71.4	
1992	2912.1	218.9	411.6	79.4	
1993	3016.1	257.0	414.7	109.2	
1994	3171.8	260.3	420.5	140.0	
1995	3391.1	275.5	430.5	214.8	
1996	3008.0	247.1	469.4	390.2	
1997	3401.0	288.8	481.9	345.3	
1998	3492.2	280.7	489.0	336.6	
1999	3422.4	275.1	493.9	349.5	
2000	3583.8	360.2	504.8	375.2	
2001	3604.3	378.3	507.9	387.9	
2002	3908.5	394.4	534.0	483.0	22364.0
2003	4108.7	415.4	556.2	588.4	28611.0
2004	4343.4	430.2	583.6	671.1	26986.6
2005	4435.0	421.0	591.3	711.3	24949.1
2006	3452.5	349.2	405.7	499.1	24346.5
2007	3776.4	403.9	399.6	511.9	26103.1
2008	3924.5	425.4	399.5	523.9	26890.1
2009	4047.0	435.1	414.3	553.8	27111.6
2010	4063.9	433.1	401.7	552.7	27278.2
2011	4182.7	442.3	385.0	567.3	27583.5
2012	4275.5	443.9	381.8	565.6	29048.3
2013	4130.7	449.5	385.0	590.6	29950.4
2014	4227.8	442.3	389.2	622.1	31060.1
2015	4122.7	417.1	393.9	655.4	32147.1
2016	3983.1	398.7	374.1	648.1	33148.4
2017	3968.1	396.0	379.4	661.7	33012.8
2018	3822.0	378.7	385.4	668.3	32616.0
2019	2698.3	248.0	410.4	712.2	36333.2
2020	3734.6	351.6	438.1	433.3	37688.5

注：生猪2000年起为抽样调查数，牛2001年起为抽样调查数，1997年起禽为农普衔接数，2006—2016年猪牛羊禽数据为三农普衔接数。

4-11 历年畜禽产品产量

单位：万吨

年 份	猪肉	牛肉	羊肉	禽肉	牛奶	禽蛋
1983	103.6	0.8	0.3		10.2	18.1
1984	124.0	0.7	0.3		11.2	23.2
1985	137.5	0.7	0.3	9.3	10.3	24.4
1986	154.8	0.8	0.3	10.6	10.0	23.5
1987	162.6	0.9	0.3	11.5	11.1	22.6
1988	176.9	1.4	0.4	12.0	10.3	26.0
1989	178.8	1.3	0.4	13.4	10.0	26.3
1990	187.7	1.4	0.4	14.0	10.5	27.9
1991	197.0	1.9	0.5	15.2	11.8	29.1
1992	211.1	2.3	0.6	16.6	12.0	31.1
1993	233.7	3.0	0.8	19.4	11.5	33.6
1994	267.1	3.9	1.2	22.8	8.7	36.3
1995	310.1	5.3	1.9	28.0	8.2	46.6
1996	286.9	8.5	4.4		6.0	58.8
1997	343.5	10.8	4.2	33.6	7.7	44.5
1998	365.0	11.7	5.1	40.6	8.0	47.3
1999	364.9	13.0	5.4	42.6	10.3	49.6
2000	371.8	13.5	6.1	43.2	10.5	52.3
2001	389.8	13.2	6.7	46.4	18.5	54.7
2002	396.9	15.9	8.1	50.1	3.0	62.7
2003	419.3	16.1	9.4	57.3	5.2	64.6
2004	429.1	16.8	10.1	58.9	6.6	88.1
2005	437.0	18.2	11.6	54.2	6.9	92.1
2006	365.8	13.8	9.6	45.2	6.7	78.3
2007	348.9	14.3	10.5	47.0	4.8	85.6
2008	381.1	14.4	11.1	50.0	4.8	87.6
2009	396.8	14.8	11.7	52.3	4.8	89.0
2010	414.3	15.1	11.5	53.3	4.9	91.8
2011	408.5	14.7	11.3	54.7	5.1	93.6
2012	430.6	15.0	11.6	58.3	5.4	95.3
2013	434.2	16.0	12.3	57.5	5.6	95.7
2014	462.4	16.3	13.1	56.0	5.9	98.0
2015	452.8	16.8	13.9	58.1	6.1	101.6
2016	439.9	16.9	14.7	60.0	6.4	104.8
2017	449.6	17.0	14.9	59.2	6.1	103.2
2018	446.8	17.9	14.9	59.7	6.2	105.4
2019	348.5	19.0	15.9	73.4	6.3	114.7
2020	337.7	20.5	16.1	78.2	5.6	118.8

注：生猪2000年起为抽样调查数，牛2001年起为抽样调查数，1997年起禽为农普衔接数，2006—2016年猪牛羊禽数据为三农普衔接数。

4-12 各市(州)生猪监测调查主要指标(2020年)

区 县	年末生猪存栏（万头）	年末能繁母猪存栏（万头）	生猪出栏（万头）	猪肉产量（万吨）
长沙市	203.8	18.9	275.3	20.0
株洲市	191.9	18.6	241.2	17.7
湘潭市	168.3	15.6	235.2	16.9
衡阳市	419.8	42.6	526.5	38.4
邵阳市	420.6	41.5	523.7	38.2
岳阳市	292.6	27.3	351.5	25.2
常德市	290.7	27.2	384.8	27.6
张家界市	58.4	5.5	73.1	5.2
益阳市	239.1	23.3	294.2	20.9
郴州市	343.9	32.2	431.9	31.6
永州市	500.6	43.9	602.4	44.0
怀化市	258.1	21.6	307.5	22.3
娄底市	259.6	25.4	305.6	22.2
湘西州	87.3	8.1	105.9	7.6

4-13 各市(州)牛监测调查主要指标(2020年)

区 县	年末牛存栏（万头）	牛出栏（万头）	牛肉产量（万吨）	牛奶产量（万吨）
长沙市	11.2	6.0	0.7	0.4
株洲市	9.8	4.1	0.5	
湘潭市	7.3	2.7	0.3	0.1
衡阳市	30.6	11.8	1.4	
邵阳市	51.1	21.9	2.5	3.0
岳阳市	28.5	12.0	1.4	
常德市	41.7	17.1	2.0	1.3
张家界市	14.1	5.4	0.6	
益阳市	19.8	8.9	1.0	
郴州市	32.6	11.6	1.3	0.1
永州市	76.6	30.2	3.6	0.6
怀化市	49.9	18.1	2.1	0.1
娄底市	43.0	18.6	2.2	
湘西州	22.1	6.4	0.8	

4-14 各市(州)羊监测调查主要指标(2020年)

区 县	年末羊存栏(万头)	羊出栏(万头)	羊肉产量(万吨)
长沙市	48.9	64.3	1.1
株洲市	51.9	65.2	1.1
湘潭市	14.0	16.9	0.3
衡阳市	58.1	76.4	1.3
邵阳市	59.5	69.4	1.1
岳阳市	48.7	57.4	0.9
常德市	141.7	185.0	3.1
张家界市	20.5	29.9	0.5
益阳市	41.9	55.5	0.9
郴州市	43.4	61.6	1.0
永州市	75.5	106.9	1.8
怀化市	62.2	78.2	1.3
娄底市	50.5	63.9	1.0
湘西州	44.5	52.7	0.9

4-15 各市(州)家禽监测调查主要指标(2020年)

区 县	年末家禽存笼(万羽)	家禽出笼(万羽)	家禽产量(万吨)	禽蛋产量(千吨)
长沙市	2697.2	4678.9	6.8	45.8
株洲市	1594.2	2099.7	3.0	47.7
湘潭市	993.3	1220.1	1.8	42.5
衡阳市	6337.0	8686.3	12.6	229.3
邵阳市	3276.7	4465.6	6.5	19.4
岳阳市	2478.9	3020.3	4.3	74.3
常德市	6105.2	9730.0	14.0	390.8
张家界市	488.4	626.3	0.9	13.5
益阳市	2495.7	2865.2	4.1	156.8
郴州市	1673.7	2747.5	4.0	35.5
永州市	4924.7	7528.5	10.7	72.2
怀化市	2457.4	3773.8	5.4	16.2
娄底市	1647.9	2279.2	3.3	32.9
湘西州	518.3	682.4	1.0	11.1

4-16 粮食中间消耗(2020年)

项　　目	早籼稻	中籼稻	晚籼稻
平均每单位产值(元)	**913.24**	**1471.77**	**1006.20**
平均每单位中间消耗(元)	**478.89**	**479.21**	**472.36**
物质消耗	316.61	325.19	315.12
用种量	66.62	88.31	83.78
饲料、饲草		0.19	
肥料	131.12	130.64	124.19
燃料	13.20	11.53	11.71
农膜(棚膜、地膜)	2.95	1.92	2.10
农药	72.72	83.11	81.65
水费	0.09	0.06	0.03
用电量	2.48	0.84	2.28
棚架材料费	0.14	0.21	0.15
小农具购置费	23.65	4.45	2.73
办公用品购置	0.02	0.18	0.01
其他物质消耗	3.63	3.75	6.49
生产服务支出	162.28	154.02	157.25
外雇运输费	4.74	6.64	3.51
外雇排灌费	2.73	1.24	2.44
外雇机械作业费	148.48	142.49	145.26
技术服务费	0.02		0.71
保险费	2.69	1.53	2.93
其他服务费	3.62	2.12	2.40

4-17 棉花中间消耗(2020年)

项　　目	棉花(籽棉)	项　　目	棉花(籽棉)
平均每单位产值(元)	**1494.16**	棚架材料费	
平均每单位中间消耗(元)	**384.43**	小农具购置费	30.09
物质消耗	349.59	办公用品购置	
用种量	53.18	其他物质消耗	
饲料、饲草		生产服务支出	34.85
肥料	151.89	外雇运输费	
燃料		外雇排灌费	1.00
农膜(棚膜、地膜)	2.57	外雇机械作业费	33.85
农药	111.85	技术服务费	
畜牧水产养殖用药品		保险费	
水费		其他	
用电量			

4-18 生猪、活牛中间消耗(2020年)

项　　目	生猪		活牛		活羊		活鸡	
	上半年	下半年	上半年	下半年	上半年	下半年	上半年	下半年
平均每单位产值(元)	**4401.85**	**4931.56**	**16503.21**	**16734.01**	**1463.55**	**1829.20**	**46.08**	**32.08**
平均每单位中间消耗(元)	**1952.42**	**2121.71**	**10364.86**	**10441.57**	**311.86**	**181.76**	**19.32**	**19.79**
物质消耗	1893.47	2056.92	10247.24	10345.48	277.15	158.64	18.49	18.98
用种量	762.64	700.40	4106.48	6555.66	133.33	31.50	2.80	2.73
饲料、饲草	1061.26	1286.93	5810.50	3651.55	118.49	105.31	14.08	15.34
燃料	0.68	3.78	57.44	14.22	1.89	1.99	0.64	0.13
畜牧水产养殖用药品	39.78	46.48	18.87	42.08	8.98	13.49	0.51	0.57
水费	1.81	1.26	0.74	5.05	0.61			
用电量	16.43	13.82	47.32	51.92	8.84	5.42	0.28	0.14
小农具购置费	1.08	1.30			1.67	0.88		
办公用品购置	0.43	0.35			0.09	0.06		0.07
其他物质消耗	9.36	2.60	205.89	25.00	3.25		0.18	
生产服务支出合计	58.94	64.79	117.62	96.09	34.70	23.12	0.83	0.81
外雇运输费	16.19	11.20	58.70	29.92	4.40	5.69	0.08	0.06
配种费	6.93	7.86	1.33	22.35	0.61			
防疫费	26.20	31.15	25.04	17.43	9.83	11.33	0.59	0.60
技术服务费	1.17	2.79	3.53	0.41				
保险费	5.82	6.11	0.38	15.00	1.02			
其他	2.63	5.68	28.64	10.98	18.84	6.10	0.16	0.15

4−19 各县(市、区)生猪监测调查主要指标(2020年)

区 县	年末生猪存栏(万头)	年末能繁母猪存栏(万头)	生猪出栏(万头)	猪肉产量(万吨)
芙蓉区				
天心区	0.2	0.0	0.4	0.0
岳麓区	1.3	0.1	2.2	0.2
开福区	1.5	0.1	2.5	0.2
雨花区	0.2	0.0	0.4	0.0
望城区	23.3	1.8	26.7	1.8
长沙县	40.1	3.7	47.0	3.4
宁乡市	67.4	6.9	96.7	7.1
浏阳市	69.8	6.3	99.4	7.4
荷塘区	1.2	0.1	1.8	0.1
芦淞区	2.1	0.2	3.1	0.2
石峰区	0.3	0.0	0.6	0.0
天元区	3.5	0.3	4.3	0.3
渌口区	29.6	2.7	36.4	2.6
攸县	49.2	4.9	67.8	4.9
茶陵县	43.6	4.1	49.0	3.6
炎陵县	6.1	0.5	8.0	0.6
醴陵市	56.4	5.8	70.2	5.4
雨湖区	22.2	2.0	35.5	2.6
岳塘区	2.0	0.2	2.6	0.2
湘潭县	70.5	6.3	96.9	7.0
湘乡市	65.8	6.3	89.6	6.4
韶山市	7.8	0.8	10.7	0.8
珠晖区	3.1	0.3	6.3	0.5
雁峰区	0.4	0.0	1.4	0.1
石鼓区	0.9	0.1	1.5	0.1
蒸湘区	1.2	0.1	1.8	0.1
南岳区	1.2	0.1	2.6	0.2
衡阳县	74.0	7.5	93.2	6.9
衡南县	75.5	7.8	92.8	6.9
衡山县	38.1	3.7	44.7	3.3
衡东县	50.1	5.2	59.8	4.2
祁东县	53.5	5.6	63.0	4.6
耒阳市	70.7	7.1	97.5	7.1
常宁市	51.1	5.2	62.0	4.5
双清区	4.9	0.5	5.3	0.4
大祥区	5.4	0.5	5.4	0.4
北塔区	3.7	0.4	3.1	0.2
邵东市	51.9	5.4	63.0	4.6
新邵县	50.5	5.1	60.5	4.5
邵阳县	57.5	5.6	70.9	5.1

4-19 续表 1

区 县	年末生猪存栏（万头）	年末能繁母猪存栏（万头）	生猪出栏（万头）	猪肉产量（万吨）
隆回县	49.9	5.0	63.0	4.6
洞口县	70.8	7.5	91.9	6.7
绥宁县	33.4	2.7	43.6	3.2
新宁县	23.3	2.2	31.0	2.2
城步苗族自治县	9.8	0.8	13.7	1.0
武冈市	59.4	5.9	72.5	5.3
岳阳楼区	2.8	0.3	3.7	0.3
云溪区	3.3	0.3	4.1	0.3
君山区	3.5	0.2	5.0	0.4
岳阳县	53.4	4.7	65.1	4.7
华容县	30.0	2.9	38.6	2.7
湘阴县	35.5	3.7	38.8	2.7
平江县	57.4	5.0	62.5	4.2
汨罗市	68.2	6.8	86.5	6.4
临湘市	38.5	3.4	47.3	3.5
武陵区	0.5	0.0	1.0	0.1
鼎城区	43.9	4.0	56.8	4.1
安乡县	19.6	2.0	31.0	2.0
汉寿县	37.9	3.4	51.5	3.8
澧县	42.3	3.8	53.3	3.9
临澧县	30.1	2.7	42.0	3.0
桃源县	43.9	4.1	53.4	3.9
石门县	40.1	4.0	52.8	3.8
津市市	32.4	3.0	42.9	3.1
永定区	8.0	0.7	12.1	0.9
武陵源区	1.3	0.1	1.6	0.1
慈利县	38.9	3.8	46.5	3.3
桑植县	10.2	0.9	13.0	0.9
资阳区	35.8	3.5	46.2	3.4
赫山区	41.1	4.4	46.8	3.4
南县	37.2	3.5	41.8	3.0
桃江县	42.1	3.7	52.3	3.5
安化县	54.1	5.0	72.0	5.2
沅江市	28.9	3.1	35.2	2.4
北湖区	3.9	0.3	7.1	0.5
苏仙区	39.1	3.6	45.5	3.3
桂阳县	51.9	5.1	60.7	4.4
宜章县	48.8	4.8	62.5	4.6
永兴县	41.6	3.7	48.7	3.6
嘉禾县	43.2	4.3	55.1	4.1
临武县	24.4	2.4	40.1	2.9

4-19 续表 2

区 县	年末生猪存栏（万头）	年末能繁母猪存栏（万头）	生猪出栏（万头）	猪肉产量（万吨）
汝城县	16.0	1.2	17.7	1.3
桂东县	8.7	0.7	9.4	0.7
安仁县	26.4	2.2	31.2	2.3
资兴市	39.8	4.0	54.0	4.0
零陵区	50.3	4.7	62.6	4.6
冷水滩区	53.8	4.8	65.0	4.8
祁阳县	59.9	5.5	73.8	5.4
东安县	36.5	3.1	48.6	3.6
双牌县	19.3	1.8	23.8	1.8
道县	53.6	4.2	60.7	4.5
江永县	46.1	3.5	58.5	4.3
宁远县	58.3	5.0	67.3	4.9
蓝山县	44.1	4.0	50.2	3.6
新田县	35.1	3.0	39.4	3.0
江华瑶族自治县	43.8	4.3	52.6	3.8
鹤城区	8.3	0.6	9.8	0.7
中方县	15.9	1.4	17.7	1.3
沅陵县	20.1	1.5	23.7	1.7
辰溪县	21.9	1.8	25.4	1.8
溆浦县	58.3	5.3	70.8	5.2
会同县	14.6	1.3	17.9	1.3
麻阳苗族自治县	17.5	1.4	21.0	1.4
新晃侗族自治县	17.1	1.5	20.2	1.5
芷江侗族自治县	27.3	2.6	33.6	2.5
靖州苗族侗族自治县	26.1	1.9	29.8	2.2
通道侗族自治县	9.9	0.7	13.9	1.0
洪江市	21.0	1.6	23.9	1.7
娄星区	21.0	1.9	26.1	1.9
双峰县	67.7	6.7	75.8	5.5
新化县	75.6	7.6	88.7	6.5
冷水江市	20.1	1.8	25.8	1.9
涟源市	75.2	7.4	89.3	6.5
吉首市	5.1	0.5	6.1	0.5
泸溪县	8.1	0.8	9.7	0.7
凤凰县	13.1	1.2	15.9	1.1
花垣县	9.5	0.9	11.8	0.9
保靖县	9.9	0.8	11.5	0.8
古丈县	4.8	0.4	5.9	0.4
永顺县	18.2	1.7	21.8	1.5
龙山县	18.7	1.7	23.2	1.7

4-20 各县(市、区)牛监测调查主要指标(2020年)

区　县	年末牛存栏（万头）	牛出栏（万头）	牛肉产量（万吨）	牛奶产量（万吨）
芙蓉区				
天心区	0.0	0.0		
岳麓区	0.1	0.0		
开福区	0.0	0.0		
雨花区				
望城区	0.7	0.4	0.0	0.1
长沙县	1.0	0.7	0.1	0.1
宁乡市	5.6	3.2	0.4	0.3
浏阳市	3.8	1.7	0.2	
荷塘区	0.1	0.0	0.0	
芦淞区	0.1	0.0	0.0	
石峰区	0.0	0.0		
天元区	0.1	0.0	0.0	
渌口区	0.6	0.2	0.0	
攸县	3.6	1.4	0.2	
茶陵县	3.7	1.7	0.2	
炎陵县	0.7	0.2	0.0	
醴陵市	1.0	0.5	0.0	
雨湖区	0.2	0.3	0.1	
岳塘区	0.0	0.0		
湘潭县	1.8	1.2	0.1	0.0
湘乡市	5.2	1.1	0.1	0.0
韶山市	0.1	0.2	0.0	0.0
珠晖区	0.1	0.1	0.0	
雁峰区				
石鼓区	0.0	0.0		
蒸湘区	0.0			
南岳区	0.0			
衡阳县	4.3	1.5	0.2	
衡南县	5.4	2.0	0.2	
衡山县	2.2	0.9	0.1	
衡东县	3.0	1.1	0.1	
祁东县	3.2	1.2	0.1	
耒阳市	7.3	2.9	0.4	
常宁市	5.0	2.2	0.3	
双清区	0.4	0.2	0.0	0.1
大祥区	0.4	0.3	0.0	0.1
北塔区	0.2	0.2	0.0	
邵东市	2.2	1.0	0.1	
新邵县	6.7	2.5	0.3	
邵阳县	5.2	2.2	0.3	

4-20 续表 1

区 县	年末牛存栏（万头）	牛出栏（万头）	牛肉产量（万吨）	牛奶产量（万吨）
隆回县	6.6	2.9	0.3	
洞口县	5.5	2.4	0.3	
绥宁县	7.2	3.0	0.4	
新宁县	6.7	3.6	0.4	
城步县	5.2	1.2	0.1	2.8
武冈市	4.5	2.4	0.3	0.1
岳阳楼区				
云溪区	0.0	0.0		
君山区	0.0	0.0		
岳阳县	0.0	0.0		
华容县	8.4	3.5	0.4	
湘阴县	8.8	3.4	0.4	
平江县	6.6	3.8	0.5	
汨罗市	2.3	0.6	0.1	
临湘市	2.3	0.7	0.1	
武陵区	0.4	0.2	0.0	
鼎城区	5.5	2.8	0.3	0.3
安乡县	1.2	0.5	0.1	
汉寿县	3.5	1.5	0.2	0.8
澧县	5.4	1.9	0.2	
临澧县	3.3	1.5	0.2	0.2
桃源县	11.9	4.7	0.5	
石门县	9.2	3.7	0.4	
津市市	1.2	0.5	0.1	
永定区	3.3	1.5	0.2	
武陵源区	0.3	0.2	0.0	
慈利县	7.5	2.8	0.4	
桑植县	3.0	1.0	0.1	
资阳区	1.2	0.5	0.1	
赫山区	1.8	0.8	0.1	
南县	2.8	1.3	0.2	
桃江县	5.3	2.2	0.2	
安化县	7.3	3.5	0.4	
沅江市	1.5	0.6	0.1	
北湖区	0.8	0.5	0.1	0.0
苏仙区	3.1	1.2	0.1	
桂阳县	2.8	1.0	0.1	
宜章县	4.6	1.6	0.2	
永兴县	3.8	1.6	0.2	
嘉禾县	1.5	0.7	0.1	0.0
临武县	4.3	1.2	0.1	

4-20　续表 2

区　县	年末牛存栏（万头）	牛出栏（万头）	牛肉产量（万吨）	牛奶产量（万吨）
汝城县	0.5	0.2	0.0	
桂东县	2.3	0.9	0.1	0.0
安仁县	4.0	1.0	0.1	
资兴市	4.9	1.7	0.2	0.0
零陵区	6.6	2.7	0.3	0.0
冷水滩区	3.9	1.6	0.2	
祁阳县	1.7	1.4	0.2	0.0
东安县	3.7	1.8	0.2	0.1
双牌县	6.6	2.8	0.3	
道县	16.7	7.0	0.8	
江永县	15.8	4.6	0.6	
宁远县	5.2	2.2	0.3	
蓝山县	4.1	1.7	0.2	
新田县	1.6	0.8	0.1	
江华瑶族自治县	10.7	3.5	0.4	0.5
鹤城区	0.7	0.5	0.1	0.0
中方县	1.6	0.5	0.1	
沅陵县	7.2	2.1	0.2	
辰溪县	2.9	0.9	0.1	
溆浦县	5.4	1.8	0.2	0.0
会同县	2.4	0.9	0.1	
麻阳苗族自治县	4.5	1.1	0.1	
新晃侗族自治县	8.6	5.4	0.7	
芷江侗族自治县	4.1	1.2	0.2	
靖州苗族侗族自治县	5.3	1.5	0.2	
通道侗族自治县	4.0	1.3	0.2	0.1
洪江市	3.2	1.0	0.1	0.0
娄星区	2.3	0.9	0.1	
双峰县	5.9	2.7	0.3	
新化县	16.7	6.7	0.8	
冷水江市	2.8	1.7	0.2	
涟源市	15.3	6.5	0.8	
吉首市	1.4	0.5	0.1	
泸溪县	2.6	0.6	0.1	
凤凰县	2.7	0.6	0.1	
花垣县	2.4	1.0	0.1	
保靖县	2.5	0.8	0.1	
古丈县	1.5	0.4	0.1	
永顺县	5.9	1.6	0.2	
龙山县	3.1	0.9	0.1	

4-21 各县(市、区)羊监测调查主要指标(2020年)

区　县	年末羊存栏(万头)	羊出栏(万头)	羊肉产量(万吨)
芙蓉区			
天心区	0.1	0.1	
岳麓区	0.8	0.9	0.0
开福区	0.0	0.0	
雨花区			
望城区	1.2	1.6	0.0
长沙县	2.4	3.2	0.1
宁乡市	7.3	9.7	0.2
浏阳市	37.2	48.8	0.7
荷塘区	0.8	2.3	0.0
芦淞区	0.5	1.1	0.0
石峰区	0.4	0.4	
天元区	0.8	1.3	0.0
渌口区	4.2	5.8	0.1
攸县	6.4	7.3	0.1
茶陵县	3.4	3.6	0.1
炎陵县	1.2	1.1	0.0
醴陵市	34.2	42.2	0.7
雨湖区	1.6	1.3	0.0
岳塘区	0.2	1.9	0.0
湘潭县	4.9	6.5	0.1
湘乡市	6.0	6.1	0.1
韶山市	1.3	1.3	0.0
珠晖区	0.0	0.1	0.0
雁峰区			
石鼓区			
蒸湘区	0.1	0.2	
南岳区	0.3	0.3	0.0
衡阳县	6.4	7.6	0.1
衡南县	7.1	8.8	0.1
衡山县	3.9	4.7	0.1
衡东县	6.1	7.4	0.1
祁东县	10.7	19.7	0.3
耒阳市	11.2	12.7	0.2
常宁市	12.4	15.1	0.3
双清区	0.6	1.1	0.0
大祥区	0.9	1.8	0.0
北塔区	0.5	0.7	0.0
邵东市	2.5	2.9	0.0
新邵县	13.7	7.8	0.1

4-21 续表 1

区 县	年末羊存栏（万头）	羊出栏（万头）	羊肉产量（万吨）
邵阳县	4.0	5.7	0.1
隆回县	7.1	9.5	0.2
洞口县	11.2	13.4	0.2
绥宁县	6.2	8.3	0.2
新宁县	5.2	5.7	0.1
城步县	2.8	4.8	0.1
武冈市	4.8	7.9	0.1
岳阳楼区			
云溪区	0.5	0.9	0.0
君山区	0.3	0.1	
岳阳县	3.0	3.2	0.1
华容县	2.3	2.5	0.1
湘阴县	3.3	5.8	0.1
平江县	33.2	38.9	0.6
汨罗市	5.2	5.2	0.1
临湘市	0.9	0.8	
武陵区	0.1	0.2	
鼎城区	8.8	12.6	0.2
安乡县	3.1	4.4	0.1
汉寿县	2.2	3.6	0.1
澧县	16.4	24.3	0.4
临澧县	13.6	15.2	0.3
桃源县	51.3	78.1	1.3
石门县	43.4	44.4	0.7
津市市	2.9	2.4	0.0
永定区	4.4	6.5	0.1
武陵源区	0.5	0.5	0.0
慈利县	10.0	16.7	0.3
桑植县	5.6	6.2	0.1
资阳区	1.2	1.0	0.0
赫山区	4.2	4.7	0.1
南县	5.7	5.9	0.1
桃江县	4.3	4.8	0.1
安化县	25.8	37.9	0.6
沅江市	0.8	1.2	0.0
北湖区	2.3	3.6	0.1
苏仙区	8.2	14.2	0.2
桂阳县	6.0	8.1	0.1
宜章县	2.6	4.1	0.1
永兴县	8.3	9.1	0.2
嘉禾县	1.9	2.4	0.0

4-21 续表 2

区 县	年末羊存栏（万头）	羊出栏（万头）	羊肉产量（万吨）
临武县	6.2	8.7	0.2
汝城县	0.4	0.2	
桂东县	1.2	2.3	0.0
安仁县	1.1	1.3	0.0
资兴市	5.2	7.7	0.1
零陵区	5.1	7.2	0.1
冷水滩区	5.3	6.2	0.1
祁阳县	5.0	7.5	0.1
东安县	6.7	9.4	0.2
双牌县	19.6	24.2	0.4
道县	9.0	16.2	0.3
江永县	5.7	5.9	0.1
宁远县	2.6	3.3	0.1
蓝山县	3.1	4.9	0.1
新田县	4.3	6.6	0.1
江华瑶族自治县	9.1	15.4	0.3
鹤城区	0.7	1.6	0.0
中方县	0.3	3.5	0.1
沅陵县	18.9	17.1	0.3
辰溪县	5.9	5.6	0.1
溆浦县	3.9	6.8	0.1
会同县	9.6	10.9	0.2
麻阳苗族自治县	4.0	7.4	0.1
新晃侗族自治县	4.5	7.1	0.1
芷江侗族自治县	3.7	5.6	0.1
靖州苗族侗族自治县	3.9	3.0	0.1
通道侗族自治县	2.7	4.2	0.1
洪江市	4.1	5.4	0.1
娄星区	2.8	6.1	0.1
双峰县	6.0	7.9	0.1
新化县	16.5	17.9	0.3
冷水江市	6.8	7.6	0.1
涟源市	18.4	24.4	0.4
吉首市	2.9	4.7	0.1
泸溪县	4.3	4.0	0.1
凤凰县	3.3	2.8	0.0
花垣县	3.0	5.0	0.1
保靖县	6.6	9.3	0.2
古丈县	3.3	4.4	0.1
永顺县	9.8	9.0	0.1
龙山县	11.5	13.6	0.2

4-22 各县(市、区)家禽监测调查主要指标(2020年)

区 县	年末家禽存笼(万羽)	家禽出笼(万羽)	家禽产量(万吨)	禽蛋产量(千吨)
芙蓉区				
天心区	10.7	12.4		0.3
岳麓区	61.3	67.5	0.1	1.3
开福区	12.3	14.6	0.0	0.2
雨花区	6.7	8.0	0.0	0.2
望城区	301.3	493.2	0.7	12.9
长沙县	268.5	503.1	0.7	9.1
宁乡市	1252.5	2237.8	3.4	10.1
浏阳市	784.0	1342.5	1.9	11.7
荷塘区	33.1	32.6	0.0	0.7
芦淞区	36.4	46.8	0.1	2.0
石峰区	13.9	36.1	0.1	0.9
天元区	66.5	104.8	0.2	1.3
渌口区	140.8	214.6	0.3	6.0
攸县	496.8	564.5	0.7	16.8
茶陵县	110.0	195.3	0.3	7.9
炎陵县	60.1	111.9	0.2	0.9
醴陵市	636.6	793.3	1.2	11.2
雨湖区	59.6	142.1	0.2	0.7
岳塘区	15.5	36.1	0.1	0.2
湘潭县	580.2	690.4	1.0	29.6
湘乡市	313.9	318.2	0.5	10.5
韶山市	24.0	33.3	0.1	1.5
珠晖区	27.2	29.9	0.0	1.4
雁峰区	21.8	31.8	0.1	0.4
石鼓区	34.0	51.9	0.1	0.8
蒸湘区	32.8	44.9	0.1	1.9
南岳区	25.3	30.5	0.0	0.9
衡阳县	1264.8	1756.6	2.5	40.1
衡南县	964.4	1297.7	1.9	40.3
衡山县	504.5	691.1	1.0	21.6
衡东县	523.7	704.7	1.0	17.0
祁东县	827.7	1249.4	1.8	41.8
耒阳市	1459.8	1968.6	2.9	42.4
常宁市	651.1	829.4	1.2	20.7
双清区	83.3	176.8	0.2	0.7
大祥区	95.1	176.0	0.3	0.7
北塔区	94.0	166.9	0.3	0.7
邵东市	385.6	460.9	0.6	4.8
新邵县	360.0	413.4	0.6	2.5

4–22 续表 1

区　县	年末家禽存笼（万羽）	家禽出笼（万羽）	家禽产量（万吨）	禽蛋产量（千吨）
邵阳县	432.7	487.4	0.7	3.2
隆回县	382.8	542.8	0.7	2.9
洞口县	365.9	653.8	1.1	1.1
绥宁县	182.1	304.2	0.5	0.4
新宁县	262.5	309.5	0.4	0.9
城步苗族自治县	147.8	176.0	0.2	0.4
武冈市	484.9	598.0	0.9	1.1
岳阳楼区				
云溪区	282.8	938.4	1.3	
君山区	20.7	5.5	0.0	
岳阳县	77.6	137.3	0.2	2.6
华容县	32.5	13.6	0.0	
湘阴县	741.2	486.3	0.7	26.4
平江县	646.5	507.4	0.7	22.1
汨罗市	628.8	889.1	1.3	21.6
临湘市	48.9	42.8	0.1	1.6
武陵区	42.7	30.3	0.0	1.7
鼎城区	900.1	1397.4	2.0	62.1
安乡县	420.9	359.5	0.5	22.3
汉寿县	453.4	643.5	0.9	34.9
澧县	650.7	834.9	1.2	63.9
临澧县	736.7	1756.2	2.5	35.5
桃源县	1424.8	2663.3	3.8	128.0
石门县	1292.1	1789.7	2.6	20.0
津市市	183.8	255.3	0.4	22.4
永定区	107.6	203.4	0.3	2.1
武陵源区	29.8	33.6	0.1	0.7
慈利县	248.6	289.5	0.4	9.2
桑植县	102.4	99.7	0.1	1.5
资阳区	228.9	295.4	0.5	9.0
赫山区	560.3	617.7	0.9	44.5
南县	448.5	537.2	0.9	34.9
桃江县	432.8	476.8	0.6	22.5
安化县	385.1	444.1	0.6	9.0
沅江市	440.2	494.0	0.7	36.9
北湖区	48.5	92.3	0.1	1.4
苏仙区	187.9	276.7	0.4	2.3
桂阳县	169.0	285.0	0.4	1.9
宜章县	176.0	445.0	0.6	3.7
永兴县	289.9	486.2	0.7	6.4
嘉禾县	68.6	214.9	0.3	0.8

4-22 续表 2

区　县	年末家禽存笼（万羽）	家禽出笼（万羽）	家禽产量（万吨）	禽蛋产量（千吨）
临武县	185.0	377.8	0.6	1.7
汝城县	185.8	64.0	0.1	9.7
桂东县	32.0	40.0	0.1	0.4
安仁县	170.7	178.4	0.2	4.1
资兴市	160.2	287.2	0.4	3.1
零陵区	771.2	1288.7	1.7	8.1
冷水滩区	582.4	937.2	1.3	12.9
祁阳县	882.3	1119.9	1.7	18.4
东安县	575.7	860.5	1.3	14.2
双牌县	165.3	220.7	0.3	2.5
道县	606.5	940.9	1.2	4.8
江永县	166.5	259.7	0.4	2.5
宁远县	397.8	777.3	1.0	2.8
蓝山县	187.6	223.7	0.4	1.4
新田县	287.5	483.0	0.8	2.6
江华瑶族自治县	302.0	416.7	0.7	2.0
鹤城区	97.2	157.0	0.2	0.5
中方县	161.6	262.0	0.3	0.6
沅陵县	183.0	289.2	0.5	1.1
辰溪县	466.0	456.1	0.7	2.6
溆浦县	232.5	529.4	0.6	2.3
会同县	234.1	254.9	0.3	0.9
麻阳苗族自治县	210.2	311.2	0.5	1.9
新晃侗族自治县	45.4	81.9	0.1	0.9
芷江侗族自治县	220.6	684.5	0.8	0.9
靖州苗族侗族自治县	168.2	202.4	0.3	2.5
通道侗族自治县	98.6	132.5	0.2	0.4
洪江市	339.8	412.5	0.9	1.6
娄星区	340.2	437.2	0.6	5.2
双峰县	289.5	351.4	0.5	9.1
新化县	420.2	582.0	0.8	8.2
冷水江市	137.0	269.2	0.4	1.4
涟源市	461.1	639.5	1.0	9.0
吉首市	52.3	83.3	0.1	1.1
泸溪县	83.2	102.1	0.2	1.3
凤凰县	50.3	65.6	0.1	1.0
花垣县	48.0	66.2	0.1	1.1
保靖县	59.0	83.9	0.1	1.6
古丈县	30.2	44.7	0.1	0.7
永顺县	115.4	143.7	0.2	2.7
龙山县	80.0	92.8	0.1	1.6

五、监测调查

资料整理人员：张 毅 沈 琴

5-1 贫困监测调查农村基础设施建设、人口及资源情况(2020年)

项　　目	贫困县(40个县)	片区县(37个县)	#武陵山片　区	#罗霄山片　区
基础设施				
通公路的自然村占全部自然村的比重(%)	98.9	98.8	98.7	99.7
通客运班车的自然村占全部自然村的比重(%)	60.5	60.4	61.7	51.5
通电的自然村占全部自然村的比重(%)	100.0	100.0	100.0	100.0
通电话的自然村占全部自然村的比重(%)	100.0	100.0	100.0	100.0
通有线电视信号的自然村占全部自然村的比重(%)	96.0	95.9	95.4	99.5
有文化活动室的村占调查村的比重(%)	94.5	95.6	95.2	98.5
有幼儿园/学前班的村占调查村的比重(%)	48.8	50.3	48.4	63.5
有小学的村占调查村的比重(%)	53.2	52.7	50.6	67.4
有卫生室的村占调查村的比重(%)	97.6	97.4	97.1	100.0
有合法行医证医生的村占调查村的比重(%)	97.4	97.7	97.6	98.3
人口状况				
平均每个村户籍人口数(人)	2273.17	2276.87	2234.35	2598.32
平均每个村常住户数(户)	635.37	641.34	600.33	951.43
平均每个村常住人口数(人)	1970.95	1986.58	1949.89	2263.98
资源状况				
人均耕地面积(亩)	0.96	0.98	1.00	0.84
其中：人均有效灌溉面积(亩)	0.55	0.55	0.55	0.58
人均园地面积(亩)	0.14	0.15	0.15	0.11
人均林地面积(亩)	2.78	2.84	2.85	2.76
人均牧草面积(亩)	0.01	0.01	0.01	0.03
人均养殖水面面积（亩）	0.05	0.05	0.04	0.09

5-2 贫困监测调查村级受灾、救济、社会保障情况(2020年)

项　　目	贫困县(40个县)	片区县(37个县)	#武陵山片　区	#罗霄山片　区
当年遭遇严重自然灾害的村的比重(%)	59.7	60.4	62.2	46.4
自然灾害的类型构成(%)				
旱灾	18.5	16.8	15.2	32.3
水灾	46.5	46.8	48.9	25.5
植物病虫害	4.5	4.8	5.0	2.2
冷冻灾害	3.5	3.7	4.0	
干热灾害	1.7	1.7	1.9	
动物疫情	8.5	9.0	9.9	
泥石流或山体滑坡	4.7	4.6	4.6	5.0
地震				
台风				
其他灾害	12.1	12.5	10.3	35.0
当年收到过救济救灾款物的农户平均每户收到款(元)	484.2	512.0	503.2	569.2
当年收到过救济救灾款物的农户比例(%)	3.0	3.0	3.1	2.3
缺粮需要救济的农户比重(%)	0.5	0.5	0.5	0.3
当年享受农村最低生活保障人数比重(%)	2.7	2.7	2.5	4.0
当年参加新型农村合作医疗人数比重(%)	88.0	87.7	87.2	90.7
当年参加农村社会养老保险人数比重(%)	46.2	46.4	47.0	42.1

5-3 贫困监测调查县村级扶贫活动参与情况(2020年)

项　　目	贫困县(40个县)	片区县(37个县)	#武陵山片　区	#罗霄山片　区
当年有小额信贷组织或村民互助资金组织占总村数的比重(%)	63.1	61.9	59.2	81.9
当年有村级扶贫规划的村占总村数的比重(%)	84.9	85.5	83.8	98.1
其中扶贫规划为村民讨论共同决定的比重(%)	97.9	97.8	97.4	100.0
当年参加过扶贫项目开发的村占总村数的比重(%)	75.0	76.4	74.5	90.2
平均每村当年政府或者扶贫机构拨付到位的扶贫贷款(万元)	1.67	1.67	1.71	1.39
平均每村扶贫项目成果				
农业(户)	92.43	95.86	98.03	79.48
林业(户)	59.01	61.48	30.84	293.12
畜牧业(户)	10.71	11.31	9.04	28.47
农产品加工业(户)	4.78	5.05	4.55	8.79
农村饮水安全工程(户)	314.78	331.23	355.81	145.40
小型农田水利及农村水电(亩)	72.70	68.96	72.25	44.11
病险水库除险加固(平方米)	306.42	278.71	118.42	1490.52
村通公路通畅、通达工程(公里)	25.69	27.28	26.71	31.52
农网完善及无电地区电力设施建设(户)	117.31	119.20	124.76	77.17
村村通电话、互联网覆盖等农村信息化建设(户)	127.76	130.50	117.66	227.57
农村沼气等清洁能源建设(个)	1.30	1.35	1.40	1.01
农村危房改造(平方米)	378.75	378.84	377.38	389.92
中低产田改造、土地整理开发(亩)	18.13	19.27	8.37	101.70
村卫生站(室)建设及设施(平方米)	17.57	17.47	14.52	39.78
农村中小学建设(平方米)	22.48	17.57	16.25	27.56
劳动力职业技能培训(人次)	33.56	31.82	31.74	32.49
易地扶贫搬迁(户)	2.87	2.87	2.96	2.15
其他(户)	8.68	9.09	9.29	7.60

5-4 贫困监测调查县农村人口、劳动力就业情况(2020年)

项　　目	贫困县(40个县)	片区县(37个县)	#武陵山片　区	#罗霄山片　区
家庭成员的基本情况				
户均人口(人)	4.46	4.44	4.46	4.30
户均常住人口(人)	3.25	3.24	3.23	3.30
男	1.62	1.62	1.62	1.62
女	1.64	1.63	1.62	1.69
常住人口的年龄组成				
0-5岁人口比重(%)	7.1	7.2	7.0	8.0
6-15岁人口比重(%)	20.2	19.9	19.6	22.3
16岁以上人口比重(%)	72.7	72.9	73.4	69.7
常住人口的民族构成				
汉族(%)	72.9	71.9	67.9	99.3
少数民族(%)	27.1	28.1	32.1	0.7
户均常住劳动力(人)	**2.01**	**2.00**	**2.00**	**1.99**
常住劳动力负担系数	**2.22**	**2.22**	**2.22**	**2.16**
常住劳动力受教育程度(%)				
未上学	4.7	5.0	4.9	5.1
小学	36.9	36.5	36.7	34.9
初中	42.1	41.9	41.6	44.0
高中	13.3	13.5	13.7	11.9
大专及以上	3.0	3.2	3.0	4.1
曾受过技能培训人数比重	26.4	27.4	26.6	32.8
常住劳动力行业构成(%)				
农、林、牧、渔产业	58.3	58.9	59.8	51.2
采矿业	0.4	0.4	0.4	0.4
制造业	4.6	4.5	4.1	8.2
电力热力燃气及水生产供应业	0.8	0.7	0.7	1.0
建筑业	11.1	10.9	10.9	11.1
批发和零售业	6.6	6.8	6.9	6.3
交通运输仓储和邮政业	3.0	3.0	3.0	2.8
住宿和餐饮业	1.8	1.9	1.9	1.7
信息传输软件业和信息技术服务业	0.3	0.3	0.3	
金融业	0.2	0.2	0.2	0.1
房地产业	0.0	0.0	0.0	
租赁和商务服务业	0.3	0.2	0.2	0.2
科学研究和技术服务业	0.0	0.0	0.0	
水利环境和公共设施管理业	0.1	0.1	0.1	0.0
居民服务修理和其他服务业	6.4	6.3	5.7	10.7
教育	1.2	1.1	1.2	0.3
卫生和社会工作	1.2	1.2	1.0	2.9
文化体育和娱乐业	0.4	0.4	0.4	0.5
公共管理社会保障和社会组织	3.3	3.2	3.2	2.5
国际组织				

5-5 贫困监测调查县农户住房、土地及生产性固定资产(2020年)

项　　目	贫困县(40个县)	片区县(37个县)	#武陵山片　区	#罗霄山片　区
年末住户状况				
居住住房主要建筑材料(%)				
钢筋混凝土	24.4	25.0	25.1	24.6
砖混材料	53.3	51.1	49.1	65.5
砖瓦砖木	20.3	21.7	23.5	9.2
竹草土坯	0.2	0.2	0.2	0.2
其他	1.8	1.9	2.1	0.5
户均居住住房建筑面积(平方米)	212.31	214.05	213.15	220.37
户均自有现住房市场价估计值(万元)	22.40	21.76	21.55	23.21
主要饮水来源(%)				
经过净化处理的自来水	52.8	52.1	51.9	53.3
受保护的井水和泉水	34.3	34.5	34.4	35.6
不受保护的井水和泉水	7.8	8.1	8.9	2.9
江河湖泊水	0.7	0.6	0.7	
收集雨水	0.1	0.1	0.1	
桶装水	3.3	3.6	2.9	8.1
其他	0.9	1.0	1.1	0.2
每百户年末拥有生产性固定资产				
生产用房及建筑面积(平方米)	**879.94**	**880.55**	**979.65**	**185.85**
大中型拖拉机(台)	0.43	0.44	0.48	0.21
小型、手扶拖拉机(台)	5.01	4.94	5.34	2.13
役畜(头)				
产品畜(头)	12.03	12.38	14.06	0.64
其他农业机械(台)	18.66	18.43	20.05	7.08
每百户年末拥有耐用消费品状况				
家用汽车(辆)	17.36	15.90	15.87	16.10
摩托车(辆)	71.55	68.73	64.27	100.01
洗衣机(台)	90.31	89.45	89.13	91.72
电冰箱、柜(台)	100.16	98.93	98.76	100.14
彩色电视机(台)	106.38	105.57	104.91	110.17
其中：接入有线电视网				
空调(台)	42.55	38.87	37.30	49.83
固定电话(线)	6.63	6.24	6.82	2.17
移动电话(部)	282.82	280.83	280.03	286.45
其中：接入互联网	215.18	211.57	209.51	226.06
计算机(台)	23.02	23.07	23.06	23.13

5-6　贫困监测调查县农户参与扶贫活动情况(2020年)

项　　目	贫困县(40个县)	片区县(37个县)	#武陵山片　区	#罗霄山片　区
农户参与社会事务情况				
农户当年参加过村务会议的比重(%)	46.9	46.3	46.8	43.0
农户当年为村级公共事务提过建议的比重(%)	34.4	33.8	34.1	31.8
有村级扶贫规划的村中了解规划内容的农户所占比重(%)	69.7	70.0	70.2	69.0
有村级扶贫规划的村中参与规划制定的农户所占比重(%)	36.6	36.8	39.6	26.2
农户家庭当年面临的最主要问题(%)				
缺乏致富技术	23.8	23.9	23.9	23.9
缺乏资金	29.9	31.1	31.8	26.1
缺乏劳动力	10.4	10.7	11.3	6.5
家中有人患有大病	5.3	4.9	5.0	4.3
家中有残疾人	2.1	2.0	2.1	1.6
容易遭受自然灾害	0.4	0.4	0.4	0.4
其他	28.1	27.0	25.4	37.1
农户参与扶贫活动情况				
当年落实新的扶贫开发项目或者有新到位的扶贫资金的村的比重(%)	47.2	47.4	43.4	75.6
有扶贫项目村中农户知道的途径(%)				
通过村务公开公告栏或通知	80.4	79.1	77.1	93.1
通过村干部个别通知	5.9	6.2	7.0	1.2
通过亲朋好友	3.1	3.3	3.6	1.1
其他	10.6	11.3	12.3	4.6
参与村级扶贫项目选定的农户比重(%)	22.1	21.3	20.7	25.7
参与扶贫项目户选定的农户比重(%)	19.3	18.9	18.2	24.3
当年参加扶贫项目的农户比重(%)	12.6	12.5	11.7	18.6
农户当年参加的扶贫项目(%)				
种植业	17.7	17.4	17.4	17.5
林业	0.8	0.7	0.6	1.6
养殖业	7.7	8.0	8.3	6.5
农产品加工				
人畜饮水工程	2.7	2.9	3.5	
危房改造	0.8	0.6	0.7	
沼气等新能源建设				
教育免费	12.9	12.7	12.2	15.0
卫生	0.1	0.1	0.1	
专业技能培训	0.6	0.7	0.7	0.3
其他	56.7	56.9	56.4	59.0
农户最希望得到的扶贫项目(%)				
种植业	23.2	23.5	24.6	15.7
林业	1.0	1.1	1.0	1.7
养殖业	12.8	13.2	14.1	6.7
农产品加工	3.6	3.8	4.2	0.9
人畜饮水工程	2.5	2.2	2.4	0.9
危房改造	3.1	3.1	3.1	3.2
沼气等新能源建设	1.7	1.8	1.7	2.1
教育扶贫	11.4	11.5	11.2	13.7
卫生	2.3	2.5	2.6	1.2
专业技能培训	14.0	14.5	14.3	16.7
易地搬迁	24.4	22.7	20.7	37.4

5-7 贫困监测调查县农民人均可支配收入、总收入(2020年)

项　目	贫困县(40个县)	片区县(37个县)
可支配收入	**12023**	**12155**
工资性收入	4828	4901
工资	4734	4805
实物福利	42	44
其他	52	52
经营净收入	3120	3136
第一产业经营净收入	1750	1765
农业	1063	1046
林业	167	179
牧业	489	507
渔业	31	33
第二产业经营净收入	169	176
第三产业经营净收入	1201	1196
财产净收入	153	145
转移净收入	3922	3972
实物可支配收入	1337	1385
总收入(未扣除生产费用)	**14929**	**15120**
工资性收入	4828	4901
工资	4734	4805
实物福利	42	44
其他	52	52
经营性收入	5620	5686
第一产业经营收入	3191	3219
农业	1669	1627
林业	188	200
牧业	1265	1319
渔业	70	73
第二产业经营收入	245	248
第三产业经营收入	2184	2218
财产性收入	157	149
转移性收入	4324	4384

5-8 贫困监测调查县农民人均总支出(2020年)

指　　标	贫困县(40个县)	片区县(37个县)
总支出	**17768**	**17784**
生活消费支出	11641	11696
食品烟酒	3956	3950
衣着	490	489
居住	2857	2857
生活用品及服务	606	598
交通通信	1055	1075
教育文化娱乐	1386	1412
医疗保健	1112	1132
其他用品和服务	178	183
生产经营费用支出	2301	2353
第一产业经营费用支出	1348	1360
农业	542	517
林业	19	20
牧业	749	784
渔业	38	39
第二产业经营费用支出	60	59
采矿业	0	0
制造业	23	24
电力、热力、燃气及水生产和供应业		
建筑业	37	35
第三产业经营费用支出	892	933
财产性支出	4	4
转移性支出	403	412
部分商业保险支出	32	34
购置资产及非经常性转移支出	2902	2781
借贷性支出	485	505

5-9 贫困监测调查县农民人均现金收支情况(2020年)

指　　标	贫困县(40个县)	片区县(37个县)
现金收入	**13261.4**	**13399.1**
现金工资性收入	4786.2	4857.1
工资	4734.4	4804.9
其他工资性收入	51.8	52.2
现金经营性收入	4260.5	4290.8
第一产业现金经营收入	1831.9	1824.1
农业	836.4	785.3
林业	80.0	85.3
牧业	853.6	888.4
渔业	61.9	65.1
第二产业现金经营收入	244.6	248.4
采矿业	3.6	3.8
制造业	82.4	87.1
电力、热力、燃气及水生产和供应业	9.1	9.7
建筑业	149.6	147.8
第三产业现金经营收入	2184.0	2218.2
现金财产性收入	157.1	149.1
现金转移性收入	4057.5	4102.2
现金支出	**14523.4**	**14505.5**
现金生活消费支出	8528.4	8556.3
生产经营现金费用支出	2169.0	2213.9
第一产业经营现金费用支出	1216.8	1221.4
农业	521.0	495.5
林业	19.4	20.1
牧业	639.1	667.6
渔业	37.3	38.2
第二产业经营现金费用支出	60.4	59.0
采矿业	0.0	0.0
制造业	23.0	24.4
电力、热力、燃气及水生产和供应业		
建筑业	37.3	34.6
第三产业经营现金费用支出	891.9	933.5
现金财产性支出	3.6	3.8
现金转移性支出	402.5	411.7
部分商业保险支出	32.3	33.9
购置资产及非经常性转移支出	2902.1	2780.6
借贷性支出	485.4	505.3

5-10 贫困监测调查县农民人均食物消费量(2020年)

单位：公斤

指　标	贫困县(40个县)	片区县(37个县)	#武陵山片区	#罗霄山片区
谷物消费量	175.62	177.65	181.06	153.93
薯类消费量	1.71	1.70	1.68	1.85
豆类消费量	9.48	9.53	9.59	9.13
油脂类消费量	11.00	10.80	10.58	12.31
蔬菜及菜制品消费量	81.61	82.78	81.46	91.95
肉类消费	22.77	22.90	23.33	19.85
禽类消费	17.26	17.70	18.37	13.10
水产品消费	8.41	8.45	8.41	8.75
蛋类及蛋制品消费	9.35	9.49	9.63	8.49
奶和奶制品消费	2.76	2.97	2.65	5.21

5-11 贫困监测调查县农民健康状况(2020年)

单位：%

指　标	贫困县(40个县)	片区县(37个县)	#武陵山片区	#罗霄山片区
有病能否及时就医构成				
是	99.8	99.8	99.7	100.0
否	0.2	0.2	0.3	
不能及时就医的主要原因构成				
经济困难	84.1	84.1	84.1	
医院太远	15.9	15.9	15.9	
没有时间				
本人不重视				
小病不用医				
其他				

5-12 贫困监测调查县农村儿童入学、失学情况(2020年)

项　目	贫困县(40个县)	片区县(37个县)	#武陵山片　区	#罗霄山片　区
他/她本年度的主要居住地点(%)				
本村	77.5	76.7	77.3	73.1
村外乡内	5.0	5.4	4.9	8.1
乡外县内	10.7	11.0	10.9	11.6
县外省内	3.0	3.2	3.3	2.5
省外	3.6	3.7	3.6	4.8
其他				
他/她本年度的主要和谁居住在一起(%)				
父母双方	33.0	33.4	32.9	36.8
父亲一方	4.0	4.2	4.0	5.1
母亲一方	18.1	17.9	17.5	20.4
(外)祖父母	37.6	37.1	37.8	32.8
兄弟姐妹	0.1	0.1	0.2	
亲属	0.8	0.9	0.9	0.3
独自居住	2.0	2.1	2.1	2.0
其他	4.4	4.3	4.5	2.6
就学状态(%)				
幼儿园	14.7	14.9	15.1	13.3
小学或初中阶段上学	60.3	59.8	60.0	58.6
普通高中或以上阶段上学	8.4	8.5	8.2	10.2
中等职业学校	3.3	3.5	3.4	3.7
未上过学	10.0	10.2	10.4	9.2
辍学	0.3	0.3	0.4	
初中毕业离校	0.9	0.8	0.7	1.6
高中阶段毕业离校	0.5	0.5	0.6	
其他	1.5	1.5	1.2	3.4
小学或初中阶段本年度缴纳额外费用(元)	203.4	222.9	237.5	131.5
普通高中或以上阶段本年度缴纳额外费用(元)	1098.8	1192.2	1386.2	236.8
中等职业学校阶段本年度缴纳额外费用(元)	984.5	1008.4	1169.9	79.0
小学或初中阶段本年度缴纳学杂书本费用(元)	930.8	987.8	1021.2	778.5
普通高中或以上阶段本年度缴纳学杂书本费用(元)	3634.1	3706.7	3934.4	2585.4
中等职业学校阶段本年度缴纳学杂书本费用(元)	3753.9	3780.4	3846.7	3399.1
小学或初中阶段本年度缴纳食宿交通费用(元)	1275.8	1286.0	1280.6	1319.9
普通高中或以上阶段本年度缴纳食宿交通费用(元)	3755.5	3761.6	3664.0	4241.6
中等职业学校阶段本年度缴纳食宿交通费用(元)	4424.7	4438.6	4448.2	4383.7
辍学主要原因(%)				
生病、残疾等健康问题	25.9	20.3	20.3	
附近没有学校				
费用高，承担不起				
附近学校不接收				
家长流动导致暂时失学或辍学				
家庭缺少劳动力				
孩子不想上	69.1	74.3	74.3	
校园暴力				
其他	5.0	5.4	5.4	

注：调查对象为户籍在本乡镇的17周岁及以下的住户成员，包括在外学生和随父母外出的儿童的在校生。

5-13 贫困监测调查县农村劳动力流动情况(2020年)

指　　标	贫困县(40个县)	片区县(37个县)	#武陵山片区	#罗霄山片区
流动方式(%)				
政府或单位组织	3.4	3.6	3.3	6.0
中介组织介绍	0.7	0.7	0.8	
亲戚朋友介绍	25.0	26.4	28.7	9.1
自发	66.7	64.9	63.1	78.4
其他	4.1	4.4	4.1	6.5
流出地区(%)				
县内乡外	42.3	41.1	38.8	58.4
省内县外	18.5	19.1	19.2	17.9
省外	38.4	39.0	41.1	23.7
其他	0.8	0.8	0.9	
外出从事行业(%)				
农业	3.4	3.4	2.6	8.8
采矿业	1.7	1.8	1.2	5.6
制造业	21.7	22.0	22.7	16.7
电、煤及水的生产和供应业	2.2	2.3	1.8	6.1
建筑业	28.6	28.5	29.3	22.4
交通运输仓储和邮政业	6.3	6.1	6.4	3.9
信息传输、计算机服务和软件业	3.9	4.0	3.7	6.4
批发和零售业	8.2	8.6	9.4	2.6
住宿和餐饮业	0.8	0.9	1.0	
金融业	0.1	0.1	0.1	
房地产业				
租赁和商务服务业	1.2	0.8	0.9	
科学研究、技术服务和地质勘察业				
水利、环境和公共设施管理业	0.2	0.2	0.2	
居民服务和其他服务业	14.8	15.2	15.1	15.4
教育	1.8	1.2	1.4	0.0
卫生、社会保障和社会福利业	2.0	1.9	1.1	7.9
文化、体育和娱乐业	1.3	1.2	0.8	4.0
公共管理和社会组织	1.9	2.0	2.3	
国际组织				
在外时间(%)				
0-6个月	52.3	52.4	53.2	46.6
6个月以上	47.7	47.6	46.8	53.4
人均在外收入(元)				
总收入	**28611**	**28733**	**29076**	**26204**
自己生活消费支出	7593	7635	7863	5955
寄回或带回的现金及实物	14263	14253	13672	18535

5-14 贫困县农户按地势分组情况(2020年)

指标	平原	丘陵	山区
调查户数(户)	**90**	**1370**	**1680**
户均人口(人)	**4.22**	**4.43**	**4.51**
户均劳动力(人)	**2.13**	**1.99**	**2.02**
劳动力受教育程度(%)			
未上过学	4.0	4.5	5.0
小学	44.9	34.6	39.0
初中	33.6	42.8	41.8
高中	12.6	14.9	11.5
大学专科	4.1	2.4	2.2
大学本科	0.9	0.7	0.5
研究生		0.0	0.0
居住住房主要建筑材料(%)			
钢筋混凝土	23.3	22.6	26.6
砖混材料	71.0	60.4	43.6
砖瓦砖木	4.8	16.5	26.0
竹草土坯		0.2	0.2
其他	0.9	0.3	3.6
户均住房建筑面积(平方米)	**194.82**	**232.11**	**190.46**
每百户年末拥有耐用消费品状况			
家用汽车(辆)	21.64	15.65	19.04
摩托车(辆)	81.80	67.59	75.42
电冰箱、柜(台)	104.03	98.11	102.27
彩色电视机(台)	110.51	104.83	107.89
空调(台)	72.22	47.13	34.94
固定电话(线)	2.05	5.27	8.57
移动电话(部)	261.28	274.92	293.70
计算机(台)	15.90	24.48	21.84
可支配收入(元)	**11715**	**12216**	**11822**
工资性收入	5458	4916	4702
工资	5428	4791	4641
实物福利	17	46	38
其他	12	80	23
经营净收入	2553	3061	3210
第一产业经营净收入	525	1621	1947
农业	371	1067	1089
林业	62	106	240
牧业	55	410	596
渔业	35	38	22
第二产业经营净收入	0	227	113
第三产业经营净收入	2029	1213	1150
财产净收入	410	147	149
转移净收入	3294	4092	3761
实物可支配收入	**420**	**1396**	**1312**

5-14 续表 单位：元

指　标	平原	丘陵	山 区
总收入(未扣除生产费用)	**13625**	**14935**	**14982**
工资性收入	5458	4916	4702
工资	5428	4791	4641
实物福利	17	46	38
其他	12	80	23
经营性收入	4182	5328	6008
第一产业经营收入	989	2970	3536
农业	635	1617	1773
林业	81	121	267
牧业	227	1131	1460
渔业	46	101	37
第二产业经营收入	0	294	200
第三产业经营收入	3193	2064	2271
财产性收入	411	150	154
转移性收入	3574	4540	4118
总支出	**19860**	**17475**	**17998**
生活消费支出	12415	11951	11263
食品烟酒	3518	4093	3824
衣着	537	489	489
居住	3492	2977	2696
生活用品及服务	1055	578	617
交通通信	804	1004	1122
教育文化娱乐	1614	1455	1299
医疗保健	1216	1171	1042
其他用品和服务	178	183	173
生产经营费用支出	1411	2043	2626
第一产业经营费用支出	457	1266	1480
农业	256	498	604
林业	18	14	25
牧业	171	692	838
渔业	11	61	13
第二产业经营费用支出	0	43	82
采矿业		0	0
制造业	0	23	24
电力、热力、燃气及水生产和供应业			
建筑业		20	58
第三产业经营费用支出	954	735	1063
财产性支出	1	3	5
转移性支出	280	449	357
部分商业保险支出	2	33	33
购置资产及非经常性转移支出	5540	2473	3259
借贷性支出	211	524	455

5-15 贫困县农户按收入五等份分组情况(2020年)

指　　标	低收入户	中低收入户	中等收入户	中上收入户	高收入户
调查户数(户)	**628**	**628**	**628**	**628**	**628**
户均人口(人)	4.78	4.81	4.58	4.34	3.80
户均劳动力(人)	1.90	2.06	2.11	2.05	1.92
劳动力受教育程度(%)					
未上过学	6.3	6.1	5.2	3.8	2.0
小学	42.4	45.5	38.1	32.5	25.8
初中	39.0	37.0	43.0	45.1	46.2
高中	11.0	9.9	10.4	15.6	19.8
大学专科	1.0	1.3	2.8	2.2	4.7
大学本科	0.3	0.1	0.5	0.8	1.4
研究生		0.0		0.0	
居住住房主要建筑材料(%)					
钢筋混凝土	21.5	20.0	23.9	26.8	29.8
砖混材料	61.0	50.2	55.1	48.9	51.3
砖瓦砖木	16.1	28.4	17.8	22.4	17.0
竹草土坯	0.2	0.2		0.1	0.3
其他	1.3	1.2	3.1	1.7	1.6
户均住房建筑面积(平方米)	**211.79**	**204.73**	**214.38**	**207.50**	**223.11**
每百户年末拥有耐用消费品状况					
家用汽车(辆)	20.04	15.01	16.89	16.69	18.16
摩托车(辆)	61.48	65.27	72.66	80.46	77.86
电冰箱、柜(台)	99.72	98.23	100.38	99.41	103.06
彩色电视机(台)	107.22	102.07	105.45	108.27	108.88
空调(台)	35.53	31.35	41.19	48.90	55.70
固定电话(线)	5.13	7.54	7.62	5.58	7.27
移动电话(部)	290.26	274.66	287.90	285.16	276.07
计算机(台)	18.29	19.15	21.00	24.63	31.99
可支配收入(元)	**4174**	**8039**	**10821**	**14947**	**25977**
工资性收入	1632	3169	4523	6758	9419
工资	1576	3127	4451	6651	9191
实物福利	13	22	45	40	105
其他	42	19	27	67	123
经营净收入	375	1448	2250	3288	10009
第一产业经营净收入	396	953	1472	1956	4763
农业	342	682	999	1134	2544
林业	76	129	178	198	291
牧业	-27	175	239	593	1810
渔业	6	-33	57	31	118
第二产业经营净收入	-3	0	184	117	677
第三产业经营净收入	-18	495	594	1215	4569
财产净收入	60	112	64	101	516
转移净收入	2107	3310	3984	4799	6034
实物可支配收入	**779**	**1067**	**1293**	**1618**	**2165**

5-15 续表　　单位：元

指　标	低收入户	中低收入户	中等收入户	中上收入户	高收入户
总收入(未扣除生产费用)	**7337**	**10074**	**12670**	**17235**	**31866**
工资性收入	1632	3169	4523	6758	9419
工资	1576	3127	4451	6651	9191
实物福利	13	22	45	40	105
其他	42	19	27	67	123
经营性收入	3125	3128	3709	5207	15367
第一产业经营收入	1680	1908	2435	3052	8126
农业	682	1059	1508	1624	4088
林业	90	139	196	217	336
牧业	891	673	651	1167	3498
渔业	17	37	80	43	204
第二产业经营收入	11	2	219	193	985
第三产业经营收入	1434	1217	1054	1963	6256
财产性收入	61	114	66	112	519
转移性收入	2520	3664	4373	5158	6561
总支出	**15963**	**14176**	**15274**	**18378**	**27606**
生活消费支出	10075	9501	10585	12946	16451
食品烟酒	3374	3398	3756	4303	5335
衣着	408	409	448	571	666
居住	2620	2335	2543	3033	4085
生活用品及服务	530	484	519	650	933
交通通信	705	724	846	1493	1715
教育文化娱乐	1372	1126	1396	1336	1810
医疗保健	946	912	888	1362	1596
其他用品和服务	119	112	190	197	311
生产经营费用支出	2607	1585	1362	1681	4851
第一产业经营费用支出	1208	902	913	1015	3122
农业	295	346	472	449	1346
林业	15	10	17	19	43
牧业	887	477	402	535	1652
渔业	11	70	23	13	80
第二产业经营费用支出	0	2	24	67	261
采矿业	0				0
制造业		0	24	15	93
电力热力燃气及水生产和供应业					
建筑业		1	0	52	167
第三产业经营费用支出	1399	681	425	599	1469
财产性支出	1	2	2	11	3
转移性支出	413	354	389	358	528
部分商业保险支出	46	17	20	36	47
购置资产及非经常性转移支出	2562	2197	2432	2799	5061
借贷性支出	260	521	485	546	664

5-16 历年湖南省农村贫困人口和贫困发生率

年 份	贫困标准(元)	贫困人口(万人)	贫困发生率(%)	脱贫规模(万人)
2010	2300	1006	17.9	
2011	2536	908	16.0	98
2012	2625	767	13.5	141
2013	2736	640	11.2	127
2014	2800	532	9.3	108
2015	2855	434	7.6	98
2016	2952	343	6.0	91
2017	2952	232	4.1	111
2018	2995	105	1.8	127
2019	3218	42	0.7	63

5-17 农民工监测情况(2011-2020年)

样本数据

项 目	2011	2012	2013	2014	2015	2016	2017	2018	2019	2020
调查村数(个)	**370**	**370**	**389**	**389**	**389**	**387**	**387**	**346**	**346**	**346**
调查户数(户)	**3700**	**3700**	**3872**	**3868**	**3879**	**3890**	**3892**	**3460**	**3460**	**3460**
期末家庭人口(人)	**15036**	**14928**	**14973**	**15024**	**15148**	**15478**	**15490**	**13917**	**13837**	**13702**
#常住人口(人)	14369	14293					12588	11248	10982	10918
性别										
男(人)	7878	7846	7899	7936	7968	8122	8146	7310	7265	7208
女(人)	7158	7082	7074	7088	7180	7356	7344	6607	6572	6494
年龄										
6岁及以下(人)	1018	881	1235	1140	1208	1297	1188	1218	1110	1006
7-15岁(人)	1571	1635	1509	1590	1618	1810	1852	1661	1729	1680
16-18岁(人)	415	444	402	414	429	466	494	432	430	469
19-30岁(人)	3185	3023	2745	2651	2660	2598	2452	2069	1852	1671
31-40岁(人)	2743	1801	1829	1808	1713	1776	1850	1667	1833	1949
41-50岁(人)	2250	2790	2765	2637	2623	2615	2437	2087	1829	1716
51-60岁(人)	908	2121	2197	2366	2419	2436	2537	2408	2560	2670
61岁及以上(人)	2037	2233	2291	2418	2478	2480	2680	2375	2494	2541
文化程度										
6岁及以上家庭成员文化程度(人)	14017	14042	13912	14065	14169	14398	14498	12909	12902	12919
#不识字或识字很少(人)	702	709	589	572	488	440	413	478	418	388
小学(人)	4470	4584	4466	4497	4418	4590	4631	3946	3895	3880
初中(人)	6144	6067	6111	6117	6089	6259	6223	5419	5385	5331
高中及中专(人)	2176	2162	2041	2621	2347	2273	2332	2160	2230	2286
大专及以上(人)	525	520	705	258	827	836	899	906	946	1034
社会保障情况(人)										
#参加农村新型农村合作医疗(人)	10533	14567	14298	14323	14481	14882	14916	13091	13679	13064
参加新型农村社会养老保险(人)	4691	7576	10146	10204	11736	10421	10491	8836	9286	9435
总体从业情况										
从业人数(人)	10760	10633	10118	10174	10149	10211	10096	8926	8851	8722

注：参加新型农村社会养老保险的人数为参加城镇职工养老保险与参加城乡居民养老保险人数之和。

5-17 续表 1

项　　目	2011	2012	2013	2014	2015	2016	2017	2018	2019	2020
主要从业地区										
乡内(人)	7791	7655	7061	7039	7045	6965	6730	5684	5567	5557
乡外县内(人)	372	380	479	464	474	516	550	605	580	557
县外省内(人)	540	554	626	645	693	717	787	815	866	878
省外国内及国外(人)	2057	2044	1952	2026	1937	2013	2029	1822	1838	1730
主要从事行业										
第一产业(人)	5940	5757	4812	4595	4510	4249	4029	3238	3021	2908
第二产业(人)	3049	3091	3221	3355	3273	3352	3326	2853	2804	2781
#制造业(人)	1961	1990	1797	1829	1806	1751	1743	1474	1440	1366
建筑业(人)	943	971	1269	1362	1321	1459	1456	1266	1253	1305
第三产业(人)	1771	1785	2085	2224	2366	2610	2741	2835	3026	3033
外出劳动力情况										
外出劳动力人数(人)	3356	3269	3243	3275	3237	3478	3558	3425	3424	3311
外出地区										
省内(人)	1063	1087	1208	1172	1240	1366	1456	1528	1510	1491
#乡外县内(人)	453	460	523	490	494	586	609	647	599	587
县外省内(人)	610	627	685	682	746	780	847	881	911	904
省外及其他地区(人)	2293	2182	2035	2103	1997	2112	2102	1897	1914	1820
#东部地区(人)	2130	2012	1890	1947	1820	1902	1881	1690	1709	1654
#广东省(人)	1706	1598	1501	1527	1395	1490	1457	1320	1349	1327
举家外出情况										
调查小区总户数(户)			46524	45542	45389	45443	45472	45261	45276	45255
调查小区总人口(人)			174200	171653	171908	172143	172380	181317	181613	181642
调查小区总劳动力(人)			107722	106561	106809	106513	106613	117204	117457	117626
举家在外户数(户)			4751	4776	4876	4906	4967	5298	5386	5437
举家在外人口(人)			16711	17026	17267	17412	17677	19224	19624	19764
举家在外劳动力(人)			10645	10879	11087	11165	11360	12395	12703	12781

5-17 续表 2

项　目	2011	2012	2013	2014	2015	2016	2017	2018	2019	2020
外出地区类型										
直辖市(人)	99	100	115	136	118	168	99	96	84	95
省会城市(人)	707	678	659	715	719	797	856	811	826	771
地级市(人)	1462	1388	1392	1352	1466	1574	1603	1571	1685	1585
县级市(人)	601	639	689	646	598	668	756	737	639	662
建制镇(人)	424	396	338	348	287	227	226	182	159	171
村委会(人)	22	27	16	29	16	16	9	24	22	19
其他地区(人)	41	41	34	49	33	28	9	4	9	8
外出方式										
政府(单位)组织(人)	28	22	32	24	17	32	28	18	17	16
中介组织介绍(人)	59	58	32	44	45	48	52	22	26	23
亲朋好友介绍(人)	1615	1587	1384	1335	1195	1213	1196	1205	1186	1100
自发(人)	1507	1516	1674	1725	1834	2126	2221	2128	2143	2081
其他(人)	147	86	121	147	146	59	61	52	52	91
社会保障与福利情况										
外出从业劳动关系										
无固定期限劳动合同工(人)	483	552	275	314	264	296	272	345	281	295
一年及以上劳动合同工(人)	864	812	849	908	844	848	939	882	947	923
一年以下劳动合同工(人)	259	210	202	141	184	210	210	138	162	180
没有劳动合同(人)	1564	1511	1760	1685	1704	1869	1885	1754	1747	1637
自营(人)	152	147	147	196	227	240	243	279	263	230
其他(人)	34	37	10	31	14	15	9	27	24	46
单位或雇主提供伙食情况										
每天提供三顿(人)	631	681	853	865	669	687	645	780	741	727
每天提供两顿(人)	696	622	561	632	708	691	751	566	613	637
每天提供一顿(人)	611	578	532	498	679	700	737	632	640	640
不提供,但补贴部分伙食费(人)	154	186	193	163	121	124	118	176	160	155
不提供,也没有补贴(人)	1078	1018	947	890	819	1021	1055	965	983	876
单位或雇主提供住宿情况										
提供住宿(人)	2013	1883	1738	1738	1751	1710	1654	1701	1669	1674
不提供住宿,但住房有补贴(人)	252	338	279	277	208	216	235	151	143	158
不提供住宿,也没有住房补贴(人)	905	864	1069	1033	1037	1297	1417	1267	1325	1203
单位或雇主拖欠工资情况										
被拖欠工资(人)	10	2	22	12	15	18	7	21	16	7
不被拖欠工资(人)	3160	3083	3064	3036	2981	3205	3299	3098	3121	3028
全省农民工总量(万人)			1679.2	1707.5	1727.3	1745.1	1776.4	1758.1	1779	1724
本地农民工(万人)			500.4	498.7	528.4	528.9	531.1	522.5	545	543
外出农民工(万人)			1178.8	1208.8	1198.9	1216.2	1245.3	1235.6	1234	1181
外出农民工平均月收入(元)			2810	2998	3346	3596	3844	4234	4593	4889

注：全省农民工总量和外出农民工平均月收入为汇总数据。

5-18 制造业采购经理(PMI)分月指数(2020年)

单位：%

指 标	1月	2月	3月	4月	5月	6月
制造业采购经理指数	**50.0**	**35.8**	**51.4**	**51.4**	**50.4**	**50.1**
生产	52.8	25.5	53.6	55.3	52.7	53.0
新订单	51.4	29.2	49.1	51.1	51.2	48.3
新出口订单	48.4	22.8	42.8	30.5	30.0	42.8
在手订单	41.6	29.8	46.5	43.5	38.6	39.9
产成品库存	45.9	39.1	48.8	49.4	44.0	45.4
采购量	53.2	27.0	54.0	53.8	50.7	48.9
进口	51.3	33.5	51.4	45.7	47.5	47.8
主要原材料购进价格	52.2	49.9	51.3	47.8	52.5	57.3
出厂价格	46.5	44.5	45.4	45.6	47.4	50.6
原材料库存	48.4	30.2	46.2	46.5	45.1	45.2
从业人员	47.7	31.1	51.3	49.9	48.7	50.7
供应商配送时间	53.3	24.0	44.3	49.3	49.4	48.9
生产经营活动预期	60.0	33.6	57.7	55.1	55.9	57.5

5-18 续表

单位：%

指 标	7月	8月	9月	10月	11月	12月
制造业采购经理指数	**50.4**	**50.0**	**50.3**	**51.1**	**52.2**	**51.9**
生产	53.6	50.6	52.5	52.8	55.7	56.6
新订单	51.8	49.5	50.2	52.0	54.4	54.8
新出口订单	44.4	36.8	45.9	46.0	46.8	51.9
在手订单	40.8	41.8	41.2	45.5	45.3	44.0
产成品库存	44.5	45.8	45.7	43.7	46.5	43.9
采购量	50.0	50.0	50.1	53.5	54.6	52.2
进口	48.7	51.6	48.9	48.0	51.2	47.9
主要原材料购进价格	57.9	55.4	54.1	58.6	61.1	65.9
出厂价格	49.5	50.2	51.3	50.8	53.9	55.4
原材料库存	43.2	46.9	44.8	47.7	44.6	43.7
从业人员	47.9	50.6	50.1	50.7	52.1	48.4
供应商配送时间	49.7	48.5	49.2	51.0	53.1	51.4
生产经营活动预期	56.1	58.3	57.4	65.2	65.9	60.1

5-19 制造业采购经理(PMI)按企业规模、重点行业分月指数(2020年)

单位：%

指标	1月	2月	3月	4月	5月	6月	7月	8月	9月	10月	11月	12月
制造业采购经理指数	**50.0**	**35.8**	**51.4**	**51.4**	**50.4**	**50.1**	**50.4**	**50.0**	**50.3**	**51.1**	**52.2**	**51.9**
按企业规模分												
大型企业	53.9	35.4	56.0	54.4	53.4	54.0	56.9	55.0	54.6	51.9	55.7	54.9
中型企业	52.3	39.8	55.0	50.7	52.6	54.4	51.5	53.3	52.6	52.9	56.2	56.7
小微型企业	46.5	32.9	46.5	50.8	47.8	45.8	47.2	46.0	47.2	48.6	48.3	47.6
按重点行业分												
装备制造业	51.7	36.2	52.9	57.3	54.5	53.3	50.9	51.5	50.3	51.9	52.7	54.6
高新技术制造业	61.4	35.7	54.4	50.6	49.7	60.7	60.9	56.0	60.1	54.3	51.8	56.4
高耗能行业	45.8	36.3	50.5	48.2	48.6	45.3	50.7	48.1	48.3	50.9	49.5	46.7
消费品行业	54.6	33.6	54.2	51.1	48.5	53.1	49.1	52.2	55.2	51.5	55.7	56.5

附录一、各省（自治区、直辖市）主要社会经济指标

附录1-1 各省(自治区、直辖市)人均可支配收入(新口径)(2020年)

单位：元

地区	全体居民			城镇常住居民			农村常住居民		
	2020	2019	增速(%)	2020	2019	增速(%)	2020	2019	增速(%)
全国	**32189**	**30733**	**4.7**	**43834**	**42359**	**3.5**	**17131**	**16021**	**6.9**
北京	69434	67756	2.5	75602	73849	2.4	30126	28928	4.1
天津	43854	42404	3.4	47659	46119	3.3	25691	24804	3.6
河北	27136	25665	5.7	37286	35738	4.3	16467	15373	7.1
山西	25214	23828	5.8	34793	33262	4.6	13878	12902	7.6
内蒙	31497	30555	3.1	41353	40782	1.4	16567	15283	8.4
辽宁	32738	31820	2.9	40376	39777	1.5	17450	16108	8.3
吉林	25751	24563	4.8	33396	32299	3.4	16067	14936	7.6
黑龙江	24902	24254	2.7	31115	30945	0.5	16168	14982	7.9
上海	72232	69442	4.0	76437	73615	3.8	34911	33195	5.2
江苏	43390	41400	4.8	53102	51056	4.0	24198	22675	6.7
浙江	52397	49899	5.0	62699	60182	4.2	31930	29876	6.9
安徽	28103	26415	6.4	39442	37540	5.1	16620	15416	7.8
福建	37202	35616	4.5	47160	45620	3.4	20880	19568	6.7
江西	28017	26262	6.7	38556	36546	5.5	16981	15796	7.5
山东	32886	31597	4.1	43726	42329	3.3	18753	17775	5.5
河南	24810	23903	3.8	34750	34201	1.6	16108	15164	6.2
湖北	27881	28319	-1.5	36706	37601	-2.4	16306	16391	-0.5
湖南	**29380**	**27680**	**6.1**	**41698**	**39842**	**4.7**	**16585**	**15395**	**7.7**
广东	41029	39014	5.2	50257	48118	4.4	20143	18818	7.0
广西	24562	23328	5.3	35859	34745	3.2	14815	13676	8.3
海南	27904	26679	4.6	37097	36017	3.0	16279	15113	7.7
重庆	30824	28920	6.6	40006	37939	5.4	16361	15133	8.1
四川	26522	24703	7.4	38253	36154	5.8	15929	14670	8.6
贵州	21795	20397	6.9	36096	34404	4.9	11642	10756	8.2
云南	23295	22082	5.5	37500	36238	3.5	12842	11902	7.9
西藏	21744	19501	11.5	41156	37410	10.0	14598	12951	12.7
陕西	26226	24666	6.3	37868	36098	4.9	13316	12326	8.0
甘肃	20335	19139	6.2	33822	32323	4.6	10344	9629	7.4
青海	24037	22618	6.3	35506	33830	5.0	12342	11499	7.3
宁夏	25735	24412	5.4	35720	34328	4.1	13889	12858	8.0
新疆	23845	23103	3.2	34838	34664	0.5	14056	13122	7.1

附录1-2　各省(自治区、直辖市)人均消费支出(新口径)(2020年)

单位：元

地　区	全体居民			城镇常住居民			农村常住居民		
	2020	2019	增速(%)	2020	2019	增速(%)	2020	2019	增速(%)
全　国	**21210**	**21559**	**-1.6**	**27007**	**28063**	**-3.8**	**13713**	**13328**	**2.9**
北　京	38903	43038	-9.6	41726	46358	-10.0	20913	21881	-4.4
天　津	28461	31854	-10.6	30895	34811	-11.2	16844	17843	-5.6
河　北	18037	17987	0.3	23167	23483	-1.3	12644	12372	2.2
山　西	15733	15863	-0.8	20332	21159	-3.9	10290	9728	5.8
内　蒙	19794	20743	-4.6	23888	25383	-5.9	13594	13816	-1.6
辽　宁	20672	22203	-6.9	24849	27355	-9.2	12311	12030	2.3
吉　林	17318	18075	-4.2	21623	23394	-7.6	11864	11457	3.6
黑龙江	17056	18111	-5.8	20397	22165	-8.0	12360	12495	-1.1
上　海	42536	45605	-6.7	44839	48272	-7.1	22095	22449	-1.6
江　苏	26225	26697	-1.8	30882	31329	-1.4	17022	17716	-3.9
浙　江	31295	32026	-2.3	36197	37508	-3.5	21555	21352	1.0
安　徽	18877	19137	-1.4	22683	23782	-4.6	15024	14546	3.3
福　建	25126	25314	-0.7	30487	30946	-1.5	16339	16281	0.4
江　西	17955	17650	1.7	22134	22714	-2.6	13579	12497	8.7
山　东	20940	20427	2.5	27291	26731	2.1	12660	12309	2.9
河　南	16143	16332	-1.2	20645	21972	-6.0	12201	11546	5.7
湖　北	19246	21567	-10.8	22885	26422	-13.4	14472	15328	-5.6
湖　南	**20998**	**20479**	**2.5**	**26796**	**26924**	**-0.5**	**14974**	**13969**	**7.2**
广　东	28492	28995	-1.7	33511	34424	-2.7	17132	16949	1.1
广　西	16357	16418	-0.4	20907	21591	-3.2	12431	12045	3.2
海　南	18972	19555	-3.0	23560	25317	-6.9	13169	12418	6.1
重　庆	21678	20774	4.4	26464	25785	2.6	14140	13112	7.8
四　川	19783	19338	2.3	25133	25367	-0.9	14953	14056	6.4
贵　州	14874	14780	0.6	20587	21402	-3.8	10818	10222	5.8
云　南	16792	15780	6.4	24569	23455	4.8	11069	10260	7.9
西　藏	13225	13029	1.5	24927	25637	-2.8	8917	8418	5.9
陕　西	17418	17465	-0.3	22866	23514	-2.8	11376	10935	4.0
甘　肃	16175	15879	1.9	24615	24454	0.7	9923	9694	2.4
青　海	18284	17545	4.2	24315	23799	2.2	12134	11343	7.0
宁　夏	17506	18297	-4.3	22379	24161	-7.4	11724	11465	2.3
新　疆	16512	17397	-5.1	22952	25594	-10.3	10778	10318	4.5

附录1-3　各省(自治区、直辖市)居民消费和商品零售价格指数(2020年)

上年同期=100

地　区	居民消费价格指数	商品零售价格指数
全　国	**102.5**	**101.4**
北　京	101.7	101.0
天　津	102.0	101.0
河　北	102.1	101.4
山　西	102.9	100.9
内蒙古	101.9	100.5
辽　宁	102.4	101.1
吉　林	102.3	100.7
黑龙江	102.3	101.5
上　海	101.7	100.9
江　苏	102.5	101.8
浙　江	102.3	101.2
安　徽	102.7	101.6
福　建	102.2	101.3
江　西	102.6	101.6
山　东	102.8	102.0
河　南	102.8	100.9
湖　北	102.7	102.2
湖　南	**102.3**	**101.3**
广　东	102.6	100.8
广　西	102.8	101.4
海　南	102.3	101.6
重　庆	102.3	102.2
四　川	103.2	102.7
贵　州	102.6	101.6
云　南	103.6	102.4
西　藏	102.2	102.0
陕　西	102.5	101.9
甘　肃	102.0	101.3
青　海	102.6	102.4
宁　夏	101.5	100.6
新　疆	101.5	100.6

附录1-4　全国36个大中城市居民消费和商品零售价格指数(2020年)

上年同期=100

地　区	居民消费价格指数	商品零售价格指数
全国	**102.1**	**101.2**
北京市	101.7	101.0
天津市	102.0	101.0
石家庄市	102.3	101.3
太原市	102.6	100.5
呼和浩特市	102.0	99.9
沈阳市	102.3	100.8
大连市	102.1	101.4
长春市	101.9	100.0
哈尔滨市	101.4	101.5
上海市	101.7	100.9
南京市	102.4	101.4
杭州市	102.1	100.9
宁波市	101.9	100.2
合肥市	102.3	101.3
福州市	102.4	100.8
厦门市	102.5	102.1
南昌市	102.5	101.5
济南市	102.4	101.9
青岛市	102.4	101.5
郑州市	102.3	100.8
武汉市	102.4	102.2
长沙市	**101.8**	**100.8**
广州市	102.6	100.6
深圳市	102.3	100.5
南宁市	102.3	100.9
海口市	101.6	101.3
重庆市	102.3	102.2
成都市	102.5	102.2
贵阳市	102.4	101.2
昆明市	103.1	102.3
拉萨市	102.0	102.1
西安市	102.1	101.5
兰州市	102.0	101.4
西宁市	102.7	102.4
银川市	101.8	100.5
乌鲁木齐市	100.9	100.7

附录1-5　各省(自治区、直辖市)居民

上年同期=100

地　区	居民消费价格总指数	一、食品烟酒	粮　食	鲜　菜	畜　肉	水产品	蛋
全　国	**102.5**	**108.3**	**101.2**	**107.1**	**138.4**	**103.0**	**90.6**
北京市	101.7	105.7	101.8	107.5	127.4	101.3	89.9
天津市	102.0	106.5	101.7	109.8	131.1	102.7	87.5
河北省	102.1	107.1	101.3	106.1	135.6	101.8	89.1
山西省	102.9	106.9	100.5	108.7	137.2	102.6	79.6
内蒙古	101.9	105.7	100.8	107.6	127.4	99.9	89.5
辽宁省	102.4	107.4	101.7	109.5	134.7	102.1	89.5
吉林省	102.3	107.5	100.8	107.7	135.9	105.7	89.9
黑龙江省	102.3	108.0	101.9	105.6	138.9	103.7	89.0
上海市	101.7	105.3	101.5	106.3	131.0	100.6	96.7
江苏省	102.5	109.1	100.7	110.3	137.5	105.5	90.7
浙江省	102.3	107.4	101.7	105.1	137.3	102.1	94.5
安徽省	102.7	108.4	101.2	110.2	139.4	105.5	87.7
福建省	102.2	107.0	100.3	101.8	137.0	103.1	90.0
江西省	102.6	108.8	101.9	104.7	141.2	105.1	90.7
山东省	102.8	109.5	102.4	109.9	140.5	104.7	90.7
河南省	102.8	108.5	100.3	108.5	142.3	100.8	86.2
湖北省	102.7	109.3	101.3	109.6	143.8	106.4	93.5
湖南省	**102.3**	**108.3**	**101.1**	**104.7**	**139.3**	**102.3**	**96.1**
广东省	102.6	109.1	101.9	102.3	142.9	101.4	94.1
广西区	102.8	109.2	100.9	103.6	143.1	103.0	94.2
海南省	102.3	108.4	101.3	98.8	139.2	101.8	95.2
重庆市	102.3	107.9	97.4	110.2	139.9	102.5	86.9
四川省	103.2	111.0	100.7	110.4	139.3	103.8	94.9
贵州省	102.6	110.3	99.9	106.4	141.2	103.7	94.5
云南省	103.6	111.6	101.1	107.5	150.9	101.8	98.9
西藏区	102.2	104.8	102.4	102.3	118.6	100.2	97.7
陕西省	102.5	107.6	101.6	112.6	135.6	104.4	85.6
甘肃省	102.0	106.4	101.7	113.1	127.9	100.0	90.4
青海省	102.6	106.5	101.1	105.8	124.9	101.4	87.0
宁夏区	101.5	105.4	101.7	114.1	120.2	101.7	88.8
新疆区	101.5	104.5	102.1	101.7	118.6	100.7	88.8

消费价格分类指数(2020年)

鲜　果	二、衣着	三、居住	四、生活用品及服务	五、交通通信	六、教育文化娱乐	七、医疗保健	八、其他用品和服务
88.9	**99.8**	**99.6**	**100.0**	**96.5**	**101.3**	**101.8**	**104.3**
86.7	99.8	99.1	100.0	95.8	102.5	104.9	108.3
90.7	98.5	100.7	100.2	97.1	102.6	99.9	107.9
87.2	99.7	99.1	99.9	96.9	102.0	102.1	104.5
88.1	101.3	100.1	100.0	96.6	101.1	109.4	102.4
90.4	100.1	100.2	99.9	96.4	100.5	103.6	103.0
94.4	99.6	100.2	99.5	96.7	100.8	103.4	103.6
90.1	99.4	99.8	100.8	96.5	101.4	101.8	104.2
90.9	99.1	98.5	99.7	96.5	102.3	102.5	104.4
92.9	100.9	100.8	99.8	96.6	101.1	101.2	102.9
91.2	99.7	99.9	100.5	96.5	101.4	100.1	104.8
90.1	100.5	99.9	101.6	96.5	101.8	101.5	104.2
84.6	100.3	99.8	99.8	96.8	101.5	101.2	103.1
85.6	99.9	100.0	100.6	97.0	101.2	100.2	103.7
86.1	99.2	99.4	99.7	96.3	102.1	99.9	104.9
89.3	100.6	99.7	99.9	96.2	101.2	101.5	104.6
88.4	98.8	99.6	99.9	95.8	102.0	103.4	107.6
87.0	99.7	99.2	100.1	96.5	100.9	102.2	104.8
89.0	**100.2**	**99.1**	**99.9**	**96.7**	**100.0**	**101.0**	**103.6**
86.4	99.5	98.9	99.7	96.2	100.9	100.8	104.0
89.3	99.9	98.9	99.7	96.0	100.5	105.5	102.7
91.1	101.5	97.8	100.3	95.4	100.9	100.3	103.2
82.1	98.3	99.5	100.0	97.3	101.8	101.9	102.7
91.6	99.7	98.9	99.9	96.4	101.2	100.7	103.1
89.2	98.4	98.4	99.6	95.7	100.8	100.8	103.0
88.0	100.4	100.1	99.7	96.9	101.0	100.6	103.2
97.6	101.0	100.1	101.6	98.1	101.2	102.2	104.9
85.8	99.4	100.1	100.3	97.8	101.8	100.9	105.2
90.0	99.4	100.1	100.3	97.4	101.2	100.6	104.3
91.3	99.7	101.0	99.9	97.8	100.2	104.2	106.0
91.2	98.9	100.3	99.6	96.9	101.0	100.6	103.2
88.6	99.4	102.1	99.5	96.8	100.6	100.4	102.6

附录1-6 全国36个大中城市居民

上年同期=100

地　区	居民消费价格总指数	一、食品烟酒					
			粮食	鲜　菜	畜　肉	水产品	蛋
全　国	**102.1**	**107.3**	**101.4**	**107.1**	**136.0**	**102.5**	**91.5**
北京市	101.7	105.7	101.8	107.5	127.4	101.3	89.9
天津市	102.0	106.5	101.7	109.8	131.1	102.7	87.5
石家庄市	102.3	107.0	102.3	106.6	131.8	105.6	86.9
太原市	102.6	107.6	100.9	107.7	138.7	101.9	81.4
呼和浩特市	102.0	104.0	100.6	108.1	117.9	100.8	88.5
沈阳市	102.3	107.9	103.7	108.9	133.3	100.4	91.0
大连市	102.1	106.7	100.7	112.5	134.2	104.5	86.8
长春市	101.9	107.0	101.3	106.5	131.5	106.2	90.1
哈尔滨市	101.4	108.1	103.5	105.4	134.6	102.9	88.3
上海市	101.7	105.3	101.5	106.3	131.0	100.6	96.7
南京市	102.4	109.4	99.3	113.8	135.6	106.3	94.1
杭州市	102.1	106.9	101.7	102.0	136.7	102.6	97.4
宁波市	101.9	106.2	101.7	103.8	137.6	100.3	97.4
合肥市	102.3	108.0	103.0	111.2	137.3	105.1	86.0
福州市	102.4	106.8	99.5	106.7	140.3	101.9	90.2
厦门市	102.5	107.5	100.0	101.5	138.6	105.2	95.5
南昌市	102.5	107.5	102.6	107.6	139.9	108.7	89.4
济南市	102.4	109.9	101.7	105.9	142.0	105.0	95.7
青岛市	102.4	108.0	101.5	108.9	138.3	102.9	89.9
郑州市	102.3	107.3	101.3	104.6	136.3	100.7	85.6
武汉市	102.4	108.7	100.4	108.2	145.6	106.9	95.2
长沙市	**101.8**	**106.9**	**101.4**	**103.3**	**138.7**	**99.6**	**90.8**
广州市	102.6	109.9	101.8	103.5	147.0	102.6	98.0
深圳市	102.3	107.9	100.7	103.7	139.1	102.9	93.4
南宁市	102.3	109.1	100.4	103.7	143.6	106.4	93.7
海口市	101.6	106.8	101.5	95.4	136.0	100.5	97.1
重庆市	102.3	107.9	97.4	110.2	139.9	102.5	86.9
成都市	102.5	110.2	103.2	110.9	136.6	100.6	94.8
贵阳市	102.4	110.0	99.6	107.2	140.5	107.3	93.7
昆明市	103.1	110.1	99.9	109.4	150.0	99.3	94.7
拉萨市	102.0	104.6	102.3	104.6	114.5	102.1	101.6
西安市	102.1	106.1	100.9	114.0	133.1	104.8	82.2
兰州市	102.0	105.8	102.8	113.3	125.2	101.3	91.4
西宁市	102.7	106.9	101.8	109.0	128.6	101.2	84.3
银川市	101.8	105.3	104.5	116.9	119.5	101.1	87.8
乌鲁木齐市	100.9	103.3	103.3	100.1	118.1	101.6	87.6

消费价格分类指数(2020年)

鲜　果	二、衣着	三、居住	四、生活用品及服务	五、交通通信	六、教育文化娱乐	七、医疗保健	八、其他用品和服务
89.7	**99.7**	**99.7**	**100.2**	**96.2**	**101.8**	**101.6**	**104.7**
86.7	99.8	99.1	100.0	95.8	102.5	104.9	108.3
90.7	98.5	100.7	100.2	97.1	102.6	99.9	107.9
85.4	99.7	100.8	99.7	97.1	101.6	102.8	101.9
88.9	101.1	99.6	100.5	95.8	102.1	107.4	100.5
87.5	98.5	99.9	99.5	96.2	102.8	113.6	102.2
97.5	98.8	100.3	97.9	96.8	100.5	103.2	102.9
93.0	100.0	100.5	100.8	95.8	100.6	102.3	105.0
89.3	97.8	99.4	101.2	96.9	102.8	99.4	104.9
93.3	98.7	93.7	98.9	95.9	103.6	101.6	106.0
92.9	100.9	100.8	99.8	96.6	101.1	101.2	102.9
97.1	97.6	100.2	100.3	95.9	101.3	99.7	108.0
88.9	100.1	99.7	103.1	96.6	101.7	103.1	103.8
89.7	99.9	100.9	101.5	94.6	103.1	98.9	105.3
83.6	99.7	99.9	99.8	97.1	101.6	100.8	103.4
86.7	99.6	100.6	100.3	96.7	104.0	100.0	104.4
86.1	100.5	101.2	102.3	97.1	100.9	98.8	102.5
82.4	100.9	99.9	100.2	96.9	102.2	99.7	105.9
91.0	99.9	98.5	99.4	95.7	99.6	100.0	108.6
86.7	99.9	100.5	99.4	94.5	102.1	102.0	102.7
87.8	99.1	99.0	100.5	93.7	102.5	105.4	108.0
85.3	101.5	98.5	99.7	97.2	99.9	101.2	105.3
88.3	**100.4**	**100.2**	**99.8**	**96.9**	**99.0**	**101.0**	**105.5**
86.3	97.9	99.4	99.1	95.4	100.9	100.9	102.6
93.1	101.2	99.0	100.7	96.0	102.6	99.8	104.5
87.4	98.9	98.7	99.8	95.2	100.0	104.4	102.5
92.7	103.0	96.7	100.4	95.1	101.9	100.1	104.4
82.1	98.3	99.5	100.0	97.3	101.8	101.9	102.7
91.7	99.8	97.6	101.4	95.5	101.9	100.5	101.7
91.2	97.4	97.9	99.2	95.4	102.1	101.7	104.3
85.4	100.8	99.3	98.9	96.5	104.7	100.7	104.1
95.9	101.1	99.4	100.6	97.8	103.5	103.1	107.3
84.0	100.4	99.6	100.6	98.3	102.5	99.8	105.7
83.0	99.7	99.9	100.8	97.7	102.2	100.3	104.6
91.9	100.7	100.4	99.8	97.6	100.3	104.1	107.4
89.6	100.4	101.9	99.6	96.8	100.7	100.4	101.5
88.0	99.8	100.5	99.6	96.9	101.6	100.1	101.2

附录1-7　各省(自治区、直辖市)工业生产者出厂与购进价格指数(2020年)

上年同期=100

地　区	工业生产者出厂价格指数	工业生产者购进价格指数
全　国	**98.2**	**97.7**
北　京	99.1	99.5
天　津	97.1	96.9
河　北	98.5	98.4
山　西	96.7	97.2
内蒙古	99.7	99.5
辽　宁	97.0	98.2
吉　林	98.6	98.7
黑龙江	93.4	95.1
上　海	98.3	96.9
江　苏	97.8	96.5
浙　江	96.9	95.9
安　徽	99.1	98.5
福　建	98.4	98.6
江　西	98.3	97.0
山　东	98.1	97.5
河　南	99.2	99.4
湖　北	99.1	98.4
湖　南	**99.0**	**98.9**
广　东	99.0	97.4
广　西	99.4	98.5
海　南	93.8	92.0
重　庆	99.1	99.9
四　川	98.8	98.1
贵　州	98.3	98.6
云　南	98.6	97.3
西　藏	99.4	
陕　西	95.1	97.6
甘　肃	93.9	94.1
青　海	96.6	96.1
宁　夏	96.9	94.7
新　疆	91.6	93.4

附录1-8 35个大中城市新建商品住宅同比价格指数(2020年)

上年同期=100

地 区	1月	2月	3月	4月	5月	6月	7月	8月	9月	10月	11月	12月
北京市	104.1	104.4	104.1	103.3	103.1	103.6	103.3	103.4	103.8	104.2	102.4	102.3
天津市	101.3	100.5	100.1	99.6	99.7	100	100.7	100.9	100.8	100.8	101.1	101.1
石家庄市	108.8	107.6	106.5	106.7	105.6	104.6	104.9	103.6	103.3	103.1	103.6	102.8
太原市	102.9	102.1	101.7	101.3	101.4	101.4	101.2	100.1	99.3	99	98.5	99
呼和浩特市	114.8	113.9	113.7	113.7	113.8	112	111.8	109.9	109	107	105.9	105.1
沈阳市	109.2	109.2	108.7	108.8	108.8	108.7	109	109.2	108.2	106.8	106	105
大连市	108.4	106.9	106.1	105.9	105.3	105	104.5	104.2	105	105.1	104.9	104.8
长春市	108.6	107.8	108	107.9	107.8	107.2	107.3	107	106.3	104.8	103.4	102.3
哈尔滨市	109.4	108.8	108.1	108.2	107.5	106.5	106	105.3	104.1	102.8	101.9	100.8
上海市	102.7	102.3	102.4	102.7	103.5	103.7	104.2	104.5	104.5	104.4	104.1	104.2
南京市	103.3	103.2	103.3	104.5	105	106.1	104.9	105.1	104.3	104.5	104.8	104.9
杭州市	105	104.4	105.4	105.2	105.1	105.2	104.9	105.3	105.1	105.2	105.1	104.5
宁波市	108.2	107.4	106.5	105.8	106.1	106	105.7	105.4	105.1	104.9	104.9	104.4
合肥市	103.7	102.9	102.3	101.3	101.1	101.4	101.1	100.6	101.4	102.2	103.1	103.6
福州市	103.5	104	104	103.8	103.4	103.7	103.6	103.3	103.2	103.1	103.5	104.4
厦门市	104.4	104.2	103.5	102.8	103	103.1	102.4	101.9	102.8	103.7	104.4	104.5
南昌市	103.3	103.3	102.3	102.1	101.9	102	101.7	101	100.5	100.2	100.4	100.8
济南市	99.7	99	97.8	96.8	96.9	96.9	96.8	96.7	97.1	97.9	98.3	99
青岛市	103.7	103.3	102.3	102.4	101.9	102.5	102.3	102.5	102.9	102.9	102.8	102.8
郑州市	101.4	101.1	100.5	100.2	99.8	99.6	99.3	99.6	99.3	98.8	99	99.2
武汉市	111.5	110.3	109.5	108.3	107.4	107.9	107.4	106.8	106.4	105.8	105.1	104.5
长沙市	**104.6**	**104.7**	**105**	**105.3**	**104.8**	**105.4**	**105.7**	**106.3**	**106.5**	**106.4**	**105.8**	**105**
广州市	104.2	103	101.7	100.7	100.2	100.5	101	101.6	102.1	102.7	104.1	105.2
深圳市	104.3	104.3	105.2	104.8	104.9	105.3	105.9	106.2	105.3	105.1	104.9	104.1
南宁市	112	111.3	110.5	110	110.2	110.9	111.2	109.6	108	106	105.6	105.2
海口市	106.6	106.3	105.8	105.3	103.8	102.9	102.4	103.2	103.1	102.3	102.8	102.7
重庆市	107.5	106.5	106.2	106	105	105.2	104.6	105.3	105.3	105.4	104.7	104.6
成都市	110	110.6	110.5	110.3	110.4	110	109.6	109.9	109.5	108	107.2	106.3
贵阳市	104.4	103.6	102.6	101.3	100.6	100	99.1	99.4	99.9	100.5	101.5	102.5
昆明市	110.5	109.5	108.6	108.4	108.3	108.3	107.5	107.3	106.1	105.4	105	105.6
西安市	112.8	111.6	111	110.4	108.8	107.8	107.3	108	108	107.6	107.1	106.9
兰州市	104.7	104.5	104.1	104.6	104.4	104.7	104.5	105.3	105.6	105.8	105.3	105.2
西宁市	114.7	112.7	113.2	113.4	113.9	114.4	113.2	113.4	112.7	110.3	109.5	109.1
银川市	112.8	112	112.5	113	114.7	115.7	117.6	117.6	116.8	116.6	115	114.2
乌鲁木齐市	101.1	100.3	99.9	100.2	100.6	100.8	101.3	101.7	101.7	102.5	103.7	103.1

附录1-9 35个大中城市二手住宅同比价格指数(2020年)

上年同期=100

地　区	1月	2月	3月	4月	5月	6月	7月	8月	9月	10月	11月	12月
北京市	100	99.6	99.3	99.8	101.5	102.2	102.5	103.6	104.5	105.4	106.4	106.3
天津市	99.2	98.2	97.7	96.7	95.7	95.4	95.8	95.5	95.4	95.8	95.6	96
石家庄市	100.3	99.7	99.1	98.5	97.9	97.6	97.5	97	97.6	97.5	97.5	97.5
太原市	103.3	102.4	103.8	101.9	100.4	99.1	97.7	97.7	96.6	96.5	96.7	96.9
呼和浩特市	109.5	107.9	106.3	104.7	102.3	101.4	101	101	100.4	99.7	99.3	99.2
沈阳市	109.9	109.3	109	110	110.4	110.4	110.3	109.4	108.8	109.1	108.3	107.8
大连市	105	104.4	103.8	104	103.9	104.1	104.6	104.8	105.1	105.5	105.7	106.1
长春市	107.3	107.3	106.5	105.7	105.3	105.3	104.5	103.8	102.7	101.8	100.9	99.8
哈尔滨市	112.2	111.7	111.5	110.8	110	108.3	106.7	104.9	102.6	100.4	98.4	97
上海市	101.4	101.6	101.6	102.3	102.8	103.3	103.3	104.1	104.6	105.2	105.5	106.3
南京市	105.6	105.3	104.6	105	105.3	105.7	105.2	104.9	103.9	103.8	104	104.5
杭州市	103	103.1	103.1	103.2	102.7	103.3	104.6	105.4	105.9	106.4	106.5	106.9
宁波市	108.8	108.3	108.1	108.1	108.2	108.6	108.3	107.7	107.7	107.8	107.9	108.5
合肥市	103.1	103.1	103.1	103	103.3	103.2	102.5	102.6	103	103.5	104.4	104.7
福州市	103.8	103.5	102.7	103	103.4	103.7	103.5	104.4	104.8	103.6	102.8	102.5
厦门市	105.9	105.6	104.1	103.3	103.8	104.3	103.5	103.3	103.3	104.2	104.9	104.8
南昌市	101.5	101.1	100	99.3	99.4	99.6	99.4	99.1	98.9	99	99.7	99.6
济南市	97.2	96.4	95.9	96.1	96.4	96.4	96.7	97.1	96.9	97.3	97.5	97.2
青岛市	94.5	94.2	94.1	94.3	94.5	95.4	95.8	96.6	97	97.2	97.7	97.9
郑州市	96.6	97	96.6	96	95.3	95.5	95.4	95.6	95.5	95.5	95.7	96.4
武汉市	97.8	97.8	97.7	97.7	98	98.1	98.8	99	100.1	100.5	100.5	100.2
长沙市	**98.8**	**98.7**	**98.7**	**98.1**	**98.3**	**98.9**	**99.5**	**99.7**	**100**	**100.3**	**100.7**	**101.3**
广州市	98.7	98.8	99.1	99.5	100.1	101	102.2	103.9	104.9	105.7	106.7	107.5
深圳市	108.8	108.8	109.7	110.3	112	114.3	114.9	115.9	115.7	115.5	114.6	114.1
南宁市	109	107.7	106.8	105.5	104.4	103.9	104.1	103.7	103.2	103.6	103.7	103.7
海口市	98.6	98.6	98.2	97.2	97.1	97.1	98	99.5	100.7	101.1	101.9	102.4
重庆市	100.9	100.1	99.3	98.4	98.1	97.7	97.7	98.6	99.5	99.4	99.3	99.4
成都市	100.6	101	101.8	104.1	104.9	105.4	105.2	107.5	108.1	108.4	109	108.2
贵阳市	97.2	96.8	96.6	96.1	95.5	95.5	95	95.3	95.8	95.9	96.2	96.5
昆明市	105.7	105.3	105.5	106	105.5	105.2	104.8	103.3	103.1	103.3	102.9	103
西安市	100.3	100.4	99	98.1	97.7	97.7	98.1	99	100.2	101.2	101.7	102.4
兰州市	108.6	108.4	107	107.4	106.4	106.3	106.2	105.5	105.3	104.7	104.4	104.3
西宁市	112.8	111.7	110.4	109.2	109.1	109.7	109.5	109.5	108.7	108.3	107.7	107.9
银川市	107	107	106.3	107.2	108.3	109.2	109.6	109.1	108.9	109.2	108.8	108.5
乌鲁木齐市	101.5	100.3	101.4	100.9	101	101.3	101.9	103	104	104.1	105	105.8

附录1-10 各省(自治区、直辖市)主要农作物播种面积(2020年)

地 区	粮食(千公顷)	棉花(千公顷)
全 国	**116768**	**3169.9**
北 京	49	
天 津	350	8.8
河 北	6389	189.2
山 西	3130	1.1
内蒙古	6833	
辽 宁	3527	
吉 林	5682	
黑龙江	14438	
上 海	114	
江 苏	5406	8.4
浙 江	993	4.8
安 徽	7290	51.2
福 建	834	
江 西	3772	35
山 东	8282	142.9
河 南	10739	16.2
湖 北	4645	129.7
湖 南	**4755**	**59.5**
广 东	2205	
广 西	2806	1.1
海 南	271	
重 庆	2003	
四 川	6313	2.3
贵 州	2754	
云 南	4167	
西 藏	182	
陕 西	3001	
甘 肃	2638	16.6
青 海	290	
宁 夏	679	
新 疆	2230	2501.9

注：以上数据来源于国家统计局2020年粮食、棉花产量数据的公告。

附录1-11 各省(自治区、直辖市)主要农作物总产量(2020年)

地 区	粮食(万吨)	棉花(万吨)
全 国	**66949**	**591**
北 京	31	
天 津	228	1
河 北	3796	20.9
山 西	1424	0.2
内蒙古	3664	
辽 宁	2339	
吉 林	3803	
黑龙江	7541	
上 海	91.0	
江 苏	3729	1.1
浙 江	606	0.7
安 徽	4019	4.1
福 建	502	
江 西	2164	5.3
山 东	5447	18.3
河 南	6826	1.8
湖 北	2727	10.8
湖 南	**3015**	**7.4**
广 东	1268	
广 西	1370.0	0.1
海 南	145	
重 庆	1081	
四 川	3527	0.2
贵 州	1058	
云 南	1896	
西 藏	103	
陕 西	1275	
甘 肃	1202	3
青 海	107	
宁 夏	380	
新 疆	1583	516.1

注：以上数据来源于国家统计局2020年粮食、棉花产量数据的公告。

附录二

附录2-1 主要统计调查项目

住户收支与生活状况调查 住户收支与生活状况调查是国家重要统计调查项目，即通过对城乡居民家庭的经济和社会活动调查，反映城乡居民的生产、收入、消费、积累和社会活动情况的统计调查项目。开展住户收支与生活状况调查的目的是全面、准确、及时了解城乡居民收入、消费及其他生活状况，客观监测居民收入分配格局和不同收入层次居民的生活质量，更好地满足研究制定城乡统筹政策和民生政策的需要，为监测全面小康建设进程、县域经济发展、国民经济核算和居民消费价格指数权重制定提供基础数据。

住户收支与生活状况调查包括分省住户调查和分市县住户调查。分省住户调查以省为总体进行抽样，主要目的是准确反映全国及分省居民收支水平、结构、增长速度，收入分配格局以及政策对居民生活状况的影响。从2013年开始，国家在湖南13个市的市政府驻地的所有市辖区和湘西自治州首府吉首市以及38个有代表性的县市共抽选600个小区6000个住宅进行常年入户登记调查，其调查数据代表全国和湖南全省。根据全省及各市州、县市区政府管理的需要，以准确反映分市县居民收支水平和增长速度为主要目的，在国家调查的基础上，分市县住户调查以市县为总体，对全省122个县市区进行抽样调查，一般每个县市的样本为120-140个住宅。

消费价格调查 消费价格调查主要从事居民消费价格、商品零售价格、农业生产资料价格和城镇低收入居民基本生活费用价格调查。湖南消费价格调查专业的职能是：组织贯彻和实施流通消费价格统计制度；按规定编制和发布相应的价格指数；开展市场物价变动的分析与预测工作，为国家宏观调控提供决策参考依据；为党政领导和社会各界提供有关价格指数和分析资料。

生产投资价格调查 生产投资价格包括工业生产者价格、房地产价格和固定资产投资价格。其中工业生产者价格分为工业生产者出厂价格和原材料、燃料动力购进价格，房地产价格分为新建住宅和二手住宅销售价格。

农产品价格调查 农产品价格调查包含农产品生产者价格与指数、农产品集贸市场价格，是国家的重要统计项目之一。该调查是通过对农业生产经营单位和农产品集贸市场的调查，反映主要农产品生产者价格和集贸市场价格的调查项目，开展农产品价格调查的目的是监测农产品价格的变化，用农产品价格信息引导农村产业结构调整和农民增收，研究农业市场竞争力与农产品供求情况，满足国民经济核算需要。调查结果直接上报国家统计局。

农产品价格调查实施国家统一的方案，数据采集采取农户记账和访问调查相结合的方法。全省共抽选41个县（市区）647户农户和10个农产品集贸市场进行农产品价格调查。

以省为总体粮食产量抽样调查 以省为总体粮食产量抽样调查在全省37个县（市区）的300个村1500个200米*200米样方中进行，逐丘登记调查样方早、中、晚稻和棉花播种面积，每个村每个调查主题共抽取3个地块进行单产实割实测，其他粮食作物在每个调查村抽选5户入户登记面积和产量。根据调查组播种面积和单产情况推算全省各季粮食播种面积和总产。

以县为总体粮食产量调查 以县为总体粮食产量调查在全省67个粮食生产大县中进行，每县由国家统计局随机抽选15-20个村民小组开展调查，调查方式与以省为总体一致，根据调查点播种面积和产量情况，结合大面积种植情况推算评估各粮食大县各季粮食播种面积和产量。

农产品中间消耗调查 农产品中间消耗调查在全省37个县（市区）随机抽取样本开展。

主要畜禽监测调查 为了及时准确反映全国畜牧业生产发展情况，为党和政府制定畜牧业发展政策，推动社会主义新农村建设提供科学依据，国家统计局按照《国务院关于促进生猪生产发展，稳定市场供应的意见》国发〔2007〕22号要求，在全国组织各调查总队开展主要畜禽监测调查。

主要畜禽监测调查分为以省为总体的猪牛羊禽监测调查和以生猪调出大县为总体的生猪生产监测调查两部分。全省猪牛羊禽监测调查的范围是全省所有的农户及畜禽生产经营单位，调查对象是辖区内猪牛羊禽大型养殖场户、抽中样本村的所有中小型养殖场户。生猪调出大县监测调查的范围是全省享受国家财政奖励的生猪调出大县的所有农户及生猪生产经营单位，调查对象是县辖区内全部生猪大型养殖场户、抽中样本村的所有中小型养殖场户。

大型养殖场户在全省范围内采取全数调查。中小型养殖场户及散养农户采取抽样调查，并推算全县总体数据。

农户固定资产投资抽样调查 改革开放以来，随着农村社会经济的全面发展，农村固定资产投资占全社会固定资产投资的比重也日益提高。农村固定资产投资统计调查数据的准确与否，直接影响着国民经济核算的质量和对宏观经济形势的趋势判断。

统计部门于1987年开始进行农户固定资产投资抽样调查统计，至2005年，农村固定资产投资包括农户固定资产投资与非农户固定资产投资。2005年11月国家统计局下发了《乡村社会经济调查方案》，要求只调查农村农户固定资产投资，不调查农村非农户投资（这部分由省统计局投资处进行统计）。农户投资从住户调查资料中取得，农户建房投资在农村住户调查村调查所有建房户。具体包括：农村农户固定资产投资情况和农户建房投资情况。

制造业采购经理指数调查 是通过对企业采购经理的月度调查结果统计汇总、编制而成的指数，它涵盖了企业采购、生产、流通等各个环节，是国际上通用的监测宏观经济走势的先行性指数之一，具有较强的预测、预警作用。PMI通常以50%作为经济强弱的分界点，PMI高于50%时，反映制造业经济扩张；低于50%，则反映制造业经济收缩。

调查范围涉及《国民经济行业分类》中制造业的31个行业大类，从全省抽取了近650家样本企业进行调查。

农村贫困监测调查 新阶段农村贫困监测是根据《中国农村扶贫开发纲要（2011-2020）》关于加强农村贫困监测的要求，由国家统计局、国务院扶贫办、国家发改委、民政部、财政部联合开展，监测时段为2011年到2020年。为了提高监测的准确性和科学性，国家统计局建立一套完善的调查制度，通过对扶贫工作重点县农村居民家庭生产、收入、消费、积累、中央及地方扶贫政策、资金落实情况和农户参与扶贫情况的追踪监测，评估扶贫项目的效果，分析不同地区、不同类型的致贫因素，监测致贫因素的变动情况，评估宏观经济发展与专项扶贫项目对缓解贫困的作用，为政府制定反贫困对策和区域发展政策提供科学依据。

农村贫困监测调查实施国家统一的调查方案。数据采集采取农户记账、访问调查及搜集有关扶贫部门数据等方法，主要表式有四种：即县级统计表、社区调查表、住户调查表、个人调查表。为保证调查内容的可靠性，通过科学抽样方法建立一套抽样调查网点，湖南共抽选 40 个国家扶贫工作重点县 3140 户进行农村住户调查，抽选 314 个村进行村级情况调查，调查样本每五年全部轮换一次。这套网点的调查数据是代表湖南农村贫困监测的法定数据。网点调查由国家统计局湖南调查总队负责实施，调查结果直接上报国家统计局。

农民工监测调查　农民工监测调查通过定期收集农民工相关信息，准确反映农民工数量、流向、结构、就业、收支、生活、社会保障及创业等情况，从宏观上把握农民工发展变化情况，为制定科学的农民工政策、加强和改善农民工工作提供科学依据。

农民工监测调查制度从 2008 年开始建立，初期为年报和半年报，从 2010 年开始，每季度定期进行调查。采用抽样调查方式进行，调查范围覆盖全国所有国家调查队所在的市级、县级国家调查队所在地区，主要调查农村地区农民工输出情况，故又称为“输出地农民工监测调查”。湖南总队在 14 个市州共 55 个市县区调查队调查，调查样本约 3460 户左右，五年进行一次样本大轮换。调查采用问卷采集数据，再利用调查专用处理程序报送数据的工作模式，由调查员直接入户对调查对象进行现场访问，省级负责具体组织、督导、数据审核核实等工作。国家统计局直接加工汇总生成全国和分省数据。

附录2-2　主要统计指标解释

一、住户调查

住宅　指人工建造的，有墙、顶、门、窗等结构，具有独立入口，供人居住的房屋或场所。包括单元房、筒子楼、平房、四合院、独栋别墅等普通住宅，也包括工棚、工厂的集体宿舍，餐馆、发廊以及办公室等有人居

住的场所。

住户　指居住在一个住宅内，共同分享生活开支或收入的一群人。居住在同一房间内、不共同分享生活开支的人群，每个人都视为一个住户。住家保姆、住家家庭帮工视为单独的住户。

住户成员　指居住在一个住宅内，所有与本住户分享生活开支或收入的人员。

常住成员　指住户成员中，经常在家居住、或者调查期内居住时间超过一半的人员，以及本住户供养的学生。常住成员是住户收支的调查对象。

可支配收入　指调查户在调查期内获得的、可用于最终消费支出和储蓄的总和，即调查户可以用来自由支配的收入。可支配收入既包括现金，也包括实物收入。按照收入的来源，可支配收入包含四项，分别为：工资性收入、经营净收入、财产净收入和转移净收入。计算公式为：

可支配收入 = 工资性收入 + 经营净收入 + 财产净收入 + 转移净收入

工资性收入　指就业人员通过各种途径得到的全部劳动报酬和各种福利，包括受雇于单位或个人、从事各种自由职业、兼职和零星劳动得到的全部劳动报酬和福利。

经营净收入　指住户或住户成员从事生产经营活动所获得的净收入，是全部经营收入中扣除经营费用、生产性固定资产折旧和生产税之后得到的净收入。计算公式为：

经营净收入 = 经营收入 － 经营费用 － 生产性固定资产折旧 － 生产税

财产净收入　指住户或住户成员将其所拥有的金融资产、住房等非金融资产和自然资源交由其他机构单位、住户或个人支配而获得的回报并扣除相关的费用之后得到的净收入。财产净收入包括利息净收入、红利收入、储蓄性保险净收益、转让承包土地经营权租金净收入、出租房屋净收入、出租其他资产净收入和自有住房折算净租金等。财产净收入不包括转让资产所有权的溢价所得，这应该计入“非收入所得”。

转移性收入　指国家、单位、社会团体对住户的各种经常性转移支付和住户之间的经常性收入转移。包括养老金或退休金、社会救济和补助、政策性生产补贴、政策性生活补贴、救灾款、经常性捐赠和赔偿、报销医疗费、住户之间的赡养收入，以及本住户非常住成员寄回带回的收入等。转移性收入不包括住户之间的实物馈赠。

消费支出　指住户用于满足家庭日常生活消费需要的全部支出，包括用于消费品的支出和用于服务性消费的支出。根据用途不同，消费支出可划分为食品烟酒、衣着、居住、生活用品及服务、交通通信、教育文化娱乐、医疗保健、其他用品及服务八大类。根据来源不同，消费支出可划分为现金消费支出、实物消费支出（含自产自用、来自单位、来自政府和其他社会组织）。

中位数　指将所有调查户按人均收入水平从低到高顺序排列，处于最中间位置的调查户的人均收入。

基尼系数　指在全部居民收入中，用于进行不平均分配的那部分收入占总收入的比例。基尼系数最大为“1”，最小为“0”。前者表示居民之间的收入分配绝对不平均，即100%的收入被一个单位的人全部占有；而后者则表示居民之间的收入分配绝对平均，即人与人之间收入完全平等，没有任何差异。通常这两种情况在实际生活中不会出现。因此，基尼系数的实际数值只能介于0~1之间。本方案中，基尼系数使用住户收支与生活状况调查的全部样本可支配收入的分户数据计算。

二、物价调查

居民消费价格指数　是反映一定时期内居民消费价格变动趋势和程度的相对数。居民消费价格指数分为食品烟酒、衣着、居住、生活用品及服务、交通和通信、教育文化和娱乐、医疗保健、其他用品和服务八个大类。

商品零售价格指数　是反映一定时期内商品零售价格变动趋势和程度的相对数。商品零售价格指数分为食品、饮料烟酒、服装鞋帽、纺织品、家用电器及音像器材、文化办公用品、日用品、体育娱乐用品、交通通信用品、家具、化妆品、金银饰品、中西药品及医疗保健用品、书报杂志及电子出版物、燃料、建筑材料及五金电料十六个大类。

农业生产资料价格指数　是反映一定时期内农业生产资料价格变动趋势和程度的相对数。农业生产资料价格指数分为农用手工工具、饲料、仔畜幼禽及产品畜、半机械化农具、机械化农具、化学肥料、农药及农药器械、农机用油、其他农业生产资料、农业生产服务十个大类。

固定资产投资价格指数　是反映固定资产投资额价格变动趋势和程度的相对数。固定资产投资额是由建筑安装工程投资完成额、设备、工器具购置投资完成额和其他费用投资完成额三部分组成的。固定资产投资价格指数可以准确地反映固定资产投资中涉及的各类商品和取费项目价格变动趋势和变动幅度，消除按现价计算的固定资产投资指标中的价格变动因素，为国家科学地制定、检查固定资产投资计划并提高宏观调控水平，为完善国民经济核算体系提供科学的、可靠的依据。

工业生产者价格指数　是工业生产者出厂价格和购进价格在某个时期内变动的相对数，反映全部工业生产者出厂和购进价格变化趋势和变动幅度。由工业生产者出厂价格指数和工业生产者购进价格指数两部分组成。

工业生产者出厂价格指数 是反映工业生产者出厂价格变动趋势和变动程度的相对数，通过调查收集部分代表企业的代表产品的价格变动资料，采用国际通行的链式拉式公式计算求出。

工业生产者购进价格指数 指工业企业组织生产时作为中间投入的原材料、燃料、动力购进价格的指数(含增值税、运费、关税等)。其反映工业生产者购进价格变动趋势和变动程度的相对数。

房地产价格指数 是反映房地产市场价格水平变动趋势和变动程度的相对数。包新建住宅销售价格和二手住宅销售价格两项价格指数，其中新建住宅销售价格又包括保障性住房和新建商品住宅价格指数。目前使用较多的是新建商品住宅价格指数。

农产品生产者价格指数 是反映农产品生产者第一手(直接)出售其产品时实际获得的单位产品价格水平变动程度的相对数。开展农产品生产者价格调查是为了全面收集农产品生产者价格资料，客观反映农产品生产者价格水平和结构变动情况，满足农业与国民经济核算需要，为各级政府制定农业保护与农产品流通政策提供决策依据，向社会各界提供优质的农产品价格信息服务。

三、农业调查

常用耕地 指耕地总资源中专门种植农作物并经常进行耕种、能够正常收获的土地。

农作物播种面积 指实际播种或移植有农作物的面积。凡是实际种植有农作物的面积不论种植在耕地上还是非耕地上，也不论面积大小，均应统计。

全年农作物总播种面积 指上年秋冬播和本年春播、夏播以及南方地区的晚秋播，在本日历年度内(自1月1日到12月31日)收获的全部作物播种面积的总和。

夏收粮食 指上年秋冬播和本年春季播种、夏季收获的全部粮食作物，如冬小麦、大麦、元麦、蚕豆、豌豆、马铃薯等。不包括早稻和夏马铃薯。在湖南，夏收粮食又称作春夏收粮食或春收粮食。

秋收粮食 指本年春、夏季播种，秋季收获的粮食作物；在夏收作物收割后的耕地上播种、秋季收获的粮食作物也应计算在内。如：中稻、一季晚稻、早玉米、晚玉米、早高粱、晚高粱、谷子、甘薯（红薯）、大豆等。

生猪期末存栏 指本调查期末饲养生猪的总量，包括 15 公斤以下仔猪、待育肥猪（架子猪）和种猪等数量之和。

能繁殖母猪 是指猪龄约在 9 个月（包括 9 个月）以上的、具备繁殖能力的母猪。

自宰肥猪头数 指本调查期内自行宰杀的肥猪数量。本指标不包括因疾病等原因而被迫宰杀的生猪数量。

出售肥猪头数 指本调查期内以各种形式出售给任何单位或个人的已育肥肥猪的数量。但不包括出售仔猪、待育肥猪（架子猪）、种猪的数量。

生猪出栏头数 = 自宰肥猪头数 + 出售肥猪头数

肉类总产量　指调查期内各种牲畜及家禽、兔等动物肉产量总计。

农林牧渔业中间消耗　指农林牧渔业生产经营过程中所消耗的货物和服务的价值，包括物质产品消耗和非物质性服务消耗。物质产品消耗是指农林牧渔业生产过程中所消耗的各种物质产品的价值，包括外购的和计入总产出的自给性物质产品消耗，如种籽、饲料、肥料、农药、燃料、用电量、小农具购置、原材料消耗等；支付物质生产部门的各种服务费包括修理费、生产用外雇运输费、生产用邮电费等，以及其他物质消耗；非物质性服务消耗是指支付给非物质生产部门的各种服务费，如畜禽配种费、畜禽防疫医疗费、科研费、旅馆、车船费、金融服务费、保险服务费、广告费等。

四、农户固定资产投资调查

固定资产　指使用年限在规定的年限以上，单位价值在规定的标准以上，并在使用过程中保持原来物质形态的资产。农户所有的使用年限在两年及以上、单位价值在 1000 元以上的房屋建筑物、机器设备、器具工具等资产应作为固定资产统计。

固定资产投资完成额　指以货币形式表现的在一定时期内建造和购置固定资产的工作量以及与此有关的费用的总称。实际完成投资额根据建筑安装工程的实际完成工作量，实际已开始安装的设备、工具、器具的购置费，以及其他费用的实际发生额计算，包括消耗的建筑材料，购置设备、工具器具、大牲畜的费用，以及建造和购置固定资产所发生的人工费和其他有关的费用。

按投资来源分为：①国内贷款；②自筹资金；③其他。

按投资构成分为：①建筑工程；②安装工程；③设备工器具购置；④其他。

五、工业调查

制造业采购经理指数　简称PMI，是通过对制造业采购经理的月度调查统计汇总、编制而成的指数，反映了经济的变化趋势，是经济运行活动的重要评价指标和经济变化的晴雨表，是经济监测的先行指标。由五个扩散指数即新订单指数、生产指数、从业人员指数、供应商配送时间指数、主要原材料库存指数加权而成。常以50%作为经济强弱的分界点：即当指数高于50%时，被解释为经济扩张的讯号。当指数低于50%，尤其是非常接近40%时，则有经济萧条的忧虑。

六、农村贫困监测调查

省定贫困村　指已列入省扶贫计划的扶贫开发重点村。

贫困发生率　也称贫困人口比重指数。指人均纯收入或生活消费支出在贫困线以下人口占全部人口的百分比。

村里到位扶贫资金　指调查村在调查年度内是否得到扶贫资金和各种实物的折价。上年立项但本年资金到位的项目也包括在内。该项目必须是已经开始实施的项目。正在立项或虽然被批准实施但由于资金不到位或其他因素影响而未实施的项目，不包括在内。

七、农民工监测调查

农民工 指户籍仍在农村，在本地从事非农产业或外出从业6个月及以上的劳动者。

本地农民工 指在户籍所在乡镇地域以内从业的农民工。

外出农民工 指在户籍所在乡镇地域外从业的农民工。